무역과 전쟁, 공존의 역사

A History of Mutual Coexistence of Trade and War

심 종 석

三 知 院

머리말

무역의 의미와 어원

우리가 일상에서 흔히 사용하고 있는 무역(貿易, Trade)이라는 단어는 표의문자表意文字인 한자의 음훈을 새길 때 바꾸다라는 뜻을 담고 있습니다. 쉬운 말로 교환(交換, Exchange)이라는 단어와 의미가 같습니다.

그러기에 무역은 그 폭과 범위를 살필 때 좁은 의미에서 다른 물건으로 교환하다라는 뜻을 함축하고 있고 그보다 넓은 의미에서는 이러한 행위에 사고파는 매매(賣買, Sale)까지를 포함하고 있습니다. 그렇지만 일상생활에서는 대개 국가 간의 상거래라는 뜻으로 단순화하여 널리 사용하고 있기도 합니다.

무역의 어원(語源, Origin of a Word)은 중국 전・한前漢시대의 역사가 사마천司馬遷의 사기史記에 기록된 이물상무역「以物相貿易」이라는 문구와 그리고 송말・원초宋末元初시대 증선지曾先之가 중국의 정사正史로서 18가지 역사책을 요약하여 기술한 고금역대십팔사략古今歷代十八史略에 기록된 무역의복회전수주「貿易衣服回傳數周」라는 문구에서 최초로 등장합니다. 두 문구 모두 교환이라는 의미를 담고 있음은 물론입니다.

위 두 문구는 중국 월(越, B.C.6세기-B.C.306)나라의 명재상으로 천재 전략가이자 재력가였던 범려范蠡의 일대기를 서술한 기록 중의 일부입니다. 그 내용은 당시 세간의 칭송을 한 몸에 받던 범려가 말년에 중국 일대를 유랑하면서 다른 민족과 무역을 통해 막대한 부를 축적하고 이를 빈민구제에 사용했다는 사실에 초점을 두고 있습니다.

여기서 무역의 어원을 간직하고 있는 범려는 우리가 익히 잘 알고 있는 중국의 절세미인 서시西施의 연인이기도 합니다. 어찌 되었거나 이 기록에서 엿보이고 있는 무역의 키워드는 '교환'과 '매매'임을 다시금 살필 수 있습니다.

무역의 발생원인

무역이 일어나는 이유는 어디에 있을까요? 학문적으로 따지고 보면 다양한 이론을 곁들여 설명할 수 있지만 여기서 그것들을 시시콜콜 끄집어 얘기하는 것은 격에 맞지 않고 게다가 득이 되지도 않을 것 같습니다. 왜냐하면 우리는 그보다는 무역으로부터 비롯된 또는 그 결과로서 전쟁사에 더한 관심을 두고 있기 때문입니다.

그렇지만 그들 내용의 핵심을 비록 거시적이긴 하지만 간략히 요약하면 무역은 장래의 필요를 추구하여 이전보다 윤택한 삶을 영위하기 위한 인간의 본능적 실현 의지 때문에 발생한다고 설명할 수 있습니다.

여기서 실현 의지라고 함은 대체로 인간은 필요가 좌절되면 다시금 이를 얻기 위한 욕망을 키워가게 되고 그 결과 언젠가는 반드시 이를 성취하고야 마는 끈질긴 속성을 의미합니다. 그렇다면 그 과정과 결과 또한 무역의 범주에 넣을 수 있을 것입니다.

무역에 관한 인간의 본능은 지금껏 인류가 겪어온 전쟁의 역사에서 쉽게 찾아볼 수 있습니다. 그렇다면 전쟁은 필요를 추구하기 위한 인간의 본능이라고 바꾸어 말할 수 있을 것입니다. 요약하면 무역이 일어나는 이유는 인간의 본능에 있다고 말할 수 있습니다.

무역과 전쟁의 상호 연관성

인류 역사를 뒤돌아볼 때 전쟁은 한시도 그침이 없었습니다. 부족과 부족·민족과 민족·국가와 국가는 물론이고 때로는 연합된 국가 간의 전쟁도 숱했습니다.

그 이유는 영토확장·종교적 우월성·생존의 방편·약탈과 탈취·군주의 횡포·이념의 차이·인종차별·도전과 응전·정치 경제적 이해관계·보복과 투쟁·정복본능 등 무척이나 다종다양합니다.

그런데 특이하게도 이러한 전쟁 중에는 무역을 위해 또는 무역 때문에 발생한 전쟁도 상당합니다. 무역에서 비롯된 전쟁은 대개가 막대한 손해를 감수할 수밖에 없는 것이 태반이었습니다만 때로는 이에 못지않게 전쟁으로부터 막대한 이득을 챙긴 경우도 적지 않았습니다.

그렇지만 전쟁은 언제나 한편의 잃은 것과 다른 한편의 얻은 것을 상계하면 대개가 전쟁 이전의 상황과 같거나 이보다 더 못한 것이 대부분이었습니다. 물론 전쟁 당사자 모두 이전보다 더한 이득을 거둔 때도 있었지만 그것은 통상의 경우 전쟁 이후 일정한 회복기를 거친 때라고 보아 그도 앞선 것과 다르지 않을 것입니다.

여기서 한가지 눈여겨볼 것이 있습니다. 그것은 다름 아닌 무역을 위해 또는 무역으로 인하여 발생한 전쟁입니다. 무역 때문에 비롯된 전쟁은 여느 전쟁과 마찬가지로 당시에는 당사자 한쪽이나 양쪽 모두가 상당한 피해나 손해를 감수해야만 했습니다.

그러나 시간이 지나 전쟁의 결과로서 무역이 다시금 제자리를 찾게 되면 양쪽 모두 또 다른 필요가 발생하게 되고 그 결과 전쟁 이전보다 상당한 부가 축적되어 삶의 편익을 증진하는 방향으로 진보한 것이 일반적이었습니다. 모두가 교환이라는 특성이 있는 무역 때문에 가능한 일이었습니다.

한편 무역으로부터 비롯된 전쟁은 피를 흘리지 않고도 또는 손해를 감수하지 않고도 은밀하게 일어나기도 했습니다. 시쳇말로 총성 없는 전쟁(War without Gunfire)이 그것입니다.

현대에 국익은 외교의 목적이 됩니다. 그 어떠한 그 무엇도 국익에 앞설 수는 없습니다. 국익에 필요한 자원은 이를 확보하기 위하여 또는 보호하기 위하여 외교적으로 총력을 기울이게 됩니다.

더욱이나 국가 간의 이해 충돌이 있는 경우에는 전략적 자원을 무기 삼아 상대국을 압박하여 국익을 담보하거나 이를 발판삼아 안정적인 경제환경을 존속시켜 나갈 수도 있습니다.

그러나 국가의 이해가 충돌되어 합의점을 찾지 못하게 되면 제각기 각양의 압박 수단을 동원하게 됩니다. 그 와중에 불행히도 어느 일방의 실익이 한쪽으로 현저히 기울게 되면 급기야 국가적 차원에서 극단적이고 무리한 수단과 방법이 총동원되는 이른바 총성 없는 전쟁이 발발하게 됩니다.

이처럼 자원 확보에서 비롯된 총성 없는 전쟁은 점차 정치적으로 확산일로를 걷게 되고 결국에는 국민적 자존감을 자극해 이후 오랫동안 상대국을 불량국가로 적대시하게 됩니다.

그러기에 무역과 전쟁은 서로 떼려야 뗄 수 없는 동전의 양면이라고 말할 수 있습니다. 때로는 무역이 전쟁에 운명을 맡기기도 하고 때로는 전쟁이 무역을 위해 희생되기도 하며 그러다 함께 흥하고 망하기도 하는 둘은 그런 운명공동체라고 말할 수 있습니다.

이 책 무역과 전쟁의 주된 내용

무역은 앞서 보았듯이 교환이자 매매입니다. 여기서 교환은 필요를 충족하려는 인간의 본능이자 욕구입니다. 그리고 매매는 필요나 욕구를 충족시키기 위한 수단으로서 이를테면 이해利害의 본질이라고 말할 수 있습니다.

삶의 편익은 부(富, Wealth)와 밀접한 연관성을 지니고 있습니다. 왜냐하면 부가 없이는 삶의 편익을 성취하기가 어렵기 때문입니다. 그러기에 부는 삶의 편익을 주도하는 핵심이라고 말할 수 있습니다.

부는 창출할 수도 있으나 교환을 통해서도 축적할 수 있습니다. 물론 여기서 부는 상대적 가치평가에 있어 축적되어 있거나 끊임없이 연속되는 삶의 편익에 대한 총량으로 특정할 수 있습니다. 이 경우 부는 항상 비교 가능한 척도로서 상대적이라는 특성이 있습니다.

선진 문명의 혜택을 받지 못하고 대대로 부족사회에 머물러 있는 오지(奧地, the Wilds)의 사람들도 삶의 만족 차원에서는 나름 행복할 수 있습니다. 선진국의 문화인도 그 처지는 매한가지일 것입니다.

그러나 이러한 저마다의 삶을 객관적으로 비교할 때 우리는 후자가 훨씬 나은 삶의 편익을 누리고 있다고 말합니다. 왜냐하면 삶의 편익은 후자에서 전자로 진전하는 것이 아니라 전자에서 후자로 진전하는 것이 역사의 정한 이치이기 때문입니다. 그래서 우리는 이러한 시각을 때마다 상대적 빈부 격차라고 이야기합니다.

어쨌든 인류의 역사는 전쟁의 역사라고 해도 과언이 아닐 만큼 끊임없는 전쟁의 소용돌이 속에 휘말려 왔습니다. 이는 지금도 이후로도 매한가지라고 단언할 수 있습니다.

전쟁은 앞선 전자의 시각에서는 후자로 도약하기 위한 극단적인 선택이라고 말할 수 있고 달리 후자의 시각에서는 전자를 수용하여 이전보다 더 나은 삶의 편익을 추구하려는 욕망의 표현이라고 이야기할 수도 있습니다.

우리는 이 책에서 이러한 선택과 욕망에 주안점을 두고 여기에 무역을 결부하여 지난 역사를 되짚어 보려고 합니다. 범위는 인류 최초 문명의 시작에서부터 현재에 이르기까지입니다.

어찌 보면 그 범위가 너무 방대하다는 선입견도 충분히 가질 수 있겠습니다만 인간의 본능이라고 말할 수 있는 선택과 욕망의 시각에서 보면 어찌 되었거나 그 결과는 모두가 한결같다고 할 때 그도 범위만 방대할 뿐 폭은 좁다고 할 것입니다.

이 책에서 다루고자 하는 내용은 극단적인 선택과 욕망의 표현으로부터 비롯된 무역과 전쟁의 역사입니다. 물론 그 내용은 시대적 흐름이나 지리적 위치와 영역 그리고 전쟁이나 무역의 동질성 등에 구애됨이 없이 또한 특별한 형식적 제한 없이 시·공간을 넘나들며 개별적인 전쟁사에 주안점을 두었습니다. 이에 덧붙여 기술에 있어 누구나 읽기 쉽고 이해하기 쉽도록 지금과 같은 평상의 문체로서 가독성을 높이는데 각별한 주의를 기울였습니다.

교양서적으로서 「무역과 전쟁, 공존의 역사」

앞서 이야기한 대로 이 책의 범위는 무척 방대합니다. 그러나 적어도 교양인이라면 이 책에서 다루고 있는 역사적 사실과 시대적 배경은 족히 이해하고 있어야 한다는 시각에서 그 면면을 꼼꼼히 다루어 보았습니다.

그렇다고 이 책을 인류의 역사적 사실史實이나 특별한 전쟁사에 주안점을 두고 쓴 역사서라고 보는 것은 일말의 무리가 있습니다. 이 책은 다만 그 역사 안에 숨 쉬고 있는 무역과 전쟁의 상호 공존의 역사에 초점을 맞추고 기술된 책입니다.

그렇지만 보는 시각에 따라 이렇게 보면 교양서일 수도 있고 저렇게 보면 역사서일 수도 있을 것입니다. 때로는 저자의 해석과 평론이 어우러져 있다는 시각에서 역사적 사실이 가미된 시사평론서라고 볼 수도 있을 것입니다.

모두가 틀린 말은 아니겠지만 저자의 의도는 이러한 시각을 망라한 교양서로 구분될 수 있기를 기대하고 있습니다. 이를테면 이 책으로부터 예전의 것을 되살려 오늘의 현상을 밝히 이해할 수 있고 또한 오늘의 실제를 예전의 것에 비추어 새로운 이정표를 설계할 수 있는 그런 실사구시實事求是 차원에서의 유익한 교양서가 될 수 있었으면 합니다.

현재는 무릇 교환의 시대라고 이야기할 수 있습니다. 정보와 지식이 교환되고 재화와 가치가 교환되며 옛것이 지금의 것과 새로이 교환되기도 하고 그 밖에 첨단기술의 힘을 빌려 시간과 공간을 교환할 수도 있는 그런 변화한 시대를 살고 있습니다.

게다가 필요는 수요와 공급을 자극하고 독특한 아이디어는 무한의 부가가치를 창출하며 합리적인 프로세스는 분산과 통합의 과정을 통해 또 다른 사업영역을 제시하는 등 가까운 장래마저도 예측하기 힘든 환경을 펼쳐가고 있기도 합니다.

모름지기 과거는 현재의 거울임과 동시에 미래의 이정표라고도 합니다. 이 책은 시대의 장벽을 넘나들며 인류의 역사에 용해된 역사적 사실들을 교환과 매매라는 무역의 시각과 여기에 그 원인 또는 결과로서 전쟁이라는 사실을 결부하여 그 면면을 살펴보려는데 주안점을 두고 있습니다. 이로써 교양인으로서 지적역량을 함양하고 시시각각 변모하는 시대 상황과 환경에 슬기롭게 대응할 수 있는 식견과 혜안을 다지는 데 지침이 될 수 있기를 기대하고 있습니다.

이 책을 읽기 전에

이 책은 교양서라고 하는 본연의 목적에 부합하려는 취지에서 다음과 같은 사항을 특별히 고려하였습니다. 첫째는 상세한 각주를 덧붙여 본문을 깊이 있게 이해할 수 있도록 배려해 두었습니다. 익히 알고 있기는 해도 막상 그 의미를 되짚어 보면 선뜻 생각나지 않고 또 표현하기 힘든 전문용어나 그 밖의 단어를 대상에 두었습니다.

둘째는 다양한 그림과 삽화 등을 덧붙여 생동감 있게 본문을 이해할 수 있도록 고려했습니다. 아울러 개별 전쟁사에 관한 비평은 오롯이 저자만의 견해임을 밝힙니다. 다양한 견해 또는 주장과 비교할 때 혼선이 없었으면 하고 기대합니다.

셋째는 전문용어나 강조된 특별한 단어에 대해서는 영문과 한문을 병기 하였습니다. 한문의 중요성이 제기되고 있는 현시점에서 영문과 함께 일말의 도움이 될 수 있기를 기대합니다.

마지막으로 본서에서 인용한 제반 도서·논문·웹사이트 자료 그 밖에 공식 기관지·보도 및 학술자료 등에 대해서는 일괄 미주로 표기하여 이보다 상세한 자료를 원하는 독자들에게 도움이 될 수 있도록 했습니다. 아울러 웹사이트 자료와 관련하여 제반 삽화·사진 및 도해 등은 이곳저곳 사용처가 많아 본래 원본 출처를 찾기 힘든 경우가 허다하여 이를 일일이 참조하지 못한 경우가 많았음을 밝힙니다. 추후 저작권에 관련한 사항이 문제시되는 경우 저자의 책임하에 추가 발간 시 원문에 명기할 수 있도록 조치하겠습니다.

감사의 글

이 책이 그나마 먹물을 묻히고 세상에 나오기까지에는 많은 분의 관심과 격려 그리고 도움이 있었습니다. 이를 이 지면에 바로 새겨 그 감사함을 머리 숙여 고백해 두고자 합니다. 어려운 출판환경에도 불구하고 이 책의 출간을 기꺼이 허락해 주신 도서출판 삼지원의 고성익 사장님께 감사를 드립니다.

이 책의 사전독자로서뿐만 아니라 원고의 교정에 수고를 감당해 준 대구대학교 대학원 무역상무연구회(대상회) 제자들에게도 심심한 고마움을 전합니다.

부끄러운 남편이지만 긴 시간 꿋꿋하게 견디어 준 사랑하는 아내 吳仁錫에게 이 지면을 빌어 사랑한다는 말 꾹꾹 눌러 덮어둡니다. 남은 인생 서로 합력하여 선을 이루었으면 하는 기대 또한 살포시 더해둡니다. 더불어 그 무엇과도 바꿀 수 없는 귀한 신앙을 계수하게 해주신 사랑하는 부모님께도 머리 숙여 감사하다는 말씀 올립니다.

끝으로 헤세드(Hesed, חסד)의 꿈을 위하여 안타깝게 애쓰고 있는 사랑하는 아들 민섭 珉燮과 민주珉珠에게 그간에 표현하지 못했던 아버지로서의 사랑을 전합니다.

2022년 임인년 새봄을 맞으며 저자 씀

| 목 차 |

고구마 삼국지

고구마의 효능

"고구마(Sweet Potato)는 감자Patato에 비해 열량이 2배 이상 높지만 혈당지수(GI, Glycemic Index)1]는 오히려 2배 정도 낮고 풍부한 식이섬유를 지니고 있어 다이어트 식품으로 주목받고 있다. 게다가 포만감을 오래 유지 시켜 변비 해소에도 탁월한 효과가 있다."

"고구마에는 베타카로틴β-Carotene2]을 비롯하여 안토시아닌Anthocyanin3] · 폴리페놀Polyphenol4] · 식이섬유 등과 같은 건강

1] 혈당지수는 음식을 섭취한 뒤 혈당이 상승하는 속도를 0-100으로 나타낸 수치다. 혈당지수가 높은 식품은 혈당을 빠르게 상승시켜 인슐린을 과잉 분비하게 하고 인슐린이 과잉 분비되면 체지방 축적이 일어나 비만이 촉진될 수 있다.

2] 당근의 주황색 빛깔에는 우리 몸에 유익한 영양소인 카로틴이 있다. 카로틴은 강력한 항산화 작용으로 독성과 발암 물질을 무력화시킨다. 카로틴은 우리 몸의 유해산소 작용으로 체내 세포가 손상되는 것을 방지해 세포를 보호하는 데 중요한 역할을 한다. 특히 당근에 베타카로틴이 많으며 알파카로틴까지 가세한 항산화 작용으로 암의 발생과 진행을 저지한다. 베타카로틴은 몸속에 일정량을 유지해야 유해산소로 인한 암 · 동맥경화 · 관절염 · 백내장 등과 같은 성인병을 예방할 수 있다. 생체 내 베타카로틴 농도를 낮추는 인자는 과일 및 채소 섭취 부족 · 음주 · 흡연 등이 있다.

3] 안토시아닌은 꽃이나 과실에 주로 포함된 색소를 말한다. 안토시아닌은 항산화제(Antioxidant)로서 가치가 있으며 항산화 물질 중에 가장 탁월한 효과를 내는 것으로 주목받고 있다.

4] 폴리페놀은 우리 몸에 있는 활성 산소(유해산소)를 해가 없는 물질로 바꾸어 주는 항산화 효과가 있어 노화를 방지한다. 활성 산소에 노출되어 손상되는 DNA 보호와 세포 구성 단백질 및 효소를 보호

기능 성분이 많다. 특히 위암과 폐암 예방에 효과적이며 노란색이 짙을수록 효과가 높다. 무엇보다도 고구마의 비타민 A는 피부 노화를 예방해주고 매끄럽고 탄력 있는 피부를 유지하는 데 큰 도움을 준다."

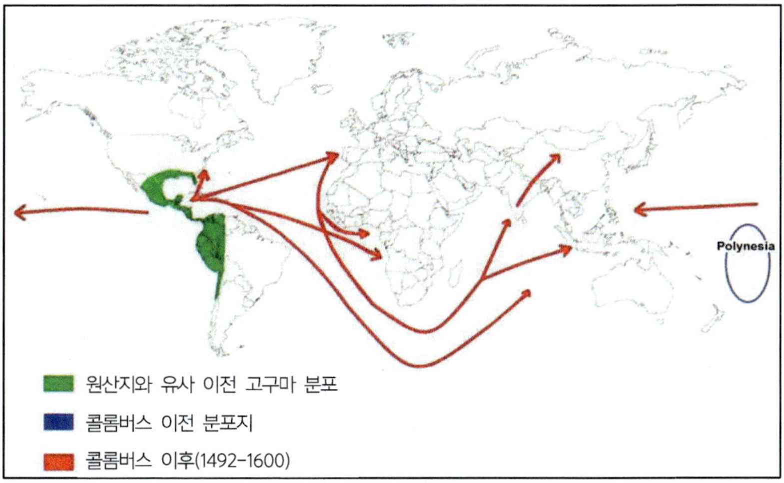

| 고구마의 전래경로 |

고구마의 원산지

고구마의 원산지는 명확히 알려진 바가 없다. 그러나 다수의 견해는 멕시코에서 남아메리카 북부에 이르는 지역으로 추정하고 있다. 원종(原種, Germ)도 명백히 알려진 것이 없지만 일반적으로 약 2,000년 전부터 중・남아메리카에서 재배한 것으로 추측하고 있을 따름이다.

하는 기능이 뛰어나 다양한 질병에 대한 위험도를 낮추는 효능이 있다. 한편 항암 작용과 함께 심장 질환도 방지하는 것으로 알려져 있다.

콜럼버스(Christopher Columbus, 1450-1506)가 신대륙을 발견할 당시 그곳 원주민들이 각지에서 재배하였는데 이후 폴리네시아인Polynesian이 고구마를 널리 전파했을 것이라 보고 있다.

실제로 콜럼버스도 고구마를 스페인에 전한 것으로 알려져 있다. 폴리네시아인에 의해 동남아시아에 유입된 고구마는 필리핀을 거쳐 중국의 푸젠성[복건성(福建省)]에 전해졌으며 차차 아시아 각국에 퍼진 것으로 추정하고 있다.

고구마는 주로 아시아・아프리카에서 재배되고 있지만 유독 서양에서는 생산량이 적다. 중국・인도네시아・한국・브라질 등이 고구마의 주요 생산국으로 손꼽히고 있다.

유럽 열강의 동아시아 진출

이후 고구마는 동아시아(East Asia)에 유입되었는데(16세기-18세기) 당시 한・중・일 3국은 공교롭게도 봉건사회였다. 곧 각 지역의 제후나 가신들이 왕에게 충성하는 대가로 대개 토지를 하사받아 생존하던 시대였다. 이 시기는 왕과 제후 간의 주종 관계를 배경에 둔 사회에서 점차 근대 자본주의사회로 탈바꿈하는 과도기였다.

한편 영국・스페인・포르투갈・네덜란드・프랑스 등 유럽 열강은 5대양의 풍향과 풍속 및 조류체계와 해저지형 등의 정보를 고도의 항해술에 결부하여 이로써 광활한 세계를 해상을 통해 하나로 연결해 나가고 있었다(15세기-).

이러한 시대적 변혁은 그동안 아시아와 유럽이 독자적으로 발전하는 시기에 종지부를 찍고 서구열강이 본격적으로 동양에 진출하게 된 결정적인 계기로 작용하였다.

이와 같은 유럽 열강에 의한 시대적 환경변화는 시나브로 대륙 간·지역 간 상호 전방위적인 문물교류를 이끌게 되는데 여기서 고구마는 당시 문물교류의 매개로서 기능하였다.

고구마의 전파경로

그런데 고구마 전파경로는 지금까지 오리무중이다. 오늘날 과학이 인류의 변천사나 우주 행성의 탄생경로마저 넉넉히 꿰뚫고 있음에도 불구하고 이처럼 한갓 고구마의 지난 역사에 갈피를 못 잡고 허둥대고 있는 모습을 보면 참으로 해괴한 일이 아닐 수 없다.

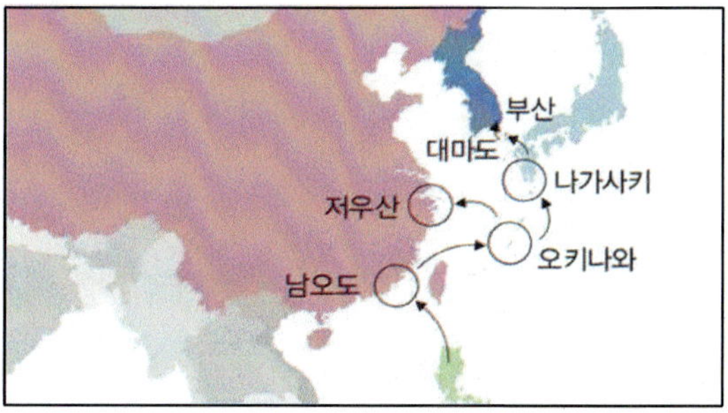

| 우리나라 고구마의 전래경로 |②

고구마는 멕시코와 남미가 원산지로 인류가 처음 재배한 이후(B.C. 5000년) 유럽이 개척한 대양의 해로海路를 따라(15세기) 동아시아 최초로 중국 난아오도[남오도(南澳島)]에 첫발을 디뎠다(1584). 이를 기점으로 고구마는 일본의 오키나와(沖繩, Okinawa)를 거쳐(1597) 쓰시마(對馬島, Tsushima)에 전래 되기에 이르고(1715) 이후 쓰시마로부터 조선에 유입된다(1763). 따지고 보면 반나절 뱃길을 건너는데 무려 50년이 걸린 셈이다.

당시 쓰시마에서 고구마를 가져온 장본인은 예조참의[禮曺參議, 정3품

(正三品)] 조엄(趙曮, 1719-1777)이었다.5] 그는 일본 통신사로 가던 도중 대마도에서 고구마를 처음 접하고 조선에 반입한 인물로서 저서 해사일기海槎日記에서 고구마에 대한 소회를 다음과 같이 밝히고 있다.

> "대마도에는 고귀위마[古貴爲麻, こうこいも(고우고이모)]라는 작물이 있다. 일행 중에 이것을 구한 사람이 있어 말하기를 이것이 이 땅과 같이 우리 땅에서도 잘 자라 퍼진다면 그 옛날 문익점(文益漸, 1329-1398)의 목화처럼 백성을 매우 이롭게 할 것이다." <해사일기>

|**조엄**(趙曮, 1719-1777)|③

고구마가 한·중·일 그리고 동아시아에 전파된 발자취를 따라가 볼 때 눈에 띄는 특징 중 하나를 엿볼 수 있는데 그것은 크고 작은 도서(島嶼, Islands)를 때로는 지나고 넘어가며 오랜 시간 천천히 이동하며 전파되었다는 사실이다.

물론 여기서도 고구마의 전파는 당시 전 세계 해양을 제패했던 유럽 열강의 해양 세력이 가교역할을 했다. 고구마의 전파경로 뒤따라가다 보면 당시 한·중·일 각국의 해양 정책을 가늠할 수 있는 당시 역사적 사실을 눈여겨볼 수 있다.

5] 조엄은 조선 후기 문신으로 통신사로 일본 방문 시 고구마 종자를 들여와 동래와 제주도에 전해 고구마 재배를 실현한 인물이다. 영조(재위 1724-1776) 당시 산업 발전과 국가의 건전한 재정을 위해 많은 공을 세웠고 문장에도 뛰어났다. 저서에 <해사일기>·<해행총재> 등이 있다.

중국의 경우

중국은 지리적으로 육상이나 해상이나 모두 고구마 유입과 전파에 가장 유리한 위치를 점하고 있었다. 그러나 그러한 유리한 입지에도 불구하고 고구마 전래는 상당한 장애가 뒤따랐는데 그 이유는 명나라(1368-1644)와 청나라(1636-1912) 때 전격적으로 시행된 이른바 해금정책海禁政策 때문이었다.

해금정책은 당시 극심했던 왜구倭寇의 침공에 대한 방어책이자 나아가 외국과의 해상무역을 강력히 봉쇄하기 위한 것에 목적이 있었다. 이러한 쇄국적 해금정책에 가로막혀 중국 내부에서도 고구마는 물론이고 해외문물의 전파는 극히 제한적일 수밖에 없었다. 당시 왜구의 침탈은 비단 중국뿐만 아니라 동아시아 일대에서 빈번히 자행되었는데 그들은 한결같이 약탈에만 관심이 있었다.

해금정책은 왜구의 침공을 선제적으로 방어하기 위한 고육지책苦肉之策이었으나 결국에는 벼룩 한 마리 잡으려 초가삼간 태운 격의 우매한 결과를 초래하고야 말았다.

왜구의 침략과 약탈은 해금정책을 비웃기라도 하는 듯 그칠 줄을 몰랐고 이 때문에 외국과의 문물교류도 상당한 지장을 초래할 수밖에 없었기 때문이었다.

그 결과 중국은 한때 중국 남부 해상을 장악한 왜구로부터 고구마를 역수입할 수밖에 없었던 해괴한 과정을 겪기도 했다. 고구마의 시각에서 중국의 해금정책이 신문물의 유입에 얼마나 큰 장애가 되었는지를 여실히 보여주는 대목이다. 그렇다면 고구마는 해금정책의 폐해를 입증할 수 있는 결정적 증인이 되는 셈이다.

조선의 경우

조선은 중국의 선례를 답습하여 이를 제도적으로 안착시키기 위한 취지에서 중국이 취했던 해금정책보다 더욱 강력한 쇄국정책鎖國政策6]을 시행했다.

| 흥선대원군의 척화비 |

당시 조선은 오랫동안 중국에 이른바 조공(朝貢, Tribute)을 바치고 있었다. 이는 조선이 중국의 속국으로서 정치적 지배에 있음을 인정한 사대주의 표식이었다.

게다가 조선은 책봉(冊封, Investiture)7]이라는 방편을 통해 당시 동아시아를 제패하여 그 범위를 세력권에 두고 있는 중국의 외교적 울타리에 안주할 수 있었고 이로써 조선은 중국의 보호 아래 국가 안위를 담보할 수 있었다.

중국에 대한 사대주의(事大主義, Flunkeyism) 결과로 조선의 조공과 책봉은 대외적으로 중국 해금정책보다 더욱 강력한 정치적·경제적 벽을 쌓는 화근을 자초했다. 그 결과 국제사회로부터 당시 조선을 이른바 은둔의 나라(Hermit Nation)8]로 낙인찍게 했다.

6] 다른 나라와 관계를 맺지 않고 문호를 닫아 통상에 임하지 않는 정책을 말한다. 조선 왕조는 병자호란(1636) 이래 오랫동안 쇄국정책을 고수했다. 흥선대원군이 집권하면서(1863) 국정 전반에 걸쳐 과감한 개혁을 단행하였으나 청나라를 제외하고 척양척왜(斥洋斥倭)를 고수하며 쇄국정책을 유지하였다. 특히 이 당시 천주교의 유입을 단호히 배격하여 병인양요(1866)와 신미양요(1871) 등 2차례에 걸친 양요가 일어나기도 했으며 이러한 양요와 열강의 문호 개방에 대한 요구가 맞물리자 전국에 척화비(1871)를 세워 적극적인 쇄국정책을 지향하였다. 그 결과 구미 열강은 통상 시도를 포기할 수밖에 없었다. 쇄국정책으로 일관하던 조선은 병자수호조약(1876)을 체결하면서 쇄국의 빗장을 풀었으며 조미수호통상조약(1882)으로 외국인에게 자유를 보장하고 해금을 풀게 되었다.

7] 주변 국가나 이민족의 장을 임명해 군신 관계를 맺은 제도이다.

8] 신미양요 때 미국인 그리피스(William Elliot Griffis, 1843-1928)는 일본에 거주하면서 당시 일본 메이

|조선, 은둔의 나라 |④

전파경로를 볼 때 만약 고려 시대(918-1392)였다면 일주일이면 충분히 유입되었을 고구마가 아이러니하게도 이 울타리를 넘기까지 머나먼 길을 돌고 돌아 장장 179년(1584-1763)의 세월을 소비해야 했다.

이처럼 고구마는 세계사적 문명의 흐름을 전하기 위해 동쪽 끝 변방의 조선을 향해 끊임없이 손 내밀고 있었으나 조선은 이를 뿌리치고 말았다. 원인은 쇄국이었다.

일본의 경우

| **사카모토 료마**(坂本龍馬) |⑤

일본은 일찍이 중국의 해금정책이나 조선의 쇄국정책과는 달리 전방위적인 개방정책을 이끌어 신문물을 한층 이른 시기에 수용하고 신속히 전파하는 의지를 돋보였다.

일례로 일본 근대화를 주도한 인물로서 오늘날 일본이 국내 역사상 가장 위대한 인물로 추앙하고 있는 사카모토 료마(坂本龍馬, 1835-1867)는9] 일찍이 무역과 해운

지(明治) 유신을 추진한 중요 인사들과 교분을 쌓았다. 이후 그는 미국으로 귀국 후 목사로 활동하면서 우리나라와 일본 등에 관한 방대한 저술을 남겼는데 그중에 <조선, 은둔의 나라 : Corea, the Hermit Nation>라는 책을 통해 처음으로 이 말을 사용하였다.

9] 일본 에도시대 무사로 천황에게 국가 통치권을 돌려준 이른바 대정봉환(大政奉還)을 주도해 일본의 근대화를 이끈 인물이다. 대립 관계에 있던 국내 세력의 통일을 이루어 메이지유신(明治維新)을 통해

에 눈을 떠 당대 일본이 해상 강국으로 부상할 수 있는 주춧돌을 놓았다.

개인적인 생각으로 사카모토 료마가 가장 좋아했던 식물은 아마도 고구마가 아닐까 생각한다. 왜냐하면 근대화의 명분을 내재하고 있다는 이유에서다. 요컨대 고구마의 시각에서 해상정책에 관한 한·중·일 저마다의 인식은 선진문물의 수용 차원을 넘어 각국의 운명을 가르고 결정짓게 한 결정적인 원인이 되었다(19세기 이후).

고구마 삼국지가 주는 시사점

고구마는 전래 초기 그 명칭이 중국의 감저甘藷에서 유래된 감자와 구분 없이 혼용되었다. 이후 앞서 조엄이 일컬은 대로 일본 쓰시마에서 사용되던 명칭 고귀위마古貴爲麻가 전래 되어 토착화되는 과정에서 고구마라는 별칭으로 널리 통용되어 오늘에 이르고 있다.

고구마는 본래 척박한 환경에서도 잘 자라 흉년에도 결실을 거둘 수 있는 이른바 구황작물(救荒作物, Emergency Crop)로서 인류의 미래먹거리로 주목받고 있다. 게다가 고구마는 감자보다 훨씬 단맛이 강할 뿐만 아니라 김치와도 궁합이 잘 맞아 남녀노소 누구나가 즐겨 찾는 서민 먹거리로 그 지위를 보전하고 있다.

고구마는 지난 역사에서 해상을 통해 근대화의 과정을 오늘날 추상같이 바로 전하고 있는 식물이다. 곧 고구마의 전래는 지난날 고구마의 전래로부터 선진문물의 전방위적인 수용은 저마다의 장래와 운명을 견고한 반석 위에 올려놓는 계기가 되었음을 시사하고 있다.

중앙집권적인 근대국가로 나아갈 수 있는 발판을 마련하였다. 친구인 나카오카 신타로(中岡愼太郎)와 함께 막부 순찰대의 습격을 받아 교토에서 약관 33살의 나이로 암살당했다(1867).

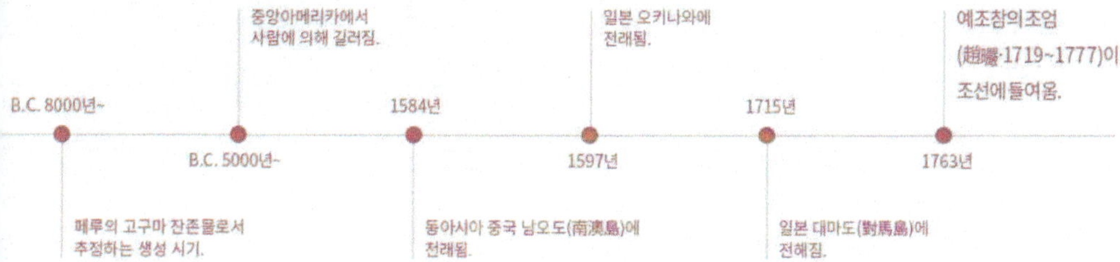
B.C. 8000년~
페루의 고구마 잔존물로서
추정하는 생성 시기.
B.C. 5000년~
중앙아메리카에서
사람에 의해 길러짐.
1584년
동아시아 중국 남오도(南澳島)에
전래됨.
1597년
일본 오키나와에
전래됨.
1715년
일본 대마도(對馬島)에
전해짐.
1763년
예조참의조엄
(趙曮·1719~1777)이
조선에 들여옴.

| 고구마 전파경로 |

바나나 전쟁

바나나의 어제와 오늘

한때 바나나는 일개 과일이었음에도 구하기가 매우 어려웠을 뿐만 아니라 맛보기도 매우 힘들었다(1970년대 말). 게다가 크기라고 해봐야 고작 애호박에도 미치지 못한 게 몸값도 끝 간 데 없이 천정부지여서 보통 사람들은 엄두를 내지 못했던 귀족 과일이었다.

일례로 바나나는 당시 명절선물로 첫손에 꼽히던 5kg짜리 설탕 1포대와 몸값을 나란히 했다. 그러기에 바나나는 사치스러운 품새를 지닌 그래서 어렵게 한 입 베어 물고도 이내 목구멍에 넘기기 아까웠던 지극히 불편하고도 생경한 금쪽같은 과일이었다.

그렇지만 지금 바나나는 어디서나 쉽게 맛볼 수 있는 친숙한 과일로 탈바꿈하여 뉘게나 사랑받는 과일이 되었다. 값도 예닐곱 개 한 송이에 고작 애호박 1개도 미치지 못하고 있음을 보면 지난날 바나나 인생역정을 돌이켜볼 때 격세지감隔世之感이 아닐 수 없다.

한 곳에 치우친 생각일지는 모르겠으나 수많은 과일 중에 아마도 바나나만큼이나 기구한 팔자를 타고난 과일도 없을 것 같다. 왜냐하면 격세지감도 그렇지만 바나나로 인한 암울한 전쟁의 역사가 현대사의 한 페이지를 차지하고 있기 때문이다. 여기서 전쟁은 촉발된 미국과 EU 간의 세칭 바나나 전쟁을 일컫는다(1993).

| 매들린 올브라이트 |①

미국의 빌 클린턴(Bill Clinton) 대통령 재임 시 미국 국무장관으로 활동했던 매들린 올브라이트(Madeleine Albright, 재임 1997-2001)는 퇴임 후 그의 회고록에서 바나나 전쟁을 대표적인 총성 없는 전쟁으로 기억하면서 자신의 인생에서 바나나 때문에 그것도 장장 16년이라는 긴 세월을 소비할 줄은 꿈에서도 생각하지 못했다며 바나나 전쟁을 회고하고 있다.

미국 다국적 농산물기업의 전횡과 바나나 공화국

제1차 세계대전이 끝난 직후 미국은 중미지역의 쿠바Cuba · 푸에르토리코Puerto-rico · 온두라스Honduras · 니카라과Nicaragua · 과테말라Guatemala · 아이티Haïti 등에 진출한 United Fruit Company1] · Dole 등 자국 농산물기업을 현지 혁명 세력의 위협에서 보호하겠다는 명분을 앞세워 그들 국가에 전격적으로 군대를 투입하여 영향력을 행사한다.

이후 현지 혁명 세력에 맞서고 있던 이들 국가의 독재자들은 미국의 암묵적 비호 아래 무소불위의 권력을 휘둘러 댔으나 그것도 잠시뿐이고 또 다른 세력의 쿠데타에 의해 수시로 권좌가 뒤바뀌는 불안정한 환경에 휩싸여 있었다.

1] 1990년 'Chiquita Brands International'로 명칭을 변경하였다. 이하 간략히 'Chiquita'라고 한다.

이런 환경이 전개된 이유는 Chiquita의 특별한 경영전략에 있었다. 당시 Chiquita는 거대자본을 통한 강력한 로비력으로 미국 의회를 폭넓게 장악하고 있었던 까닭에 매번 등장하는 독재자들은 Chiquita 영향력 아래 그들의 이해타산에 휘둘릴 수밖에 없는 꼭두각시에 불과했다.

| chiquita LOGO |②

그 결과 이들 국가의 독재자들은 이윤 극대화를 위한 Chiquita의 주도면밀한 경영 전략의 향배에 따라 때마다 권좌 반납을 밥 먹듯 되풀이해야 했다.

Chiquita의 전횡 때문에 한때 Chiquita는 국제사회에서 이른바 국가 위의 국가로 불렸다. 이에 반하여 이들 국가는 Chiquita 지배하에 예속된 이른바 바나나 공화국이라는 오명을 뒤집어쓰게 되었다.

ACP 국가에 대한 유럽의 바나나 무관세 특혜

| ACP LOGO |③

같은 시기 유럽에는 전혀 다른 양상이 전개된다. 유럽연합(EU, European Union)2]은 출범을 앞두

2] 유럽 역내 27개국 정치・경제 통합기구이다. 로마조약 체결(1957)로 출범한 유럽경제공동체(EEC, European Economic Community, 1965)로부터 시작되었다. EEC는 유럽석탄철강공동체와 유럽원자력공동체 등과 합병조약을 체결하여 3개 공동체를 통칭한 유럽공동체(EC, European Community)를 결성했고 마스트리흐트조약(1993)에 따라 유럽연합(EU)으로 개칭했다. 이후 추가 회원국 가입으로 수 차례 조약을 수정했고 영국 EU 탈퇴 선언인 브렉시트(Brexit, 영국의 EU 탈퇴를 뜻하는 용어로 영국(Britain)과 탈퇴(Exit)를 합성한 용어)가 발효되어(2021.1) 현재 27개 회원국으로 구성되어 있다.

고 역내 회원국의 무역관리 시스템을 통일하면서 아프리카·카리브해·태평양 지역에 위치하여 옛날 유럽 열강의 식민 지배를 경험한 소위 ACP 국가(African · Caribbean and Pacific States)에 이례적으로 무관세 특혜 조치를 전격 시행하는데 공교롭게도 그 한 중심에 바나나가 있었다.

여기서 특혜 조치는 ACP 바나나에 대한 EU 역내 무관세 수입과 그 밖의 국가로부터 바나나 수입은 일정한 기준 이상 차별적 고관세를 부과한다는 것이 핵심이었다.

미국과 EU 간 바나나 전쟁의 서막

이러한 EU의 눈에 띄는 특혜 조치는 Chiquita 및 Dole 등을 은밀히 배후에서 감싸주고 보호하고 있는 미국의 분노를 촉발하게 되는 계기로 작용하였다.

당시 다국적 기업 Chiquita 및 Dole 등은 다수의 남미국가에서 바나나를 수입한 후 부가가치를 높여 재수출하는 이른바 가공무역(加工貿易, Improvement Trade)3]에 임하고 있었다.

그런데 이들과 연관된 남미국가는 ACP 국가가 아니었던 까닭에 그 어떠한 특혜도 받을 수 없었고 그 결과 가격경쟁력 상실로 막대한 피해가 예견되었을 뿐만 아니라 실제 피해 또한 어마어마했다. 이것이 미국과 EU 간 총성 없는 전쟁으로서 지루하게 이어진 바나나 전쟁의 빌미가 되었다.

3] 외국에서 원재료 또는 완성되지 않은 반제품을 수입하여 이를 국내에서 가공한 뒤 다시 수출하는 무역형태이다. 주로 천연자원이 부족한 나라가 이를 수입하여 물품을 대량 생산하는 공업 국가로 발전하는 과정에서 나타났다.

바나나 전쟁의 전개 과정

전쟁의 양상은 그야말로 어느 한쪽이 엎어지면 다른 한쪽이 메치는 엎치락뒤치락 난세의 형국으로 전개되었다. 초기에 미국은 WTO(세계무역기구, World Trade Organization)[4]에 제소하여 승소 판결을 받아냈다.

그러나 WTO의 판결에도 불구하고 시정조치에 지극히 미온적이었던 EU의 불성실한 태도에 미국은 급기야 EU에서 수입되는 모든 사치품에 전격적인 고율의 보복관세(報復關稅, Retaliatory Duties)[5]를 부과했다. 이는 EU에 대한 전면적인 선전포고와 다름이 없었다.

미국의 조치에 EU는 역내에 미국 항공기 통과를 금지하는 맞불을 놓고 또다시 미국은 EU 항공기의 미국 내 취항을 불허하고 재차 반격에 나선 EU는 미국산 소고기 수입을 전면 봉쇄하는 초강수로 대응한다. 물고 물리는 미국과 EU 간의 치열한 공방전은 끝날 기미가 보이지 않았다. 더불어 세계 경제 또한 이러한 양자의 갈등으로 극심한 침체 양상을 보였다.

바나나 전쟁의 결과

끝날 것 같지 않았던 미국과 EU의 바나나 전쟁은 승자 없이 쓰라린 상흔만을 남긴 채 지루하기 짝이 없는 16년이 지나서야 양자의 전격적인 합의로 어렵사리 종전을 고하게 되었다(2009). 어이없게

4] 무역 자유화를 통해 전 세계적인 경제 발전을 목적에 둔 국제기구로 스위스 제네바에 본부가 있다. 우리나라는 WTO 출범과 함께 회원국으로 가입하였다(1995.1.1). 관세 및 무역에 관한 일반협정 GATT(General Agreement on Tariffs and Trade)를 대신해 국제무역 질서를 관장하고 우루과이라운드(UR, Uruguay Round of Multinational Trade Negotiation) 협정 이행을 감시하는 국제기구이다.

5] 자국 상품에 불리한 대우를 하는 국가의 물품에 부과하는 보복적 성격을 가진 관세이다.

도 기치에 내건 종전 합의라는 것이 고작 EU는 ACP 및 남미에서 수입되는 바나나 관세를 형평에 맞게 재조정한다는 것과 미국은 EU 수출품에 대한 보복관세를 없앤다는 것이 전부였다.

현대 국제사회에 있어 국가의 가장 큰 책무는 자국 이익의 보존과 증진에 있다. 바나나 전쟁은 제아무리 국가 간의 협력과 공조가 중요하게 부각 되고 있다고 하더라도 그것이 자국의 이익에 배치되면 모두가 무용지물이라는 사실을 되짚어 볼 수 있는 사건이다.

바나나 전쟁도 국가 간 전쟁이라면 전쟁이라 볼 수 있겠지만 지금에서 뒤돌아보면 애들 싸움이나 국가싸움이나 유치하기 짝이 없다고 할 때 언감생심 바나나 전쟁이라는 명칭은 격에 맞지 않고 이후로 그냥 바나나 쌈박질로 부르는 게 후련할 것 같다는 생각이다.

| 미국 · EU의 16년 바나나 전쟁의 전말 |

자살률 1위 국가 한국

화제를 달리하여 OECD(경제개발협력기구, Organization for Economic Cooperation and Development)6] 회원국 중 우리나라는 자살률에 관한 한 부동의 1위 국가

6] 회원국 간 상호 정책조정 및 협력을 통해 공동 발전 및 성장과 인류의 복지 증진을 도모하는 정부

라는 불명예를 떠안고 있다. 왜 자살률이 최고인 국가가 되었을까? 그 이유에 관해서는 견해가 다양하나 대부분은 과도한 스트레스 누적에서 야기된 우울증 및 불안장애 때문으로 보고 있다.

세로토닌과 정신장애

약리학적 실제로서 세로토닌Serotonin이라는 물질이 있다. 이 물질은 생리적으로 우리 몸에서 생산되는 물질 중에서 감정과 기분은 물론이고 우울증(憂鬱病, Depressive Disorder)[7] 및 불안장애(不安障碍, Anxiety Disorders)의 극복에 크게 관여하고 있는 항우울제의 핵심 성분으로 작용한다.

그러기에 만약 우리 몸에 세로토닌이 부족하면 예컨대 자살까지 이르게 할 수 있는 우울증·불안장애·공황장애(恐慌障碍, Panic Disorder)[8]·신경장애(神經障碍, Eurological Disorder) 등의 질환을 유발하게 된다.

이러한 질환을 치료하기 위한 항우울제는 대개 뇌하수체에서 세로토닌 분비를 촉진하여 이상의 질환을 완화하거나 치료하는 약제로서 주목받고 있고 또한 널리 사용되고 있다.

모든 약이 다 그렇겠지만 항우울제도 예방이 아닌 치료약제라고

간 협력기구를 말한다. 제2차 세계대전 뒤 유럽은 미국의 유럽부흥계획[Marshall Plan]을 수용하기 위해 16개 서유럽 국가를 회원으로 유럽경제협력기구(OEEC)를 발족하였고(1948) 미국·캐나다를 준회원국으로 받아들였다(1950). 이후 OEEC 18개 회원국과 미국·캐나다 등 20개국의 각료와 당시 유럽공동체의 대표가 모여 경제협력개발기구조약에 서명함으로써(1960) OECD가 탄생하였다(1960). 설립 목적은 경제사회 부문별 공통 문제에 대한 최선의 정책 방향을 모색하고 상호 정책을 조정함으로써 공동의 안정과 번영을 도모하는 데 두고 있다. 현재 회원국은 오스트리아·벨기에·캐나다·덴마크·프랑스·독일·그리스·아이슬란드·아일랜드·이탈리아·룩셈부르크·네덜란드·노르웨이·포르투갈·스페인·스웨덴·스위스·터키·영국·미국·일본·핀란드·호주·뉴질랜드·멕시코·체코·헝가리·폴란드·한국·슬로바키아 등이다.

7] 의욕 저하와 우울감으로 다양한 정신·신체적 증상을 일으켜 기능 저하를 가져오는 질환이다.

8] 갑자기 엄습하는 강렬한 불안 이를테면 공황 발작을 반복적으로 경험하는 장애를 말한다.

할 때 그것도 사후약방문死後藥方文이 아닐까 싶다. 그렇다면 우울증 및 이와 유사한 질환을 단박에 예방할 수 있고 이로부터 자살률 1위의 불명예를 벗어날 수 있는 사전약방문은 정녕 찾아볼 수 없는 것일까? 만약 있다면 산삼과 바꿔도 아깝지 않을 터인데 말이다.

세로토닌의 제왕, 바나나

바나나는 자살률로 실추된 국가 체면은 둘째치고 긍정의 힘이 절실한 세계적 팬데믹Pandemic에 맞설 수 있는 그래서 나와 가족 및 국민건강을 담보할 수 있는 유익한 과일로서 의의를 돋보이고 있다. 왜냐하면 바나나는 알려진 대로 세로토닌을 가장 많이 함유한 과일이기 때문이다.

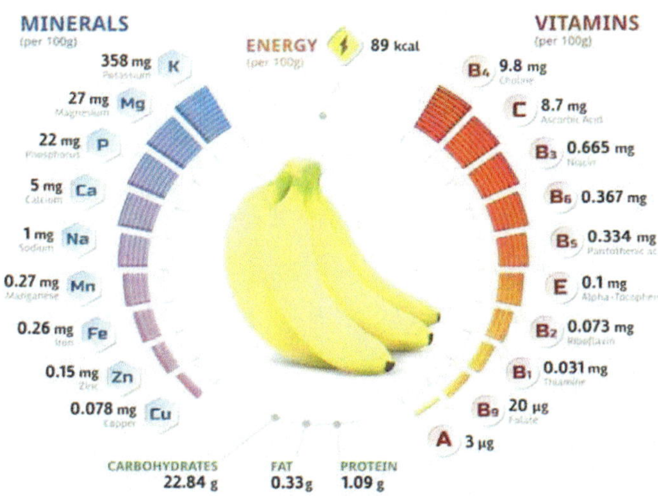

| 바나나의 효능 |

소금성, 잘츠부르크

소금의 기원과 역사

소금(염화나트륨, NaCl)은 Sal라틴어에서 유래되어 Salt영어 · Salz독어 · Sel프랑스 · Sal스페인 · 포르투갈 · Sale이탈리아 등으로 불린다. 소금은 나트륨Na과 염소Cl가 동일 비율로 결합 되어 있는 정입방형 결정이다.

소금은 불순물을 많이 포함하고 있어 결정이 불규칙하고 색상도 다양하다. 여기서 불순물은 가열하여 제거한다. 본래 소금은 인간이 생명을 유지하는 데 필수 불가결한 무기질 중 하나로 음식 맛을 내는 조미료로서 인류 역사와 함께 오랫동안 이용되어왔다.

인류가 소금을 이용하기 시작한 것은 선사시대(先史時代, Pre-Historic Age)로 추정하고 있다(B.C.6000년경). 유목 생활을 하던 원시시대는 우유나 고기를 섭취하여 간접적으로 소금을 자연스럽게 섭취할 수 있었다. 그러나 점차 농경사회로 들어서면서 식생활이 곡류나 채소 위주로 바뀌어 나감에 따라 따로 소금을 섭취할 필요가 생기게 되었다.

소금은 고대국가의 종교의식에서 중요한 제물로 사용되기도 했으며 변하지 않는 소금의 성질 때문에 계약을 맺거나 충성을 맹세하는 징표로 사용되는 등[1] 각양의 사회적 필요에 따라 널리 보급되고 관리되었다.

소금의 생산지인 해안이나 암염(巖鹽, Rock Salt)[2] 염호(鹽湖, Salt Lake) 등이 있던 장소는 수렵민이나 농경민이 소금을 교환하기 위해 모여들면서 교역의 중심지가 되었다. 이후 상인들의 왕래가 활발해지면서 점차 소금을 얻기 위한 국가 간의 교역로가 구축되었다.

중국·이집트·페르시아 등 여러 나라에서는 국가적으로 소금의 생산 및 공급을 통제하기도 했으며 로마 시대에는 화폐로도 사용되었을 뿐만 아니라 군인이나 관리의 봉급을 소금으로 지급하기도 했다. 여기서 병사에게 주는 소금 돈이라는 뜻의 라틴어 살라룸Salarum은 후일 영어 샐러리Salary의 어원이 된다.

우리의 경우 언제부터 소금을 제조했는지는 정확히 알려진 바 없으나 다만 문헌에 비추어 꽤 오래되었을 것으로 추정하고 있다. 곧 삼국시대 소금에 관한 기록이 있고 또 공물로 사용되기도 하였다.

> "왕은 소금 장사로 망명 생활을 했다." <삼국사기, 미천왕조>
>
> "소금이 시중侍中이 되었다." <삼국유사>
>
> "소금 장수가 평양감사 보다 낫다." <속담>
>
> "소금 장수 사위를 보았다." <속담>

1] 이는 구약성서의 기록에서도 찾아볼 수 있다. 그 내용은 다음과 같다. "네 모든 소제물에 소금을 치라 네 하나님 언약의 소금을 네 소제에 빼지 못할지니 네 모든 예물에 소금을 드릴지니라"(레위기 2:13), "이스라엘 자손이 여호와께 거제로 드리는 모든 성물은 내가 영구한 몫의 음식으로 너와 네 자녀에게 주노니 이는 여호와 앞에 너와 네 후손에게 영원한 소금 언약이니라"(민수기 18:19), "이스라엘 하나님 여호와께서 소금 언약으로 이스라엘 나라를 영원히 다윗과 그의 자손에게 주신 것을 너희가 알 것 아니냐"(역대하 13:5).

2] 천연물 염화소듐(Sodium Chloride)의 결정으로 소금 광산에서 캐낸다. 바다 소금보다 순도가 높다.

위의 기록이나 속담 등을 통해 예로부터 소금이 얼마나 귀한 대접을 받았는지 쉽게 이해할 수 있다.

한편 고려 시대에는 국가가 소금 생산권을 보유하고 있어 소금의 생산·관리·유통 등에 국가가 직접 개입한 흔적을 보이고도 있다. 때로는 권세가들이나 사찰이 사적으로 염전을 소유하면서 그 이익을 독점하기도 했고 개인의 소금 생산과 무역 및 유통 등도 암암리에 이루어지기도 했다.

> "충렬왕 14년(1288) 3월 무신일에 사신을 각도에 파견해 소금을 전매(專賣, Monopoly)하게 했다." <고려사>

그러나 고려 중엽 이후에는 국가가 소금을 일괄 수용하여 이후 개인적으로 소금을 제조하거나 무역에 임하는 행위를 일절 금지함과 동시에 엄한 죄로 다스리기도 했다.

조선 시대에는 고려의 소금 전매제도를 계승하여 국가가 소금의 생산과 유통을 통제하였다. 세조(世祖, 재위 1455-1468) 재위 시 소금 생산의 이력을 기록하였으며 관리 및 처벌 규정 등을 정비하였다.

그러나 이 당시 소금의 관리제도는 엄밀한 의미에서 고려 시대와 같이 소금 전매제도를 시행하지는 않았다. 왜냐하면 소금의 생산 수단을 개인이 독점하는 것은 강력하게 금지하였으나 사적으로 생산하고 판매하는 것은 허용하였기 때문이다.

> "각도에는 장부를 만들어 소금을 관리하고 해안에서 멀리 떨어져 있는 고을에는 소금 창고를 설치하여 생산된 소금을 저장하고 보관한다." <경국대전>

"장부에서 소금량을 누락시킨 자는 장형 80대에 처하고 거기에서 얻은 이익은 관에서 몰수한다. 여러 도의 구황염救荒鹽3]은 구황으로 쓴 것을 제외하고는 모두 곡물로 바꾼다. 매년 곡물로 바꾸어 군자에 보탠 수는 관찰사가 기록을 갖추어 왕에게 보고한다." <경국대전>

소금으로부터 비롯된 무역 전쟁

| 에디오피아 다나킬(Danakil) 평원 소금 채취 |①

고대문명의 기록에 비추어 볼 때 소금은 아주 이른 시기부터 무역의 한 중심에 있었다. 고대 이집트에서 소금은 미라(木乃伊, Mummy)를 만들 때 반드시 있어야 할 물품이었기에 매우 중요한 무역 물품으로 취급되었다. 이를테면 그리스 역사가 헤로도토스는 소금의 중요성을 말하면서 리비아 사막에 있는 소금 광산을 방문했다는 기록을 남기기도 했다(B.C.425).

고대 이집트의 나일강(Nile Riv.) 하구를 중심으로 고대 메소포타미아(Ancient Mesopotamia)가 연결되는 이스라엘 땅에는 무한정 소금을 구할 수 있는 사해(死海, 鹽海, Dead Sea)가 있었다.

구약성경에는 사해를 중심으로 형성된 여러 왕국의 역사가 등장

3] 흉년에 굶주림을 구제하는 데 쓰는 소금으로 여러 도에 설치되어 있었다. 구황염은 매년 구황에 쓰인 소금을 제외하고는 모두 곡물로 바꿔 군수물자에 충당하였다.

| 이집트 미라 작업 당시의 소금 |

하는데 때마다 사해 주변은 끊임없이 분쟁이 발생하는 역사의 땅으로 기록하고 있다. 특히 소금 무역의 중심지가 되었던 요르단(Trans-Jordan) 지역의 분쟁이 가장 심했다.

일례로 유명한 이스라엘 다윗왕(David, 재위 B.C.1010-970) 재위 시 사해의 소금 계곡을 확보하기 위한 에돔Edom 왕국과의4] 전쟁은 지금까지 구약성서에 기록되어 전해오고 있다.5] 다른 한편 에티오피아의 다나킬Danakil 지역의 거대한 소금 평원에서 채취된 소금은 로마와 아랍과 인도까지 수출되기도 하였다.

로마인들은 테베레강(Tevere Riv.) 어귀 오스티아Ostia 해변에 거대한 제염소를 지었고 소금 길이라는 뜻의 비아 살라리아(*Via Salaria*)라는 도로

4] 현재 이스라엘 남쪽 지방 사해 주변과 현 요르단의 산악 지방에서 살았던 고대 민족이다.

5] "다윗이 소금 골짜기에서 에돔사람 18,000명을 죽이고 돌아와서 명성을 떨치니라."(사무엘하 8:13), "[다윗이 교훈하기 위해 지은 노래, 다윗이 아람 나하라임과 아람소바와 싸우는 중에 요압이 돌아와 에돔을 소금 골짜기에서 쳐서 12,000명을 죽인 때에] 하나님이여 주께서 우리를 버려 흩으셨고 분노하셨사오나 지금은 우리를 회복시키소서"(시편 60:1)

| 비아 살라리아(Via Salaria) 길 |②

를 건설해 오스티아 해변에서 로마까지 소금을 수송했다(B.C.600). 로마제국 번영의 기초는 이처럼 잘 다져진 도로망의 확충으로부터 비롯되었다.

이후 소금은 이른바 삼각 무역 Triangular Trade6]을 형성하는 기반이 되었으며 이후 이슬람 문명을 아프리카 서해안으로 전파하는 매개가 되기도 하였다.

한편 이탈리아 베네치아Venezia가 오늘날 무역항구로 발전할 수 있었던 배경은 갯벌에서 소금을 생산하여 무역을 통해 큰 이득을 얻을 수 있었기 때문이었다(10세기 이후).

한때 중세시대 베네치아는 소중한 소금 독점권을 주위의 연안국이 위협하자 그들과 전쟁을 벌이기도 했다. 일례로 페라라 소금 전쟁(*Guerra di Ferrara* or *Guerra del Sale*, 1482-1484)7]은 당시 소금으로 번영한 베네

6] 일반적으로 3국 간에 이루어지는 무역을 의미하나 역사적으로 노예무역을 일컫기도 한다. 이론적으로는 중계무역(中繼貿易, Intermediate Trade)과 중개무역(仲介貿易, Merchandising Trade)으로 구분한다. 전자는 수출을 목적으로 물품을 수입하여 가공하지 않고 그대로 제3국으로 수출하여 수출·입의 차액을 수취하는 상거래를 말한다. 중계무역은 자국 물품의 공급능력에 직·간접적 한계가 있을 때, 제3국에서 물품을 수입하여 이를 다른 제3국에 수출함으로써 계속 해외시장을 관리하고자 할 때 주로 활용된다. 중계무역이 활성화되기 위한 조건은 관세의 면제·보세창고 활용·자유항·금융 편의·편리한 교통시설 등을 꼽을 수 있다. 후자는 양국 간 제3국 당사자가 개입하여 물품대금결제는 수출상이 수입상으로부터 직접 회수하고 제3국 당사자는 통상 수출상으로부터 물품의 판매대가로서 중개수수료(Commission)를 취득하는 방식이다. 즉 수출국과 수입국의 중간에서 제3국의 상인이 개입하여 이루어지는 상거래를 말한다. 중개무역에서는 중개업자에게 물품의 소유권이 이전되는 것이 아니며, 다만 중개업자는 중개수수료를 목적으로 개입한다.

7] 페라라 전쟁(*Guerra di Ferrara*) 또는 소금 전쟁(*Guerra del Sale*)은 페라라 공작 에르콜레 I세((Ercole I d'Este)와 에르콜레의 앙숙이었던 교황 식스토 IV세(Sixtus IV)와 교황의 베네치아 동맹이 이끄는 이

치아의 위상을 엿볼 수 있는 일대 사건이었다.

미국 독립혁명(American Revolution)8] 기간 중 소금 부족은 영국이 유럽과 서인도에서 미국으로 들어오는 소금을 가로막은 데서 비롯되었다. 당시 영국은 식민지였던 미국 주민을 강하게 통제하기 위해 뉴저지New Jersey 해안 제염소를 폐쇄하고 소금을 높은 가격으로 공급했다. 이로 인하여 미국 남북 전쟁 기간에(1861-1865) 소금이 부족했던 북군은 소금의 집산지였던 버지니아주Verginia 솔트빌Saltville을 점령하게 되는데(1864) 이는 내부적으로 그 지역 주민들의 사기를 떨어뜨리고 남군을 물리칠 수 있었던 결정적인 계기가 되었다.

한편 미국 텍사스주Texas와 멕시코의 접경지를 흐르는 리오그란데강(Rio Grande Riv.)은 멕시코만으로 흘러 들어가는데 이 근방 과달루프산Guadalupe Mt. 아래에는 그 옛날 강줄기가 변해 생겨난 광대한 소금호수(鹽湖, Sale Lake)가 있다. 이 호수를 두고 미국과 멕시코 간에 엘파소 소금 전쟁(El Paso Salt War or San Elizario Salt War)이 일어나기도 했다(1877).

잘츠부르크 소금 전쟁

소금의 독점과 관리체제는 유럽에서도 다른 지역이나 국가와 다름이 없었다. 이러한 관리체제로부터 비롯된 유럽 역내의 주목할 만한 전쟁이 이른바 독일과 오스트리아의 소금 전쟁이다(1611).

당시 소금 전쟁은 아무런 명분 없이 단기간 수많은 인명을 앗아간 악명높은 전쟁이라는 시각에서 현재까지 역사적으로 널리 회자

른바 교황군 간에 벌어진 전쟁이다.

8] 영국 본국의 가혹한 지배와 중상주의 정책에 반항하여 미국 13주 식민지가 협력하여 독립을 달성한 전쟁과 식민지 내부의 사회개혁을 포함한 혁명을 일컫는다.

| 중세 유럽의 소금 제조 |③

| 현재 두렌베르크(Dürrenberg) 소금산 내부 |④

되고 있는데 이 전쟁은 금처럼 소금의 희소성 때문에 발발했다. 전쟁의 공간적 배경은 천재 음악가 모차르트(Wolfgang Amadeus Mozart, 1756-1791)의 도시로 우리에게 알려진 잘츠부르크Salzburg였다. 잘츠부르크는 소금Salz+성Burg을 뜻한다.

당시 오스트리아 잘츠부르크 부근에는 두렌베르크Dürrenberg라는 소도시가 있었는데 그곳에서 뜻밖에 암염으로 이루어진 엄청난 소금산이 발견되었다(1573).

이를 계기로 엄청난 소금산을 차지하기 위해 독일은 오스트리아를 상대로 일대 전면전을 불사하게 된다(1611).

이때의 소금 전쟁은 독일 바이에른Bayern[9]의 공작 막시밀리안 I세(Maximilian I, 1573-1651)와 잘츠부르크의 대주교인 볼프 디트리히(Wolf Dietrich von Raitenau, 1559-1617) 간에 일어났는데 전쟁의 원인은 소금의 도시 잘츠부르크 점령에 있었다.

전쟁이 개시되자 막시밀리안 I세는 20,000명의 사병을 투입해 잘

9] 독일 남동부 알프스산맥 북쪽 기슭에 있는 주로서 주도는 뮌헨이다. 6세기경 보헤미아 지방에서 바이에른족이 이주하여 정착한 지역이다. 영어로는 바바리아(Bavaria)라고 하는데 바바리아는 야만스러운 또는 야만인이라는 뜻이다. 지명은 게르만족의 일파인 바이에른족에서 유래한다.

| 바이에른 막시밀리안 I세 |⑤

| 잘츠부르크 볼프 디트리히 |⑥

츠부르크를 일시에 급습했다. 전쟁 개시 전 이처럼 빠르게 진입하리라고는 전혀 예상하지 않았던 볼프 디트리히는 전의를 상실하고 도주하기에 급급했다.

막시밀리안 I세의 급습에 별다른 저항 없이 패주한 볼프 디트리히는 급기야 포로로 사로잡히게 되고(1611) 대주교에서 해직된 후 평생 감금당한 채 살아가는 운명을 접한다.

당시 소금은 금과 견줄 만큼 부의 상징으로 취급되고 있었던 까닭에 곳곳에서 이를 확보하거나 탈취하기 위한 전쟁이 비일비재했다.

부와 탐욕의 매개로서 소금에서 비롯된 잘츠부르크 소금 전쟁은 소금 때문에 많은 이들이 영문도 모른 채 피 흘리며 죽어갔던 끔찍한 전쟁으로 역사에 기록되고 있다.

광개토대왕의 소금 전쟁

광개토대왕(廣開土太王, 재위 391-412)은 선왕인 고국양왕(故國壤王, 재위 384-391)의 뒤를 이어 고구려 제19대 왕으로 등극했다. 이름은 담덕談德이고 정식 묘호廟號10]는 국강상광개토경평안호태왕國岡上廣開土境平安好太王이다.

우리가 익히 알고 있고 또 널리 호칭하고 있는 광개토태왕은 본

10] 황제나 왕이 죽은 뒤 종묘에 신위를 모실 때 붙이는 호이다.

| 국강상광개토경평안호태왕 |⑦

래 왕의 묘호를 줄인 말이다. 때로는 간략히 호태왕好太王이라 칭하기도 한다. 재위 시 칭호는 영락대왕永樂大王이었는데 이때 영락永樂은 우리나라에서 사용된 최초 연호이다.

광개토대왕은 약관 18세의 나이로 왕의 자리에 올랐는데 왕은 우리 역사상 최대의 영토를 구가한 한민족 최고의 정복 군주로서 지위를 점하고 있다.

> "태왕의 은택이 황천에 두루 미쳤고 태왕의 위무가 사해에 떨쳤다." 恩澤洽于皇天, 武威振被四海 <광개토태왕릉비>

> "광개토태왕廣開土太王의 이름은 담덕談德이며, 고국양왕故國壤王의 아들이다. 그는 태어나면서부터 체격이 크고 생각이 대범하였다." <삼국사기 광개토태왕 본기>

당시 중국은 중국 최초의 통일국가였던 진나라(B.C.221-206) 멸망 후 21개의 민족이 난립한 이른바 5호 16국11] 시대의 혼란기를 거쳤다. 그 가운데 선비족鮮卑族이12] 세운 연燕나라가 있었는데 연에는 중원

11] 유연(劉淵)의 건국에서(304)부터 북위(北魏)의 통일까지(439) 중국 화북(華北)에 흥망한 (1) 한인(漢人(전량① · 서량② · 북연③)과 공존했던 5호(胡) 및 그 시대를 말한다. 5호와 그 국명은 (2) 흉노(전조④ · 북량⑤ · 하⑥) · (3) 선비(전연⑦ · 후연⑧ · 서진⑨ · 남량⑩ · 남연⑪) · (4) 저(성한⑫ · 전진⑬ · 후량⑭) · (5) 강(후진⑮) · (6) 갈(후조⑯) 등이다.

12] 전국시대(戰國時代)에 중국에 자주 침입한 유목민족으로 영역은 남만주에서 몽골 지방에 걸쳐있었다. 후에 흉노(匈奴)에게 멸망했다.

최대의 지략가로 통하던 초대왕 모용황(慕容皝, 재위 337-348)[13]이 있었다

모용황은 재위 시 고구려를 침입하여 당시 고국원왕(故國原王, 재위 331-371)을 제압하고 왕비와 왕의 모친을 포함하여 고구려 유민 50,000여 명을 포로로 끌고 갔다. 모용황은 여기서 그치지 않고 고국원왕의 선왕인 미천왕(美川王, 재위 300-331)의[14] 능까지 훼손하여 그 시신을 인질 형태로 탈취해 가기도 했다.

이후 고국원왕은 백제의 근초고왕이 이끄는 군대와 싸우다 끝내 전사하고야 말았다. 불행히도 고국원왕 재위 시 남방의 백제는 백제 역사상 가장 강력한 왕이었던 근초고왕이 있었고 북방에는 중원에서 그 영향력이 가장 강력했던 모용황이 있었다.

한편 중원에서 또 다른 신흥세력이었던 거란契丹은 중국 내몽고 츠펑시[적봉시(赤峰市)]에 본거지를 두고 그 세력을 넓혀가고 있었다. 이후 거란은 기마민족 최초로 중원을 점령하여 요遼나라를 세우고 강력한 민족으로 급부상했다.

그러나 거란은 지리적으로 연燕과의 사이에 끼어 있었는데 불행히도 고구려 정복 군주인 광개토대왕의 최초 토벌대상이 되었다. 여기서 광개토대왕이 거란을 정복대상에 둔 이유는 다름 아닌 소금 때문이었다. 당시 고구려는 극심한 흉년에 시달렸고 이에 국내경제 부

13] 중국 5호 16국 시대 전연(前燕)의 초대 왕이다. 스스로 연왕이라 칭하고(337) 재위 시 고구려를 격파했다. 북은 내몽고 자치구 동부를 흐르는 시라무렌강 유역에서 지린성(吉林省) 눙안(農安) 방면까지 남은 장성을 넘어 베이징(北京)·톈진(天津) 북방에서 산시성(山西省) 북동부에 미치는 일대를 세력권에 두었다. 그는 중국문화 보급에 힘쓰고 선정을 펼쳤다. 내부적으로는 농경을 장려하고 민생안정을 꾀하여 국가체제를 정비하는 데 주력하였다.

14] 미천왕은 비운의 어린 시절을 보냈다. 젊은 시절 소금 장사를 하기도 했다. 평안북도 의주에서 압록강 맞은편 지역에 있었던 서안평(西安平)을 점령하여 중국 세력을 한반도에서 축출한 업적을 이루었다. 왕명 미천(美川)은 그의 무덤이 아름다운 냇가 옆에 있었기 때문에 붙여졌다.

| 중국 길림성 삼실총(三室塚) 고구려 철갑기병 |[8]

양이 시급한 상황이었다.

광개토대왕은 이러한 현실을 전방위적으로 타개해 나가기 위해 거란 경계를 따라 흐르는 요하 상류 시라무렌강[황수(潢水), Siramuren Riv.] 인근에 광활하게 펼쳐진 대량의 소금 평야에 주목했다. 이때 소금은 금에 비견될 정도로 가치가 높아 국내 민생이나 경제를 부양하는데 반드시 확보할 필요가 있었던 결정적인 매개였다.

그러기에 광개토대왕은 거란의 경계를 이루고 있던 중국 내몽고 시라무렌강 상류에 자리 잡은 소금 평원을 최종목표에 두고 고구려 기마병을 필두로 전열을 가다듬고 있었다. 시라무렌강은 현재도 소금을 채취하고 있는데 그 때문에 예로부터 염호鹽湖라고 불렸다.

거란은 만만치 않은 강력한 상대였지만 광개토대왕의 고구려 군대는 당시 철갑기병을 위시해서 동북아 최강의 전력을 보유하고 있었다. 비늘 모양의 철갑으로 말까지 무장한 철갑기병이 주축이 된 고구려군은 당시 원정에서 거란을 일시에 제압했다.

소위 소금 전쟁을 승리로 이끈 광개토대왕은 시라무렌강을 확보함으로써 여기서 채취한 소금으로 국내 경제를 견인하는데 일대 전환점을 마련하게 되었다. 이후 광개토대왕은 군사력을 증가하기 위한 수단으로 당시 철광석이 다량으로 매장되어 요동遼東에 주목하고 있었다.

요동은 산둥반도와 연결되어 한반도와 중국을 잇는 교통의 요지

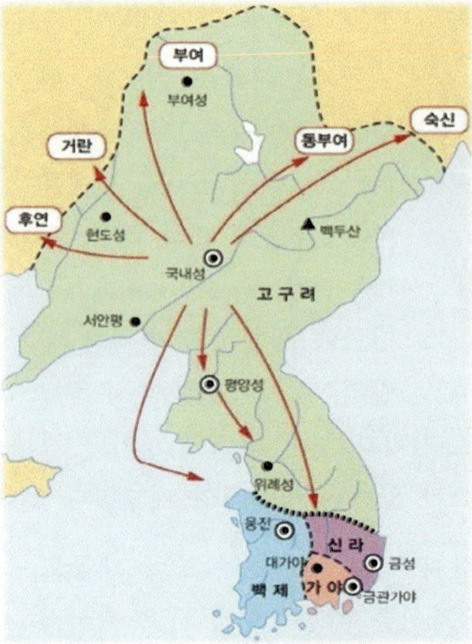

| 광개토대왕 재위 시의 영토 |⑨

였을 뿐만 아니라 농사를 지을 수 있는 풍부한 농토도 드넓었다. 그러나 이 지역에서 가장 중요했던 것은 철광석이었다.

그때 거란을 제압한 고구려를 견제하고자 연을 계승한 후연後燕의 침공이 개시되었다. 여기서 후연과 전쟁은 요동 탈환을 의미했다.

후연의 침공은 불시에 이루어졌다. 고구려 주력군이 신라를 도와 왜군을 격퇴하고 있을 때를(400) 노려 후연왕 모용성은 고구려를 급습했다.

이에 광개토대왕은 후연의 공격을 선대가 당한 치욕을 설욕하는 보복전으로 여겨 역으로 후연의 숙군성宿軍城을 일시에 공격하여 함락시켰다(402). 광개토대왕은 이와 비슷한 시기에 지금의 베이징북경(北京) 근방에 위치한 연군燕郡까지 공격하여 함락시키고야 만다.

광개토대왕은 전열을 재정비하여 재차 침공한 후연을 요동성遼東城과 목저성木抵城에서 차례로 격파하고 요동의 지배를 확고히 하였다(405-406). 이후 광개토대왕은 연이어 50,000명의 군대를 동원하여 후연을 격파하고 막대한 전리품을 노획하기도 했다(407).

광개토대왕 재위 시 소금은 국내경제를 안정화하는 매개로서 왕의 원정遠征을 직·간접적으로 지원하는 결정적 역할을 했고 그 원동력은 요동에 매장되어 있었던 철광석에 있었다.

광개토대왕이 이처럼 혁혁한 전공을 세울 수 있었던 이유는 무엇보다 당시 최강의 군사력을 보유하고 있었기 때문이었는데 그 중심에 철갑기병이었던 이른바 개마무사가 있었다.

| **광개토대왕 시의 철갑기병**15] **(개마무사)**⑩

15] 마갑으로 중무장한 무사를 말한다. 고구려 개마총 벽화에 적혀있는 총주착개마지상(塚主着鎧馬之像, 무덤 주인의 갑옷 입힌 말의 모습)이라는 문구에서 따왔다.

펠루시움 고양이

고양이의 기원

오늘날 모든 고양잇과 동물들은 대략 2,000만 년 전에 하나의 조상으로부터 갈라져 나온 것으로 추정하고 있는데 그들의 기원은 아프리카 들고양이(*Felis Lybica*)라는 동물로 알려져 있다. 들고양이는 지금의 고양이에 비해 몸집이 월등하게 큰 특징을 가지고 있었다.

고양이가 가축으로 인간과 함께 생활한 시기는 고대 이집트인이 아프리카 리비아Lībiyā 지방의 야생 고양이를 사육하여 함께 생활한 때로 보고 있다(B.C.6000경). 이후 고양이는 이집트를 거점으로 중동을 거쳐 점차 세계 각지로 퍼져나갔다.

고양이는 시각이 발달하여 야간활동은 물론이고 수면 중에도 눈에 들어오는 물체의 상을 순식간에 식별할 수 있는 능력을 지니고 있다. 얼굴 주위의 털은 촉각이 예민하여 먹이활동을 하는데 편리하다. 특히 혀의 끝부분에 뒤로 젖혀져 있는 예리한 가시 모양의 돌기가 있어서 뼈에 붙어 있는 고기를 핥기에 적합하다.

게다가 고기를 물고 찢을 수 있는 날카로운 이빨과 아래턱을 당기고 있는 근육은 육식에 적합하도록 최적화되어 있다. 집단생활을 하지 않고 돌아다니며 먹이를 구하는 습성이 있을 뿐만 아니라 쥐

등의 먹이를 잡았을 때 즉시 먹지 않고 한동안 놀리며 즐기는 잔인한 성격 또한 지니고 있다. 주인을 잘 따르나 집터에 대한 애착이 강해 한곳에 정착하면 쉽게 떠나지 않는 특성이 있다.

우리나라의 고양이

| 변상벽(1730-1775)의 묘작도 |①

우리의 옛 조상들은 짐승들 가운데 소를 양陽 고양이를 음陰으로 파악하는 관행이 있었다.

생리적으로 고양이의 눈동자는 어두운 밤에 달처럼 둥글고 밝은 낮에는 가늘어진다. 밤과 달은 음으로 야행성인 고양이를 음성으로 보았다. 여성도 음성이므로 우리의 선조들은 음험하고 앙칼진 것으로 대변되는 고양이 기질을 여인과 동질적인 것으로 보았다.

우리의 옛 선조들은 속에 음침한 마음을 지닌 채 겉으로는 유들유들한 이율배반적인 행실을 일컬어 묘유猫柔라고 칭했고 여기에 여인의 부드럽고 달콤한 음성을 일컬어 묘무성猫撫聲이라 하였다.

한편 우리 조상은 고양이를 주술적인 동물로 여기기도 했는데 일례로 주술을 이용하여 사람을 저주할 수 있다고 생각하고 이때 저주의 수단으로 고양이를 가장 많이 이용했다.

지금도 저주를 품은 옛날 영화에서 고양이가 많이 나오는 이유는 모두 이 때문이다. 예화로 고양이의 다리나 간을 묻고 저주하면 원한이 있는 자의 다리나 간에 병이 생겨 죽게 된다는 풍속도 있었다.

우리나라에서 고양이는 오랫동안 곡식 창고에 들끓는 쥐를 잡기 위해 가축으로 사육되었고 특히나 비단을 토해내는 귀한 누에를 설치류로부터 보호하기 위해 널리 키우기도 했다.

고양이에 관한 최초의 문헌은 동문선東文選[1]에 실린 김부식(金富軾, 1075-1151)의 아계부啞鷄賦이다. 내용은 아침이 되었는데도 닭이 울지를 않자 이를 꾸짖는 내용의 시인데 여기에는 삵貍과 고양이猫를 구분하고 있다.

아계부에서 고양이는 개와 함께 다루어지고 있을 정도로 널리 보급되어 있었다. 다만 기르는 고양이였지 개처럼 사랑받는 가축은 아니었다. 고양이의 역할은 쥐를 잡는 것이었기 때문에 당시에도 쥐를 잡지 못하면 그 가치가 폄하되었다.

신으로 추앙받은 이집트의 고양이

고대 이집트에서 고양이는 마우Mau라고 불렀다. 제례祭禮와 인간에게 해가 되는 동물을 잡는 특성 때문에 인기가 높았다. 이로 인해 차차 신성한 동물로 취급되면서 시나브로 신으로 숭배되기도 했다.

고양이가 숭배를 받았다는 최초의 증거는 고양이 여신 마흐트Mafdet를 새긴 부조에서 발견되었다(B.C.3100). 당시 마흐트는 뱀과 전갈

1] 조선 성종의 명으로 서거정(徐居正) 등이 중심이 되어 편찬한 우리나라 역대 시문선집이다(1478). 본문 130권・목록 3권 총합 133권 45책으로 구성되어 있다.

| 이집트 고양이신 마흐트 |②

| 이집트 고양이신 바스테트 |

로부터 보호하는 전사로서 고양이 머리가 달린 여신으로 나타나고 있다. 이는 고양이가 뱀이나 전갈을 두려워하지 않는다는 이유에서 상징화된 것이었다.

또 다른 고양이 여신으로 다산과 달·여성과 어린이·고양이 보호자로 여긴 바스테트(Bast · Baset · Bastet)가 있었다.

바스테트는 여성 인간의 몸에 고양이 머리를 가진 여신으로 묘사되고 있다. 처음에는 사자의 형상을 띠고 있었으나 시대가 바뀌면서 이미지가 시나브로 순수하고 부드러워져 결국엔 집고양이의 모습으로 변화되었다. 고대 이집트인들은 집에서 기르는 고양이를 바스테트의 후손으로 믿었기 때문에 충성심을 가지고 대했다.

세크메트Sekhmet라는 고양이 여신도 있었다. 세크메트는 운명을 관장하는 여신이었다. 이는 이집트인에게는 난폭한 사냥꾼으로 알려졌다. 황금사자 머리를 한 이 여신은 매우 정교한 머리 장식물을 하고 있다. 여전사이자 파라오의 수호자로 묘사된다.

처음 세크메트는 질병과 재앙을 가져

| 이집트 고양이신 세크메트 |

다주는 공포의 여신이었으나 반면에 추종자에게는 질병의 치료법을 알려주는 의사의 신이기도 하였다.

전투 중에 파라오Pharaoh는 세크메트의 가호를 받는다고 여겼다. 고대 이집트인들은 세크메트가 파라오를 결코 땅에 떨어지는 일이 없도록 보호했다.

이집트인은 세크메트가 전장에서 불화살로 적을 파괴한다고 믿었고 이러한 이유에서 한낮의 태양이 내뿜는 불꽃과 같은 빛의 상징으로 여겨 숭배했다.

우리가 익히 잘 알고 있는 스핑크스Sphinx도 처음에는 고양이 여신이었다. 지금의 스핑크스는 사자의 모습을 형상화하고 있으나 본래 이집트 고양이 신과 여신은 고양이와 사자의 모두가 존재한다. 당시 스핑크스는 파라오의 힘을 상징하기 위해 사용됐다.

| 이집트 고양이신 스핑크스 |[3]

법의 보호를 받는 고양이

이집트인은 고양이를 반신반인半神半人 또는 신성한 존재로 여겨 신앙의 대상으로 보았다. 그 결과 고양이를 신과 관련된 영물로 추앙

했으며 이 때문에 신격화했던 고양이를 법으로 강력히 보호했다.

고양이를 다치게 하거나 죽이는 것을 법으로 금지했기 때문에 고의성 여부를 불문하고 고양이를 죽이면 누구든지 사형에 처했다. 고양이를 사고파는 행위도 국가적으로 엄격히 금지했음은 물론이다.

그러나 고양이를 보호하는 법이 있었으나 목이 부러진 채 미라木乃伊, Mummy로 남겨진 고양이가 발견되기도 했다. 설은 파라오가 고양이를 여신 바스테트에게 제물로 바친 것으로 추정하고 있다.

미라가 된 고양이

| 이집트 미라로 숭배된 고양이 |④

고대 이집트인이 시체를 미라로 만들어 보존했다는 사실은 잘 알려진 사실이다. 이집트인은 이에 그치지 않고 고양이를 포함하여 수백만 마리 동물을 미라로 만들어 매장하기까지 했다.

미라는 중요한 장기를 제거하고 모래를 채우고 본래 자세를 만든 후 천으로 단단히 묶었다. 때로는 미라의 얼굴 부분에 고양이의 특징을 그려 넣기도 했다. 고양이를 미라로 만드는 과정도 사람과 유사했다. 게다가 이집트인은 고양이의 사체를 매장하기 위한 성소를 만들기까지 했다.

그 밖에도 이집트인은 고양이를 신성시하여 주인이 죽으면 주인의 무덤에 함께 넣기도 했다. 고양이와 주인이 같은 무덤에 있으면 함께 사후세계로 갈 수 있다는 믿음 때문이었다.

펠루시움 전투를 승리로 이끈 고양이

| 이집트 펠루시움(Pelusium) |⑤

펠루시움Pelusium은 고대 이집트 수에즈 운하(Suez Canel) 선상을 따라 올라가다 지중해 인근에 터를 잡은 도시이다.

이곳은 페르시아 제국(Persian Empire, B.C.550-B.C.330)과 이집트 간에 당대 최대 규모의 전투가 일어났던 곳이다(B.C.525).

펠루시움 전쟁에서 이집트는 무려 50,000명의 사상자를 냈고 페르시아도 7,000명에 달하는 사상자를 냈다. 이 전쟁은 당시 유례를 찾아보기 힘든 대규모 전쟁이었는데 특이하게도 승패의 원인은 다름 아닌 고양이에 있었다.

시대적 상황을 고려할 때 펠루시움 전투는 유사 이래 최초로 3개 대륙을 통일한 당대 최고의 강성대국 페르시아와 세계 최고의 건축 기술을 보유한 축성대국 이집트 간의 국운을 건 일대 격전이었다.

펠루시움 전쟁의 결과는 페르시아의 대승으로 끝났다. 전쟁에서 패한 이집트군은 후방 멤피스Memphis로 후퇴하여 장기전에 돌입했으나 당시 파라오인 프삼티크 III세(Psamtik III, 재위 B.C.526-525)[2]가 페르시아의 포로로 사로잡힘에 따라 이집트 전역은 페르시아의 속국이 된다. 이로써 페르시아 왕이었던 캄비세스 II세(Cambyses II, 재위 B.C.530-522)[3]는 이집트를 정복하고 페르시아에 겸하여 이집트의 파라오에 등극한다.

| 캄비세스 재위 시 페르시아 영토 |[⑥]

2] 고대 이집트 제26왕조 7대 파라오이자 마지막 파라오임과 동시에 대제국 페르시아에 멸망 당하기 전 순수 이집트 왕조로서의 마지막 파라오이기도 하다. 프삼티크는 통치 기간이 불과 6개월로 펠루시움 전투에서 캄비세스에게 패하여 페르시아의 수도 수사(Susa)에 끌려가 처형당했다.

3] 캄비세스 II세는 유명한 페르시아제국의 건국자 키루스 II세 장자이다. 키루스 대제 생존 시 북부 바빌로니아를 통치했다. 이후 부왕에 의해 공동 통치자로 임명되고(B.C.530) 부왕과 함께 호전적인 중앙아시아의 마사게타이(Massagetae) 원정에 나섰으며 부왕 사후 뒤를 이어 대제국 페르시아 통치자로 등극한다. 캄비세스는 즉위 직후부터 이집트를 정복하기 위해 그리스 용병을 동원하여 이집트에 대한 정보를 수집하고 전쟁을 준비한다. 그의 치세 가운데 가장 두드러지는 사건은 펠루시움 전투에서 이기고 이집트를 정복한 것이다. 펠루시움 전투를 끝내고 페르시아 내부에서 일어난 반란을 진압하기 위해 귀국하던 도중 허벅지에 상처를 입었는데 이 상처로 끝내 사망에 이른다.

펠루시움 전투가 지금껏 주목받고 있는 이유는 무엇보다도 승패를 떠나 페르시아의 대왕 캄비세스 II세가 이집트의 문화를 정확히 파악하고 이를 전쟁에 역이용했다는 것에 있다. 그 한 중심에 고양이가 있었음은 물론이다.

앞서 본대로 고대 이집트에서는 고양이는 바스테트 여신과 떼려야 뗄 수 없는 깊은 관계를 맺고 있었다. 따라서 당시 이집트인은 고양이를 해치면 바스테트의 분노를 사게 되고 이로 인하여 사후세계서마저도 다시 살 수 없다고 믿고 있었다.

| 고양이를 앞세운 캄비세스 II세의 공성전 |⑦

펠루시움 전투 초기 이집트군은 페르시아의 공격을 가까스로 잘 방어해 냈다. 이때 쉽게 무너지지 않는 이집트의 전열을 지켜본 캄비세스는 기묘한 전략을 구사하였다.

그것은 이집트인이 고양이를 숭배한다는 사실을 역이용하여 그들의 사기를 꺾고자 페르시아군 보병의 방패에 바스테트 그림을 그려 넣게 한 것이었다. 이외에도 전열의 선봉에 고양이를 비롯하여 당시 이집트인들이 소중하게 여겼던 개·양·따오기·사슴 등을 전면에 내세웠을 뿐만 아니라 전면전에서 죽은 고양이를 내던지기도 했다.

"페르시아 전열의 맨 앞에 고양이·개·양·고양이·따오

| 고양이를 앞세운 캄비세스 II세의 보병전 |⑧

기 · 사슴 그 밖에 이집트 사람들이 소중하게 여기고 있는 동물들을 앞세워 놓았다." <폴리아이누스(Polyaenus>4]

이집트군은 페르시아군의 방패에 그려진 바스테트 신상과 군진軍陣의 선두에 내세운 고양이를 보고 혼비백산할 수밖에 없었다. 더군다나 페르시아군은 이집트군의 주둔지를 돌며 죽은 고양이를 내던지기도 하며 도발해 오고 있었다.

이집트군은 진퇴양난에 빠졌다. 페르시아군을 공격하기 위해서는 자신들이 숭배하는 신으로서 고양이를 공격해야만 했다. 이러한 상황에서 페르시아군의 사기는 하늘을 찔렀고 우왕좌왕하던 이집트군

4] 그리스 전쟁작가이다(A.D.2세기). 변론에 능숙해 작가가 아닌 수사학자라고 불렀다. 폴리아이누스는 로마 두 황제 마르쿠스 아우렐리우스(Marcus Aurelius Antoninus, 재위 161-180)와 루키우스 베루스(Lucius Verus, 재위 161-169) 재위 시 활동했고 로마와 파르티아(Parthia) 전쟁(163)에 참여했다.

| 고양이를 앞세운 캄비세스 II세의 공성전 |

은 전의를 상실했다.

이로써 프삼티크 III세는 대제국 페르시아 캄비세스 II세 앞에 무릎을 꿇고야 말았다.

그 결과 이집트는 페르시아 속국으로 전락하게 되고 프삼티크 III세는 페르시아 수도 수사Susa에 끌려가 비참한 최후를 맞았다. 그렇게 고양이는 이집트 멸망의 화근이 되었다.

페르시안 고양이

| 페르시안(Persian) 고양이 -1 |[⑨]

펠루시움 전투에서 고양이는 페르시아 시각에서는 영웅이었지만 이집트 시각에서는 나라를 팔아먹은 매국노와 다름이 없었다.

그런데 아이러니하게 페르시아에서 유래한 페르시안Persian이란 고양이 품종이 있다. 이는 현재까지 세계적으로 유명세를 한 몸에 받는 귀한 품종으로 손꼽히고 있다.

페르시안 고양이는 몸 전체에 가늘고 긴 털이 풍성하게 나 있으며 색깔도 흰색·검은색·회색 등 다양하고 성격도 온순한 편이다. 페르시안 고양이는 애완용으로 유럽에 전해졌는데 그 기원은 확실치가 않다(18세기 초).

페르시아제국의 부조 상형문자에는 사막을 이동하며 무역에 임하던 대상(隊商, Caravan)5]들의 물품에 긴 털을 가진 고양이가 있었고 이때 고양이 산지인 페르시아 이름을 본떠 페르시안이라 불렀다. 페르시아 고양이는 예나 지금이나 국익에 도움을 주고 있는 충실한 동물로서 그 지위를 점하고 있다.

| **페르시안**(Persian) **고양이** -2 |⑨

5] 대상은 낙타나 말 등에 짐을 싣고 떼를 지어 다니며 특산물을 팔고 사는 상인 집단을 뜻한다. 영어로 캐러밴(Caravan) 페르시아어로 카라반이라고 부른다. 사막이나 초원 그리고 비단길(Silk Road)과 같은 사람이 살지 않는 곳을 가로질러 동아시아와 유럽을 연결하여 비단이나 보석과 같은 귀중품이나 특산품을 운반했다. 각 지역의 지배 계층에게 사치품과 인기품을 전해 주어 도시마다 대상들이 머물 수 있는 숙소가 많았다. 현대에는 이러한 무역 방식은 거의 소멸했지만 일부 저개발 국가에는 여전히 남아 있기도 하다.

향료무역과 전쟁

후추의 기원과 전파

전 세계적으로 가장 많이 사용되는 향신료인 후추(Black Pepper)는 후추나무의 열매를 일컫는다. 한자어로 서역西域[1] 호胡나라에서 유래했다는 뜻에서 호초胡椒라고도 한다. 인도 남부가 원산지이다. 고기의 누린내를 없애주는 효과가 있으므로 일찍부터 향신료로 이용되었다.

람세스 Ⅱ세와 콧구멍 속의 후추

한때 프랑스 인류학 박물관(Musée de l'homme Pari)의 연구자들은 고대 이집트의 파라오 람세스 Ⅱ세(Ramesses II, B.C.1279-B.C.1213)의 미라를 검사하던 중에 그의 콧구멍에서 다량의 후추 열매를 발견하였다(1975-1976). 인도 남부지방에서 채취된 람세스의 후추 열매는 주검의 부패를 막기 위해 사용된 것이었다.

향신료의 역사가 3,000년 이상 거슬러 올라간다는 것을 입증하는

1] 중국의 신장지역・우즈베키스탄・중앙아시아・아랍 등을 말한다. 이곳에서 사는 사람들을 호인(胡人)이라 한다. 여기서 중앙아시아에서 시작된 음식으로 호인들이 먹는 떡이 곧 호떡이다.

일대 발견이었다. 인류에게 선보인 후추는 지금과 같은 향신료가 아니라 불멸의 보존을 위한 보존제로 사용되었다.

유럽에는 아라비아 대상을 통해 전파되었다(B.C.400년경). 당시 유럽에서는 후추가 불로장수의 정력제로 취급되었다. 그러나 후추 산지인 인도와의 사이에 아라비아가 가로막고 있었던 까닭에 구하기가 쉽지 않아 금이나 은보다도 값이 비쌌다.

중국에는 육조시대(六朝時代, 229-589)[2]에 인도에서 곧바로 유입되었다고도 하고 한漢나라 때 서역의 호나라에 사신으로 파견되었던 장건(張騫, ?-B.C.114)[3]이 비단길을 통하여 가져왔다고 전하고 있다.

후추는 동서양을 막론하고 현재까지 첫손에 꼽는 향신료로서 지위를 점하고 있는데 우리나라에는 고려 시대 이인로(李仁老, 1152-1220)의 파한집破閑集에서 처음으로 그 명칭을 엿보이고 있다.

후추는 우리나라의 경우 고려 중엽에 이미 알려져 있었고 송나라와의 무역으로 전래 된 것으로 보고 있다. 또한 고려사高麗史에도 후추의 기록이 있는데(1389). 이 기록에 비추어 고려 말에는 중국에서뿐만 아니라 남방에서도 직접 후추가 도입되었다고 보고 있다.

후대 조선 시대에 이르러서는 류성룡(柳成龍, 1542-1607)의 징비록懲毖錄에도 후추에 관한 예화를 기록하고 있다. 당시 후추는 수입품이었기에 매우 귀중한 물품으로 취급되었다. 다만 식용으로 사용되지는 않고 약재로 사용하였다.

2] 육조시대는 중국 삼국시대의 오(吳)・동진(東進)・남조의 송(宋)・제(齊)・梁(양)・진(秦)이 존속했던 기간을 모두 합한 시대이다. 모두 현재의 난징시(南京市)를 수도로 삼았다.

3] 중국과 중앙아시아 여러 지역과의 외교적・문화적・상업적 교류의 물꼬를 튼 한나라 무제(漢武帝, B.C.156-B.C.87) 시대의 외교관이자 여행가였다.

"중국에서 설탕과 후추가 들어왔다." <파한집>

"유구(琉球, 아이누인, 일본인) 사신이 후추 300근을 가져왔다." <고려사>

"일본 사신의 뿌린 후추를 줍기에 정신이 없었으니 어찌 나라의 기강이 바로 서겠는가?" <징비록>

대항해시대의 배경이 된 후추

"그리스도와 향신료를 위하여" (*christos e espiciarias!*)

| 바스코 다 가마(Vasco da Gama) |

인도에 첫발을 디딘 바스코 다 가마(Vasco da Gama, 1460-1524)의 선원들이 향신료로 막대한 부를 챙길 수 있다는 기대에 들떠 지른 환호성이었다(1498.5).

포르투갈의 바스코 다 가마가 인도에 도착하기 이전까지 수 세기 동안 유럽의 향료무역은 이탈리아 베네치아Venezia 상인들이 독점하고 있었다. 이 당시 중세 유럽에서의 후추는 구하기가 매우 어려웠던 까닭에 말린 후추 열매 약 0.5kg이면 중세의 농노(農奴, Serf, Villein)[4] 1명의 신분을 자유롭게 할 수 있었다.

4] 농노는 신분제적으로는 평민에 속했으나, 영주를 포함한 무사 계급에게 경제적(채무・채권 관계 등)으로 예속당하여 사실상 영주가 운영하는 토지에 예속된 상태에 속했다.

후추는 오늘날 언제 어디서나 흔히 구할 수 있는 값싼 향신료이지만 중세에는 후추를 비롯한 계피(桂皮, Cinnamon)・정향(丁香, Clove)・육두구(肉荳蔻, Nutmeg)・생강(生薑, Ginger) 등과 같은 향신료는 소수 특권층이나 귀족층의 전유물이자 사치품으로 극히 제한적으로 소비되었다. 이러한 사회적 환경하에서 향신료에 대한 수요는 급속도로 늘어났고 이러한 기호로부터 비롯된 욕망은 이른바 대항해시대(大航海時代, Age of Exploration)를[5] 여는 계기가 되었다.

결국 후추를 비롯한 향신료는 어디서나 매우 귀한 상품으로 취급되었던 까닭에 유럽 열강들은 이를 구하기 위해 목숨을 담보한 해상무역과 식민지 쟁탈에 사활을 걸었다(16세기 이후). 당시까지 스페인과 포르투갈로 양분되어 있던 경쟁에서 신흥강국이었던 네덜란드가 가세함으로써 유럽 열강의 해상진출은 경쟁적으로 본격화되었다.

중세시대 후추의 무역로

역사적으로 후추는 끊임없는 전쟁의 화근이 되었다. 후추는 지배계급이나 특권층의 사치품이었음에도 수요가 무궁무진했고 이를 확보하면 일거에 부와 명예를 손에 쥘 수 있었다. 그러기에 후추를 얻기 위한 욕구는 대양으로 진출하게 하는 결정적인 원인이 되었다.

후추가 처음으로 유럽에 전래 된 것은 그리스였다(B.C.5세기). 당시 그리스에서 후추는 요리용이 아니고 해독을 위한 의료용으로 쓰였

5] 대항해시대는 15세기 초반부터 18세기 중반까지 유럽의 선박들이 세계를 항해하며 항로를 개척하고 탐험과 무역을 하던 시기를 말한다. 그 과정에서 아메리카 대륙과 같은 지리적 발견을 달성했다. 다만 이전에도 명나라의 면마라 정화(郑和, 1317-1434)의 대항해와 그 밖의 해상무역이 이루어지고 있었기에 이 용어는 유럽인의 관점에서 바라본 용어라는 비판이 존재한다.

다. 그러나 이후 로마인은 그리스인과는 달리 후추를 향미 증진을 위한 향신료로 사용했다.

로마 시대 후추는 귀족이나 부유한 이들에게는 없어선 안 될 사치품이자 필수품이었기에 항상 부의 척도가 되었다. 이로 인하여 후추를 확보하기 위한 전쟁은 그칠 줄 몰랐고 여기에서 패한 국가는 막대한 양의 후추를 배상금으로 물기도 했다.

| 후추의 원산지 인도에서의 후추 수확 |

16세기 해상강국 영국·스페인·포르투갈·네덜란드는 소위 후추 무역의 주도권을 차지하기 위해 수많은 전쟁을 치렀다.

해상에서는 지중해 패권 다툼이 치열했다. 지중해는 후추 주생산지인 인도에서 유럽으로 이어지는 무역 운송로였기 때문에 지중해 해로를 확보하기 위한 전쟁은 불가피했다.6]

육상에서도 예외가 아니었다. 당시 무역 운송로를 장악하고 있던 아랍권과 마찰은 기독교와 이슬람 문명의 충돌을 초래하고 끝내 십자군 전쟁으로 이어졌다.

후추를 유럽에 소개한 주체는 아랍 상인일 것으로 추정되고 있는

6] 일례로 스페인의 이사벨라 여왕(Isabel de Castilla, 재위 1474-1504)이 후추 산지를 확보하기 위해 인도로 보낸 콜럼버스가 아메리카 대륙을 발견했다는 일화는 잘 알려진 사실이다.

데 이들은 인도에서 아덴만(Aden Bay)을 돌아 홍해(Red Sea)를 거쳐 지중해(Mediterranean Sea)에 이르는 인도에서 이탈리아까지 고대 향료 길(Mittelalter Spice Road)을 이용한 것으로 보고 있다.

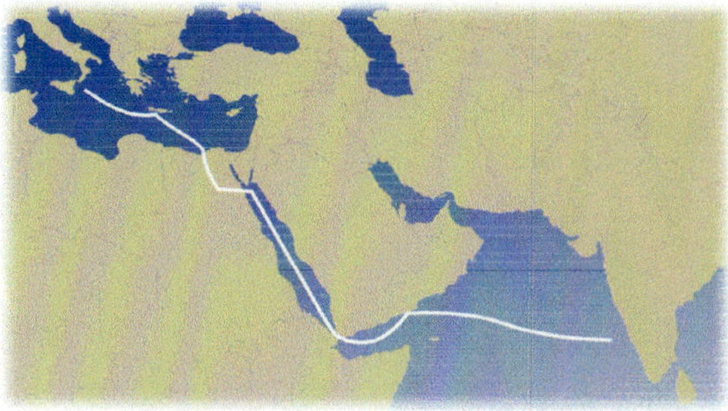

| 중세 홍해 무역 향료 길(Mittelalter Spice Road |

중세시대 유럽인은 아시아와 무역에 임할 때 지금의 이라크 바그다드Baghdad를 지나 흑해(Black Sea) 남부 해안을 경유해 콘스탄티노플[Constantinople, 현재 터키 이스탄불(Istanbul)]에 이르는 경로를 이용했다. 향신료는 콘스탄티노플에서 이탈리아 항구 베네치아로 운송되었다. 중세가 끝나는 400년 동안 거의 모든 무역은 베네치아에서 이루어졌다.

후추와 향신료 유통의 중심지가 된 베네치아

유럽의 향신료 유통을 독점했던 베네치아 시각에서는 콜럼버스의 신대륙 발견보다(1492) 바스코 다 가마의 인도항로 개척이(1499) 심각한 위협이 되었다. 왜냐하면 콜럼버스는 항해 중에 특별한 무역상품을 가져오지 못했지만 바스코 다 가마는 베네치아가 독점한 후추를 비롯하여 동아시아의 여러 가지 향신료를 소개했기 때문이었다.

그 결과 후추를 포함하여 중세를 거쳐 향신료로 번영을 구가했던 베네치아는 이른바 대항해시대의 신흥강자로 급부상한 포르투갈의 도전을 받게 되었다.

| 중세시대 육상과 해상에서의 향신료 무역로 |

베네치아는 동방 여러 곳에서 선적한 향신료를 들여와 유럽 각지의 상인들에게 되팔았다. 정기적인 대량 공급을 통해 이익을 극대화했으며 다양한 거점을 관리하여 향신료 유통의 중심지 역할을 했다. 곧 베네치아가 도매시장의 역할을 맡아 향신료를 대량으로 구매하면 다른 지역의 상인들은 소매상 역할을 함으로써 유럽 각지에 향신료를 공급했다. 그 결과 당시 베네치아가 유럽에 공급한 향신료 양은 유럽 전체 공급량의 약 80%에 달했다.

후추가격은 전쟁이나 작황에 따른 국제정세에 매우 민감하게 반응했다. 원거리에서 공급되는 무역로가 단순했기 때문이었다. 그러나 당시 150만 내외의 인구를 가졌던 베네치아의 국부는 한때 1,600만 인구를 보유한 오스만제국의 세입과 비슷했다. 모두가 후추를 비롯한 향신료와 소금 때문이었다.

그런데 시대가 바뀌면서 베네치아의 향신료 무역에 큰 변수가 되는 일대 사건이 발생하는데 포르투갈이 희망봉을 돌아 인도에 이르는 신항로를 개척한 것이 그것이었다.

포르투갈의 인도양 진출과 디우해전

인도는 후추의 산지이자 동남아가 원산지인 다양한 향신료의 유통거점이었다. 포르투갈은 베네치아가 독점한 후추와 그 밖의 향신료 무역에 눈독을 들이고 이들 지역을 장악하고자 계획하고 있었다.

당시 포르투갈 바스코 다 가마의 귀환 소식을 접한 베네치아는 만약 포르투갈이 이후로 출항 빈도와 선단 규모를 늘려 인도를 점령하게 되면 자신들이 독점하고 있었던 향신료 무역은 위태롭게 될 것이란 위기의식을 가졌다.

급기야 베네치아의 우려와 같이 포르투갈은 인도양에 진출하여 베네치아의 향신료 공급에 막대한 차질을 빚게 했다. 곧 포르투갈이 인도양을 오고 가며 무역에 임했던 이슬람 상인들을 공격한 것이 그것이었다. 이 사건이 빌미가 되어 디우해전(Battle of Diu)이 일어나게 되고(1509) 전쟁의 결과 포르투갈이 대승함으로써 인도양의 제해권을 장악했다. 이 전쟁은 동서양이 맞붙은 최초의 무역전쟁이었다.

포르투갈 함대는 인도 서북부 디우 인근에서 인도와 이슬람 연합함대와 인도양의 패권을 놓고 치열한 전쟁을 벌였다. 객관적인 전력에서 연합함대는 포르투갈을 압도하고도 남음이 있었다. 연합함대가 동원한 전함은 100척이 넘었고 포르투갈은 고작 18척에 불과했다. 병력도 5,000여 명과 1,700명으로 연합함대가 훨씬 많았다.

당시 이슬람 연합함대는 오스만 투르크 제국(Osman Turk Empire)[7]의 군

7] 오스만 투르크 제국은 발칸 반도(Balkan Pen.)와 아나톨리아(Asia Minor · Anatolia · Turkey)를 중심으로 유럽 · 아시아 · 아프리카 3대륙에 걸친 광대한 영역을 지배했다. 1299년 소국에서 시작해(1299) 정복전쟁을 통해 난립했던 여러 소국을 병합하며 성장하여 아나톨리아를 장악하였다. 마침내 1453년에는 건국 이래 2,200년을 이어온 로마제국을 정복하며 교통과 무역의 요지인 콘스탄티노플(지금의 터키 이스탄불)을 장악했다(1453). 북으로 오스트리아와 폴란드 서로는 모로코 남으로는 에티오피아 동으

사 지원은 물론이고 경쟁상대였던 베네치아의 기술과 정보까지 지원받고 있었다. 그러나 전쟁의 결과는 포르투갈 대승으로 끝났다.

| 디우해전(Battle of Diu, 1509) |

포르투갈은 전함의 성능에 있어 연합함대를 압도했다. 연합함대와는 달리 대부분 전함이 대포를 장착하고 있었고 상선을 개량한 연합함대에 비해 해상에서의 기동력도 뛰어났다.

디우해전에서 연합함대의 전술은 무척 단순했다. 노를 저어 빠르게 적선에 접근해 화살 공격을 퍼붓거나 적선을 들이받은 후 선상 백병전을 치르는 방식이 전부였다.

그러나 포르투갈의 전함은 선고가 높아 아래에서 쏘는 연합함대의 화살이 아무런 위력을 발휘하지 못했고 그것도 접근하기 전에 대포에 무력화되었다. 전쟁 개시 후 3일간의 전투에서 포르투갈의

로는 이란과 접해 당시 전 세계적 영향력을 미치는 강력한 패권국가가 되었다.

인명 손실은 30명에 불과했던 반면에 이슬람의 사망자는 최소 1,500명에 달했다.

디우전투에서 포르투갈의 승리는 인도양 제해권이 포르투갈에 넘어갔음을 의미했고 게다가 후추를 비롯한 향신료의 공급도 포르투갈의 수중에 있음을 의미했다.

디우전투의 직접적인 원인은 후추와 비단 등의 교역권을 둘러싼 갈등 때문이었다. 당시 디우 해전에 참전한 이슬람 연합세력은 캘리컷Calicut이라는 무역항을 거점에 두고 있었다.

캘리컷은 중계무역항으로 번영을 누리고 있었는데 특히 인도의 향신료를 위시하여 중국의 비단과 도자기 그 밖에 동남아의 각종 향신료가 모이는 집산지였다.

캘리컷은 인도의 가장 큰 무역항 중의 하나였다. 바스코 다 가마는 캘리컷과 우호조약을 맺고자 시도했으나 당시 인도 영해의 상권을 독점하고 있던 아랍인들이 포르투갈의 의도를 파악하고 이를 방해했기 때문에 성사되지 못했다.

이처럼 이슬람 아랍인이 캘리컷을 사주하여 포르투갈의 제의에 응하지 않게 했던 이유는 자신들의 무역특권을 포르투갈에게 넘길 수 없었고 무엇보다 자신들과 오랫동안 교역해왔던 베네치아를 등질 수 없었기 때문이었다. 베네치아가 유럽의 기독교 국가이면서도 이슬람 편을 들었던 이유가 바로 여기에 있었다.

포르투갈도 인도와의 후추 직교역을 위해 아프리카를 돌아 천신만고 끝에 개척한 무역항로를 예상치 못한 캘리컷의 반발로 무산시킬 수는 없었다.

디우에서의 일대 결전은 예상되었던 동서양 최초의 무역전쟁이었다. 포르투갈은 디우해전의 승리로 인도양의 제해권을 거머쥠과 동시에 이후 100년 넘게 해상강국으로 급부상하게 되었다.

베네치아 향신료 시장은 디우해전으로 공급이 마비되었다. 당시 향신료 무역은 베네치아 경제에서 가장 큰 비중을 차지했는데 향신료 공급이 마비됨에 따라 베네치아는 쇠퇴일로에 직면하였다.

포르투갈의 향신료 유통은 다양한 유통경로를 거쳤던 베네치아에 비해 매우 단순했다. 곧 후추를 비롯한 향신료를 인도에서 포르투갈 선박으로 리스본까지 한 번에 실어 날랐다. 그 결과 원가 부담 및 유통 측면에서 베네치아보다 월등한 경쟁력을 보유할 수 있었다.

그러나 포르투갈은 독점적 지위를 이용해 지나치게 비싼 가격에 후추를 매도했다. 향신료 공급이 끊긴 베네치아는 비싼 향신료 가격을 감당할 수 없어 궁여지책으로 이집트 지배 세력과의 공조로 수에즈 운하를 굴착 해서 또 다른 인도항로를 개척하려고 했으나 이 또한 이집트의 거부로 성사되지는 못했다.

베네치아 향신료 시장의 회복과 쇠퇴

포르투갈의 향신료 공급망 장악은 디우해전을 기점으로 군사력에 의존했다. 그러나 당시 포르투갈은 인구 약 100만 명 정도에 불과한 소국으로 미약한 군사력으로 공급망을 지키기에는 한계가 있었다.

인구 문제를 안고 있던 포르투갈의 인도양 장악은 몇 년 지나지 않아 오스만제국이 시리아와(1516) 이집트를 정복하고(1517) 포르투갈을 견제하면서부터 위기를 맞았다. 지금까지 포르투갈은 일개 상인 집

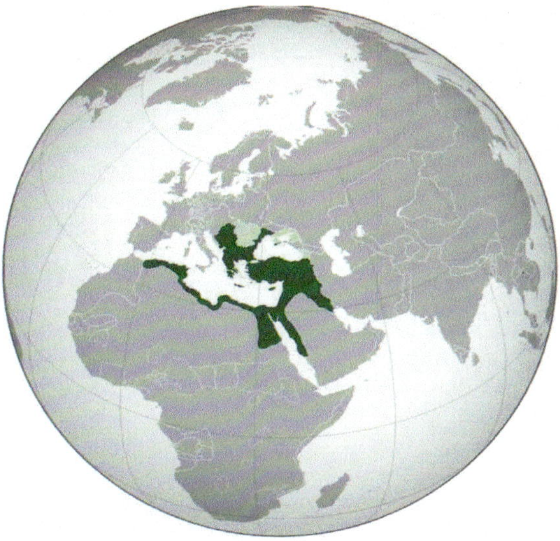

| 오스만 투르크 제국의 영토확장 |

단이나 도시의 지배 세력을 상대했지만 이후 대제국 오스만을 상대해야 하는 난관에 봉착하게 되었다.

포르투갈은 군사력에서 오스만제국의 상대가 될 수 없었다. 오스만제국의 견제로 홍해와 페르시아만에 대한 포르투갈의 봉쇄가 느슨해지면서 베네치아 향신료 유통은 다시 활기를 되찾게 되었다. 그 결과 베네치아 향신료 도매시장의 지위는 한동안 부흥기를 맞이했고 점차 인도항로 독점시기에 못지않은 경제력을 회복할 수 있었다.

그러나 한동안 계속된 베네치아의 향신료 시장의 지배권도 네덜란드의 등장으로 다시금 쇠퇴의 길을 맞았다(17세기 초). 네덜란드는 포르투갈의 전례를 답습하지 않고 광대한 지역이 아닌 특정한 향신료 산지인 인도네시아의 몰루카 제도(Molucca Is.)8]를 점령함으로써 안정적인 향신료의 거점과 공급원을 확보할 수 있었다. 운송업과 유통구조 혁신으로 향신료 시장을 석권했던 베네치아는 점차 향신료 무역의 주도권을 네덜란드를 비롯한 다른 국가에 내주기 시작했다.

이후 베네치아는 경제 중심이 대서양으로 옮겨간 이후 무역업과

8] 인도네시아 동쪽 끝에 있는 제도로 달리 향료의 제도로 알려져 있다

| 중세시대 베네치아 |

해운업의 경쟁력을 상실하면서 산업구조를 시나브로 관광업과 문화산업에 집중시킴으로써 그 결과 유럽의 문화중심지로서 지위를 구축해 나갔다.

대항해시대 향료무역의 각축전

대항해시대(Age of Exploration) 이전에 유럽인들은 인도 등 동방에서 향료를 수입했다. 당시 지중해 무역의 가장 큰 주거래품목은 다름 아닌 향료였는데 이는 포르투갈이 처음으로 아시아 무역로를 개척하면서부터 촉발되었다(16세기).

| 포르투갈의 카자 다 인디아(Casa da India) |

포르투갈은 아시아 항로를 개척함과 동시에 카자 다 인디아(Casa da India)라는9] 무역관청을 만들어 향료무역에 나섰는데 이 관청은 막대한 이윤을 창출하는 보고로서 당시 인도와 인도네시아

9] 대항해시대 포르투갈의 국영 상업조직으로 무역규제와 인도·아프리카·아시아 전역에 걸쳐 포르투갈 제국의 영토와 식민지 그리고 및 생산기지의 관리를 담당했다.

향료를 선점하는 교두보 역할을 했다.

그러나 토르데시야스 조약(Treaty of Tordesillas)[10]에 의해 아시아 무역권을 쥐고 있던 포르투갈이 스페인에 통합되면서(1494) 이러한 아시아의 향료무역은 무주공산이 되었는데 이러한 외부환경 변화에 영국과 네덜란드는 기존에 포르투갈이 선점했던 아시아의 향료무역에의 진출을 전방위적으로 모색하기에 이른다.

이러한 기회를 이용하여 포르투갈의 공백을 메우고자 먼저 나선 국가가 네덜란드였다. 네덜란드는 내부적으로 유명한 합스부르크가 Haus Habsburg로부터 독립전쟁을 벌이는 중에도 안트워프Antwerp 상인을 중심으로 해외 진출에 열을 올리고 있었다. 이때 스페인에 합병된 포르투갈의 향료무역 영토는 네덜란드 상인의 공격 대상이 되었다.

네덜란드 탐험가 프레데릭 하우트만(Frederick de Houtman, 1571-1627)은 4척의 함대를 이끌고 인도네시아 자바섬(Java Is.)에 도착해 포르투갈인들을 쫓아내고 후추 등 화물을 싣고 돌아왔다(1595).

이후 야곱 판 넥(Jacob van Neck)이 인도네시아에서 대량의 후추를 갖고 귀국했는데(1598) 당시 판넥은 후추 무역에서 막대한 이익을 창출하여 상업적으로 대성공을 거두는 기염을 토했다. 네덜란드는 이후로 인도네시아를 거점으로 확보하고 향료무역을 독점하다시피 했다.

뒤이어 향료무역에 나선 영국은 향료무역을 위해 동인도회사를

10] 토르데시야스 조약은 스페인과 포르투갈 간의 유럽 대륙 외 지역에 대한 영토 분쟁을 해결하기 위해 스페인의 토르데시야스에서 맺은 조약이다(1494). 이는 대서양 및 태평양에 새로운 분계선을 정한 기하학적 영토 분할 조약이다. 경계선은 남북 방향으로 일직선으로 그어 조약상 경계선의 동쪽으로는 모두 포르투갈이 서쪽의 아메리카 지역은 스페인이 차지하기로 하였다. 이 조약으로 인해 인도산 후추를 독점할 수 있게 됐다는 점에서 포르투갈에게 유리한 측면이 있었고 남미 대륙에서 브라질만이 유일하게 포르투갈어를 사용하게 된 것도 이 조약 때문이었다.

| 야곱 판 넥의 귀환 |

급조해 설립했다. 영국은 스페인의 무적함대(Armada Invencible) 격파에 이어 포르투갈 함대도 침몰시키며(1588) 대양을 제패해 나갔으나 이에 비하여 상업자본은 취약하기 이를 데 없었다. 그러나 런던의 상인들이 동인도 무역을 위해 자금을 갹출하고 동인도회사에 대한 국가의 인증서를 취득하기에 이르렀다(1599).

| 영국에 의해 격침되는 스페인의 무적함대 (1588) |

영국은 동인도회사의 선박 4척을 가지고 인도네시아 수마트라섬(Sumatra Is.)에 도착하여 본격적인 향료무역에 뛰어들었다(1602). 이 선단은 후추를 가득 싣고 이듬해 귀환하여(1603) 영국에 후추를 공급하고도 남아 유럽 역내에 수출하기까지 했다.

영국이 동인도회사를 설립한 뒤 네덜란드도 마찬가지로 동인도회사를 설립했다(1602). 영국과 네덜란드가 동인도회사를 설립해 운영하자 프랑스도 몰루카 회사에 이어(1615) 동방회사를 설립했지만(1643) 그다지 활발하게 운영되지는 못했다. 뒤이어 덴마크도 동인도회사를 설립했고(1616) 스코틀랜드는 다리엔 회사를 설립해 아시아 무역에 뛰어들었다(1695). 독일은 오스텐드 동인도회사를(1731) 스웨덴도 동인도회사를 각각 설립했지만(1731) 크게 성공하거나 두각을 나타내지 못했다. 결국 아시아의 향료무역은 영국과 네덜란드 동인도회사 간의 경쟁으로 압축되었다.

네덜란드 동인도회사는 영국 동인도회사보다 자본금도 10배 이상 많았고 세계 최초로 주식회사로 운영되는 등 기업 운영이 선진화되어 있었다. 영국 회사의 단발성 기업 운영에 비하면 네덜란드는 영속적이었다.

네덜란드 동인도회사는 아시아 현지에 상무관을 개설하고 현지 직원을 상주시킴과 동시에 값이 쌀 때 향료를 사들여 저장해두었다가 적정한 시기에 유럽에 공급하여 영국과 비교하여 회사 운영이 매우 효율적이었다.

동아시아에서 향료무역을 독점한 네덜란드

인도네시아 몰루카 열도(Moluccas Iss.)의 암본섬(Ambon Is.)은 16세기 이래 향료산지의 중심이었다(16세기). 당시 유럽의 향료 소비는 급속도로 증가하고 있었는데 이에 유럽 향료 공급의 경쟁국이었던 영국과 네덜란드는 암본섬에 저마다 상무관을 설치하고 무역에 임했다(17세기 초).

당시 그곳 암본섬에 일본인 한 사람이 네덜란드 상무관을 염탐하다가 체포되는 일이 벌어졌다(1623). 그는 네덜란드 동인도회사에 소속된 용병이었는데 네덜란드인은 그에게 고문을 가하며 배후를 조사했다. 고문을 이기지 못한 일본인은 자신들이 암본섬 요새를 점거하고 총독을 암살하려 했다면서 이번 일에는 가브리엘 타워슨(Gabriel Towerson, 1576-1623)이라는 영국인 선장이 연루되어 있다고 실토했다.

| 네덜란드의 암본섬 고문사건 |

네덜란드인들은 암본섬과 일대를 수색하여 영국인과 일본인들을 체포했고 심한 고문을 가하면서 자신들이 원하는 대로 그들에게서 자백을 받아냈다. 이윽고 재판에서 자백이 인정되어 타워슨을 포함한 영국인 10명과 일본인 9명 그리고 포르투갈인 1명이 참수되었다.

이 소식을 접한 영국은 경악에 휩싸였는데 왜냐하면 암본 사건은 아시아에서의 향료 전쟁을 중단하기로 합의한 양국 간의 협정(1619)을 깬 중대한 사건이었기 때문이었다. 이에 영국은 네덜란드에 강력히 항의함과 동시에 무력으로 대응했으나 월등한 해군력을 보유한 네덜란드에 제압당하고 말았다.

영국과 네덜란드가 체결한 협정은 상호 적대행위와 무역 경쟁을 중지한다는 것 향료 거래의 안정을 위해 공동으로 매입하고 적정선의 판매가격을 유지한다는 것을 주요 내용으로 한 일종의 무역 카르텔Cartel[11]이었다. 이러한 양국 간의 협정에 따라 네덜란드와 영국은 후추를 비롯하여 그 밖의 향료에 대해 일정 비율로 양분하여 구매하기로 합의하고 있었다.

그러나 향료 생산지인 인도네시아 몰루카에서는 이러한 협약을 비웃기라도 하는 듯 양국 동인도회사 간의 경쟁이 점입가경이었다. 곧 양국 정부와 현지의 이해관계는 서로 다른 길을 걷고 있었다.

당시 네덜란드 동인도회사 총독 얀 피텔스존 코엔(Jan Pieterszoon Coen)은 자국의 협정 준수 요구를 비난했다. 그는 아시아 향료무역의 독점을 기대하고 있었던 까닭에 영국과 일정 비율로 향료를 구매하는 것도 반대하고 있었을 뿐만 아니라 현지에 상주하고 있는 중국·일본·자바·말레이시아 상인들도 모두 쫓아내기로 계획하고 있었다.

| 반다열도를 점령한 네덜란드 총독 코엔의 만행 |

급기야 코엔은 네덜란드 동인도회사의 병력을 동원하여 반다열도(Banda Iss.)를 점령했다(1621). 또한 그곳을 점령하고 있던 영국인을 처형하거나 쫓아내 버렸다. 이로써 네덜란드는 인도네시아의 향료무역을

11] 일반적으로 같은 종류의 물품을 생산하는 기업이 서로 가격이나 생산량 그 밖에 출하량 등을 협정해서 경쟁을 피하고 이윤을 확보하려는 행위를 가리킨다.

독점하게 되었다.

영국은 향료의 집산지에서 쫓겨나 고작 자바섬 서쪽 반탐만(Bantam Pen.)을 확보하고 있었으나 이마저도 코엔이 네덜란드 동인도회사 총독으로 재차 부임하면서 그나마 빼앗기고(1627) 말레이반도 북부로 물러나고야 말았다. 이후 네덜란드는 말라카Malacca를 점령해 동아시아 무역을 완전하게 장악하게 되었다(1641).

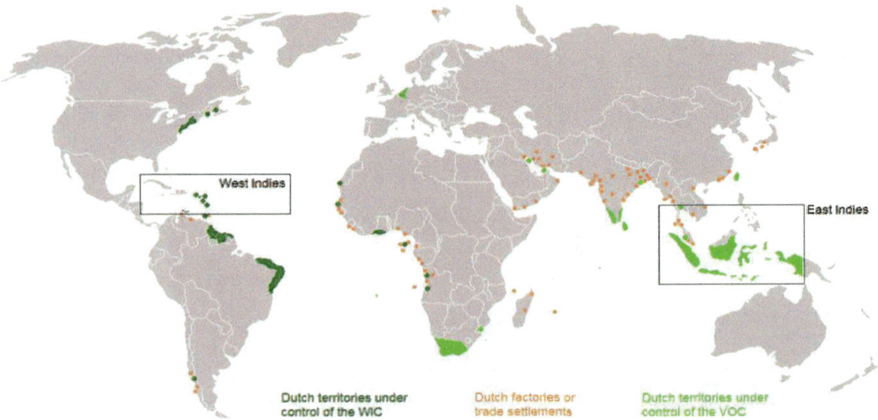

| 동아시아 향료무역을 장악한 네덜란드와 전 세계 네덜란드의 지배영역 |

차(茶)로 인한 전쟁

차의 기원

| 중국 상고시대의 성군 신농 |①

차(茶, Tea)의 역사는 중국에서 비롯되었다. 고전에 따르면 중국 농업과 의학 분야의 기초를 세운 상고시대(上古時代, Ancient Times) 신농神農[1]이라는 인물이 우연히 식물의 잎과 찻잎 등을 발견해 우려 마셨는데 맛은 물론 효능도 좋다는 것을 알고 이후 차로 제조해 마시기 시작했다고 전한다(B.C.2,700).

문헌 기록으로는 전・한前漢시대(B.C.202-A.D.8)[2]에 기록된 노비매매문서인 동약僮約이라는 고서에는 차를 끓이고 사고파는 내용이 수록되어 있는데(B.C.59) 이로부터 적어도 한나라 때부터 차의 재배와 제조가

1] 중국 상고시대 삼황오제(三皇五帝)의 한 사람이며 중국 전설상의 제왕인 복희(伏羲) 이후 처음으로 농업과 제약의 방법을 백성에게 가르쳤다고 한다. 정식 이름은 염제(炎帝)이다. 인신우두(人身牛頭)의 형상을 하고 태어났다고 전해진다(B.C.28세기). 마차와 쟁기를 만들었고 소를 길들이고 말에게 멍에를 씌웠다. 또한 백성들에게 불로써 토지를 깨끗하게 하는 법을 가르쳤다.

2] 전한은 고조 유방(劉邦)이 항우(項羽)와 대륙 쟁탈 뒤에 세운 왕조로 진(秦)에 이어 두 번째로 중국을 통일한 왕조이다. 수도는 장안(長安)이었는데 지리적 위치가 후에 세워진 후한의 수도 낙양(洛陽)보다 서쪽에 위치해 서한(西漢)이라고 한다. 문경지치(文景之治)로 일컫는 문제(文帝)와 경제(景帝) 재위시 내실을 다지는 데 주력했고 이를 바탕으로 후대 무제 때는 활발한 정복 활동을 펼쳤다. 무제는 흉노를 물리치고 동월(東越)과 남월(南越) 및 조선(朝鮮)을 정복하여 전성기를 구가했다.

| 다성(茶聖) 당나라 육우 |②

이미 시작되었다고 추정하고 있다.

중국의 한대漢代에는 본격적으로 차를 재배하고 상품으로 거래하기 시작했는데 중국의 차 문화는 불교와 함께 티베트와 일본으로 전해졌으며 이후 네덜란드 무역상에 의해 유럽에 소개되면서 전 세계적으로 사랑받게 되었다.

8세기 당나라 문인 육우(陸羽, 733-804)3]는 최초로 차에 대한 지식을 종합한 다경茶經을 저술해 차를 만들고 끓이고 마시는 방법을 체계적으로 정리했다.

우리나라에서의 차

우리나라에서 처음으로 차를 마시기 시작한 시기는 정확히 알 수는 없으나 최초의 기록은 김부식(金富軾, 1075-1151)의4] 삼국사기三國史記에서 엿볼 수 있다. 이에 따르면 신라 선덕여왕(善德女王, ?-647) 때부터 차를 마시기 시작했다고 전한다(7세기 초).

3] 육우는 중국 당나라 당시 문인으로 최초로 차에 대한 전문서인 다경(茶經)을 집필해 다성(茶聖) 혹은 다신(茶神)이라 일컬어진다. 육우는 중국 전역을 주유하며 차를 맛보고 명사들과 만나면서 차와 관련된 자료를 수집했다. 33세 되던 해 그동안 모은 자료를 바탕으로 다경의 초고를 탈고했다(765). 다경은 상중하 3권 10장으로 구성되었다. 상권은 차의 근원・제조 방법과 도구를 중권은 차의 다기를 하권은 차를 달이는 법과 마시는 법・차 산지와 문헌 등을 기록하고 있다. 다경은 지금까지 차의 교과서로서 그 중요성을 널리 인정받고 있다.

4] 고려 시대 문신이자 학자였다. 인종의 명령을 받아 삼국사기를 편찬하면서 체재를 작성하고 사론(史論)을 직접 집필하여 완성하였다(1145). 묘청을 비롯한 서경 천도 세력이 난을 일으키자 원수로서 삼군을 지휘하며 난을 제압하기도 했다.

이후 흥덕왕(興德王, 재위 826-836) 때 당나라에 사신으로 파견되었던 대렴大廉이 귀국할 때 차나무 씨를 가져와 왕명으로 지리산에 심었고 그때부터 차 마시는 풍속이 널리 성행했다고 기록하고 있다(828).

한편 일연(一然, 1206-1289)5]의 삼국유사三國遺事 제2권 가락국기駕洛國記6]에 따르면 가락국의 제사를 관장하는 관리인 이른바 갱세급간賡世級干이 나라의 뜻을 받들어 매년 술을 빚고 떡·밥·차·과일 등의 음식을 갖추어 제사를 지냈다고 기록하고 있다. 갱세급간이 선왕들의 제사에까지 차를 이용하였던 것으로 보아 가락국에서도 차의 비중이 상당히 컸음을 미루어 짐작할 수 있다.

고구려와 백제도 일찍부터 차를 마셨는데 특별히 문화가 발달했던 백제인의 다도 생활이 일본서기日本書紀7]에 기록되어 있다. 내용은 백제의 성왕(聖王, 재위 523-554)이 16명의 승려에게 불교용품·차·향 등을 보냈다는 것이 그것이다. 한편 일본의 동대사요록東大寺要錄에도 백제의 귀화승歸化僧인 행기(行基, 668-749)가8] 중생을 제도하기 위해 차나무를 심었다고 전하고 있다.

5] 고려의 승려이자 학자로서 고대 삼국시대의 역사와 전설을 다룬 삼국유사를 집필했다. 고려 최고의 승려로 인정받아 국존(國尊)의 자리에까지 올랐다.

6] 가락국(駕洛國)의 역사를 서술한 책이다. 낙동강 유역의 기원을 전후로 가야의 여러 나라가 난립해 있었는데 그중 김해 지역에서 세워진 나라가 가락국이다(42). 삼국유사의 가락국기에 의하면 가락국을 세운 사람은 김수로왕(金首露王)이고 저술은 작자 미상이다. 내용은 김수로왕의 전설과 금관가야의 역사를 기록하고 있다.

7] 일본서기는 고사기(古事記)와 함께 일본에서 가장 오래된 역사서이다. 신화시대부터 697년까지를 기록하고 있으며 일본에 끼친 중국 문명의 영향을 반영하고 있다. 중국식으로 새롭게 정비된 황실 주도로 중국의 연대기에 버금가는 역사서를 지향하여 편찬했다(720). 일본 서기는 6권의 역사서 중에 첫 번째 책으로 모두 30권으로 구성되어 있다. 약 5세기부터 다루고 있는 후반부는 역사적 기술이 비교적 정확하다는 특징이 있다.

8] 백제계로 일본 최초의 큰스님이다. 대중포교를 위한 사회사업에 힘을 기울였고 가난한 농민을 위해 농촌 개량사업을 지도했다. 민중들에게 행기보살로 불리며 부처의 화신으로 여겨졌다.

고구려의 차 생활은 고구려의 옛 무덤에서 발굴된 전차錢茶[9]를 통해 그 모습을 그려볼 수 있는데 당시 전차를 죽은 자의 무덤까지 넣은 것으로 보아 당시에도 차가 널리 애용되었음을 알 수 있다.

그러나 우리나라에서의 차 문화는 그 내용이 수록된 문헌과 무덤에서 나온 유적 외에 별다른 사료가 없어 언제부터 차를 마셨는지는 알려지지 않고 있다.

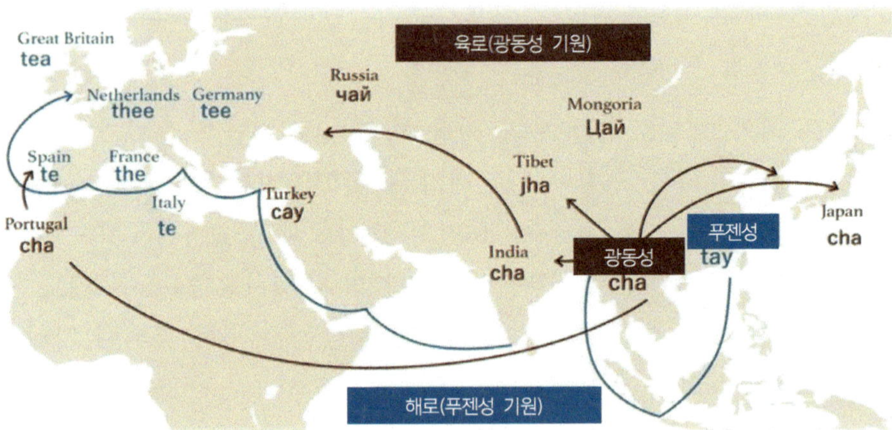

| 차의 이동 경로 |

홍차의 유래

홍차(紅茶, Black Tea)의 어원은 홍차를 생산해 수출하던 일본인이 자국의 녹차(綠茶, Green Tea)를 일본차로 부르고 유럽인이 마시는 차를 빛깔이 붉다고 하여 홍차라고 지칭하던 것에서 비롯되었다(19세기 중엽).

9] 전차는 생긴 모양에 따라 여러 이름으로 불린다. 대개 둥글거나 네모난 구멍을 뚫어 엽전 모양으로 빚은 것이 일반적이다. 현재 중국의 보이차 등에서 이러한 형식을 쉽게 볼 수 있다.

유럽은 홍차의 기원을 중국으로 보았다(16세기 중엽). 이른바 우롱차(烏龍茶, Oolong Tea)는 홍차보다 덜 발효된 차로 원래 중국에서 생산되어 유럽에서 널리 소비되었는데 특히 발효된 우롱차는 영국을 비롯하여(1610) 유럽인들에게 폭발적인 인기를 누렸다.

이후 영국은 유럽 역내에서 중국 차의 최대 소비국가가 되었는데(18세기) 한때 그간의 오랜 전쟁과 차의 가격폭락 등으로 인한 자국의 침체한 불경기를 극복하기 위하여 당시 식민지이던 미국에 대한 차의 무관세 독점판매권을 제정하고 이를 전격 발효하기에 이르렀다.

식민지 미국에 대한 영국의 무리한 조치는 식민지 자치정부의 지나친 조세 간섭에 대해 불만을 품은 과격파들이 보스턴Boston에 정박해 있던 영국 상선에 무단침입하여 적재되어 있던 차 상자를 바다에 내다 버려 분쟁을 촉발한 이른바 보스턴 차 사건(1773)의 계기가 되고 이 사건은 급기야 미국 독립전쟁의 도화선이 된다.

한편 영국 조지 III세(George William Frederick, 1738-1820)는 차 수입에 드는 비용을 중국에 아편(鴉片, Opium)10]을 판매해 번 돈으로 충당했다. 영국은 점점 더 많은 양의 아편을 중국에 판매해 큰 이익을 보게 되지만 이는 끝내 아편전쟁(1840-1842)을 불러오는 화근이 된다. 그 밖에 유럽에 공급되는 중국 차의 유통은 클리퍼선(Clipper Ship)과 그 항로(Clipper Ship and Clipper Route)11] 및 증기선(蒸氣船, Steam Ship)의 출현을 촉진했다.

10] 아편(鴉片)은 양귀비의 덜 익은 꼬투리에서 유액을 말려 채취한 마약의 일종으로 특이한 냄새가 나며 강력한 쓴맛이 난다. 아편은 불법 마약 유통을 위해 만드는 헤로인(Heroin)을 화학적으로 만드는데 필요한 모르핀을 다량 함유하고 있다. 전통적인 채취 방법은 덜 익은 꼬투리를 긁어 상처를 내 유액을 채취한다. 이 유액이 말라 끈적한 황색 잔존물이 생기면 나중에 긁어 떼어낸다.

11] 클리퍼는 19세기 다수의 돛이 달린 쾌속 범선이다. 폭에 비에 선체가 길고 적하(積荷)에 제한이 있으며 일반적인 배보다 크기가 작다. 클리퍼선은 대부분 영국과 미국 조선소에서 건조되었으나 프랑스와 네덜란드 등에서도 건조되어 증기선이 나오기까지 운용되었다. 클리퍼선은 전 세계를 항해했는데 대서양 항로로 영국과 동방의 식민지 사이의 교역로에서 운용되었다. 클리퍼 항로는 유럽과 극동 그

보스턴 차 사건

| 보스턴 차 사건(1773) |[3]

보스턴 차 사건은 영국의 지나친 세금 징수에 반발한 당시 미국 식민지 주민들이 아메리카 토착민으로 위장해 보스턴 항에 정박한 영국 상선에 실려 있던 홍차 상자를 바다에 투척한 사건이다(1773).

영국이 미국에 발효한 인지세법[印紙稅法, Stamp Act(1765)]과 타운젠드법[Townshend Acts(1767)]은 식민지 미국 주민들의 반발을 초래한 배경이 되었다. 이 반란이 계기가 되어 미국 독립전쟁이 발발했고 결국 미국은 영국으로부터 독립을 쟁취하게 되었다.

인지세법은 영국이 미국 식민지에 부과한 인지세를 정한 법으로 신문과 같은 출판물과 법적으로 유효한 모든 증명서나 허가증에 인지를 붙이는 것을 의무화한 법이다. 당시 영국은 주변 국가와 잦은 전쟁으로 재정난을 겪고 있었는데 식민지에 대한 과세를 통해 이를 극복하려고 했다. 그러나 이 정책은 식민지의 대대적인 반발을 불러일으켜 미국 독립전쟁의 불씨가 되었다.

한편 영국은 타운젠드법으로 식민지에서 세수를 증대시키고 이로써 철저한 무역 통제를 보다 효율적으로 추진할 수 있는 기틀을 마련하고자 했다. 그러나 타운젠드법도 인지세법과 마찬가지로 거센 저항을 불러왔다. 이는 영국이 보스턴을 점거하는 사태와(1768) 보스

리고 오스트레일리아와 뉴질랜드를 오가던 클리퍼선이 사용하던 항로이다. 클리퍼 항로는 증기선 도입과 수에즈 파나마 운하의 개통으로 상업적으로 그 가치를 상실했다.

| 보스턴 학살사건(1770) |④

턴 학살사건(Boston Massacre)12] 으로 이어졌다(1770).

영국의 압제하에서 미국 보스턴에는 이른바 자유의 아들들(Sons of Liberty)13] 이라고 불렸던 애국청년들이 아메리카 토착민으로 위장한 뒤 보스턴 항구에 영국 동인도회사 소속 3척의 선박을 급습했다.

당시 선박 화물칸에는 342상자의 동인도회사 소유의 차가 하역을 기다리고 있었는데 이들은 이를 바다에 투척하고 소동을 피웠다(1773). 이것이 보스턴 차 사건의 발단이었다.

보스턴 차 사건으로 영국은 보스턴 항구를 폐쇄하고 식민지의 자치 기능을 완전히 박탈했다. 이런 강경책으로 아메리카 거류민은 경제적 이익보다 법과 원칙의 소중함을 깨닫고 결국 영국으로부터 독립을 선택하기에 이르렀다. 그 결과 보스턴은 미국 프론티어Prontier 정신의 요람이 되었고 국민이 국가의 주인이 되는 자유민주주의 국가를 역사상 최초로 건설할 수 있는 기초가 되었다.

12] 보스턴 학살은 보스턴 항구에서 술을 마시던 노동자들과 영국 주둔군 사이에 시비가 붙은 일이 유혈 사태로 확대된 사건이다(1770). 식민지인들이 주둔군에게 눈덩이를 던졌고 눈덩이에 맞은 군인이 식민지인들에게 발포하기에 이르렀는데 이 사건으로 5명이 숨졌다. 인쇄물에 고액세금을 매긴 인지세법과 대부분의 수입품에 관세를 부과한 설탕법 등으로 식민지 거주민과 본국인 영국 간의 대립이 이 사건의 원인이 되었다.

13] 자유의 아들들은 미국 독립전쟁 이전의 북아메리카 식민지의 애국 급진파의 통칭이며 미국 각지에서 결성되었다. 독립 혁명에 큰 역할을 감당했다.

차와 아편전쟁

| 아편과 양귀비 |⑤

아편은 양귀비로 만드는 마약의 일종이다. 마취제 또는 이질이나 설사의 치료에 쓰이며 그 밖에 통증을 완화하는 모르핀Morphine이나 코데인Codeine의 원료가 된다. 아편은 크게 생아편·의약용·흡연용 3가지로 구분된다.

우리가 흔히 마약으로 취급하는 흡연용 아편은 생아편을 물에 녹여 증발시키고 농축해 만든 것으로 담뱃대를 사용해 흡연하거나 액체로 몸에 직접 주사하기도 한다.

아편의 문제는 모든 마약류가 그렇듯이 강력한 중독성에 있다. 마약인 아편은 습관성이 강력하고 이로써 만성중독증을 앓게 하여 점차 다량을 사용하지 않으면 효과를 볼 수 없게끔 유도한다. 사람들은 이 때문에 점점 다량의 아편을 찾게 되고 종국에는 생활이 피폐해지며 끝내 목숨을 잃을 위기에 이르게 된다.

황제가 통치했던 청나라는 중세시대에 중화사상(中華思想, Sinocentrism)을 기치에 두고 있었다. 당시 중국인은 중화사상의 민족적 자존감을 앞세워 서양을 미개한 나라로 치부했다. 산업혁명을 통해 막강한 국력을 자랑하고 있던 영국의 발전상이나 국력에 대해 청은 일절 알고 있지 못했고 알려고도 하지 않았다.

당시 산업혁명(The Industrial Revolution)으로 세계 제일의 강대국이 된 영국은 세계 곳곳에 수많은 식민지를 두고 있었는데 당시 인도를 점령한 영국은 내친김에 중국에도 호시탐탐 눈독을 들이고 있었다.

그렇지만 청나라는 물밀듯 밀려오는 서양 강대국의 통상압력을 견디지 못하고 끝내 광저우[광주(廣州), Guangzhou]를 무역항으로 내주고 만다. 당시 영국은 중국에서 차와 비단 그리고 도자기 등을 수입했으나 중국인들은 미개한 나라 물건은 살 게 없다며 영국 물품에 관심을 두지 않았다. 그런데 영국은 차를 마시는 문화가 일상에 자리 잡게 되었고 이에 중국 차 수입이 해마다 급속한 증가세를 보였다.

| 영국 런던의 동인도회사 본사 |⑥

그런데 당시 영국은 중국 차의 수입대금을 당시 화폐로 통용된 은(銀, Silver)으로 지급해야 했다. 이에 영국 동인도회사(East India Company)14]는 증가하는 중국 차 수입에 막대한 은을 지급해야 했고 이는 점차 심각한 무역 불균형을 초래하게 되었다.

그런데 영국은 그간 중국에 아편을 밀수출하고 있었다(18세기 초). 이후 옹정제(雍正帝, 재위 1722-1735)15] 초기 아편의 중독성을 인식하고 첫 번째 아편 금지령이 내려졌으나(1729) 아무런 효과 없이 아편은 급속히 퍼져나갔다(19세기 초). 그 결과 중국 국민은 아편의 잠재적 수요자가 되어 점차 아편의 쾌락에 빠져들게 되었다.

14] 영국 동인도회사는 인도와 동아시아의 차와 향료에 대한 독점무역을 목적으로 세워진 영국의 공기업이다. 네덜란드가 인도항로로 진출하여 향료무역을 본격적으로 개시하자(1595) 이에 자극받은 영국 상인들이 중심이 되어 설립했다(1600). 국가의 지정으로 동인도지역 무역 독점권을 얻었다.

15] 청나라의 5대 황제로 묘호는 세종(世宗) 이다. 군기처를 두어 정무의 신속화를 꾀하는 한편 관료 중에서도 지방관의 기강 단속에 힘썼다. 사상 통제를 시행하고 기독교를 금하였으며 대외적으로는 칭하이(青海省)・티베트를 평정하여 국력을 충실히 다졌다.

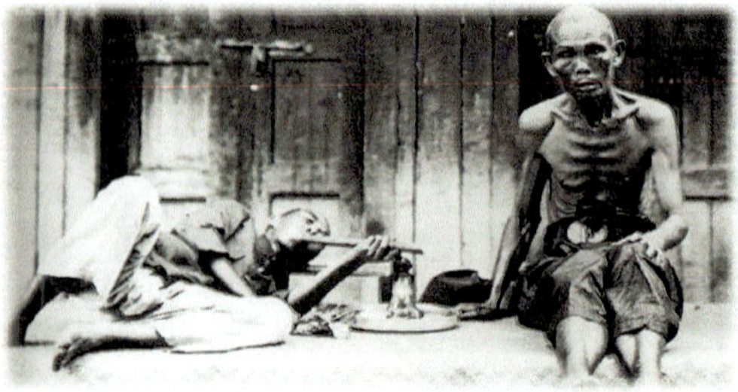

| 아편에 중독된 청나라 국민 |⑦

이윽고 아편 수요는 걷잡을 수 없이 폭발적으로 증가했는데 이를테면 아편전쟁 발발 직전에는 무려 40,000상자가 소비되기에 이루었다. 소비계층은 고위층을 비롯하여 지주·상인·군인 등 지배층에서 서민층에 이르기까지 점차 보편화되어 갔다.

중국은 거듭되는 아편 금지령으로 이러한 사회적 문제를 해결하려고 발버둥 쳤으나 소용이 없었다. 그런데도 영국은 산업혁명 이후 무역 적자를 해소하기 위하여 중국 내 아편 공급에 박차를 가했다.

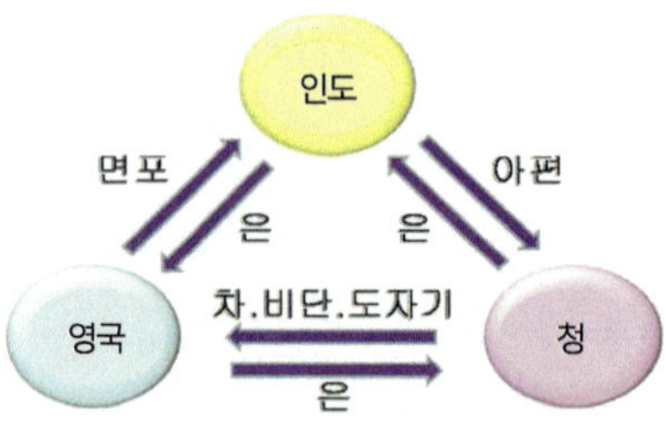

| 영국과 인도 중국(청)의 삼각무역 |

영국이 인도의 플래시 전투(Battle of Plash)16]에서 승리하게 되자 동인도회사는 아편의 집산지였던 인도 벵갈Bengal 지방에서 아편을 키워 상인을 통해 중국 연근해로 운반한 후 다시금 중국에 반입하는 삼각무역(Triangular Trade)을 통해 아편을 공급했다. 더군다나 쾌속 범선이 등장으로 항해 시간이 단축되면서 더 많은 아편을 밀수출할 수 있게 되었다(1829).

결국 청나라의 도광제(道光帝, 재위 1820-1850)17]는 임칙서(林則徐, Lin Zexu,

16] 플래시 전투는 영국 동인도회사가 벵골 토후국과 프랑스 동인도회사를 상대로 벌인 전쟁이다(1757). 7년 전쟁이었던 이 전투에서 영국의 승리는 벵갈 지역 내에서 영국의 주도권을 확실하게 잡은 계기가 되었고 이후 100년간 영국이 인도 전체를 지배하는 기초가 되었다.

17] 청나라 제8대 황제로 묘호는 선종(宣宗)이다. 재위 시 기울어가는 국세를 바로잡으려 했으나 성과를

| **임칙서** (1785-1850) |[⑧]

| 찰스 엘리엇 (1801-1875) |[⑨]

1785-1850)[18]를 특사로 파견해 광저우의 아편 거래에 종지부를 찍게 했다. 임칙서는 당시 이러한 상황을 이해하지 못한 영국 상인과 관리가 뇌물 성격으로 제공한 대량의 아편을 일거에 불태워 버렸다. 이로써 청의 아편과의 전쟁은 본격화되었다.

청의 강경한 아편 무역 금지조치에 영국 자본가들은 영국 의회에 압력을 가했다. 당시 영국 정부는 중국무역의 안정화를 위한다는 명분으로 20척의 함선과 4,000여 명의 원정군을 파견했다. 이윽고 전권을 부여받은 영국의 대사 엘리어트(Charles Elliot, 1801-1875)[19]는 원정군을 이끌고 광저우에 도착했고(1840) 이때 인도 정부가 영국을 대신하여 청에 선전포고하면서 전쟁은 시작되었다. 대포와 강한 해군을 갖춘 영국군 앞에 중국의 군대는 무력하게 패하고야 말았다. 중국의 전함은 재래식 범선이 대부분이었고 군사 장비는 240여 년 전에 주조된

거두지 못했다. 농민 반란이 끊이지 않았고 아편 중독에 따른 재앙이 만연했다. 황실 재정을 개인적인 검약을 통해 복구하고자 애쓰기도 했다.

18] 중국 청나라 정치가로서 영국 상인들이 소유한 아편을 몰수해 상자를 불태우고 아편 상인들을 국외로 추방하는 등 강경 수단으로 아편 밀수 근절을 꾀했다. 태평천국의 난을 진압하라는 명을 받고 현지에 부임하는 도중에 병사했다.

19] 아프리카 가나(Ghana)에서 노예 감독관으로 있다가 중국주재 무역 총감독관의 서기로 임명되었다(1834). 아편전쟁 당시에는 무역 총감독관으로 활약하였다. 청나라 임칙서의 아편 금지령이 실시되자 영국의 이익을 위해 아편전쟁을 지휘하여 승리로 이끌었다.

낡은 것이 전부였기 때문이었다.

영국은 양쯔강[양자강(揚子江), Yangtze Riv.] 하구를 전면 봉쇄하고 톈진[천진(天津), Tianjin] 인근까지 함대를 파견하여 청나라를 위협하며 압박을 가했다. 톈진에서 교섭을 책임지고 있던 중국의 총독 보르지깃(Borjigit, 1786-1854)[20]은 영국의 공격이 재개되자 개인적으로 엘리어트를 만나 전쟁 배상금 지급 · 홍콩 할양 · 평등 대우 등을 조건으로 이른바 광동협정(廣東協定, Gwangdong Agreement)을 체결했다. 이러한 불공정 협정체결 소식을 들은 도광제는 격노하여 보르지깃을 파면하고 체포하였다.

전쟁은 재차 발발했고 영국은 닝보[영파(寧波), Ningbo][21]를 점령했다(1841). 영국군 병력은 1만이 증강되었고 증기선 14척이 추가되었다. 그러나 이번에도 중국은 영국의 화력 앞에 무릎을 꿇고 말았다.

한편 중국 정부의 무능과 굴욕적인 태도는 중국인들을 분노케 했다. 중국인들은 곳곳에서 영국에 대항하는 자위대 성격의 조직을 결성했다. 한때 농민군이 영국군을 포위 공격하여 영국군 사상자가 발생한 사건이 일어나자 영국은 이전보다 더욱 강경하게 맞대응했다.

영국은 중국에 대한 공세를 강화하여 상하이[상해(上海), Shanghai]를 점령하고 난징[남경(南京), Nanjing]으로 진격했다(1842). 사면초가에 봉착한 중국은 어쩔 수 없이 영국과의 타협을 모색할 수밖에 없는 상황에 몰렸다. 결국 영국함대의 갑판에서 영국과 중국 청나라 사이에 역사적인 난징조약[남경조약(南京條約), Treaty of Nanking]이 체결되었다(1842).

20] 청나라의 정치인이다. 몽골계 귀족으로 만주 출신이다. 제1차 아편전쟁 당시 해임당한 임칙서의 후임으로 부임했으나 파면당한 후 유배당한다.

21] 중국 저장성(浙江省) 동북부 해안에 있는 무역항으로 중국 상인을 대표하는 닝보방[영파방(寧波幫)]의 원류이자 요람으로 통한다. 당 · 송대부터 대외 해상무역항으로 명성이 높았다.

난징조약은 중국이 외국과 맺은 최초의 근대조약이며 동시에 불평등조약이었을 뿐만 아니라 그간 중국이 오랫동안 유지해오던 중화사상을 무너뜨린 계기가 되었다. 이후 광저우[광주(廣州), Guangzhou]에 국한했던 외국 상인의 활동은 확대되었다. 문제가 되었던 아편에 관해서는 일절 언급이 없었고 되레 전보다 더욱 확대일로를 걸었다.

난징조약의 여파로 중국은 미국·프랑스 등 다른 서양 열강들과도 영국과 맺은 조약 내용과 비슷한 불평등조약을 맺을 수밖에 없었다. 미국과 왕샤조약望厦條約 프랑스와 황푸조약黃埔條約을 맺으며(1844) 중국은 서구 열강에 의해 서서히 잠식되기 시작했다.

제2차 아편전쟁

영국은 애로호 사건(Arrow War, 1856)22]을 빌미로 프랑스와 연합해 광저우를 점령했다(1857). 연합군은 해안 수비 포대인 다구 포대(大沽炮台, Da Gu Kou Pao Tai)23]를 비롯하여 북경의 관문인 톈진을 점령했다(1858). 이에 중국 정부는 버티지 못하고 톈진조약을 맺었다.

중국은 군사적으로 대단히 중요했던 다구 포대를 잃은 불리함에 어쩔 수 없이 톈진조약을 체결했으나 조약이 발효 전에 중국 정부는 전격적으로 베이징에서 톈진조약 비준을 강행하려는 연합군을

22] 중국 광동에서 영국기를 달고 있는 애로호를 청의 관헌이 수행하여 중국인 선원 12명을 해적이라는 이유로 체포하고 영국기를 내린 사건이다(1856). 통상 조건에 불만이 있었던 영국은 이를 계기로 중국 전체의 무역항을 개방하고 공사를 베이징에 주재시키고자 해군으로 광둥성(廣東省)을 공격했다. 프랑스도 선교사 살해사건을 구실로 영국과 함께 광둥을 점령하고 톈진조약을 맺었다. 그러나 조약 비준을 위한 사절단이 함대를 이끌고 베이징에 가던 중 수비대와 충돌하자 영국·프랑스군은 다시 톈진과 베이징을 점령하고 베이징조약을 맺어 끝내 청을 굴복시키고 말았다.

23] 청나라 시대 바다의 방어를 강화하고 지역의 안전을 확보하기 위해 톈진에 6대의 포대를 설치하였다(1858). 제2차 아편전쟁 중 중국 남북지역의 중요한 해상방어진이 되었다.

| 애로호(Arrow) 사건 (1856) |[10]

| 톈진조약(1858) |[11]

저지하기 위해 다구 포대에 포대와 기병을 배치하여 재차 응전하였다. 이 전투에서 영국함대는 큰 피해를 보고 근방의 미국 함대 도움을 받아 철수하게 된다.

그러나 영국과 프랑스 연합군은 패배를 설욕하고자 이전보다 군사력을 약 8배나 증강하여 재차 공격을 가했다(1860). 이들은 발해만(渤海灣, Bohai Bay)의 여러 항구를 점령하면서 다구 포대를 비롯하여 중국 정부 방어군을 가는 곳마다 격파했다. 궁지에 몰린 중국 정부는 어쩔 수 없이 평화협상을 제의했으나 연합군은 이에 아랑곳하지 않고 여세를 몰아 베이징에 입성했다.

이후 중국과 연합군의 협상은 재개되었고 전쟁은 종결되었다. 이때 러시아의 중재하에 베이징조약(北京條約, Treaty of Beijing)이 체결되었는데 베이징조약에 의해 중국 정부는 톈진조약을 인정하게 되었고 이후 아편 거래도 합법화되었다. 이후 베이징조약의 중재자로서 러시아는 대가로 연해주(沿海州, Maritime Province in Russia) 지역을 할양받게 된다.

2차 아편전쟁의 패배는 모든 동양인에게 이전 전쟁보다 훨씬 큰 충격을 주었다. 청국 황제의 피신과 베이징의 점령은 단순한 전쟁의 패배가 아니라 모든 중국인과 동양인의 의식 속에 뿌리박혀 있었던 이른바 중화사상의 뿌리를 흔드는 중대한 사건이 되었다.

| 제1 · 2차 아편전쟁과 중국의 개항 |

크리스마스 휴전

제국주의 국가의 식민지 쟁탈

산업혁명(産業革命, The Industrial Revolution)은 영국에서 태동하여 그 여파가 물밀듯 유럽 각지로 급속히 퍼져나갔다(1900년대). 수많은 공장에서 생산되는 수많은 물품은 그에 상당한 원료와 시장을 필요로 했다.

| 아프리카 수단을 식민지로 삼은 옴두르만(Omdurman) 전투 |①

이를 위해 유럽 열강은 아시아와 아프리카에 눈을 돌리게 되었는데 풍부한 원료를 확보하고 새로운 시장을 개척하기 위해 해상을 통해 막강한 군사력을 동원해 식민지 건설에 너도나도 박차를 가했다.1]

그 결과 영국과 프랑스 등 유럽의 열강들은 경쟁적으로 아시아와

1] 옴두르만 전투는 동부 아프리카 수단(Sudan) 옴두르만에서 영국군과 수단군 간에 벌어진 전투이다(1898). 19세기 말에 유럽 열강이 광대한 식민지를 차지할 수 있던 근본적인 요인이 유럽 열강의 막강한 화력에 있었다. 옴두르만 전투에 임한 영국군은 맥심기관총(Maxim)으로 불과 5시간 만에 수단군을 궤멸시켰다. 25,000명이 50,000명에 대승을 거둔 이 전투에서 수단의 정예 이슬람 전사 10,000여 명이 사망했고 영국군 사상자는 고작 48명에 불과했다.

아프리카 지역으로 진출해 이들 지역의 대부분을 저마다의 식민지로 삼았다(19세기 중엽-20세기 초). 제국주의(帝國主義, Imperialism)의 서막이 열린 때 식민지를 가장 많이 확보한 국가는 영국과 프랑스였고 신흥 후발국으로 독일이 그 뒤를 따랐다.

타오른 전쟁의 불씨

제국주의 경쟁은 유럽에서도 확산일로에 있었는데 특히 유럽의 화약고라고 불렸던 발칸반도(Balkan Pen.)에서 촉발되었다. 당초 발칸반도는 오스만제국Ottoman Empire2]의 지배 아래 있었는데(1300년대 이후). 이때 오스만제국의 국력이 급속히 쇠퇴하게 되자 이 지역에 자리 잡고 있던 세르비아Serbia3]는 그 틈을 타 독립을 선포하면서(1878) 동시에 혈통이 같은 주변 지역을 합쳐 단일국가를 세우려 했다.

그런데 오스트리아는 세르비아 주변 지역인 보스니아와 헤르체고비나(Bosnia & Herzegovina)4]를 점령하여 이러한 세르비아의 단일국가 열망을 좌절시키고야 말았다(1908). 그 와중에 오스트리아 황태자 부부가 당시 보스니아의 수도였던 사라예보Sarajevo를 방문하게 되었는데 이때 애국심에 불타있던 약관 20세의 세르비아계 청년이 황태자 부부를 암살하는 이른바 사라예보 사건이 발생하게 되었다(1914).

발칸반도에서 벌어진 사라예보 사건은 누구도 예상치 못한 제1차

2] 오스만제국은 발칸반도와 아나톨리아(터키)를 중심으로 유럽·아시아·아프리카 3대륙에 걸쳐 광대한 영역을 지배하던 국가이다.

3] 세르비아는 동남 유럽 중앙의 발칸반도 중앙에 있는 내륙국가이다. 세르비아의 수도인 베오그라드(Belgrade)는 오랜 역사를 지녔으며 발칸반도에서 가장 인구가 많은 도시이다.

4] 보스니아 헤르체고비나는 남유럽 발칸반도에 위치하며 구 유고연방에서 분리 독립한 아드리아해(Adriatic Sea) 연안국이다. 수도는 사라예보(Sarajevo)이다.

| 오스트리아 황태자 부부 암살 사건 |②

세계대전의 도화선이 되었다.

이윽고 오스트리아는 사라예보 사건을 이유로 세르비아에 전쟁을 선포했다(1914). 이에 세르비아와 같은 슬라브 민족(Slavic Peoples)이던 러시아가 전격적으로 세르비아 편에 서서 세르비아와 함께 오스트리아에 맞서게 되었다.

오스트리아와 독일은 발칸반도에서 게르만족(Germanic Peoples)으로 연합하여 그 세력을 키우고자 계획하고 있었다. 그 결과 전쟁은 자연스레 민족 간의 대결로 치닫게 되었고 이에 오스트리아 동맹국과 러시아의 동맹국은 일시에 전쟁의 소용돌이에 휘말리게 되었다. 제1차 세계대전의 신호탄이었다.

삼국 동맹과 삼국 협상의 대결

당시 오스트리아는 독일 및 이탈리아와 함께 삼국 동맹(Triple Alliance)을 맺고 있었는데 그 내용은 세 나라 중 누구라도 다른 국가로부터 공격을 받으면 상호 연대하여 대응한다는 것이었다.

이에 대응하여 러시아는 영국 및 프랑스와 이른바 삼국 협상(Triple Entente) 관계에 있었는데 목적은 서로 연합해서 독일이 힘을 키우지 못하게 견제하는데 두고 있었다. 독일은 제국 3대 황제로 마지막 군주였던 빌헬름 II세(Wilhelm II, 1859-1941)가 황제 자리에 오르면서(1888) 본격적으로 각지에 세력을 넓히고 있었다.

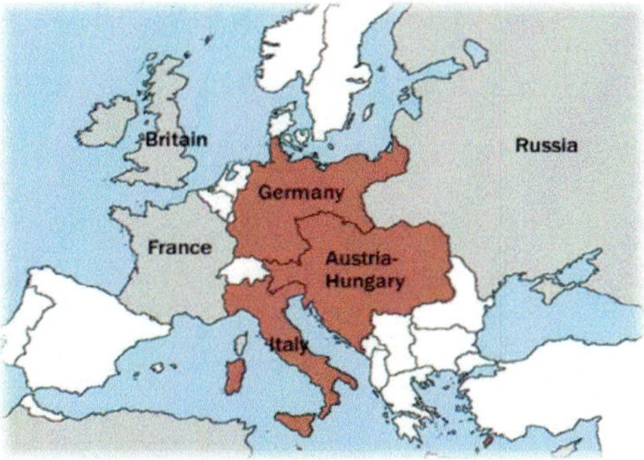

| 삼국 동맹과 삼국 협상 |③

영국은 당시 식민지 경쟁에 있어 이처럼 팽창하고 있었던 독일과 상당한 마찰을 빚고 있었고 프랑스와 러시아도 한결같이 이러한 독일의 움직임을 탐탁지 않게 생각하고 있었다.

이러한 힘의 역학관계를 배경에 두고 삼국 동맹군과 삼국 협상의 연합군이 전쟁을 불사하게 되었다. 이탈리아는 오스트리아와 영토 문제로 사이가 좋지 않았다는 이유에서 연합군으로 참여했다.

전쟁에 참여한 제국주의 국가들

제1차 세계대전에서 가장 치열하게 싸운 국가는 독일·영국·프랑스·러시아였다. 당시 독일은 세계의 초강대국이 되려는 열망을 품고 있었는데 그 전초전으로 프랑스와 러시아를 제압하여 일대 교두보를 마련해 두고자 계획하고 있었다.

| 제1차 세계대전 참호 속의 병사들 |④

그런데 전쟁 개전 후 독일의 예상과는 달리 프랑스와 러시아의 저항이 만만치 않았다. 장기전에 대비한 참호전(塹壕戰, Trench Warfare)으로 맞대응하고 있었기 때문이었다. 참호전은 병사를 지치게 했고 병들게 했다.

한편 아시아의 또 다른 제국주의 국가로 발돋움하고 있었던 일본은 조선을 식민지로 삼고 내친김에 중국까지 넘보고 있었다. 일본도 당시 전쟁에 참여하여 아시아에서 세력을 넓히고자 중국에 있던 독일 기지를 점령하고 연합군 편에서 싸웠다. 이처럼 세계열강은 전쟁의 소용돌이에 휘말리고 있었다.

제1차 세계대전의 종말

| 루시타니아호 침몰 사건(1915) |ⓢ

제1차 세계대전이 발발한 다음 해 영국 여객선이던 루시타니아호(RMS Lusitania)가 독일 해군이 발사한 어뢰 공격에 침몰당하는 사건이 발생했다(1915). 이로 인해 루시타니아호에 승선한 1,200여 명이 목숨을 잃었다. 사망자 중에는 뜻밖에 미국인 126명이 포함되어 있었다.

루시타니아호 침몰 사건은 당시 미국을 비롯한 전 세계를 충격에 빠뜨린 일대 사건이었다. 왜냐하면 지금까지 어떠한 국가도 전쟁 중에 일반 승객을 태운 비무장 선박을 침몰시킨 예가 이때 말고는 없었기 때문이었다. 이 사건은 미국이 제1차 세계대전에 참전하게 된 결정적인 계기가 되었다.

한편 러시아는 내부적으로 사회주의 혁명51으로 내전을 치러야 했다(1917). 그 결과 동유럽의 우크라이나Ukraine와 벨로루시Belarus 등에 볼셰비키Bolshevik[6] 독재가 퍼졌고 이는 러시아가 제1차 세계대전에서 발을 뺀 이유가 되었다.

끝내 오스트리아는 전쟁의 참화를 견디지 못하고 제일 먼저 항복을 선언했고 그 뒤를 이어 독일도 버티지 못하고 백기를 들었다. 이로써 제1차 세계대전은 종말을 고하게 되었다.

와인이 선사한 크리스마스 휴전

크리스마스 휴전(Christmas Truce)은 제1차 세계대전이 한창이던 때 크리스마스를 앞두고 서부전선의 여러 곳에서 전혀 기대하지 않게 일어났던 비공식적 휴전 사건을 말한다(1914). 크리스마스 휴전은 역사상 가장 참혹한 전쟁 와중에서도 가장 평화스러운 휴머니즘의 진수를 보인 위대한 사건으로 회자 되고 있다.

당시 독일군과 이에 맞선 영국과 프랑스 연합군 양측은 서부 전선에서 일시적인 소강상태를 맞았다. 그런데 당시 소강상태는 크리스마스 시즌을 맞아 뜻밖에도 전선의 여러 곳에서 양측 병사들 간에 교류를 갖게 한 계기가 되었다. 양측 병사는 참호 사이의 무인지대에서 서로 만나 이야기를 꽃피우고 음식을 나누는 일이 일어났고 심지어 어떤 곳에선 함께 전사자의 장례를 치르는 일까지 함께

5] 10월 혁명 또는 볼셰비키(Bolsheviki) 혁명으로 불린다(1917). 전제 군주국가 러시아 제국이 무너지고 세계 최초 공산 국가인 소비에트 러시아가 탄생한 계기가 되었다. 이 혁명에서 승리한 정당들은 러시아 공화국을 선포하고 연립정부를 구성했다. 그러나 볼셰비키가 10월 혁명을 일으키면서 러시아 공화국마저 무너뜨리고 혁명의 과실을 독점하려 하자 멘셰비키 등 반대파들이 무력 대항을 시작하면서 러시아 내전이 발발했다. 그 결과 우크라이나와 벨로루시 등 동유럽에 볼셰비키 독재가 퍼졌고 제1차 세계대전에서 러시아가 발을 빼게 된 원인이 되었다.

6] 볼셰비키는 러시아 사회민주노동당에서 블라디미르 레닌(Vladimir Ilich Lenin, 1870-1924)이 인솔한 급진적 공산주의 분파이자 유라시아 북부의 공산주의 정당이다.

| 와인이 선사한 크리스마스 휴전 |⑥

했다. 크리스마스 당시 참호 앞의 무인 지대에서 만난 이들은 서로 캐럴을 부르며 헤어지기도 했다.

잠깐의 휴전이지만 그렇다고 이러한 휴전이 전선의 전반에 걸쳐 일어난 것은 아니었다. 그렇지만 휴전 지역의 병사들은 그간의 전투로부터 지친 몸을 잠시나마 회복할 수 있었다. 전선이 소강상태를 보이는 동안 병사들은 종종 휴전을 약속하고 친교 활동을 벌였다.

| 크리스마스 휴전 (1914) |⑦

1914년 크리스마스

크리스마스 전날이 되자 서부 전선에서 수많은 영국군과 독일군이 크리스마스를 맞아 비공식 휴전에 동참했다. 독일군이 참호에 크리스마스트리를 세우고 촛불을 밝힌 뒤 캐럴을 부르자 영국군도 이에 캐럴 답가로 화답하였다. 양쪽 참호에서 계속하여 크리스마스를 축하하는 축제의 메아리가 담을 넘고 벽을 넘어 퍼져나갔다.

또다시 얼마 지나지 않아 양측 병사들은 참호를 나와 무인 지대에서 만났다. 음식·담배·와인·단추·모자와 같은 작은 기념품 등의 선물을 주고받았다. 특히 그들이 서로 나눈 와인은 양측 크리스마스 축제를 더욱 빛낼 수 있는 매개가 되었고 그들은 이로 인해 축제의 기분을 만끽할 수 있었다.

| 뇌브 샤펠(Neuve Chapelle) 전선 |⑧

| 이프르(Ypres) 전선 |⑨

이후 새해를 맞을 때까지 총성은 들리지 않았다. 크리스마스 당일 프랑스 북부의 작은 마을 뇌브 샤펠(Neuve Chapelle) 전선이나 벨기에의 이프르Ypres 전선에서도 크리스마스 휴전은 연이어 졌다. 그 한 중심에도 와인이 있었음은 물론이다.

| 전쟁의 필수품이었던 와인 |[10]

활화산과 같았던 제1차 세계대전의 참화 속에서도 자유와 평화를 갈망하는 인류애는 살아 숨 쉬고 있었다.

와인은 피비린내 나는 전쟁터에서 죽음의 공포를 잊게 하고 살아있다는 호흡을 느끼게 해준 평화의 가교역할을 했다. 전쟁의 필수품이었던 와인은 이처럼 인류의 역사와 함께했다.

희토류(稀土類) 전쟁

희토류의 발견

희토류(稀土類, Rare Earth Elements or Rare Earth Metals)는 명칭 그대로 희귀한 흙이다. 그러나 건조 상태에서 잘 견디는 안정적인 화학구조를 지니고 있을 뿐만 아니라 열전도율이 높아 스마트폰은 물론 컴퓨터 디스크 드라이브에 이르기까지 각종 전자제품 핵심 원료가 되고 있다.

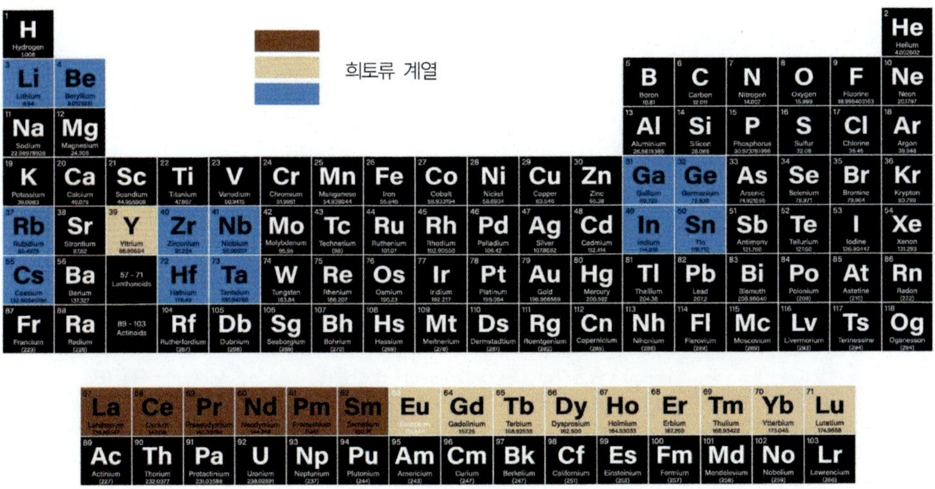

| 주기율표에서 희토류 |[①]

특히 희토류는 전기·전자·촉매·광학·초전도체 등 첨단 과학

의 주요 부품을 생산하는 데 없어서는 안 될 중요한 필수소재다. 희토류 원소는 주기율표상 화학 원소의 통칭으로 스칸듐(Sc ㉑, Scandium)과 이트륨(Y ㊴, Yttrium) 그리고 란타넘(La ㊼, Lanthanum)부터 루테튬(Lu ㉑, Lutetium)까지의 란타넘Lanthanum 15개 원소를 말한다. 이들을 묶어 희토류로 통칭하는 이유는 서로 화학적 성질이 유사하고 광물 속에 그룹으로 함께 존재하기 때문이다. 주장하는 바에 따라 종종 악티늄Actinium족 원소[1]를 포함하는 때도 있다.

희토류에 속해 있으나 불안정 원소인 프로메튬(Pm ㊶, Promethium)을 제외하면 지구에 풍부하게 분포해 있다. 그러나 지구화학적 성질로 희토류 원소는 경제성 있는 농축된 형태로는 거의 산출되지 않는 특별한 성질을 지니고 있다.

광물 형태로는 희귀한 원소이므로 이러한 관점에서 희토류라는 이름이 붙었다. 희토류 원소를 포함한 광물 중 처음 발견된 물질은 스웨덴의 위테르뷔Ytterby[2]에서 발견된 가돌리나이트Gadolinite[3]이다.

세계의 희토류 산출량

1] 악티늄족은 악티늄(Ac ㉹, Actinium)부터 로렌슘(Lr ⑩, Lawrencium)까지 원자 번호가 ㉹부터 ⑩까지인 15개의 금속 원소를 포함하고 있는 족이다.

2] 이트륨(Y ㊴, Yttrium) · 이테르븀(Yb ㉰, Ytterbium) · 테르븀(Tb ㊵, Terbium) · 에르븀(Er ㊸, Erbium) · 가돌리늄(Gd ㊹, Gadolinium) · 툴륨(Tm ㊾, Thulium) · 스칸듐(Sc ㉑, Scandium) · 홀뮴(Ho ㊼, Holmium) · 디스프로슘(Dy ㊻, Dysprosium) · 루테튬(Lu ㉑, Lutetium) 이상의 희토류 원소는 모두 스웨덴 위테르뷔 마을에서 채굴된 하나의 광석에서 분리된 것이라는 공통점이 있다. 채석장이 있는 위테르뷔에서 발굴된 광석에서 다양한 원소가 발견되었다. 이들 원소는 분리가 어려워 이들 원소를 분리하는 데 상당한 세월이 소요되었다.

3] 주로 세륨(Ce ㊽, Cerium) · 란타넘(La ㊼, Lanthanium) · 네오디뮴(Nd ㊿, Neodymium) · 이트륨(Y ㊴, Yttrium) · 베릴륨(Be ④, Beryllium) 등으로 구성된 규산염 광물이다. 가돌리나이트는 광물에서 희토류 원소인 이트륨(Y)의 산화물을 최초로 분리한(1792) 핀란드 광물학자이자 화학자인 요한 가돌린(Johan Gadolin, 1760-1852)의 이름을 딴 것이다.

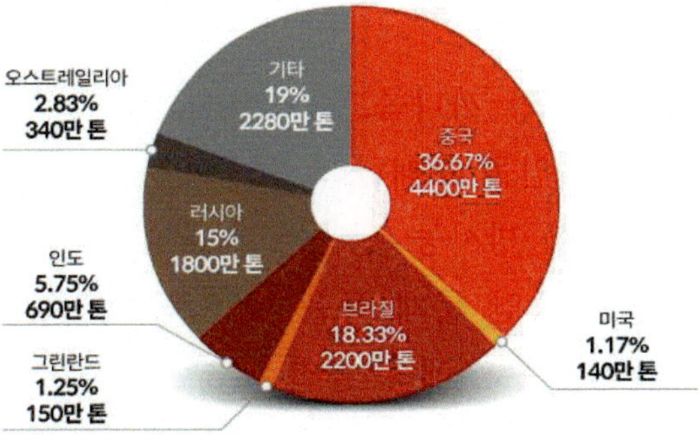

| **세계 희토류 매장량 분포도**(2018) |②

최초 희토류가 알려진 당시 주산지는 인도와 브라질 광산이었다(-1948). 이후 남아프리카 공화국이 새로운 희토류 산지로 떠올랐고(1950년대). 동시에 미국 캘리포니아주 남부 마운틴 패스(Mt. Pass) 광산이 주목받았다(1960년대-1980년대).

현재 인도·브라질·남아프리카 공화국에서도 희토류가 생산되나 모름지기 세계 희토류 생산 1위는 중국이다. 중국은 세계 희토류 공급의 37%를 차지하고 있는데 대부분 내몽골 지방에 분포되어 있다.

희토류가 주목받고 있는 이유는 그 독특한 화학적·전기적·자성적·발광적 특징과 함께 탁월한 방사선 차폐 효과를 가지고 있기 때문이다. 광섬유 제조에 사용되는 가돌리늄(Gd ⑭, Gadolinium)이나 어븀(Er ⑱, Erbium)은 미량만 첨가해도 빛의 손실이 일반 광섬유의 1%까지 낮아진다. 터븀(Tb ⑮, terbium)을 사용한 합금은 열을 가하면 자성을 잃고 냉각시키면 자성을 회복하는 특성을 이용해 정보를 입력하고 기록할 수 있는 음악용 MDMini Disc나4] 광자기 디스크(Magneto-Optical Disc) 제조에 이용된다. 그 밖에 스마트폰·하이브리드 자동차·고화질 TV·태양광 발전·항공우주산업 등 첨단산업 분야에 쓰이고 있다.

4] MD는 일본 Sony가 출시한 오디오용 저장매체로(1992) 크기가 작고 휴대성이 우수한데다 CD 수준의 음질을 지니고 있다는 장점 때문에 음악 애호가들의 디지털 재생기기로 인기를 끌었다. 현재 컴퓨터에 있는 오디오 데이터를 USB 케이블을 통해 MD에 전송해주는 Net-MD로 개량되었다.

희토류의 환경 오염

희토류는 채굴 · 정제 · 재활용 과정이 까다롭고 이러한 개별과정에 문제가 있는 경우 심각한 환경 오염을 초래한다. 토륨(Th ⑨⓪, Thorium)이나 우라늄(U ⑨②, Uranium) 추출과정에서 방사능 선광이나 정제과정에 투입되는 유독성 산성 물질에 따른 오염 문제 등을 예로 들 수 있다. 또한 희토류 생산과정에서 발생하는 유해성 물질 때문에 선진국에선 기피 산업군에 속해 있다. 실제로 희토류 1,000㎏을 생산하는데 유독가스 8.5㎏와 분진 13㎏이 발생하고 제련과정에서도 다량의 화학물질을 사용하기에 황산 · 산성폐수 등이 발생하게 된다.

희토류 세계 최대 생산국 중국은 이러한 환경 오염 문제와 자연보호를 명분으로 중국 내 희토류 생산과 국외 유출에 제한을 가했다(2009). 외견상 명분은 그럴싸했으나 이러한 정책은 급기야 세계적 자원전쟁에 불씨가 되었다.

자원전쟁을 이끈 희토류

희토류를 담보한 중국의 자원 무기화는 전 세계적으로 첨단산업 분야에 상당한 위기의식을 초래하였다(2009). 중국은 희토류 수출 제한 조치를 통해 희토류 최대 수입국 미국과의 갈등을 유발했다. 명분은 환경 오염방지와 자원 보호에 있었다.

중국은 최근 장시성[강서성(江西省), Jiangxi]에 국유 기업인 중국 알루미늄 주식회사와 간저우[감주(甘州), Ganzhou] 희토류 그룹사 등을 합병하여 세계 최대 규모의 희토류 회사인 중국 희토류 그룹을 설립했다(2021).

그 배경은 전기자동차 · 스마트폰 · 터치스크린 · 스텔스 전투기 ·

미사일 방어시스템까지 산업 전반의 필수소재인 희토류의 자원 무기화를 통해 자국의 지배적 위치를 공고히 하려는데 있었다. 일각에서는 중국이 핵심 원자재 생산과 제련을 장악해 미국 등 서방국가에 대한 무기화 전략으로 압박하려는 의도라고 보고도 있다.

최근 미국의 반도체 수출금지로 타격을 입은 중국은 희토류를 앞세워 반격에 시동을 걸었다. 곧 미국과 전방위적 통상 전쟁에 임하고 있는 중국이 희토류를 통한 보복 조치 카드를 내민 것이다(2021).

희토류에 무너진 일본

당초 중국 희토류 생산 제한 조치는(2009) 자원 무기화에 목적이 있었으나 외견상 자연환경 파괴와 희토류의 무분별한 채굴을 막자는 취지에서 비롯된 것이었다. 산업계에서 주로 회자 되던 희토류가 널리 알려지게 된 진 것은 동중국해(東中國海, East China Sea) 일부 섬들을 둘러싸고 중국과 일본이 벌인 영유권 분쟁5]이 계기가 되었다(2010.9).

당시 댜오위다오[작어도(酌魚島), Diaoyudao, 일본명 센카쿠열도(尖閣列島)] 인근 해역에서 중국 어선과 일본 순시선이 충돌하는 사건이 벌어졌다. 양국 간 영유권 분쟁의 시작이었다. 이에 중국은 희토류 카드를 꺼냈다.

중국의 희토류 최대 소비국인 일본은 영유권 분쟁 17일 만에 나포한 중국 선박의 귀환을 허락했다. 이 사건을 계기로 전 세계 희토류 소비국은 위기의식에 사로잡히게 되었다. 자원이 무기가 될 수 있다는 사실을 절감했기 때문이었다.

5] 일본 오키나와에서 약 400km 타이완에서 약 200km 떨어진 동중국해 남부 8개 섬을 둘러싼 일본・중국・타이완 간 영유권 분쟁을 말한다.

희토류의 무기화

미국은 희토류의 무기화에 나선 중국과 정면으로 충돌했다(2021. 6). 지금까지 소극적이었던 자국 내 희토류 생산을 재개하고 중국산 희토류에 대한 무역 규제에 임한 것이다. 이러한 미국의 전방위적 대응은 희토류 생산량 감축과 미국과의 무역 전쟁에 임한 그간 중국의 전략적 행보에 대한 보복 차원에서의 대응이었다.

미국지질조사국(USGS, United States Geological Survey) 조사자료에 의하면 중국은 희토류 매장량과 생산량에서 압도적인 세계 1위를 점하고 있다. 미국은 자국에 매장된 희토류를 채취해 충당하고는 있으나 대부분은 전량 중국으로 보내 전처리 과정을 거친 후 재수입하고 있다.

미국이 이러한 복잡한 과정을 거쳐 희토류를 수급하고 있는 이유는 광석 채굴 후 희토류의 가공 과정에 환경 오염과 인체 유해성 등의 심각한 문제가 발생할 수 있기 때문이었다.

미국은 희토류의 긴요성과 특수성 때문에 미·중 무역전쟁 대상품목에서 예외로 취급하고 관세장벽의 제한을 가하지 않았다. 그러나 중국의 희토류에 대한 무기화 조치로 미국은 국내 희토류 처리시설을 재정비하여 생산량을 높이고 수입 다변화를 통해 희토류의 국내 수급 활로를 모색해야 하는 처지에 놓이게 되었다.

미·중 무역 전쟁에서의 희토류

희토류 무기화에 나선 중국은 현존하는 세계최강 전투기인 미국

6] 실제로 F-35 전자·전력 시스템과 핵심 부품에 희토류는 없어서는 안 될 재료인데 이 전투기 1대에는 희토류는 417kg이 소요된다.

| **최첨단 전투기** F35 1**대 생산에 희토류** 417㎏ **소요**6] |③

F-35 스텔스 전투기 등 첨단무기 생산에 타격을 주기 위해 핵심 소재인 희토류 수출제한에 임했다. 미·중 무역 전쟁의 최강수였다. 배경은 미국이 대만에 F-35를 비롯하여 첨단무기를 판매했다는 이유에 있었다. 중국은 보복 조치로 F-35의 제조사인 록히드 마틴과 보잉 등 미국의 3개 방산 업체를 제재에 나설 수 있음을 시사했다.

이를 위해 중국은 공업정보화부의 희토류 관리조례를 제정해 두었는데 이는 희토류 총량 관리기준을 제정한 것으로 중국이 희토류를 무기로 쓸 수 있다는 기반이 되고 있다(2021.5). 이로써 중국은 자국의 국가 이익을 훼손하는 외국 기업에 반격하기 위한 전제 조건을 마련해 두고 미국과의 무역 전쟁에 대비하고 있다.

4자 간 협의체 Quad의 대응

한편 중국 희토류 규제에 맞서 미국을 비롯한 주요 서방국은 희토류에 대한 중국 지배력 저지에 주력하고 있다. 실제 미국·일본·호주·인도로 구성된 쿼드Quad 회원국은 희토류에 대한 새로운 생산기술과 개발 자금을 지원하고 관리하는 국제 규칙을 제정하는 방안을 논의하고 있다.

쿼드Quad는 중국을 견제하려는 공동의 목표를 가진 미국·일본·인도·호주 간의 안보 협의체이다. 명칭에 있어 4자 협의체라는 의

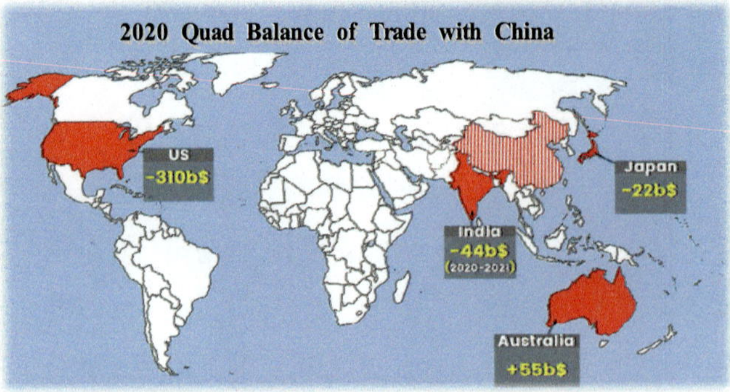

| Quad 4개국의 대중 무역적자 규모 (2020) |④

미에서 Quad라 칭하고 있는데 공식적인 명칭은 4자 안보 대화(Quadrilateral Security Dialogue)이다.

당초 쿼드는 동남아시아에 쓰나미가 발생한 후 복구와 원조를 논의하기 위해 미국·일본·인도·호주가 결성한 이른바 쓰나미 코어 그룹(Tsunami Core Group)에서 태동했다(2004). 이후 중국이 인도양 진출 거점을 마련하려는 움직임을 보이자 이에 대한 대응으로 일본이 4개국 안보 대화를 제안하면서 가동되었다(2007). 그러나 중국에 대한 전략적 입장에 부담을 느낀 호주의 탈퇴를 기점으로 쿼드의 공식 활동은 거의 중지되었다(2007).

쿼드가 다시금 부활한 시점은 미국이 인도·태평양 지역에서 중국의 영향력을 견제하기 위한 대응력을 강화하기 시작하면서부터이다(2017). 쿼드의 재개 이유는 처음 쿼드 중단 이후 인도·태평양 지역 국가에서 끊임없이 강화되고 있는 중국의 위협 때문이었다.

미국의 경우 중국과의 무역 전쟁으로 시작된 갈등이 전략적 국가 경쟁으로 이어지며 중국의 도전에 직면하게 되자 중국을 견제하고 힘의 우위를 지키기 위한 강력한 대책이 필요했다.

일본은 아시아에서 미국의 영향력이 약화 되면서 상대적으로 중국의 힘이 강화되는 것에 대한 경계심으로 인도는 중국과의 국경

분쟁으로 호주는 중국의 자국 내정간섭 문제로 촉발된 관계 악화로 인하여 저마다 중국에 대한 위기의식을 갖게 되었다. 이에 쿼드는 중국의 세력을 견제하기 위한 연합체로서 그 결속력이 강화되었다.

쿼드 회원국은 인도양에서의 합동 군사훈련 · 정상회담 · 외교장관 회의를 비롯한 고위급회담 등을 개최하고 전략물자 및 중국의 세력 강화 등에 대한 정보교환을 통해 상호 협력을 강화하고 있다(2021.3-). 현재 미 · 중 무역전쟁이 점입가경인 상황에서 미국은 기존 쿼드 회원국에 다른 국가들을 합류시켜 쿼드 플러스(Quad+)라는 다자 안보기구(Multi-Lateral Security Organization)로 확대하려는 움직임을 엿보이고 있다.

쿼드 플러스는 과거 구소련을 압박하기 위해 만든 북대서양조약기구 NATO(北大西洋條約機構, North Atlantic Treaty Organization)와 같이 인도 · 태평양 지역에서 중국에 공동으로 맞서는 다자 안보 기구가 필요하다는 주장이 각국의 이해에 맞물려 제기된 것이다. 쿼드 플러스를 구성할 국가로는 한국 · 뉴질랜드 · 베트남 등이 거론되고 있다.

최근 희토류 무기화는 일촉즉발의 위기로 치닫고 있는 듯하다. 자원 무기화로 미국을 제치고 국제사회에서 영향력을 행사하려는 중국은 희토류를 최일선에 내세워 각국의 필요를 충당하면서 미국 견제에 총력을 경주하고 있는 차제에 있다.

> "우리나라는 희토류 수입의 35%를 중국에서 들여왔다(2021). 네오디뮴 영구자석의 경우 88%를 중국에 의존하고 있다."

> "중국은 2021년 전 세계 희토류 58%를 생산했다. 그러나 통계에 잡히지 않은 생산량을 합치면 70%가 중국산이고

분리 · 정제 등은 90%를 중국이 담당한다는 평가이다."

"보고에 따르면 희토류 17종을 모두 생산할 수 있고 전기차와 풍력발전의 필수 부품인 네오디뮴(Nd, Neodymium) 영구자석을 원료부터 완제품까지 만들 수 있는 곳은 중국이 유일하다." <조선일보 2021.12.22.>

철(鐵)의 전쟁

철의 기원과 힛타이트

고고학에서 인류문화의 시대구분은 덴마크 국립박물관의 톰센(Christian Jürgensen Thomsen, 1788-1865)에 의해 정리되었다. 그는 당시 덴마크 국립박물관 안내 책자에서 무기와 생활 용구 등을 제작할 때 사용되는 도구에 따라 돌·청동·철의 순서로 시대적 문화가 계승되었다고 설명하였다(1836).

| 삼시대법의 월사에 |①

이후 그의 제자인 월사에(Jens Jacob Asmussen Worsaae, 1821-1885)가 유물발굴을 통해 톰센의 이론을 보완하면서 지금과 같이 선사시대를 석기시대(Stone Age)·청동기시대(Bronze Aage)·철기시대(Iron Age) 등으로 나누는 이른바 삼시대법(三時代法, Three-Age System)을 완성하였다.

선사시대를 끝내는 마지막 문명의 주역으로서 철(鐵, Iron)은 청동기를 대체한 새로운 문명의 이기로서 인류가 비로소 도시국가(都市國家, City State)를 형성한 때로부터 문명사회와 함께 발전했다.

철의 원료는 특정 지역에 구애됨이 없이 전 세계적으로 널리 분포되어 있으나 철의 본래 용도에 맞게 그 기능이 온전히 발휘되기

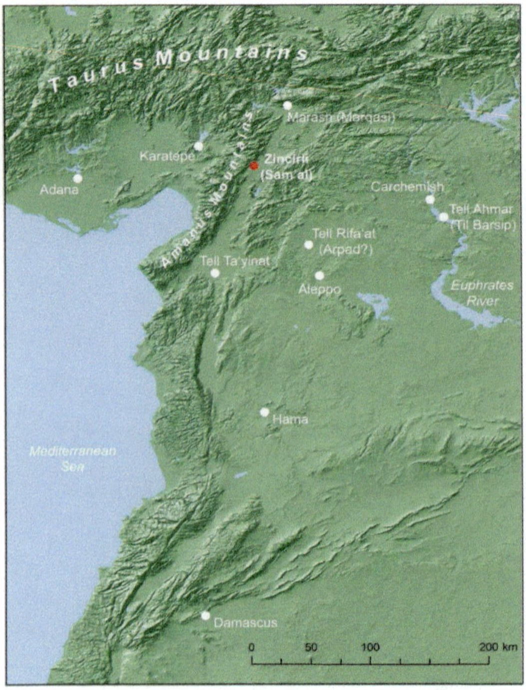

| 힛타이트(Hittite) 제국의 경계와 타우루스 산맥 |

위해서는 특별히 철 제련술이 뒤따라야 했다.

인류 최초의 철은 이집트Egypt[1]의 철제구슬을 기원으로 보고 있다(B.C.4000). 그러나 이것은 철의 모양만 본뜬 것이고 성분과 기능 면에서 본격적인 철의 생산과 제련의 시작은 아나톨리아(Anatolia · Asia Minor · Turkey)에서 번성했던 힛타이트 제국(Hittite Empire, B.C.1600년경-B.C.1178)으로부터 비롯되었다. 힛타이트는 시리아Syria 북부를 중심으로 주변 민족들을 차례로 정복한 뒤 이후 소국을 병합하여 탄생한 민족이다.

힛타이트는 소아시아(Asia Minor)를 지배했고(B.C.1900년경) 건국 초기 형성한 도시국가 세력을 확장하며 영토를 넓혀 후방 북시리아까지 진출했다(B.C.1700-1600년경). 전성기에는 고대 메소포타미아(Ancient Mesopotamia) 문명[2]의 발원지 수메르Sumer와 인근 바빌론Babylon까지 원정하기도 했

1] 나일강 하류에서 번성한 고대 이집트 문명은 최전성기에는 델타(Delta)남부 멤피스(Memphis)까지 세력을 뻗쳤다(B.C.15세기). 3,000년 가까이 존재했으며(B.C.3200년경-B.C.343) 알렉산더대왕(Alexander the Great, B.C.356-323)의 점령으로 막을 고했다. 이집트 문명은 나일강 관개를 기반으로 탄생하고 번영한 문명이다. 이집트 영토 대부분은 북아프리카에 있으나 시나이반도(Sinai Pen.)는 남서 아시아에 있다. 고대 이집트 문명은 흔히 남과 북의 두 개의 왕국으로 구분된다. 나일강은 남쪽에서부터 지중해를 향해 북쪽을 향해 흐르고 이집트 인구는 대부분 나일강을 둘러싸고 집중되어 있다.

2] 고대 오리엔트(Ancient Orient)의 문명사적 중심은 메소포타미아이다. 메소포타미아는 서쪽 티그리스강

다. 힛타이트는 당대 유일의 철제련(鐵製錬, Refine Iron) 기술을 바탕으로 전략적 요충지에 견고한 성벽을 쌓는 등 일대 제국으로 발돋움한다.

힛타이트 정립 배경에는 당시까지 전례 없던 철제 무기(鐵製武器, Iron Weapon)와 전차(戰車, Chariot)에 의한 새로운 군사 전술의 활용이 크게 공헌했다. 힛타이트는 철을 독점 생산했고 가공기술도 갖추고 있어서 이후 고대 메소포타미아 열국의 문화와 군사력에 큰 영향을 미쳤다. 힛타이트 철제련 기술은 후일 강력한 군사력으로 고대 메소포타미아 통일제국을 건설한 앗시리아Assyria에 의해 더욱 계승·발전한다.

철기시대의 세계

힛타이트 제국이 멸망한 뒤 철은 고대 메소포타미아 전역에 퍼졌다. 차례로 메소포타미아 지방(B.C.13세기)·이집트(B.C.12세기)·이란(B.C.10세기)·유럽(B.C.9-8세기)의 순으로 전파되었다.

유럽의 경우 북방 흑해(Black Sea) 연안에 제련술이 전파되었을 때 이를 내부화한 야철 기술은 이 지방 주민들의 기마화를 촉진해 그 유명한 스키타이Scythai 문화를 꽃피울 수 있는 원동력이 되었다.

스키타이는 고도의 기마술에 의한 빠른 기동력을 보유하여 흑해 연안의 그리스 식민지 도시들과 무역에 임했고 우랄산맥(Ural Mts.)을

(Tigris Riv., 1,900km)과 동쪽 유프라테스강(Euphrates Riv., 2,700km) 일대를 가리킨다. 그리스어로 사이(間)라는 메소(Meso)와 강(江)이라는 포타모스(Potamos)라는 단어의 조합에서 비롯된다. 때로는 두 강 사이의 들녘이라는 미화된 의미로 표현한다. 두 강 수원지는 터키 아르메니아의 산들이며 하류에서 합쳐져 페르시아만으로 흘러간다. 현재 이 지역은 이라크(Iraq)·시리아(Syria)·터키(Turkey) 3개국에 걸쳐있다. 이 지역은 비옥한 초승달 지대(Fertile Crescent)라고도 불린다. 이러한 지리적 위치에서 메소포타미아는 많은 민족이 흥망성쇠를 되풀이하는 역사의 무대가 된다. 인류 최고·최초 문명의 주체였던 수메르를 비롯해 아카드(Accad or Akkad)·후르리(Hurrian)·앗시리아(Assyria)·바빌론(Babylon)·힛타이트(Hittite)·히브리(Hebrew)·페니키아(Phoenicia)·페르시아(Persia) 등이 역사의 주체로써 등장한다. 기간은 대략 3,000년에 이르고 범위는 약 1,600km에 달한다.

| 중앙아시아에 철 제련술 전파한 스키타이인 |②

넘어서 멀리 알타이Altai 지방까지 진출하는 원거리 무역에도 임했다.

스키타이 유목민족에 전파된 철기문화는 동방으로 전파되어 이윽고 중앙아시아를 거쳐 중국으로 유입되었다. 중국에는 춘추시대 말에서 전국시대 초기에 등장한다(B.C.8세기경).

중국의 경우 전국시대(戰國時代, B.C.403-221) 후반 철기 보급이 본격화되었으나 주로 농기구에 집중되었다. 철제무기는 한漢말의 시대에 들어서면서 비로소 철제무기가 본격적으로 등장한다(B.C.3세기-B.C.2세기).

우리나라에서 철기문화의 형성단계는 철의 도입시기(B.C.4세기-B.C.3세기)와 철기가 본격적으로 생산·사용되기 시작한 시기(B.C.2세기-)이로 구분하는데 여기서 한 무제(漢武帝, B.C.141-B.C.87)에 의한 낙랑군樂浪郡의 설치는 철기문화가 본격적으로 유입되는 계기가 되었다(B.C.108).

철의 보고 타우루스산맥

힛타이트 제국의 남부에는 800㎞에 걸쳐 동서를 가로지르는 타우루스 산맥(Taurus Mts.)이 가로놓여 있다. 이곳은 아나톨리아Anatolia와 남부 시리아 지역의 모든 강에 물을 공급하는 수원지水源池임과 동시에 특히나 다량의 철광석이 매장되어 있는 이른바 철광석의 보고寶庫이기도 했다. 현재 유럽 전체가 100년이 넘게 쓸 수 있는 철광석이 매장되어 있다고 보고되고 있다.

타우루스 산맥은 메소포타미아 지역에 명멸한 제반 민족과 국가들 사이의 지리적인 장벽으로 언제나 군사적 팽창은 제한하는 벽으로 기능하였다. 다만 하란Haran[3]에서 시리아 남부 다마스쿠스Damascus[4]를 거쳐 이집트로 통하는 무역로는 고대 메소포타미아 전역을 아우르는 교통의 요지였기에 고대 메소포타미아의 제국은 이 지역을 차지하기 위해 때마다 수많은 피를 흘려야 했다.

그 대표적인 전쟁이 축성대국 이집트와 철제무기와 막강한 전차대로 무장한 힛타이트가 맞붙은 그 유명한 카데시 전투(Battle of Kadesh, B.C.1274)였다. 이는 고대 메소포타미아 최대의 무역로와 타우루스 산맥의 철광석을 차지하기 위한 양국의 전쟁은 당시 유례를 찾아보기 힘든 일대 격전이었다.

철과 무역로의 패권을 다툰 카데시 전투

힛타이트는 무와탈리스 II세(Muwatallis II, 재위 B.C.1295-1272) 재위 시 시리아 영토를 둘러싸고 이집트 람세스 II세(Ramses II, B.C. 1304-1237)와 현재의 터키와 시리아 국경 인근에 자리 잡은 고대 도시 카데시Kadesh에서 일대 전쟁을 불사하게 되는데(B.C.1274) 양국은 이 전쟁 이후로도 약 16년간에 걸쳐 팽팽한 대립을 지속한다.

카데시 전쟁은 이집트와 힛타이트 역사상 가장 많은 군사가 참전

3] 터키 동남부에 있는 하란은 예로부터 메소포타미아 북부 교통의 요지로서 번성한 도시이다. 구약성서에 기록된 아브라함과 관계된 종교(유대교・기독교・이슬람교)의 성지로 유서 깊은 도시이다.

4] 다마스쿠스는 역사상 고도로 이슬람 4대 도시(메카・메디나・예루살렘・다마스쿠스) 중의 하나이다. 메소포타미아와 이집트를 연결하는 대상로이자 아라비아반도의 통상로 등 교통의 중심지였다.

한 당시까지 최대 규모의 전쟁이었다. 이집트의 경우 전차병을 포함하여 20,000여 명이 힛타이트는 35,000여 명이 동원되었다.

| 이집트 전차대 |[③]

| 힛타이트 전차대 |[④]

카데시 전투는 피라미드Pyramid와 같은 위대한 축성술을 통해 외부 세력에 힘을 과시하고자 했던 이집트와 고도의 철기문화를 배경으로 급부상하던 힛타이트 간에 민족적 자존심을 건 일대 격전이었다.

람세스 II세는 무와탈리스 II세에 맞서 직접 5,000명의 최정예 1개 사단 아문(Amun)을 이끌고 최전선에 나서고 후진에 각각 5,000명의 레(Re)·프타(Ptah)·셋(Set)으로 명명한 3개 사단으로 진열을 정비하고 출전했다. 각 사단은 250명으로 구성된 20개의 중대로 나뉘어 있었다.

람세스 II세는 카데시 남쪽에 있는 산악지대에서 진陣을 구축하고 북쪽으로 진군했다. 카데시의 남쪽에는 북쪽으로부터 흐르고 있는 오론테스강Orontes Riv.[5]을 건널 수 있는 여울목이 하나 있었는데 이때 힛타이트에 속한 2명의 베두인Bedouin[6]이 람세스 II세에게 투항한다.

5] 서남아시아 서부를 흐르는 강으로 568km에 이르며 반역자라는 뜻이 있다. 레바논에서 발원해 북쪽으로 흐르며 최종적으로 터키령으로 유입된다. 이곳은 아무르(Amurru) 민족의 거점이기도 하다.

그들은 힛타이트 군대가 북쪽 아주 멀리 있는 오론테스강 상류의 시리아 근처 알레포Aleppo 7]부근에 있다는 첩보를 전한다. 그들이 지명한 그곳은 람세스 II세 진영에서 상당한 거리를 두고 떨어진 곳에 자리 잡고 있었다. 당시 람세스 II세 후방 3개 사단은 뒤처져 있었으나 그가 직접 이끄는 최전방 사단은 카데시를 이미 지난 상태였다. 베두인 첩보를 신뢰하여 별다른 걱정을 하지 않았던 결과였다.

그러나 사실상 베두인은 무와탈리스 II세가 보낸 첩자였다. 힛타이트 군대는 실제로 람세스 II세와 매우 가까운 인접한 카데시 북동쪽에 진을 치고 대기하고 있었다. 무와탈리스 II세는 북진하고 있는 람세스 II세의 진군상황을 접하고 우선 람세스 II세 사단과 후발 사단을 분리하여 전력을 분산시킬 계획으로 약 7,500명으로 구성된 2,500여 대의 전차대를 이끌고 최전방 사단을 뒤따르던 후방 일개 사단을 급습한다. 무와탈리스 II세는 노도와 같이 전차대를 휘몰아 결국 람세스 II세 후방 1개 사단을 궤멸시키고 곧바로 앞서 진군하던 람세스 II세의 최일선 사단을 배후에서 공격했다.

이집트군 내에서 누구도 예상하지 못했던 무와탈리스 II세의 급습으로 람세스 II세는 혼란에 빠지고 급기야 절체절명의 위기를 맞는다. 그러나 이 와중에도 람세스 II세는 최후의 일전을 각오하고 대오를 정비하여 사력을 다하여 이 위기를 모면한다.

6] 아랍어로 바다위(Badawi)의 주민이란 뜻으로 시리아 · 이란 · 아라비아 · 아프리카 북부의 건조지대에 흩어져 사는 민족이다. 정착해 사는 사람을 하다리(Hadari)라고 양을 치며 사는 사람은 아랍(Arab)이라고 낙타를 치며 사는 사람은 바다위(Badawi) 혹은 베두인이라 부른다. 일정한 정착지 없이 유랑생활을 하는 사람은 나와르(Nawar)라 부르는데 이 또한 베두인에 속한다.

7] 알레포는 시리아 북부의 도시로 알레포 주의 주도로 시리아에서 가장 큰 주다. 두 번째로 인구가 많은 주는 다마스커스 주다. 알레포는 발견된 주거지를 통해 기원전 7번째 천년에서부터 사람들이 정착하였던 것으로 알려져 있다.

시시각각 다가오는 전멸의 위기에서 람세스 II세는 요행히도 각 사단의 진군 간격을 그나마 짧게 두었던 까닭에 화급히 격전지로 이동한 후발 2개 사단의 측면 지원에 극적으로 구출되었다.

전멸의 위기에서 그나마 가까스로 목숨을 구한 람세스 II세는 전열을 재정비하여 전면전을 감행하고 결국 힛타이트 전차병들을 카데시 북쪽으로 밀어내게 된다.

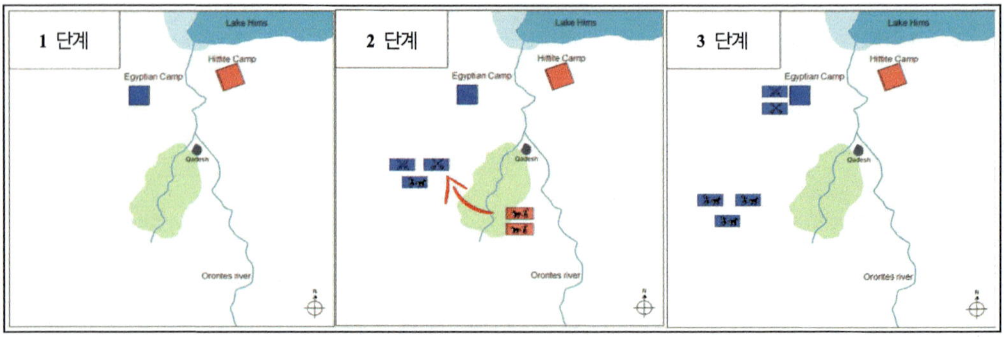

| 카데시 전투의 전개 과정 |⑤

그러나 이 후퇴는 힛타이트 무와탈리스 II세의 전략이었다. 그는 자신의 군대가 쫓기고 있음에도 불구하고 전차대 7,500여 명을 제외한 약 28,000명에 달하는 주력부대를 전장에 내보내지 않고 있었다. 왜냐하면 이 정도의 성과로도 시리아 영토의 확보가 가능하였고 또한 군이 이 전쟁에서 이집트를 제압한다고 해도 별 이득이 없다고 판단했기 때문이다.

이는 양국의 지리적 위치로 보아 이집트를 점령해도 현재의 영토에서 이집트까지를 그의 휘하에서 통치하는 것은 당시에는 불가능하다고 하는 판단을 배경에 두고 있었다.

| 아부심벨에 기록한 카데시 전투의 승전기록 |⑥

게다가 힛타이트 동쪽에는 신흥세력 앗시리아가 배후의 위협이 되고 있었는데 만약 이 전쟁이 화근이 되어 앗시리아가 공격해 온다면 전선이 분할되게 되는 문제점도 있었다.

무와탈리스 II세는 이러한 판단에서 전열을 후퇴시키고 이집트와 휴전을 모색한다. 그러나 람세스 II세는 이를 자신의 승리로 취급하고 있다. 람세스 II세는 수많은 건축물을 세웠는데 특히 카데시 전투와 관련 아부 심벨Abu-Simbel 신전에 상세히 부조로 기록해 두었다.

카데시 전쟁은 양쪽 군대의 전략과 배치상황을 알 수 있는 역사상 최초의 전쟁이라는 점에서 그 의의가 있다. 다만 이 전쟁에 있어 군사력은 힛타이트가 이집트보다 월등했다.

힛타이트는 당시 철로 된 무기를 생산하고 있었던 까닭에 최상의 군사력을 보유하고 있었고 이집트는 달리 청동제의 무기로 맞서고 있었다. 특히 힛타이트의 가장 큰 무기는 전차로 마부·궁수·창수 3명이 일개 조가 되어 이집트군보다도 효율적이고도 정교한 전술을 구사할 수 있었다.

결국 무와탈리스 II세 의도대로 카데시 전쟁 개전 16년 후 상호 평화조약을 체결한다. 이 조약은 이전까지 선례를 찾아볼 수 없었던 최초의 국가 간 조약이었다.

| 카데시 전투에서 힛타이트의 전차대 |⑦

조약 내용은 양국에 외부의 침략이 있는 경우 서로가 원조한다는 것과 두 나라의 왕권 보호와 도망자 추방 및 망명자의 사면 상호 불가침 조약 등이었다.

양국은 조약 내용을 서로에게 담보하기 위해 은銀으로 된 탁자에 각기 양국에서 1,000명의 신과 여신을 결부하여 두었을 뿐만 아니라 성실한 조약의 이행을 위해 만약 누구든지 조약을 어기는 자는 저주를 받아 그 나라와 신하들이 멸망할 것이고 달리 조약의 내용을 성실히 지키는 자는 축복을 받으리라는 문구 또한 부기하여 두었다.

| 사르곤 II세(Sargon II) |⑧

이로써 양국 간 전략적 평화조약으로 지루했던 영토전쟁을 마감하고(B.C.1269) 동시에 이 조약으로부터 신흥세력으로써 등장한 앗시리아와 대립각을 형성하게 된다.

철기를 발달시켰던 힛타이트는 이후 강력한 군사력을 보유하고 있던 앗시리아에 철기문화를 전수하고 사르곤 II세(sargon II, 재위 B.C.722-B.C. 705)에 의해 멸망 당한다(B.C.717).

카데시 전쟁의 기록과 조약의 내용은 독일 베를린 대학과 터키 오토만 박물관의

| **빈클러판**(Tablet Winckler, 1906) |⑨

공동조사단에 의해 발굴된 설형문자 판형의 빈클러판(Tablet Winckler)에 의하여 후세에 알려지게 되었는데(1906) 공교롭게도 이집트와 터키에서 제각기 한 쌍이 모두 발견되었다는 우연성을 간직하고 있기도 하다.

카데시 전투에서 시리아를 손에 거머쥔다는 것은 당시 고대 메소포타미아의 무역로를 장악하는 것과 다름이 없었다. 앗시리아와 이집트 그리고 힛타이트 세력의 균형점이 곧 시리아라고 할 수 있는데 이곳은 당시 지중해를 발판으로 막대한 부를 창출하고 있었던 페니키아의 상선대의 주요 거점기지였다.

더군다나 이곳 시리아는 타우르스 산맥 인근으로부터 형성된 철의 집산지였기에 이곳은 고대 메소포타미아의 화약고나 다름이 없었다. 그 중심에서 힛타이트는 이곳을 최후의 교두보로 이집트의 세력 확장을 견제하고자 했고 점차로 부흥 일로에 있던 앗시리아에 유화정책을 쓰면서 이곳을 방어하기에 힘을 쏟았다.

이곳은 리디아Lydia8] · 프리지아Phrygia9] 등 소아시아 계통 민족들의

8] 소아시아 서북부 교통의 요지에 있는 고대 왕국 리디아의 수도 사르디스(Sardis)는 그 유명한 왕의 길(King's' Road)의 종착지다. 소아시아 연안의 그리스 식민도시들과 활발한 무역에 임했고 전성기인 크로이소스(Kroisos, 재위 ?-B.C.546?)왕 시대에는 영토가 소아시아 연안까지 확장되었다. 이 왕국은 그리스 문화와 동방 문화를 모두 받아들여 융합적인 문화를 건설하였다.

9] 북쪽은 에게해(Aegean Sea) · 흑해(Black Sea)에 면하고 서쪽은 리디아에 접해 있었다. 유럽에서 인도 유럽어족(語族)의 프리지아인이 침입하여 선주민을 정복하고 프리지아 왕국을 형성하였다(B.C.1500년

세력권 안에서 완충지대라는 지리적 여건에 힘입어 이른바 고대 메소포타미아 세력의 균형점에 놓여 있었다. 왜냐하면 이곳은 유럽과 아프리카로 나가기 위한 교두보의 역할을 감당하고 있었던 지역이기 때문이었다.

경). 왕국의 건설자 고르디오스(Gordias)의 아들인 미다스(Midas)왕은 손에 닿는 것은 무엇이든지 황금으로 변한다는 전설로 유명하다.

치졸한 대륙의 복수전

한국과의 마늘 분쟁

큰 나라라고 으스대지만 따지고 보면 속 좁고 치졸한 중국과 작은 나라라고 움츠려 있으면서 매번 눈치만 보기 일쑤인 한국은 예로부터 지리적으로나 정서적으로 떼려야 뗄 수 없는 사이였다.

그러기에 한국과 중국은 가까이 있으면서도 고유한 민족성의 차이가 극명하여 쉽게 화합하거나 융화할 수 없는 복잡미묘한 관계에 있는 듯싶다. 예를 숭상하는 동양 문화권에 속한 두 나라임에도 사소한 이해에서 비롯된 반목과 질시는 먼 나라보다도 더욱 심하고 더욱 강력하게 작용하고 있는 듯하다.

특별히 이러한 대국의 일면을 지켜보는 시각은 대개가 눈살을 찌푸리는 일이 다반사인데 그것도 한두 번이 아닌 까닭에 이제는 어련히 당연하다는 듯싶게 치부되는 실정이다.

예측할 수 없는 중국의 급변하는 태도를 마주 대하고 보면 대개 당혹스러운 반응을 숨길 수 없으나 외교의 제일 되는 목적이 자국의 실리에 있음을 상기할 때 그간 중국의 복수혈전을 되짚어 보면 이러한 중국의 태도가 하나도 어색할 게 없다. 중국은 한국뿐 아니라 일본과 유럽 국가들에게도 자신들의 심기를 건드리기만 하면 경제 보복을 밥 먹듯 일삼아 왔다.

한국과 중국은 일대 마늘 분쟁에 휩싸인 적이 있었다(2000). 당시 중국 정부가 한국을 상대로 취한 경제 보복은 이전에도 여러 차례 있었고 또 지금에도 계속되고 있다. 당시 벌어진 한·중 마늘 분쟁은 속 좁은 중국의 경제 보복을 엿볼 수 있는 단편이었다.

마늘 분쟁의 시작은 시도 때도 없이 치솟는 값에 요동치는 국내 마늘 시장에 값싼 중국산 마늘이 일시에 대거 수입되면서부터다. 비단 마늘뿐만 아니고 모든 중국산 농산물이 그러하듯 박리다매식으로 물밀듯 유입되는 중국 농산물에 국내시장은 매번 심하게 요동쳤다. 그런데 당시 중국산 마늘의 대량 수입은 전례에 비추어 우리 농산물 시장에 끼친 충격이 그 어느 때보다 컸다.

국산 마늘의 30%에도 이르지 못하는 중국산 냉동 마늘 수입에 국내 마늘 농가는 그야말로 쑥대밭이 되었고 급기야 마늘 농가는 정부를 상대로 중국산 마늘 수입으로부터 비롯된 피해를 보전하기 위한 긴급 구제를 신청하기에 이르렀다.

결국 한국 정부는 국내시장에서 발생한 대대적인 소요를 견디지 못하고 중국산 냉동 마늘과 조미 마늘의 관세율을 기존의 30%에서 315%로 대폭 올리는 세이프 가드Safeguard[1] 조치를 발동하게 되었다.

1] 특정품목의 수입이 급증하여 국내 업계에 중대한 손실이 발생하거나 그 우려가 있을 때 발동하는 긴급 수입 제한조치이다. 미국과 멕시코 간 무역협정에 규정되었던 면책조항이 모델이 되어 국제규범으로 자리 잡게 되었다. 유형으로는 수입품의 수량 제한·관세율 조정·국내 산업의 구조조정을 촉진을 위한 금융 등의 지원이 있다. 세계무역기구(WTO) 체제 내에서도 국내 산업 보호를 위해 심각

한국 정부가 세이프 가드 조치를 발동한 지 채 일주일이 지나지 않아 중국은 한국산 휴대폰과 폴리에틸렌의 수입을 전면 금지하는 보복 조치로 맞불을 놓았다. 그 규모는 한국의 중국산 마늘 수입 총액의 무려 50배에 달했다.

중국의 보복 조치는 세계무역기구(世界貿易機構, WTO, World Trade Organization)의 규정에 어긋나는 것이었으나 한국 정부는 공식적인 항의도 하지 못한 채 중국과의 마늘 협상에 임할 수밖에 없었다. 거대한 중국 시장을 배경에 둔 눈에 보이는 압박이었다.

한국 정부는 어쩔 수 없이 중국 정부의 요구를 수용할 수밖에 없었는데 협상 결과는 중국은 한국산 휴대폰과 폴리에틸렌의 수입을 재개하는 대신에 한국은 향후 3년간 매년 32,000-35,000kg의 중국산 마늘을 30-50%의 낮은 관세로 수입하는 것을 주요 골자에 두었다.

한국 정부의 협상에 한국 마늘재배 농민들은 크게 반발했으나 당시 외교통상부는 6억 달러의 수출길이 다시금 재개되었다고 자평하면서 중국과의 마늘 분쟁을 마무리했다.

프랑스 · 영국과의 분쟁

중국은 그간 티베트[Tibet, 西藏自治區(Xizang)] 망명정부 지도자인 달라이 라마(Dalai Lama, 1935-)[2]를 일부 국가의 지도자들과 유명인사가 만나는 행

한 피해 등 일정 조건이 충족되었을 경우 이를 인정하고 있다. WTO 세이프가드협정에서는 세이프가드는 심각한 피해를 방지하거나 치유하고 구조조정을 쉽게 하는데 필요한 정도로만 취해야 하며 수입국은 세이프가드 조치에 임할 때 원산지에 구애받지 않고 해당 물품의 수출국에 협의할 기회를 제공하고 적절한 보상을 해줄 것을 권고하고 있다. 그리고 협의 결과가 만족스럽지 못할 때 당해 물품의 수출국이 수입국에 대해 보복 조치에 임할 수 있도록 허용하고 있다. 한편 외환시장에서 쓰이는 세이프가드는 외환위기가 닥쳤거나 예상되는 상황에서 일시적으로 외환거래나 자본이동을 통제하는 조치를 뜻한다.

위에 대해 노골적인 불만을 표출했다.

왜냐하면 티베트의 독립을 인정하지 않는 중국 정부와 독립을 지지하는 달라이 라마 사이에는 역사적으로 갈등의 골이 깊게 뿌리박혀 있기 때문이다. 대표적으로 프랑스의 사르코지(Nicolas Sarkozy, 1955-) 대통령과(2008) 영국의 캐머런(David Cameron, 1966-) 총리는 달라이 라마와의 만남 때문에 중국으로부터 심한 곤욕을 치렀다(2013).

사르코지 프랑스 대통령은 유럽연합EU 의장 자격으로 달라이 라마를 방문했는데 이 만남은 중국의 민심을 들끓게 한 계기가 되었다. 사르코지와 달라이 라마의 만남은 중국 정부의 계속된 경고에도 불구하고 성사되었기 때문에 여파는 상당했다.

중국의 정부 간 공식 대변인 격인 인민일보人民日報는 사르코지의 행동을 악질적인 도발이라고까지 적시하며 이로 인하여 프랑스는 그 대가를 톡톡히 치를 것이라고 경고하기도 했다.

사르코지와 달라이 라마의 회동 이후 프랑스와 중국의 외교는 급

2] 티베트 불교(라마교)의 대표적 종파인 겔루크파(黃帽派, dGe-lugs-pa)의 수장인 법왕의 호칭으로 대대로 전생자가 상속한다. 역대 법왕의 이름이 갠초(큰 바다)로 끝나기 때문에 달라이라마(달라이는 몽골어로 큰 바다라는 뜻이고 라마는 영적인 스승이라는 뜻이다)라고 칭해진다. 티베트에서는 9세기 중반에 토번(吐蕃) 왕국이 붕괴한 후 오랫동안 통일 정권이 없었으며 11세기 이후에는 지방의 영주가 일족을 자신의 절의 관장(管長)에 두고 종교적 권위에 의해 통치하는 제도가 생겼다. 이것에 대해 특정의 지지기반이 없던 카르마파(Karmapa)는 관장이 죽으면 그 환생이 되는 유아를 데려다가 다음의 관장으로 육성하는 전생 라마 제도를 고안해 냈다. 이것에 의해 카르마파는 지연이나 혈연을 초월하여 교세를 확장할 수 있었다. 한편 카르마파와 대립하고 있던 겔루크파에는 원래 전생(轉生) 라마의 제도가 없었으나 카르마파의 세력 신장에 대항하기 위해 전생 라마라는 칭호를 만들었다. 이것이 달라이 라마이다. 이후 달라이라마 5세는 카르마파를 제압하고 티베트를 통일했다(1642). 그 이후 달라이 라마는 한 종파의 수장에서 티베트의 국왕으로 승격하게 되었다. 이것에 대해 청조는 달라이 라마 정권을 책봉체제로 조직하고 점차 티베트를 보호국으로 대했으나 신해혁명(辛亥革命, 1911-1912)으로 청조가 멸망하자 달라이 라마 13세는 독립을 선언하였다. 그러나 달라이 라마 13세 사망 후 중국은 티베트 해방을 선언하고 티베트에 진입했다(1950). 그러나 티베트는 중국에 대한 반감이 뿌리 깊어 동부에서 발발한 폭동이(1958) 전국으로 퍼져(1959) 달라이 라마 14세는 다수의 민중과 함께 인도로 도피하여 망명정권을 수립했다. 그리고 장기에 걸친 비폭력 저항운동으로 노벨평화상을 수상하였다(1989).

| 프랑스 사르코지 대통령과 달라이 라마(2008) |①

속히 얼어붙었다. 일례로 당시 중국 원자바오(温家宝, 1942-) 총리는 유럽 순방 중에 의도적으로 프랑스를 건너뛰기까지 했다. 그러면서 독일 · 스위스 · 벨기에 · 영국 등 유럽국가를 순방하면서 신뢰 여행이라는 표현까지 쓰며 프랑스를 자극했다.

게다가 중국은 프랑스와 수교 45주년을 맞아 예정된 축하 행사에도 불참하는 외교적 결례까지 범했다. 그러나 이보다 더한 중국의 가장 큰 경제 보복은 당시 중국이 프랑스로부터 구입하려고 했던 에어버스 비행기 150대를 전격 취소한 것이었다. 우리나라 돈으로 약 45조에 이르는 대형 프로젝트의 취소는 사소한 일의 대가로 너무도 큰 보복이 아닐 수 없었다. 결국 중국의 압박에 견디지 못한 프랑스는 이후로 티베트의 독립을 지지하지 않겠다고 선언하면서 양국 간의 외교 관계를 이전 수준으로 회복할 수 있었다(2008).

| 영국 케머런 총리와 달라이 라마(2012) |②

영국도 프랑스에 버금가는 곤혹을 톡톡히 치렀다. 당시 영국 총리였던 캐머런은 달라이 라마를 국빈으로 대우를 했는데(2012) 이로 인하여 중국은 영국에의 투자 계획을 모두 취소해 버리고야 말았다.

결국 영국은 프랑스와 마찬가지로 이러한 보복을 견디지 못하고 프랑스와 마찬가지로 캐머런 총리가 직접 티베트의 독립을 지지하지 않는다는 성명을 발표함으로써 중국의 심기를 달랠 수 있었다.

노르웨이와의 연어 분쟁

노르웨이와 연어 전쟁은 중국 반체제 인사에게 노벨상을 수여했다는 이유로 노르웨이산 연어Salmon 불매운동을 펼친 것에 핵심을 두고 있다. 중국은 자신들의 체제에 반하는 행동을 한 국가에도 강력하고도 가차 없는 경제적 보복으로 맞대응했다. 노르웨이의 경우 중국의 반체제 인사의 노벨평화상 수상으로 인해 불거진 노르웨이 연어의 수입 금지조치를 그 대표적인 사례로 손꼽을 수 있다(2010).

노르웨이 연어 분쟁은 2010년 노벨평화상을 받은 류샤오보(劉曉波, 1957-2017)[3]라는 인물 때문에 비롯되었다(2010). 중국 국적의 류샤오보는 오랜 기간 중국의 인권·민주화 운동에 헌신해온 반체제 인사로 낙인찍힌 인물이었다. 그런데 노르웨이는 류샤오보를 노벨평화상 수상자로 선정하면서 중국의 인권 문제를 지적하고 이에 대한 국가적인 책임을 주문했다.

중국은 이러한 노르웨이의 적시에 이를 내정간섭으로 간주하고 외교적으로 문제 삼아 노르웨이 대사를 초치 해 강력히 항의하는 한편 류샤오보의 부인 류샤劉霞를 가택에 연금하기까지 했다.

3] 노르웨이의 노벨상위원회는 그해 노벨평화상 수상자로 중국의 류샤오보를 선정했다(2010). 중국의 근본적 인권을 위한 그의 오랜 비폭력 투쟁을 높이 평가한다는 것이 선정의 이유였다. 발표 당시 류샤오보는 중국 정부의 전복선동죄로 감옥에 수감 중이었다. 이로써 류샤오보는 독일의 카를 폰 오시에츠키(Carl Von Ossietzky)와(1935) 미얀마의 아웅 산 수지(Aung San Suu Kyi)에 이어(1991) 구금 중 노벨평화상을 수상한 세 번째 인물이 되었다. 아울러 수감 중이긴 했으나 중국 건국 이래 타국에 귀화하거나 망명하지 않고 노벨상을 받은 첫 번째 중국인이기도 했다.

| 노벨평화상 시상식, 수상자 류사오보(2010) |③

중국은 이에 그치지 않고 일부 국가에 류샤오보 노벨상 시상식에 불참하게끔 방해 공작을 펼쳤다. 결국 노벨평화상 시상식은 수상자인 류사오보가 불참한 채로 개최되었다.

노벨평화상 사태 이후 중국은 뜻밖에 노르웨이산 연어에 대해 수입 금지조치에 임했다. 당시 노르웨이는 중국에 연어를 수출하는 1위 국가임과 동시에 중국 내 점유율이 92%에 달했다.

그러나 중국의 수입 금지조치 이후 중국 내 노르웨이의 연어 점유율은 30% 이하로 추락했다. 더군다나 중국의 경제 보복은 연어에 그치지 않고 양국의 어업 장관 회담을 일방적으로 돌연 취소함과 동시에 당시까지 전개되었던 양국의 자유무역협정(自由貿易協定, FTA, Free Trade Agreement)4] 협상도 무기한 연기했다.

중국은 이러한 모든 조치의 원인이 노르웨이 정부에 있다고 강조하면서 손상된 양국 관계를 회복하기 위해서는 노르웨이 정부의 공식적인 사과가 선결되어야 한다고 주장했다.

결국 노르웨이는 중국의 압박에 백기를 들 수밖에 없었다. 노르웨이의 뵈르게 브렌데(Børge Brende, 1965-) 외무장관은 중국의 연어 수입 금

4] 자유무역협정(FTA)은 FTA 체결국 간 물품의 관세장벽뿐만 아니라 서비스·투자 등 다양한 분야에서의 비관세장벽까지도 완화하는 특혜 무역협정을 의미한다. 최근 FTA는 관세·비관세장벽 완화 외에 지적재산권·정부조달·경쟁 등 다양한 통상규범도 포함하여 체결되는 추세이다.

| 6년 만에 관계 회복한 중국과 노르웨이(2016) |④

지조치가 시행된 지 6년 만에 중국을 방문해 당시 중국의 리커창(李克强, 1955) 총리를 면담하고 양국의 무역 관계 정상화가 담긴 공동성명을 발표했다.

당시 공동성명에 노르웨이는 향후 중국의 이익을 해치는 행위를 지지하지 않겠다며 우회적으로 중국에 간접적인 사과를 보이면서 노르웨이 연어 사건을 무마하기에 이르렀다.

일본과의 희토류 전쟁

일본과의 희토류 전쟁은 중국명 댜오위다오钓鱼岛 일본명 센카쿠尖閣 열도에서 일본 전함이 중국 선박의 선장을 체포한 사건으로부터 비롯된 사건이다.

희귀한 금속 원소 희토류(稀土類, Rare Earth Elements)는 전 세계에서 중국이 90% 이상을 생산하고 있는 광물질이다. 희토류는 전기차 배터리·스마트폰·풍력발전 등 첨단산업에서 반드시 소요되는 필수품인데 이러한 점을 중국은 유효 적절히 이용해 왔다.

중국은 자신들의 국익에 반하는 사건이 발생하면 즉시 희토류 카드를 꺼내 들고 수출을 제한하는 등 보복 조치를 일삼아 왔다. 그간 중국의 희토류 보복 조치에 가장 심하게 당한 국가는 일본이었다.

| 중국과 일본의 영토분쟁 |[5]

중국과 일본의 희토류 전쟁은 양국 간의 센카쿠 열도(중국명 댜오위다오) 분쟁 때문이었다. 실제로 중국과 일본의 영유권 분쟁은 오래전부터 지속되어 왔는데 일본이 센카쿠 열도 주변에 진입한 중국 어선의 선장을 체포하며 양국 간의 대립은 극으로 치달았다(2010).

이 사건 이후 중국 정부는 주중 일본 대사를 여러 차례 초치招致하여 선장 석방을 강력히 요구했으나 일본은 이에 일절 응하지 않았다. 이에 중국은 급기야 일본에 대한 희토류 수출을 전면 금지하면서 압박에 나섰다. 게다가 희토류 수출 금지 외에도 중국은 일본 여행 상품 판매도 전격적으로 금지하면서 일본에 큰 타격을 가했다.

일본은 중국의 전방위적인 압박을 견디지 못하고 결국 체포했던 선장을 석방하고야 말았다. 그러나 중국은 이러한 사태를 한동안 지속하면서 일본의 경제적 피해를 줄곧 지켜보면서 마지 못해 희토류 수출을 재개한다고 선언했다. 희토류 전쟁은 일본이 중국의 요구를 수용하면서 일단락되는 듯 보였지만 일본이 센카쿠 열도의 국유화를 강행하면서 재차 위기가 닥쳤다(2012).

당시 중국 내 일본인은 현지인들에게 무차별 폭행을 당할 만큼 중국 내 반일 감정이 드높았다. 이러한 정서에 편승하여 중국 정부도 중국 고위 인사의 방일을 줄줄이 취소하면서 이에 더하여 센카쿠열도 주변에 함선과 전투기를 배치하면서 무력시위를 벌였다.

그러나 일본은 중국의 끈질긴 압박에도 굴하지 않고 센카쿠열도

국유화 방침을 끝내 철회하지 않았다. 양국의 긴장 관계는 중국에서 열린 아시아·태평양 경제협력체(APEC, Asia-Pacific Economic Cooperation)[5] 정상회의를 계기로 다소 완화되었으나(2014) 불행히도 센카쿠열도 분쟁은 지금도 여전히 현재 진행형이다.

현재 일본은 국책사업으로 희토류 개발 프로젝트에 연간 15,000억원을 투자하고 있다. 그 결과 희토류를 뺀 자석·자동차 모터 등을 생산하는 데 성공하기도 했다. 일본은 이와 동시에 인도와의 상호 긴밀한 협력을 통해 희토류의 수입 다변화에도 심혈을 기울였다. 이러한 전방위적인 노력의 결과로 일본은 중국에서 전량 수입하다시피 한 희토류의 중국 의존도를 현격히 낮출 수 있었다.

필리핀과의 바나나 전쟁

| 중국과 필리핀 영토분쟁 |

중국이 영유권 분쟁을 치르고 있는 곳은 각지에 산재해 있는데 중국·베트남·필리핀·말레이시아 등 여러 나라가 맞물린 남중국해도 그중의 하나이다. 현재도 중국은 강대국이라는 지위를 앞세워 이곳 주변국에 상당한 압력을 가하고 있다.

5] APEC는 환태평양 국가들의 경제적·정치적 결합을 돈독하게 하고자 만든 국제기구이다. 오스트레일리아의 캔버라에서 12개국이 모여 결성하였으며(1989) 현재는 21개국이 참여하고 있다.

일례로 중국과 필리핀의 영유권 분쟁이 본격화된 것은 남중국해(南中國海, South China Sea) 인근 스카보러섬(Scarborough Shoal) 중국명 황옌다오[황암도(黃巖島)]에서 중국 어선을 단속하는 필리핀 전함과 이를 보호하려는 중국의 초계함이 대치 사건으로부터 비롯되었다(2012).

중국 정부는 필리핀에 모욕적인 언사를 내뱉으며 여기에 경제 보복까지 더했다. 중국은 당시 필리핀의 전체 관광객의 20%가 중국인인 점을 염두에 두고 즉각 필리핀 여행을 중단시켰다.

중국은 여기에 그치지 않고 필리핀 과일류의 국내 반입 시 검역을 대폭 강화해 필리핀으로부터 들어오는 바나나·파인애플 등의 수입을 사실상 금지하는 순으로 압박을 가했다. 이러한 검역 조치에 임한 이유는 필리핀산 바나나에서 발견된 해충 때문이라고 밝혔다.

| 국제중재법원에서 승소한 필리핀 |⑥

마침내 필리핀 정부는 남중국해 영유권 분쟁을 국제중재법원(International Court of Arbitration)에 회부 했다(2013). 그 결과 중재법원은 필리핀이 제기한 영유권 분쟁 조정에 필리핀 손을 들어주었다. 중국의 남중국해 영유권 주장에 근거가 없다는 이유였다.

그러나 중국은 본건 중재의 패소에도 불구하고 필리핀으로부터의 바나나 수입제한 조치를 즉시 철폐하지 않았다. 이후 중국은 필리핀 두테르테 대통령 취임 후 필리핀이 미국과의 거리를 두기 시작하자 그때에서야 비로소 바나나 수입 금지조치를 해제했다.

게다가 중국은 바나나 외에 망고·새우 등 필리핀 농수산물 수입

시 품목 확대도 검토 중이라고 덧붙였다. 중재재판 결과에도 꿈쩍하지 않던 중국이 이처럼 전격적인 모습을 보인 것은 무엇보다 미국을 등진 필리핀의 태도가 국익에 도움이 될 수 있었기 때문이었다.

중국과 남중국해 영유권 분쟁을 겪고 있는 필리핀은 중국의 바나나 수입·관광 보복에 밀리는 듯 보였으나 착실한 준비 끝에 국제중재법원의 승소 판결을 받아내기도 했다. 국가의 자존심을 바로 세웠다는 시각에서 주변국으로부터 긍정적인 평가를 받고 있다.

대만과의 여행 전쟁

중국이 대만에 경제 보복을 취한 배경은 대만의 첫 번째 여성 총통으로 취임한 차이잉원(蔡英文, 1956-)6] 때문이었다. 중국은 대만 독립을 지지하는 반중反中 성향의 차이잉원 정치 노선을 탐탁지 않게 생각하고 처음부터 적대적인 태도를 보였다.

| 차이잉원 대만 총통 |⑦

중국은 대만 총통선거 이전부터 만약 차이잉원이 대만 총통에 당선되면 중국 국민의 대만 관광을 제한하여 경제 보복을 취하겠다고 경고까지 하면서 차이잉원의 당선을 방해했다.

그러나 실제 대만 총통선거에서 차이잉원이 당선되자 중국은

6] 대만의 정치인으로 제14·15대 총통이다. 세 번째 타이완섬 출신 총통이자 최초의 여성 중화민국 총통이고 측천무후 이후로 1,400년 만에 중화권 최초의 여성 국가원수이기도 하다. 싱가포르뿐만 아니라 홍콩 및 마카오의 역대 총독이나 행정 장관 역시 차이잉원 이전에 여성인 경우가 없었다.

어김없이 대만에 대한 총통이 취임하자 예고했던 관광 보복을 그대로 시행했다. 그러나 중국은 공식적으로 자국민의 대만 관광 제한조치를 끝까지 부인하는 자세로 일관했다.

실제로 중국의 의존도가 높았던 대만의 관광 시장은 차이잉원의 총통취임으로부터 비롯된 중국의 관광 금지조치로 상당한 타격을 받았다. 그러나 대만은 그 밖의 나라에 대한 비자 면제 조치와 같은 우호적인 관광정책을 시행하여 중국을 제외한 국가들의 여행방문객 수를 늘리는 데 힘을 쏟았다.

그 결과 차이잉원 총통 재임 시에 대만을 찾는 관광객 수가 사상 최고치를 기록하는 성과를 이루어 내기도 했다(2016). 일례로 중국의 관광 보복으로 대만을 찾는 중국인 수는 현저히 감소했으나 그 대신 태국인 관광객은 급격히 증가했다. 대만 정부가 태국에 실시한 비자 면제 조치 때문이었다.

마약과의 전쟁

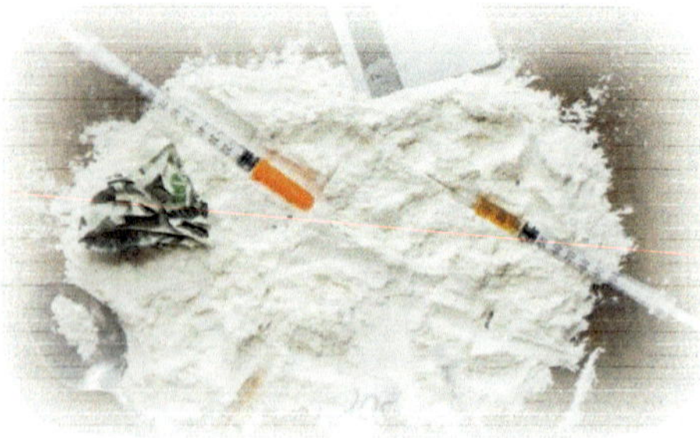

마약과 마약류

마약은 선용하면 약이 되지만 잘못 오용하거나 남용하게 되면 인체에 심각한 피해를 줄 수 있는 약물이다. 흔히 마약이라고 라면 선뜻 대마大麻가 떠오르나 이는 향정신성의약품(向精神性醫藥品, Psychotomimetic Agent)의 일종으로 마약(痲藥, Narcotic)류의 일종으로 취급된다.

마약은 우리의 생각과는 달리 뜻밖에 의료용으로도 사용되는데 주로 중등도 이상의 급성 또는 만성 통증을 다스리는 데 이용된다. 다만 약물 남용의 우려가 있는 까닭에 반드시 의사의 처방에 따라 유효 적절히 사용되어야 한다.

마약류란 극소량으로도 체내에서 강력한 진통과 마취 작용이 있어 오래 사용하면 습관성과 탐닉성이 생기게 하는 물질을 일컫는다. 일반적으로 마약류는 기분 생각 등에 변화를 줄 목적으로 섭취하여 정신에 영향을 주는 물질을 말한다.

마약류는 투여 시에 의존성과 내성이 강력해 투여를 중단하면 금단증상이 나타나므로 개인은 물론이고 사회에도 해를 끼칠 수 있는 소지가 다분하다. 이러한 이유에서 대부분 국가에서는 마약류의 오·남용을 방지하기 위해 마약류를 허가 없이 제조·소유·판매·사용하는 경우 법적으로 강력히 처벌하고 있다.

| 아편 알카로이드계(양귀비) |①

| 코카 알카로이드계(코카이포가 코카열매) |②

천연마약과 합성마약

천연마약天然痲藥에는 아편 알카로이드계와 코카 알카로이드계가 있다. 아편 알칼로이드계 마약에는 아편Opium・모르핀Morphine・헤로인Heroin 등이 있는데 이것들은 모두 양귀비꽃(Opium Poppy)으로 만든다. 아편은 양귀비꽃이 지고 난 후에 생긴 열매에 상처를 내어 흘러나온 액즙을 말려서 굳힌 것으로 생아편(Raw Opium)이라고도 한다. 검은빛에 특유한 냄새가 있으며 맛이 쓴 특징이 있다.

코카 알칼로이드계 마약은 코카잎(Coca Leaves)에서 만드는 것으로 코카잎 속에 함유된 코카인류가 마취 작용을 한다. 여기서 코카인Cocaine은 코카잎에서 분리한 것이다.

의료용으로 사용되는 염산코카인은 무색 또는 백색의 결정성 가루로 냄새는 없으나 맛이 쓰며 혀를 마비시킨다. 수용성이며 빙초산(氷酢酸, Glacial Acetic Acid) 또는 에탄올Ethanol에 잘 녹고 클로로포름Chloroform[1]

1] 일반적으로 사용되는 실험용 솔벤트이다. 이전에는 마취약으로 사용되었으나 발암성이 의심되어 인해 현재 미국에선 사용이 금지되었다.

| 대마초(Cannabis) 마리화나(Marihuana) |③

에도 녹으며 중추신경 계통을 자극한다. 안과 질환의 치료 시나 구강 및 인후(咽喉, Throat) 등 점막을 마비시킬 때 사용한다. 극소량만으로도 사망에 이를 정도로 독성이 강하다.

합성마약合成痲藥은 화학적으로 합성된 진통·진정제로서 의료에 사용되는 동안 점차 탐닉 작용이 생기며 남용하면 심각한 유해 작용을 보인다. 일례로 대마초Cannabis2] 또는 마리화나Marihuana는 성분인 칸나빈올Cannabinol은 마취·착각·환각을 일으키는 작용을 지니고 있다.

이러한 마약의 남용 방지와 마약중독자 및 마약사범의 방지와 근절은 모든 현대국가의 가장 중요한 문제로 다루어지고 있는데 이에 마약으로부터의 폐해를 방지하기 위하여 힘을 쏟고 있다. 그러나 마약사범의 방지는 어느 한 나라의 힘만으로 성공할 수 있는 문제가 아니므로 오래전부터 국제조약에 의해 국제적으로 협력하고 있다.

멕시코 국제마약 밀매조직과의 전쟁

2] 진정 효과가 강한 식물이다. 마약으로 쓰일 때는 다 자란 대마의 꽃잎을 따서 건조하고 그늘진 곳에서 말리는 식으로 가공된다. 영어로는 Cannabis·Marijuana·Weed 등으로 불린다. 한국에서 대마초의 생산이나 소비가 모두 불법이지만 해외에서는 전면적으로 또는 의료용 등 부분적으로 합법화되어 있는 나라가 있다. 네덜란드와 캐나다에서는 이미 합법화되어 있고 미국은 주마다 다르다.

| 소탕된 멕시코 일개 마약 조직의 규모 |④

멕시코 마약 밀매와의 전쟁(Guerra Contra el Narcotráfico en México)은 멕시코 내에서 세력 다툼을 벌이고 있는 마약 조직 및 마약에 연관된 연합조직으로 각양의 카르텔Cartel 조직과 그들을 제압하려는 멕시코 정부군과 무장 충돌을 말한다(2006-).

당시 멕시코 군부가 마약과의 전쟁에 적극적으로 개입하게 된 배경은 마약으로부터 비롯된 폐해와 마약과 관련된 모든 폭력에 종지부를 찍으려는데 있었다. 그 과정에서 멕시코 정부는 자국 내의 강력한 마약 카르텔들을 와해시키는 것을 첫 번째 목표로 삼고 마약 밀매를 방지하기 위한 미국 정부와의 공조 체제를 구축했다.

멕시코 마약 카르텔 혹은 마약 밀매조직은 그간 수십 년간 활동해 오고 있었는데 콜롬비아 마약 범죄 조직인 칼리 카르텔(Cali Cártel)3] 과 메데인 카르텔(Medellín Cártel)4]이 주춤하는 틈을 타 세력을 결집하여

3] 칼리 카르텔은 콜롬비아의 범죄 조직으로 콜롬비아의 도시 산티아고 드 칼리(Santiago de Cali)에서 활동하던 힐베르토 로드리게스(Gilberto Rodríguez) 형제를 중심으로 한 마약 카르텔이다. 메데인 카르텔(medellín cártel)과 쌍벽을 이루었다.

4] 메데인 카르텔은 칼리 카르텔과 같은 콜롬비아의 범죄 조직이다. 파블로 에스코바르(Pablo Emilio Escobar Gaviria)에 의해 콜롬비아의 도시 메데인에 설립되었다. 마약 밀매의 조직화 된 네트워크에서 주로 활동했다(1970년대-1980년대). 자금 출처는 마약의 생산・가공・판매・몸값 획득 등이며 수익은 한달 최대 6,000만 달러에 달하고 최대 280억 달러의 자산을 보유했다. 항상 칼리 카르텔과 갈등이 있었으며 또한 1980년대 초반부터 콜롬비아 정부와 항쟁을 벌였다. 게릴라 범죄 조직으로 미국과 대립 폭탄 투쟁이나 영리 유괴를 반복했다. 수차례에 걸친 미군의 소탕 작전과 콜롬비아 정부의 적발로 주요 인물의 대부분이 사망 혹은 체포되었다. 현재 통일된 실체로서 영향력을 많이 잃었으나 국제적인 마약계에서 아직도 활동 중이다(2006-).

| 힐베르토 로드리게스 |⑤

| 파블로 에스코바르 |⑥

이전보다 더욱 강력한 지배력을 행사했다(1990년대). 멕시코 마약 조직은 현재 국내·외를 불문하고 마약 시장을 지배하고 있으며 한때 미국으로 유입되는 코카인의 90% 이상을 공급하기도 했다(2007).

일부 카르텔의 중심인물들을 검거하면서 한때 소강상태를 맞기도 했으나 그것도 잠시 마약 카르텔은 조직을 재정비하여 이전보다 더욱 심각한 폭력 사태들을 초래했다. 이는 미국으로의 밀매 경로를 차지하려는 카르텔 간 치열한 경쟁과 맞물려 점입가경을 이루었다.

당시 마약 카르텔의 범죄수익은 최대 약 60조 원에 달했다. 게다가 마약 전쟁을 주도한 펠리페 칼데론(Felipe de Jesús Calderón Hinojosa, 1962) 대통령 임기(2006-2012)가 끝날 때까지 정부군이 주도한 멕시코 마약 전쟁에서 희생된 사망자는 실종자를 포함해 최소 70,000여 명에 달했다.

멕시코는 북미와 남미를 연결하는 지정학적 위치 때문에 멕시코 국내는 물론이고 남미나 그 밖의 지역으로부터 미국으로 향하는 마약·불법 이민자·밀수품이 거쳐 가는 가교역할을 했다.

멕시코는 미국 금주법 시대(禁酒法時代, Prohibition Era, 1919-1933)[5] 알코올의

5] 미국 의회에서 미국의 금주법을 비준한 1919년부터 1933년을 말한다. 금주법 제정을 주도한 것은 표면적으로 농촌 개신교 세력인 이른바 금주 십자군(Dry Crusaders)과 기독교 여성단체인 여성 기독교

| 중무장한 멕시코 마약 카르텔 범죄 조직 |[7]

공급처였다가 금주법이 폐지되자(1933) 불법 마약 거래국으로 전환되었다. 이후 본격적으로 마약 밀매업자의 천국이 되었다(1960-).

특히 콜롬비아 파블로 에스코바르(Pablo Emilio Escobar Gaviria, 1949-1993)가 대표적인 코카인 수출의 주역이었다(1980년대-1990 초반). 그는 전 세계에 마약 조직 카르텔을 이끌었다.

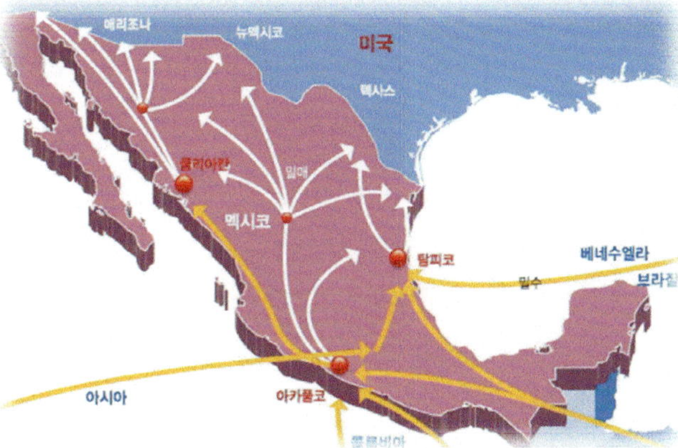

| 멕시코 마약 공급 루트 |[8]

미국 남부 플로리다를 비롯 캐리비안Caribbean 연안 국가에 대한 마약 감시가 심해지자 콜롬비아의 카르텔은 멕시코 마약 운송업자와 손잡고 멕시코를 통해 코카인을 미국으로 직접 밀반입했다. 이

금주 연맹 등이었고 주된 목적은 음주 남용으로 인한 사회적 문제를 제거하기 위함에 두었다. 그 내용은 주류의 양조·판매·운반·수출입 금지 등이었다. 의료 목적에 사용하는 일부 주류와 기독교 교회가 빵과 포도주를 나누는 밥상공동체인 성만찬(Holy Communion)에 사용하는 포도주 등만이 허용되었고 그 이외에 주류를 개인이 소유하거나 소비하는 행위는 불법으로 다루었다. 금주법의 결과 마피아·갱 같은 도시의 범죄 조직들이 성장하게 된 것은 부정할 수 없는 사실이며 이들 범죄 조직의 밀주 유통 사업이 오늘날 마약 밀매사업의 원조가 되었다.

는 이미 멕시코 마약 카르텔이 오랜 기간 헤로인과 대마의 주공급자로서 콜롬비아 업자들을 도와 사업조직을 마련해 두었기에 가능한 일이었다.

멕시코 운송업자들은 콜롬비아 코카인을 운송하는데 필요한 전문성을 갖추고 있었다(1980년대 중반). 운임은 처음 현찰로 수수되었으나 차츰 마약으로 대체되었다(1980년대 후반).

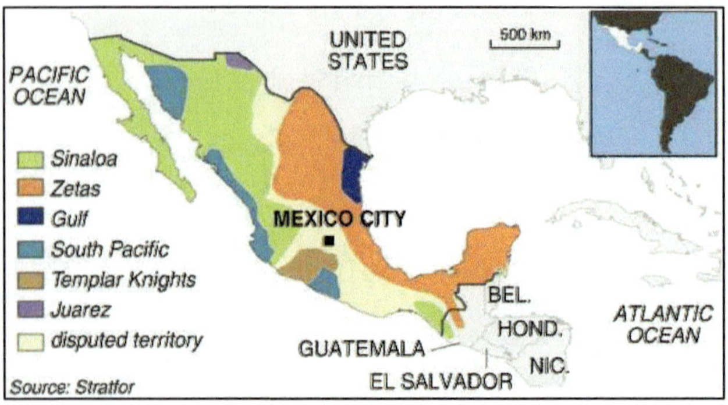

| 멕시코 마약 카르텔 지도 |⑨

멕시코 운송업자들은 보통 코카인 밀수 운송 건당 총 가액의 35-50%의 대가를 받았다. 이러한 상황은 멕시코 조직들이 코카인의 운송뿐만이 아니라 유통에도 직접 관여할 수 있는 길을 터준 셈이 되었고 결국 또 다른 마약 밀수 카르텔을 결성하게 되는 계기가 되었다. 현재 시날로아 카르텔(Cártel de Sinaloa)과 걸포 카르텔(Cártel del Golfo)이 콜롬비아로부터 전 세계의 시장으로 코카인을 공급하고 있다.

멕시코의 마약 카르텔은 시간이 지남에 따라 세력 균형이 바뀌고 있다. 이를테면 신규 카르텔이 부상하고 오래된 조직은 와해 되고 있다. 그 이유는 조직의 리더가 체포되거나 살해당해 조직이 분열되는 경우 권력의 부재를 틈타 세력을 확장하기 위한 조직 간 피비린내 나는 혈투 때문이다.

| 콜롬비아 마약왕 체포에 병력 500명 헬기 22대 투입 |[11]

| 누에보 라레도 마약 카르텔 소탕과 비센테 폭스 |[10]

때로는 공권력의 개입으로 특정 카르텔의 지휘 세력이 체포되는 때도 있었는데 신진 카르텔 세력은 이러한 절호의 기회를 포착하기 위해 상대 조직을 단속하도록 정부 관리를 매수하거나 다른 조직의 정보를 정부에 흘려 치명타를 입히기도 했다.

멕시코 마약 카르텔 경쟁 조직 간의 폭력 행위는 코카인 사업을 하던 멕시코 마약 카르텔의 창시자이자 대부로 불렸던 미겔 앙헬 펠릭스 가야르도(Miguel Angel Félix Gallardo)6]가 정부군에 검거된 이후(1989) 본격적으로 심해졌다. 이후 잠시 소강상태에 빠지기도 했으나(1990년대) 점차 심각해져만 갔다(2000년도-).

6] 오늘날 멕시코 마약 카르텔을 만든 사람이다. 전 세계 역대 조직폭력배 중 대부란 별명이 가장 잘 어울리는 전설적인 자이다. 멕시코 카르텔의 선구자로 추앙받고 있으며 현재 멕시코 유력 카르텔의 대다수 계보가 그에게서 나왔다고 해도 과언이 아니다. 보통 펠릭스로 불렸으며 원래는 멕시코 사법부 연방 경찰 요원이었다. 그는 1980년 과달라하라 카르텔을 조직하였으며(1980) 멕시코와 미국 국경을 통하는 모든 마약 밀매사업을 지배했다(1980년대).

멕시코 비센테 폭스(Vicente Fox Quesada, 1942) 대통령은 재임 시(2000-2006) 멕시코 북동부 소재 타마울리파스Tamaulipas 주의 누에보 라레도(Nuevo Laredo)시에 군대를 파견하여 조직을 소탕하면서 다시금 폭력이 극심해졌다(2005). 당시 누에보 라레도에서만 걸프와 시날로아 카르텔 간 싸움으로 약 110명이 목숨을 잃었다(2005.1-8).

마약의 출처와 소비

1980년대 이후 멕시코가 불법 마약 시장에서 제조 및 운송에서 더 큰 역할을 하게 되자 멕시코 내에서도 마약을 쉽게 구할 수 있게 되었다. 이전 수십 년간은 마약의 소비는 사회·경제적으로 높은 지위에 있는 사람들이나 지식인·예술가 등에 국한되어 있었고 일반 대중에게는 그리 퍼져있지 않았다.

대부분 미국으로 가는 마약 운송이 멕시코 국경 마을에서 지연되었고 이로 인해 그 지역의 마약 소비를 적극적으로 촉진하게 되었다. 이후 미국의 테러 사건(2001.9.11)과 함께 국경 통제가 심해지자 미국으로의 코카인 수출량이 줄어들었다, 이로 인해 업자들은 코카인의 유통경로에 있는 지방 특히 멕시코 국경지대에서 싼값에 판매하게 되었다. 이러한 이유에서 멕시코 국내의 마약 소비량이 늘자 마약 중독 치료에 대한 수요도 동시에 늘어나게 되었다.

멕시코는 마약의 주된 생산국이자 경유국으로서 그리고 미국으로 반입되는 대마와 필로폰 주된 공급처이기도 하다. 멕시코 마약 카르텔의 수입 절반 정도는 대개 대마의 판매에서 나온다. 멕시코 국내 헤로인 생산량 자체는 그다지 많지는 않으나 미국에서 유통되는 물량의 많은 부분을 공급하고 있기 때문이다.

멕시코 카르텔들은 미국에서 유통되는 마약의 약 70%를 판매하고 있다. 미국 국무부는 콜롬비아산 헤로인의 90%가 멕시코를 통해서 유입되고 있다고 보고 있다. 나머지는 볼리비아와 페루 등이다. 멕시코 마약 운송업자들은 미국이 외환 거래 감시를 강화하자 마약 판매대금을 현금으로 숨겨 멕시코로 반입하기도 했다.

멕시코 마약 카르텔의 기원

| 멕시코 마약 카르텔 대부 펠릭스 |⑫

멕시코의 모든 마약 카르텔의 근원은 전직 멕시코 사법부 연방 경찰요원이자 일명 갓 파더(God Father)라고 불렸던 미겔 앙헬 펠릭스 가야르도로 거슬러 올라간다. 그는 과달라하라 카르텔(Guadalajara[7] Cartel)을 조직하였으며(1980) 1980년대를 주름잡으며 멕시코와 미국 국경을 통하는 모든 마약 밀매사업을 지배했다.

그는 대마와 아편을 미국으로 밀수하는 것을 시작으로 최초로 콜롬비아의 코카인 카르텔들과 연합한 명실공히 마약계의 대부였다. 그는 파블로 에스코바르가 이끄는 메데인 카르텔의 교섭 대표가 되기도 하였는데 이는 가야르도가 이미 콜롬비아 마약 밀수단과 협업을 하는데 필요한 하부 조직을 완비하고 있었기에 가능한 일이었다.

당시 멕시코에는 다른 카르텔이 존재하지 않았다. 가야르도는 멕

7] 과달라하라는 멕시코 중서부 할리스코주에 있는 도시이다. 할리스코주의 주도로 수도 멕시코시티 다음의 인구 밀집 지역으로 멕시코 제2의 도시이다.

시코 마약 밀수업자의 우두머리로 모든 일을 직접 관장하였다. 그러나 조직의 공동 창시자인 라파엘 카로 킨테로(Rafael Caro Quintero)가 살해 용의로 체포되어 유죄 판결을 받으면서 위기를 맞게 되었다(1985).

이후 가야르도는 자신이 관장하던 사업을 세분화하여 멕시코에 산재해 있언 마약 카르텔 조직을 전문화하고 재정비하였다. 가야르도는 전국적으로 중요한 사업만을 감독하면서 사업의 세부 영역을 각 지역에 할당해준 마약 카르텔에 이양했다. 말년에 멕시코 정부군에 의해 검거되었다(1989).

멕시코 마약과의 전쟁

마약과의 전쟁이 시작되기 훨씬 이전부터 멕시코 내 마약 카르텔 간의 충돌은 심심치 않게 있었다. 그런데도 멕시코 정부는 특별한 조치를 취하지 않았다(1990년대-2000년대 초반).

| 펠리페 칼데론(2006-2012) 마약과의 전쟁 |[13]

그러나 펠리페 칼데론(Felipe de Jesús Calderón Hinojosa, 재임 2006-2012) 대통령 취임 후 6,500명의 연방경찰을 투입하여 마약 카르텔 간의 폭력 사태를 종결시키고자 했다. 이는 정부가 주도한 조직범죄에 대한 첫 번째 작전이며 이를 기점으로 정부와 마약 카르텔 간 전쟁이 시작되었다.

시간이 지나면서 칼데론 대통령은 자신의 마약 정책을 강화해 나갔는데 연방경찰 외에도 45,000의 군인들을 대거 투입했다. 멕시코

군은 카르텔과 조직범죄에 관련된 11,544명을 체포하였으며 약 28,000명을 마약 관련 혐의로 체포하였다(2010).

한편 마약 전쟁이 시작된 후 카르텔의 폭력으로 40,000명 이상이 살해당했다. 칼데론 집권기에 멕시코의 살인사건 비율은 엄청난 증가세를 보였다. 칼데론은 줄기차게 카르텔 간의 폭력을 끝내기 위한 정책을 펼쳤으나 결과적으로 뜻하지 않게 상황을 악화시키고 만다. 왜냐하면 카르텔과 직접 무력으로 맞부딪히는 칼데론의 공격적인 단속은 카르텔과 정부군에게 저마다 더 많은 살인과 고문을 자행하는 빌미를 제공했기 때문이다.

멕시코 국민은 마약과의 전쟁 결과를 지켜보며 공포와 불안에 휩싸이게 되었다. 이 와중에 카르텔의 리더가 검거되거나 살해되어 그 자리를 차지하기 위한 안팎에서의 치열한 권력다툼은 더욱 극심한 폭력 사태를 불러일으키면서 민심은 극도로 동요되기 시작했다.

칼데론 대통령은 마약 카르텔을 와해시키기 위해 조직 리더를 제거하는 데 힘을 쏟았다. 그 결과 그들의 빈 자리를 차지하기 위한 싸움으로 많은 조직원이 희생되었다. 결국 수많은 하위 조직원들이 저마다 충돌하기 시작하면서 큰 혼란이 야기되었다. 이 시기를 지나면서 마약 카르텔의 공격적인 성향이 더 심해졌고 영향력도 커졌다.

칼데론은 마약과의 전쟁에서 전적으로 군대에 의존했다. 그러나 단속에 참여하는 장교들마저도 적지 않은 수가 부패 혐의에 연루된 상태에서 소기의 성과를 거두기는 힘들었다.

멕시코는 세계 마약 생산과 공급을 좌지우지하고 있다. 전문화·조직화 된 마약 카르텔은 남미를 중심으로 저마다 독자적인 세력하에서 현재까지 견고한 세력을 구축하고 있다. 멕시코 정부는 그간

| 멕시코 마약과의 전쟁 실종자 6만 명 |[14]

국내 마약 카르텔을 소탕하고자 각양의 노력을 기울여 왔으나 큰 성과는 거두지를 못했다.

오늘날 마약은 국경을 뛰어넘어 각지로 퍼져나가고 있는데 그 성장세가 무척 빠른 상황이다. 일례로 마약 청정국가로 분류되었던 우리나라도 예외는 아니어서 그 확산 속도가 가파른 상승세를 엿보이고 있다.

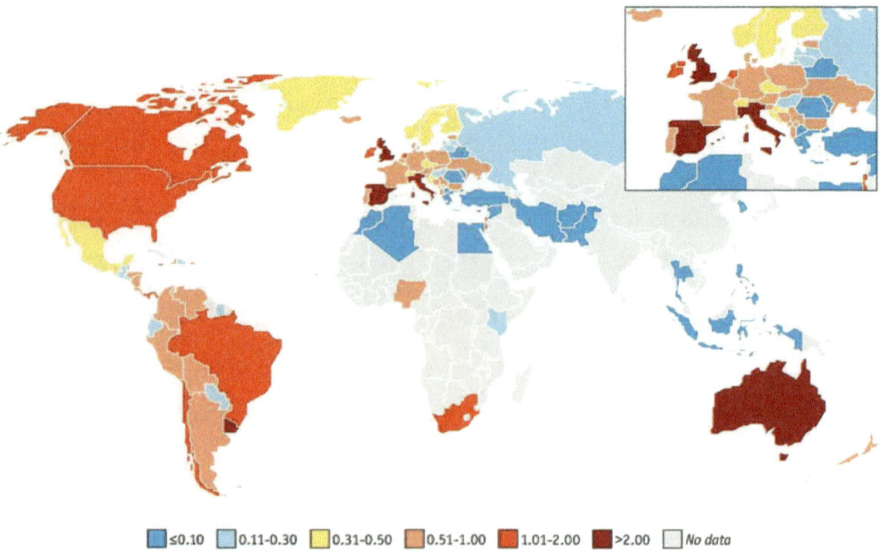

| 전 세계 코카인 지도 (16세-65세 코카인 경험치 %) |[15]

블러드 다이아몬드

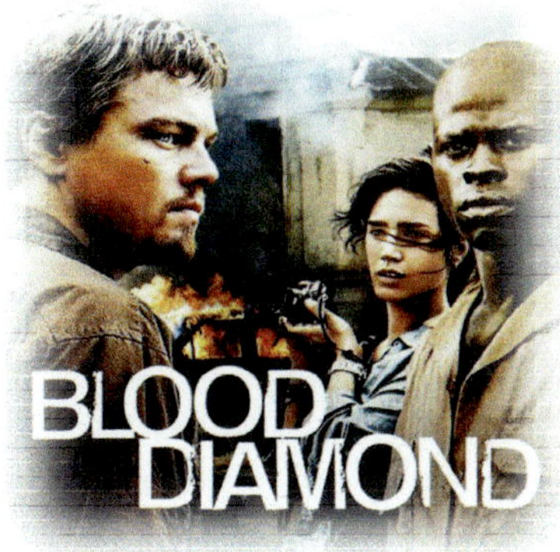

다이아몬드의 구조

블러드 다이아몬드(Blood Diamond or Conflict Diamonds, Hot Diamonds or War Diamonds or Red Diamonds)는 주로 아프리카의 전쟁지역에서 생산된 다이아몬드 수입금이 다시 전쟁을 위한 비용으로 충당되는 것을 말한다.

다이아몬드(金剛石, Diamond)는 보석의 왕으로 불릴 만큼 그 가치와 인기가 많은 보석이다. 대개 결혼식 예물로 빠지지 않고 있는 대중화된 보석이기도 하다. 이처럼 다이아몬드가 최고의 보석으로 인정받게 된 것은 이탈리아에서 브릴리언트 컷(Brilliant Cut) 연마방법[1]이 알려진 이후부터이다(17세기 말). 이후 남아프리카 공화국에서 대규모 다이아몬드 광산이 발견되고 현대적인 방법으로 채굴되면서 널리 보급

1] 브릴리언트 컷은 수학적인 비례에 따라 58면으로 깎아 빛의 전반사와 분산성에 의해 광선의 굴절을 최대로 하여 다이아몬드의 아름다움을 최대로 발휘하는 세공법이다. 다이아몬드 연마는 다이아몬드 가루로 가공하는데 먼저 원석을 쪼개짐을 따라 절단 톱으로 절단하고 주변부를 둥글게 연마한다. 다음에 올리브유와 다이아몬드 분말을 섞은 것을 바른 주철제 회전원판에 원석을 압착하고 차례로 연마함으로써 절단한다. 보석용 다이아몬드의 90% 이상이 브릴리언트 컷으로 연마된다. 이밖에 원석의 모양에 따라 무게 감소를 최소한으로 줄이기 위한 가공방법도 병행된다. 브릴리언트 컷 다이아몬드는 위에서 내려다보면 둥근 것이 특징이고 58개의 면을 갖고 있는데 이중에 33개는 보석에서 가장 넓은 부분인 거들 위에 있고 나머지 25개는 아래에 있다. 거들 면과 거들 위에 있는 윗면은 35°로 바닥면은 41°가 되도록 깎았을 때 다이아몬드는 최대의 광채와 높은 수준의 섬광을 지니게 된다.

되어 대중화되기 시작했다(19세기 후반).

다이아몬드는 순수한 탄소로 이루어져 있는데 각 탄소 원자가 4개의 다른 탄소 원자와 정사면체 형태로 결합 된 지구상에서 가장 단단한 물체로 정평이 있다.

다이아몬드는 인도에서 최초로 발견됐는데(B.C.800) 지금은 남아프리카 · 브라질 · 러시아 · 캐나다 등지에서 산출되고 있다. 4월의 탄생석으로 예로부터 승리와 변하지 않는 사랑을 상징한다. 모스 경도(Mohs Hardness)는[2] 10이다.

일반적으로 다이아몬드는 색상Color · 투명도Clarity · 무게Carat · 연마Cut 등의 4가지 요인에 의해 그 가치가 결정되는데 이를 일컬어 4C라고 한다. 다이아몬드는 포함된 불순물의 성상에 따라 고유한 색상이 나타나는데 가장 흔한 불순물인 질소가 포함되면 노란색이 붕소가 함유되면 청색이 나타난다.

다이아몬드는 무색 · 노랑 · 파랑 · 검정 등 자연 상태에서 다양한 색으로 산출된다. 일반적인 화이트 다이아몬드는 무색에 가까울수록 빛이 잘 투과되어 찬란한 무지갯빛을 발할 수 있으므로 그 가치가 높다. 따라서 무색을 중심으로 색 등급이 형성되어 가장 무색에 가까운 것을 다이아몬드의 영문 첫 글자 D로 표기하고 색이 짙어질수록 D 이후 알파벳 순서에 따라 E · G · H · · · Z의 순으로 표기한다. 여기서 짙은 색 다이아몬드는 팬시 다이아몬드(Fancy Diamond)라고

2] 경도는 통상 물질의 굳고 무른 정도를 말하는 것으로 광물에서는 경도를 모스 경도법으로 나타낸다. 모스 경도는 모스 경도수(Mohs Hardness Number)로 나타낸 10가지 표준광석을 사용하여 결정한다. 표준광석 모스 경도는 1(활석) · 2(석고) · 3(방해석) · 4(형석) · 5(인회석) · 6(정장석) · 7(석영) · 8(황옥) · 9(강옥) · 10(다이아몬드) 순이다. 표준광석으로 긁어 흠이 남는지로 경도를 본다. 예컨대 황옥으로 긁으면 흠이 나지 않으나 강옥으로 긁었을 때 흠이 나면 이 경우 모스 경도는 7-8 사이가 된다.

하여 별도로 평가한다.

투명도는 다이아몬드를 10배의 확대경으로 보았을 때 나타나는 상태를 기준으로 크게 6등급으로 구분한다. (a) 다이아몬드의 내외에 아무런 결점이 없는 거의 완벽한 상태를 Flawless 등급으로 (b) 내부에 아무런 결점이 없고 외부에 미세한 결점이 존재하는 상태를 IF(Internally Flawless) 등급으로 (c) 아주 아주 작은 내포물을 포함하고 있는 상태를 VVS(Very Very Slightly Included) 등급으로 (d) 매우 작은 내포물을 포함하고 있는 경우를 VS(Very Slightly Included) 등급으로 (e) 작은 내포물을 포함하고 있는 경우를 Slightly Included 등급으로 (f) 마지막으로 현미경이 없이도 내포물을 직접 눈으로 확인할 수 있는 상태의 Included 등급으로 구분한다.

| 캐럽나무 씨앗 |①

다이아몬드의 무게는 캐럿Carat으로 표시한다. 캐럿의 어원은 캐럽Carob나무 씨앗으로부터 유래하는데 그 이유는 캐럽나무 씨앗들의 무게가 서로 균등했기 때문이다. 현재 1캐럿은 200㎎으로 정해져 있다. 일반적으로 다이아몬드는 크기가 클수록 더 귀하다.

다이아몬드의 색상·투명도·무게는 자연적인 요소지만 연마는 사람에 손기술에 의해 결정된다. 가장 많이 사용하는 연마방법은 브릴리언트 컷이다. 브릴리언트 컷의 모양은 총 58면으로 되어 있다. 브릴리언트 컷은 보석의 낭비를 가장 적게 그리고 가장 빛나게 깎는 가공방법으로 알려져 있다. 이 방법으로 연마한 다이아몬드에 백색광이 들어가면 파장에 따라 굴절이 달리 일어나서 다시 다이아몬드 표면에 분산될 때는 휘황찬란한 무지개색이 나타나게 된다.

블러드 다이아몬드의 배경

아프리카 시에라리온Sierra Leone의 수도 프리타운Freetown은 본래 그 이름처럼 영국의 노예 폐지론자들에 의해 노예의 송환과 구출을 위한 자유의 땅으로 마련된 곳이었다(1787).

그러나 영국은 프리타운을 칙령에 따라 식민지로 선포하고(1808) 포획한 노예들을 정착시킨 후 보호령으로 선포해 식민지 지배를 시작했다(1896).

시에라리온은 포르투갈을 비롯해 네덜란드와 프랑스의 식민지 쟁탈전에 휩쓸려 오래전부터 대서양 횡단 무역의 중심지가 되었고 이후 영국의 점령하에 노예무역의 전진기지가 되었다.

이후 약 1세기가 지나 영국으로부터 독립한 시에라리온은(1961) 다이아몬드·철광석 등 지하자원이 풍부해 다른 아프리카 신생 독립국들과는 달리 발전 가능성이 매우 큰 국가로 주목을 받았다.

그러나 시에라리온 정치 지도자들의 부정부패로 국가발전은 침체에 빠졌고 이로 인하여 정권에 대한 국민의 반감은 점차 고조되어 갔다. 끝내 시에라리온은 독립 이후 부패한 정부와 불안정한 정치 상황으로 수차의 군부 쿠데타가 발생했고 더군다나 이웃 국가 라이베리아Liberia의 내전까지 시에라리온에 심각한 타격을 미쳤다.

시에라리온 내전의 개막

| 시에라리온 RUF의 포데이 산코 |②

| 라이베리아 찰스 테일러 대통령 |③

시에라리온 내전은 라이베리아 찰스 테일러(charles Ghankay Taylor)가3] 이끄는 라이베리아의 애국전선(NPFL, National Patriotic Front of Liberia)의 지원을 등에 업은 포데이 산코(Foday Sankoh)의 혁명연합전선(RUF, Revolutionary United Front)에서 비롯되었다(1991.3.23). 이들은 부정부패 척결을 주장하며 쿠데타로 집권한 조셉 모모흐(Joseph Momoh) 정권을 공격했다(1985).

시에라리온 내전은 11년 동안 지속 되면서(1991-2002) 50,000명 이상의 사망자와 450만 명의 이재민을 발생시켰다. 아프리카에서 내전을 겪은 국가 중에 시에라리온 내전은 유달리 참혹했다. 일례로 내전에서 유난히 손과 발목이 잘린 사람들이 많았는데 이러한 끔찍한 일을 저지른 자들은 불과 12-18세 소년들이었다.

그들은 반군과 함께 마을을 약탈하며 죄 없는 양민의 손발을 무

3] 라이베리아의 대통령이자 독재자로 시에라리온 내전을 일으킨 전범이다. 그 유명한 블러드 다이아몬드라는 말을 만든 장본인이다. 시에라리온 내전 당시 반군단체인 혁명연합전선(RUF)이 저지른 민간인에 대한 테러를 지원하고 교사한 혐의로 국제 형사 사법기구에서 50년 징역형을 받았다.

| 시에라리온 반군에 합류한 소년병 |④

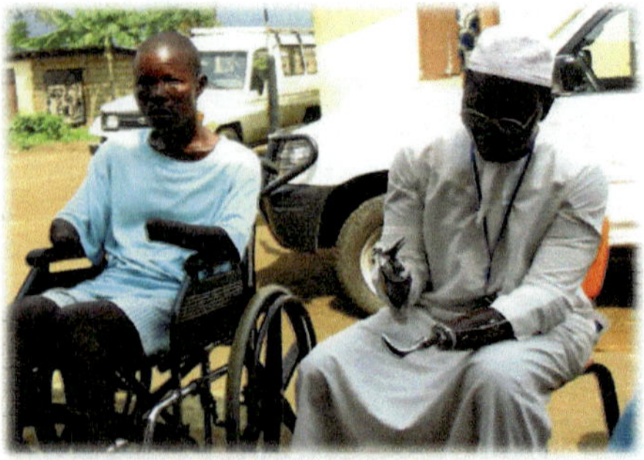

| 시에라리온 내전의 희생자 |⑤

| 시에라리온 광산 |⑥

참히 잘랐는데 그 이유는 현 정부에 투표했다는 것이었다.

시에라리온 내전의 참상이 세상에 알려지게 된 계기는 영국의 국제인권단체가 다이아몬드를 둘러싼 아프리카 내전의 실상을 폭로한 것에서 비롯되었다. 그 내용은 분쟁지역 국가의 무장세력이 다이아몬드를 무기와 맞바꿔 무장을 강화하고 세력을 키워나간다는 것이었다.

소위 블러드 다이아몬드라 불리는 그 참상의 중심에 시에라리온이 있었다. 시에라리온과 인접한 라이베리아 인근은 전 세계에서 다이아몬드의 20% 정도가 생산되는 광물자원의 보고였다. 이는 예로부터 이 지역에 내전이 끊이지 않았던 이유가 되었다.

라이베리아 대통령이었던 테일러는 풍부한 광물자원을 매장하고 있는 시에라리온 광산에 눈독을 들이고 시에라리온 반군에게 무기를 지원하면서 광산지역을 점령해 나가기 시작했다. 이로써 시에라리온 내전은 걷잡을 수 없는 혼전 양상으로 전개되었다.

처음에 내전은 정치자금을 마련하기 위한 수단에 불과했으나 차츰 다이아몬드 그 자체가 목적이 되었다. 그 과정에서 소년병의 징집도 일상화되었다. 10살 내외의 소년들이 반군에게 포섭되어 군사훈련을 받고 교전에 임했다. 반군은 지친 소년병들에게 마약까지 복용시켜가며 전선으로 내몰았다.

시에라리온 내전 과정

| 시에라리온 내전 종식을 이끈 카바 대통령 |[7]

시에라리온 내전은 1985년 반정부세력인 혁명연합전선RUF이 모모흐 대통령 취임에 반발하며 시작되었다(1985). 반군은 게릴라 무장 공격으로 다수의 국경 마을을 장악했고 점차 활동 영역을 넓혀갔다.

그런데 군부가 쿠데타를 일으켜 모모흐 대통령을 축출했고(1992.4) 정부군은 RUF와의 교전을 통해 반군이 장악했던 다이아몬드 광산을 탈취했다(1994). 군부의 반대에도 불구하고 군부는 RUF 반군 지도자와 정전을 합의하여(1995.2) 대통령 선거를 치러 아마드 테잔 카바(Alhaji Ahmad Tejan Kabbah) 대통령이 이끄는 민선 정부를 출범시켰다.

그러나 RUF 반군은 대통령 선거 연기를 주장했던 자신들의 의사가 무시된 채 카바 민선 정부가 출범하자 정전협정을 파기하고 투쟁을 재개했다. 양쪽은 격렬한 대립 중에도 정전 협상을 병행하여

| 시에라리온 정부군의 반군 소탕 |⑧

재차 카바 대통령과 RUF 반군은 정전에 합의하였다(1996.11.27). 그러나 또다시 소장과 장교들이 군사쿠데타를 일으켜 카바 민선 정부는 14개월 만에 전복됐고 다시 내전이 발발했다.

신군부 세력은 쿠데타 이후 이른바 무장군사혁명위원회(AFRC, Armed Forces Revolutionary Council)를 구성하고 의장에 취임했으나 AFRC의 군사쿠데타를 비난하고 즉시 카바 민선 정부에 정권을 이양할 것을 촉구한 유엔 안보리 결의에 따라 AFRC는 카바 대통령에게 정권을 이양하게 되었다(1998.3).

카바 정권 수복 후에도 쿠데타 세력과 반군은 저항을 계속하여 수천 명의 사상자를 냈다(1999.5). 이후 일부 반군의 저항에도 불구하고 유엔군 증강에 힘입어 무기 반납 등의 절차가 진행되었다(2000.2).

이윽고 유엔 평화유지군이 철수하면서 다이아몬드 이권을 둘러싼 내전은 종결되었으나 분쟁의 결과 국내경제가 피폐해지고 농업 등을 포함한 산업기반이 무너져 국가 경제는 원조에 의존하고 있다.

내전 기간에 약 25만 명의 여성들이 다양한 형태의 성적 학대를 받았고 7,000여 명의 사람들이 손목과 발목이 절단되어 지금도 정신적·육체적 고통 속에 살고 있다.

내전의 상처를 봉합하는 데 피해자들에 대한 치유가 매우 중요한데도 현재 불안정한 시에라리온의 정치적 상황 때문에 이들에 대한 대책 마련은 엄두를 내지 못하고 있다. 게다가 아직도 동부 밀림 지역에는 무장해제를 하지 않은 일부 반군이 여전히 활동하고 있다.

한편 시에라리온 내전을 종식 시킨 최대의 공로자로 평가받던 카바 대통령이 지병으로 사망하자(2014.3.14). 그의 사망 소식에 현재 동부 밀림 지역의 반군이 재차 활동 기미를 엿보이고 있다.

| 다국적 기업 드비어스(de Beers) |[9]

시에라리온 내전 당시 전 세계 다이아몬드 시장의 80%가량을 독점했던 다국적 기업인 드비어스(de Beers)는 시에라리온과 라이베리아의 저렴한 다이아몬드를 구매해 주었다.

드비어스는 분쟁지역에서 판매된 자원이 다시금 전쟁에 투입될 것을 알면서도 이익에 눈이 멀어 이 지역에서의 광물구매를 그치지 않았다. 시에라리온 내전은 권력을 장악하려는 자들과 돈을 벌겠다는 기업의 욕망이 결합하여 장기전의 양상을 띠게 되었다.

국제사회의 따가운 시선을 견디지 못한 다이아몬드 다국적 기업은 이른바 클린 다이아몬드(Clean Diamond) 운동을 전개하기에 이르렀다. 여기에 분쟁 지역에서 생산된 다이아몬드가 국제시장에 유통되는 것을 막기 위한 원산지 추적 제도인 이른바 킴벌리 프로세스(KPCS, Kimberley Process Certification Scheme)를 도입하기도 했다(2003).

킴벌리 프로세스에는 현재 우리나라를 비롯한 75개국이 참여하고 있으며 이로써 인권에 반하는 수단으로 생산되는 다이아몬드 거래를 규제하고 있다.

| 킴벌리 프로세스(Kimberley Process Certification Scheme) |[10]

오일 전쟁

석유의 역사

석유(石油, Petroleum)는 천연으로 산출되는 가연성 물질로 탄소와 수소로 이루어진 유기화합물로서 다수의 액상 탄화수소(炭化水素, Hydrocarbon) 혼합물이다. 석유는 인류 최초 문명의 발상지인 메소포타미아 Mesopotamia와 터키(Turkey, Asia Minor, Anatolia) 등에서 기원전부터 사용되었다는 기록이 남아 있고 구약성서에도 석유에 대한 기록이 있다.

> "너는 고페르 나무로 너를 위하여 방주를 만들되 그 안에 칸들을 막고 역청을 그 안팎에 칠하라" <창세기 6:14>

> "싯딤 골짜기에는 역청 구덩이가 많은지라 소돔 왕과 고모라 왕이 달아날 때 그들이 거기 빠지고 그 나머지는 산으로 도망하매" <창세기 14:10>

> "더 숨길 수 없게 되매 그를 위하여 갈대 상자를 가져다가 역청과 나무의 진을 칠하고 아기를 거기에 담아 나일 강의 갈대 사이에 두고" <출애굽기 2:3>

석유의 수요는 처음에는 주로 등화용이었으나 경제 발전과 기술

| 토마스 에디슨 |①

| 고틀리프 다임러 |②

| 칼 벤츠 |③

의 진전에 따라 용도도 다양해지고 중요성도 커졌다. 미국 토머스 에디슨(Thomas Alva Edison, 1847-1931)이 발명한 백열전등은(1879) 등화용 석유를 밀어내고 그 무렵 석유를 연료로 하는 내연기관의 출현에 따라 석유 소비의 증가를 견인했다.

이후 독일 고틀리프 다임러(Gottlieb Daimler, 1834-1900)와 칼 벤츠(Karl Friedrich Benz, 1844-1929)가 발명한 내연기관(Internal Combustion Engine, 1885)1]은 자동차공업 발전의 기초가 되었으며 이에 따라 도로운송 수단에 소비되는 석유량도 급속히 증가했다.

석유가 선박용 연료로 사용된 것은 제1차 세계대전 당시였는데 특히 1893년 독일인 루돌프 디젤(Rudolf Diesel, 1858-1913)이 발명한 디젤기관은 해상교통에 혁명적인 변화를 가져왔다(1893).

이후 제1차 · 제2차 세계대전 중에 소형 · 고속 디젤기관이 두드러지게 진보되어 자동차 · 기관차 · 트랙터 등 육상기관의 디젤화가 빠르게 진행되었다. 특히 제1차 · 제2차 세계대전은 디젤화를 촉진하는 계기가 되었다.

군용 및 민간 항공기에 석유가 사용된 것은 미국의 라이트 형제(Orville and Wilburwright Brothers)가 시험비

1] 내연기관은 연료와 공기 등의 산화제를 연소실 내부에서 연소시켜 에너지를 얻는 기관이다. 가솔린기관과 디젤기관이 대표적이다. 연소실 내부에서 연료와 산화제 반응은 발열반응이라 반응 시 높은 온도와 압력의 기체가 생성된다. 이 기체가 연소실 내부의 피스톤과 크랭크축을 움직이게 하여 내연기관을 가동한다. 기관 외부의 열을 이용하는 증기기관과 같은 외연기관과 대조된다.

| 루돌프 디젤 |④

| 라이트 형제 |⑤

행에 성공하면서(1903) 비롯되었다.

제1차 · 제2차 세계대전은 항공기나 옥탄 값Octane Value2]이 높은 휘발유 제조기술이 획기적으로 발전하는 원인이 되었다. 다양한 항공기의 발달과 보편화는 휘발유의 소비를 가일층 증가시키는 원인이 되었다.

특히 제2차 세계대전 후에는 급속한 내연기관의 증가와 이에 따른 산업 설비와 에너지 수요의 증대로 그때까지 에너지 공급원으로서 석탄이나 수력전기의 공급이 사실상 한계상황에 도달하게 되고 이에 대체자원으로서 석유를 공업용 연료로 대량 사용하게 되었다. 이후 석유는 국가 경제의 기반자원으로서 그 지위를 점하게 되었다.

제1차 오일 전쟁 (1973-1974)

제4차 중동전쟁이 시작되면서 이른바 석유 수출국 기구(石油輸出國機構, OPEC, Organization of the Petroleum Exporting Countries)3]의 이집트와 사우디아라비아를 중심으로 리비아 · 이라크 · 이란 · 이집트 · 시리아 · 튀니지가 손잡고 석유를 감산하는 동시에 원유 가격을 인상했다.

2] 가솔린이 연소할 때 이상폭발을 일으키지 않는 정도를 나타내는 수치를 말한다. 옥탄가가 높은 가솔린일수록 이상폭발을 일으키지 않고 잘 연소하기 때문에 고급 휘발유로 평가된다.

3] 석유 수출국 기구(OPEC)는 가입국의 석유 정책을 조정하기 위해 결성된 범국가 단체이다(1960). 본부는 오스트리아 빈에 있다. 회원국은 이란 · 이라크 · 쿠웨이트 · 사우디아라비아 · 베네수엘라 · 리비아 · 아랍에미리트 · 알제리 · 나이지리아 · 가봉 · 앙골라 · 기니 · 콩고 등 13개국이다.

여기서 제4차 중동전쟁은 이집트와 시리아가 각각 시나이반도(Sinai Pen.)와 골란고원(Golan Heights)을 기습적으로 공격하면서 시작되었다(1973). 그렇지만 이스라엘군은 불패를 자랑하던 기갑부대와 공군을 투입하여 소련제 신형 장비로 무장한 이집트군을 상대로 반격에 임한다.

공격 전열을 정비한 이스라엘은 절대적인 병력의 열세에도 불구하고 예비군을 동원하여 골란고원을 돌파하고 시리아군을 밀어낸다. 이스라엘군은 시나이반도의 이집트군 역시도 포위하여 국가적인 위기 상황을 극복한다.

제3차 중동전쟁 시절부터 아랍권은 석유의 무기화를 시도한 적이 있었으나 크게 실효를 거두지 못했다. 제3차 중동전쟁은 이스라엘이 이집트·요르단·시리아를 상대로 선제공격을 감행하여 단 6일 만에 대승을 거두고 엄청난 영토를 획득했던 전쟁이다(1967). 6일 만에 이스라엘의 대승으로 끝나 6일 전쟁이라고도 한다.

| 제3차 중동전쟁(6일 전쟁) 당시 이스라엘 승리의 주역이었던 기갑부대와 공군의 미라쥬 전투기 |⑥

이스라엘은 제2차 중동전쟁 후 아랍 게릴라의 활동이 재개되자(1964) 그들의 본거지였던 시리아의 게릴라 기지에 대규모 공격을 감행했다(1967). 그 결과 이집트는 이스라엘을 공격해서 붕괴에 직면한

아랍을 다시금 일으키기 위해 시나이반도에 군대를 투입하고 아카바만(Gulf of Aqaba)의 봉쇄를 선언하기에 이르렀다.

이러한 상황에서 이스라엘은 선제 기습공격으로 아랍의 공군력을 괴멸시키고 불과 4일 만에 시나이반도를 점령함과 동시에 요르단강 서안 지역과 시리아 국경의 골란고원마저도 저명하였다.

확산일로를 걷고 있었던 제3차 중동전쟁은 이윽고 UN 안전보장이사회에서 정전을 결의하였고 이에 당사국의 수락에 따라 6일 만에 정전이 실현되었다.

제3차 중동전쟁 이후 OPEC는 다시금 석유 금수조치(禁輸措置, Embargo)를 결의하고 수출을 중단했으나 이란과 아프리카 지역 그 밖에 인도네시아·말레이시아·베네수엘라·미국까지 증산에 임하면서 효과가 반감되었다. 그 결과 시장점유율 또한 크게 상실하게 되었고 이에 OPEC은 시장점유율 회복을 위해 어쩔 수 없이 증산을 통해 원유를 헐값에 팔아야 했다.

| 아메드 자키 야마니 |⑦

제4차 중동전쟁 시절 오일쇼크를 주도한 사람은 사우디아라비아 석유 장관 아메드 자키 야마니(Shaikh Ahmed Zaki Yamani, 1930-2021, 재임 1962-1986)였다.4] 그는 제3차 중동전쟁 시절 OPEC의 석유 금수조치에 대해 그는 완전한 석유 금수란 불가능하며 부분적인 금수조치도 의미

4] 메카(Mecca)에서 출생했다. 카이로대학교를 수료하고 뉴욕대학교 및 하버드대학교의 법과대학원을 수료하였다. 귀국 후 국무위원회 법률고문(1958-1960)·법무담당 국무장관(1960-1962)·석유광물자원장관 및 아람코석유회사 중역(1962)·석유광물자원공단 회장(1963)·석유수출국기구(OPEC) 사무국장(1968-1969)·석유수출국기구의장(1974-1975)을 역임하였다.

가 없다고 주장하며 반대했다.

결국 제3차 중동전쟁 이후 그의 주장은 관철되었고 그의 발언권이 커지게 되는 계기가 되었다. 제4차 중동전쟁을 시작하면서 그는 금수 조치 대신에 매월 5%만 감산에 임해도 국제원유시장에 큰 충격을 줄 수 있다고 주장했다. 제3차 중동전쟁 시절의 금수 조치와는 다른 주장이었기 때문에 OPEC 회원국들의 참여를 이끌 수 있었다.

야마니의 제안은 성공적이었다. 당시 1배럴당 2.9달러에 불과했던 원유가는 한 달 만에 무려 12달러로 폭등했다. 여기에 당시 친미 성향의 국가였던 베네수엘라·인도네시아·나이지리아 그 밖에 비 OPEC 국가인 러시아도 석유 가격을 대대적으로 인상했다.

그 결과 중동·베네수엘라·가봉·러시아 등의 산유국들은 호황기를 맞이했다. 그러나 기존의 저유가에 경제적 기반을 두고 있었던 미국과 영국은 큰 타격을 입었다. 당시에 중동 산유국들이 경제적 타격을 입히려 했던 표적은 다름 아닌 미국과 영국을 위시하여 자신들을 지지하지 않는 미국과 영국의 우방국들이었다.

중동의 석유 감산은 제4차 중동전쟁이 끝난 이후에도 계속되었으며 이후로 상당한 기간이 지나서야 감산을 중단했다(1974.4). 1차 오일쇼크 이후 사우디아라비아는 이른바 석유 시장 질서 주도국(Swing Producer)의 지위를 얻게 되었고 이를 주도한 아메드 자키 야마니 사우디아라비아 석유 장관은 석유 황제라는 별명을 얻었다.

제2차 오일 쇼크 (1979-1981)

이란혁명[51]으로 팔레비 왕조(Pahlevi Dynasty)를 무너뜨리고 이슬람주의에 입각한 공화국 신정부가 수립된 것이 원인이었다(1979). 이를테면 이란의 이슬람 혁명의 결과가 중동 국가에 어떤 결과를 미칠 것인지에 대한 공포심이 2차 오일쇼크의 원인이 되었다.

실제로 이란은 하루 6백만 배럴(Barrel, 약159ℓ) 분량이던 석유 생산량을 이란 혁명으로 인한 파업으로(1978.12) 2백만 배럴까지 축소했고 이듬해 이라크의 이란 침공으로 발발한 이란·이라크 전쟁(1980.9) 때문에 30달러 선이 무너졌다. 게다가 산유국이었던 당시 소련도 친소 정권을 지원하기 위해 아프가니스탄을 침공하면서 유가는 배럴당 40달러 선까지 치솟았다.

| 이란 호메이니 |⑧

그러나 이란의 석유 감산은 팔레비 왕조를 무너뜨리고 새로운 정권을 창출한 호메이니(Ayatollah Ruhollah Khomeini, 1902-1989)에 의해 다시 증산에 임했으나 원유 가격은 회복되지 않았다. 이는 산유국들이 원유 공급이 안정적으로 회복했음에도 불구하고 가격이 상승하자 상승한 가격 그대로의 원유 가격을 고집했기 때문이었다.

그 결과 전 세계적으로 물가는 상승하고 실업

5] 이란혁명은 팔레비 왕조를 무너뜨리고 이슬람원리주의에 입각한 이란이슬람공화국을 탄생시킨 혁명이다(1979.2.11). 제2차 세계대전 후의 팔레비 왕조는 미·소 냉전체제에서 미국의 지원과 막대한 석유 이윤에 정치적인 안정 기반을 구축하고 국민에게는 탄압정치로 일관하였다. 석유 이윤으로 추진한 팔레비 왕조의 근대화는 신흥 특권계층을 탄생시켰으나 이슬람 원리의 전통을 붕괴시키고 농촌과 도시의 상공업 시장을 몰락시켰다. 그 결과 인구이동으로 도시는 급팽창하였으며 국민은 비밀경찰 사바크(Savak)가 지배하는 암흑정치 아래 소외와 억압을 당하게 되었다. 이란 국민의 태반을 차지하는 이슬람교 시아파의 종교지도자 호메이니는 이러한 상황을 이슬람교도 공동체의 위기로 보고 본래의 이슬람원리주의에 기초한 공동체의 재생과 결부시켜 국민에게 국왕 제도 타도를 제창하고 반 국왕 운동의 선두에 섰다. 국내의 좌익세력도 여기에서 사회적 변혁의 실마리를 찾아내어 공감하였으며 시장 상인도 호응함으로써 이슬람원리주의를 축으로 하는 광범한 국민결합 운동이 전개되어 팔레비 왕조를 붕괴시키고 새로운 이슬람 공화국을 탄생시켰다.

등의 문제는 오히려 심각해지는 스태그플레이션Stagflation6]이 나타났으며 미국의 연방은행은 급작스럽게 불어난 달러를 회수하기 위해 금리를 대폭 인상했다(21%↑). 그 결과 미국에서 외채를 차입하여 국내 산업화를 진행하고 있던 비산유 개발도상국들은 국가부채가 폭발적으로 증가하는 상황을 맞게 되었다. 당시 미국의 고금리 정책은 오일쇼크가 끝난 뒤에도 한동안 지속 되어 1980년대 중남미와 동유럽 외채 위기의 원인이 되기도 했다(1980년대).

그러나 영국 마가렛 대처(Margaret Hilda Thatcher, 1925-2013)7] 내각의 신자유주의Neoliberalism8] 정책으로 런던국제석유거래소(International Petroleum Exchange of London Ltd.)를 설립했고(1981) 미국 로널드 레이건(Ronald Wilson Reagan, 1911-2004)9] 행정부 시절 뉴욕상품거래소(COMEX, Commodity Exchange Inc.)에서 원유선물거래를 취급하며 수급 불균형을 초래했다(1983).

6] 스태그네이션(Stagnation)과 인플레이션(Inflation)을 합성한 조어로 정도가 심한 것을 슬럼프플레이션(Slumpflation)이라고도 한다. 제2차 세계대전 전까지 불황기에는 물가가 하락하고 호황기에는 물가가 상승하는 것이 일반적이었으나 최근에는 호황기에는 물론 불황기에도 물가가 계속 상승하여 이 때문에 불황과 인플레이션이 공존하는 사태가 나타나게 되었다. 만성적 물가상승은 물가안정을 경제정책의 첫째 목표로 여겼던 풍조가 후퇴하여 지금은 물가안정보다 경기 안정을 우선시하게 되었다는 점과 소수의 대기업에 의하여 주요 산업이 지배되고 제품가격이 수급 상태 등과는 관계없이 고정되는 경향이 강해졌다는 점 등과 관련이 있다. 특히 1970년대에 들어와서는 석유 파동이 경기를 침체시키면서도 물가는 계속 상승하였다. 그 밖의 스태그플레이션 원인으로는 (a) 경기정체기에 군사비나 실업수당 등 주로 소비적인 재정지출이 확대되는 것 (b) 노동조합의 압력으로 명목임금이 급상승을 계속하는 것 (c) 기업의 관리비가 상승하여 임금상승이 가격상승에 비교적 쉽게 전가되는 것 등을 들 수가 있다.

7] 영국의 정치가로 교육·과학 장관 등을 지내고 보수당 당수를 거쳐 영국 최초의 여성 총리가 되었다. 긴축 재정으로 경제부흥을 이루고 획기적인 정책 추진과 독단적인 정부 운영으로 철의 여인(Iron Lady)이라 불리며 3기라는 최장기 집권을 하였다.

8] 자본주의 경제의 근본적 불안정성을 전제로 정부의 적극적 개입을 내세운 케인스주의(Keynesian Economics)가 쇠퇴하면서 재등장한 신고전파 경제학 전통을 이은 이념이다. 개방화·자유화·민영화·탈규제·탈복지를 내세운다. 신자유주의 이론은 국민경제에서나 국제경제에서나 국가나 정부 차원의 모든 인위적인 개입을 공격하면서 자유시장 논리를 설파하는 데에 성공했다(1970년 후반).

9] 미국의 제40대 대통령으로 취임 초 경제회복을 위한 프로그램으로 레이거노믹스(Reaganomics)를 주창하여 경제를 부흥시켰고 대외정책은 군사력을 바탕으로 한 평화를 표방했다.

| 로널드 레이건 미룩대통령 마가렛 대처 영국 수상 |⑨

OPEC는 이에 대응하여 석유 감산에 합의하고(1983) 가격도 완만하지만 인하했다(34달러→29달러). 그러나 스윙 프로듀서(Swing Producer) 사우디아라비아가 홀로 감산을 했던 덕분이었고 그 밖의 OPEC 회원국들은 감산 합의를 지키지 않았다.

이란과 이라크는 전쟁 중이었고 OPEC 비회원국들의 북해와 멕시코만 유전은 합의 대상도 아니라 감산할 이유가 없었고 소련도 전쟁 중이었기 때문에 감산할 수 없었다.

한동안 감산의 고통을 홀로 감내한 사우디아라비아는 결국 이른바 석유 치킨 게임(Game of Chicken or Snowdrift Game)10]에 참전해 생산량을 1일 200만 배럴에서 1,000만 배럴로 증산했다(1986). 배럴당 30달러였던 유가는(1985) 7달러까지 폭락하면서(1986) 2차 오일쇼크는 역 쇼크로 막을 내렸다. 두 차례의 석유파동을 계기로 OPEC 아래 뭉친 중동권은 국제무대에서 어느 정도 발언권을 얻게 되었다.

석유는 단순한 에너지원이 아니라 한 나라의 안보와 미래까지 좌우하는 변수로 기능하고 있다. 세계는 정치이념으로 대립하던 이데

10] 여기서 치킨은 닭이 아닌 겁쟁이의 속어이다. 겁쟁이가 되지 않기 위해 경쟁에 피하지 않고 무조건 임한다는 내용이다. 국가적 단위에서는 석유 시장을 예로 들 수 있다. 석유 가격이 정점을 찍은 이래(1981) 유가는 점차 하향세를 탔는데 이에 사우디아라비아는 감산에 임하면서 유가를 유지하고 있었다. 그런데 영국에서 먼저 원유 가격 자유화를 선언하자 사우디아라비아도 이에 맞서 생산량을 급속히 늘렸고 그 결과 양쪽의 석유생산량이 늘어나자 석유 가격이 바닥을 쳤다. 결국 채산성을 맞출 수 없게 된 영국과 미국 석유업체들은 버틸 수 없었고 결국 미국에서 사우디와 협약을 맺어 석유 전쟁을 끝내기로 합의하게 되었다.

올로기 시대를 벗어나 이제는 자원 확보를 둘러싼 총성 없는 전쟁으로서 이른바 자원전쟁(Resource War)에 임하고 있다.

자원전쟁은 자원의 소유와 이권·개발권·수송로 확보를 둘러싼 갈등이 국가 간의 전쟁으로 발전할 수 있다는 점에서 경제전쟁 이상의 의미를 지니고 있다고 볼 수 있다.

걸프전쟁 (1991)

이라크의 쿠웨이트 침공으로 시작된 전쟁으로(1990.8.2) 다국적군의 승리로 종결된 전쟁이다(1991.2.28). 걸프전쟁은 최초의 하이테크 기술이 투입된 전쟁이자 TV라는 대중매체를 이용하여 여론을 움직인 최초의 사례라는 상징성이 있다.

당시 이라크는 이란과의 국경전쟁의 결과 피폐해진 경제로 어려움을 겪고 있었다. 그 와중에 국경을 마주하고 있는 쿠웨이트와 인근 쿠메일라Kumaila 유전지대를 놓고 소유권 분쟁이 발생하였다. 쿠메일라 유전지대는 이라크 내 석유 생산량이 가장 많은 곳이었다.

이라크는 쿠웨이트가 자신들의 석유를 훔쳐 가는 것으로 간주함과 동시에 쿠웨이트가 원유시장에 물량을 과잉 공급하여 유가를 하락시켜 이라크 경제에 막대한 피해를 주었다고 비난했다.

이라크 대통령 사담 후세인(Saddam Hussein, 1937-2006)은 이라크 공화국수비대를 주축으로 하는 30만 명의 병사를 동원하여 쿠웨이트를 전격기습 침공하여 점령하였다(1990.8.2). 쿠웨이트는 갑작스러운 기습공격으로 속수무책 당할 수밖에 없었고 사전에 이라크의 침공을 예상하지도 못했다.

| 이라크의 쿠웨이트 침공 |[10]

이라크의 기습은 매우 신속하게 이루어져 쿠웨이트 공항과 항만 등 주요 거점은 일시에 점령되고야 말았다. 이라크는 쿠웨이트를 이라크의 19번째 속주로 삼아 통치권을 행사했다.

이라크 침공 직후 쿠웨이트 왕가는 사우디아라비아로 피신하여 망명정부를 수립했다. 이에 미국을 중심으로 한 서방 각국은 UN 결의안을 통과시켰고(1990.8.2), 이를 통하여 이라크를 침략자로 규정함과 동시에 이라크군의 즉각적인 쿠웨이트 철수를 요구했으나 이라크는 이를 거절하였다. UN은 쿠웨이트 왕정복고와 이라크 무역 제재 등의 강력한 이라크 응징을 결의하였다.

UN 안보이사회는 이라크를 향하여 쿠웨이트에서 철군하지 않을 경우(1991.1.15) 이라크에 대한 무력 사용을 승인하는 결의안을 통과시켰다. 이를 전후하여 미국이 이라크전에 대비한 다국적군의 결성을 주도함으로써 43만의 미군을 포함한 34개국의 다국적군 68만 명이 페르시아만 일대에 집결하였다.

이라크도 50여만 명의 정규군과 50여만 명의 예비군을 동원하고 정예 군 15만 명을 쿠웨이트 및 이라크 남부 지역에 집중적으로 배치하여 다국적군에 맞섰다.

미국은 이라크의 철수 시한이 지난 직후에 이른바 사막의 폭풍(Desert Stormd)이라는 작전명으로 공군력을 동원한 대공습을 단행하였다

| 미국 스텔스 폭격기 나이트호크 F-117 |[11]

(1991.1.17). 미국은 스텔스 폭격기인 나이트호크(F-117, Night Hawk)를 동원하여 이라크 레이더망·통신 시설·군사기지 등의 심장부를 공격하였고 페르시아만에 대기하고 있던 함정과 잠수함에서 발사한 토마호크 미사일로 생화학공장으로 의심되는 주요시설 등을 무력화시켰다.

미국이 주도하는 압도적 공군력은 1개월간 10만여 회에 걸친 공중폭격을 감행하여 이라크 주요시설을 대부분 파괴하였다. 이에 이라크는 전쟁을 이스라엘과 사우디아라비아로 확전하려는 의도를 가지고 주변국을 공격하였고 쿠웨이트 내 유전에 불을 질러 대응했다.

| 쿠웨이트 내 유전에 불을 지른 이라크 |[12]

사막의 폭풍 작전이 시작된 후 공중폭격이 마무리되자 미국은 사우디아라비아에 대기하던 지상군을 투입해 전면 지상전을 펼쳤다(1991.2.24.). 여기서 미군 기갑사단과 이라크의 함무라비 전차부대가 격돌했는데 이라크군이 운용하는 구형 전차는 미군이 운용하는 M1A1 에이브럼스 전차를 막지 못하고 대부분 소실되었다. 이윽고 미국은 쿠웨이트로부터 이라크군을 축출하고

지상전을 개시한 지 5일 만에(1991.2.28) 전쟁 종료를 선언했다.

걸프 전쟁에서 다국적군은 스커드 미사일을 요격하는 패트리엇 미사일Patriot Missile · 레이더망에 포착되지 않는 스텔스 폭격기 등 첨단 무기와 압도적 화력을 앞세워 이라크군 42개 사단 중 41개 사단을 괴멸시켰다. 그 과정에서 이라크군 희생자는 약 20만 명에 달했다.

이에 비하여 다국적군은 378명의 전사자를 내는 데 그쳤는데 이 중에서 미군 사상자는 150명에 불과했다. 세계 전쟁사에 유례를 찾아보기 힘든 일방적 승리였다.

걸프 전쟁은 UN 결의에 따라 집단안보를 위한 조치의 하나로 취해진 전쟁으로서 그동안 실전에서 실험하지 못한 하이테크 병기의 실험장이었다는 점 텔레비전이라는 대중매체를 이용하여 여론을 조작한 전쟁이었다는 점 산유 지역에서 산유국끼리 직접 정면 대결에 임한 전쟁으로서 국가에 의한 인질 전략이 사용되었다는 점 등을 그 특징으로 꼽을 수 있다. 걸프 전쟁의 결과 중동은 미국의 절대적인 영향 아래 새로운 질서로 재편되는 계기를 맞게 되었다.

이라크 전쟁 (2003)

석유는 여전히 에너지원 이상의 의미를 지니고 있다. 석유는 가까이는 자동차 연료의 소비뿐 아니라 다양한 분야에서 석유를 기초로 한 제품들에 사용되고 있다. 신문 잉크에서 페인트 그리고 의류에서 화장품에 이르기까지 다양한 일상용품의 뒤에는 석유가 있다. 우리가 가장 흔하게 접하는 플라스틱 제품들도 석유로 만들어낸 것이다.

석유를 원료로 하는 화학 비료가 없었다면 우리의 식탁은 지금처럼 풍성할 수 없었을 것이고 유기화학에 의한 최초의 합성 의약품인 아스피린Aspirin[11]이 없었다면 질병에 대한 인간의 의학은 진전하지 못했을 것이다.

현대 사회에서 석유는 국가 간 근본적인 불평등과 불균형의 문제 그리고 분쟁을 촉발하는 가장 핵심적인 원인으로 기능하고 있다. 이러한 현대 사회의 만능 자원이라고 할 수 있는 석유를 둘러싸고 지금까지 수없는 전쟁이 벌어졌다. 외견상 다른 이유를 내걸었다고 해도 실상은 석유 때문에 일어난 전쟁이 다수였는데 그 가운데 가장 최근에 벌어진 전쟁이 다름 아닌 미국과 이라크의 전쟁이었다(2002).

이라크는 미국의 절대적인 우방이었다(1980년대 말). 특히 이라크가 이란과 전쟁을 벌일 때 미국은 이라크를 적극적으로 지원하기도 했다(1980-1988).[12] 당시 이라크의 국가원수 사담 후세인이 이란의 혁명세력과 갈등하다가 급기야 전쟁을 시도하자 미국은 후세인을 전폭적으로 지지하고 나섰다.

후일 이라크와의 전쟁을 앞장서서 주장했던 당시 미국의 국방장관 럼스펠드(Donald Henry Rumsfeld)는 레이건(Ronald Reagan) 대통령의 특사로 이라크를 방문하면서(1983) 이란군의 배치상황을 보여주는 위성사진들을 포함한 각종 군사 정보를 제공하고 이후 각종 무기와 함께 경제적 지원을 약속했다.

미국은 이라크 석유와 유전을 이란의 폭격으로부터 보호하기 위

11] 아스피린은 최초로 합성된 해열・소염진통제이자 혈전 예방약이다. 고용량에서 해열・소염・진통 작용이 있어 대용량의 제품은 관절염・감기로 인한 발열・근육통 등에 사용되고 저용량에서 혈전 예방 작용이 있어 혈전으로 인한 심혈관계 질환 발현의 위험성 감소와 같은 목적으로 사용된다.

12] 그러나 이란도 역시나 한때는 미국의 우방이었는데(1970년대 말) 부패한 팔레비 왕정이 이란 혁명으로 무너진 이후(1979) 원수지간으로 돌변하게 되었다.

해 구축함을 페르시아만에 급파했는데(1987) 그 와중에 이라크 미사일의 잘못된 오폭으로 오히려 아군기지가 폭격을 당하는 사건이 벌어졌다. 후세인은 즉시 작전 실수라며 사과했고 미국은 37명의 미군 사상자가 발생했음에도 불구하고 이를 너그럽게 받아들였다.

미국은 이란의 유조선들을 폭파하고 초계정들을 공격하는 과정에서 이란의 여객기를 실수로 폭격하여 290명의 민간인을 희생시키기도 했다(1988). 이후 이란은 전격적으로 이라크와의 전쟁을 포기했다.

| 이란 국내의 반미 세력 |[14]

당시 이란의 팔레비Pahlevi 왕정을 무너뜨린 혁명 세력은 부패한 왕정의 친미적 행태에 저항한 세력이었으므로 극렬한 반미 세력이었다. 혁명 세력은 우선 이란 내 석유에 대한 미국의 권리를 차단했다. 이에 반하여 이란과 대립각을 세우고 있었던 이라크는 미국의 시각에서는 우방의 조건을 갖추고 있었다.

이윽고 이란·이라크 전쟁이 이라크의 승리로 끝나자 미국의 거물 정치인들과 경제인들이 이라크와 각종 이권 계약을 맺기 위해 바그다드를 찾았다(1988). 이라크는 전쟁에서 이기기는 했으나 이란과 마찬가지로 피해가 상당해 전후 복구가 필요했다. 이때 미국이 내걸었던 투자 조건의 하나가 이라크 석유 산업의 민영화였다.

그러나 이라크는 국내경제가 어렵다는 이유에서 국가 기간산업인 석유 산업을 미국 회사에 헐값으로 넘길 수는 없었다. 후세인은 미국의 민영화 요구를 거부하게 되었다. 사태가 이렇게 되자 미국은 이라크에 빌려주기로 한 수십억 달러의 지원 약속을 지키지 않았다. 게다가 이라크의 석유 수출을 집요하게 방해하기 시작했다(1990).

한편 당시에 쿠웨이트는 OPEC의 합의를 깨고 석유 수출을 갑자기 늘렸다. 국제유가가 떨어져 큰 손해를 보게 된 이라크를 비롯한 석유 수출국들이 이러한 쿠웨이트의 행동을 비난했으나 미국의 사주를 받은 쿠웨이트는 꿈쩍하지 않았을 뿐만 아니라 그들의 협상 제안마저도 거부했다.

그러나 후세인은 끝까지 미국이 원하는 대로 응하지 않았다. 석유 산업을 미국 회사에 넘기지 않음으로써 전혀 예기치 않았던 미국과 악연의 계기를 제공하게 되었다.

그때까지 미국계 석유 회사들은 세계 석유 시장을 거의 독점하다시피 했으나 당시에는 약 20% 수준으로 떨어진 상태였다. 이러한 어려움에서 벗어나기 위해서는 이라크의 후세인을 축출하는 것이 최선이었다. 더군다나 후세인은 러시아·프랑스·중국 등의 석유 회사들과 유전개발계약을 맺고 있었는데(1990-) 미국으로서는 이를 눈뜨고 지켜보고 있을 수는 없었다.

이라크는 세계에서 두 번째로 많은 석유 매장량을 갖고 있으나 기술과 장비 부족으로 개발할 수 있는 여력이 없었을 뿐만 아니라 UN의 경제 제재로 제대로 팔 수도 없었다.

그러나 UN의 경제 제재에도 불구하고 선진국들은 이라크의 석유 개발을 위한 일련의 계약에 경쟁적으로 참여했다. 그중 러시아의 활동이 괄목할 만했고 오랫동안 1970년대부터 이라크와 친선 관계를 유지해온(1970-) 프랑스도 수많은 계약체결 성과를 거두고 있었다.

다만 미국은 이라크 대신 사우디아라비아와 긴밀한 관계를 유지하면서 석유 수급에 안정을 꾀하고 있었으나 9.11 테러 이후 사우디아라비아가 알카에다와 직·간접적인 관계를 맺고 지원했다는 정황이 드러나면서 점점 관계가 소원해지기 시작했다.

사우디아라비아는 팔레스타인 해방을 지지하면서 이스라엘에 반대하는 등 미국과 우호 관계를 지속할 수 없는 형편이었지만 단지 석유 때문에 우호 관계가 유지되어왔다고 보아도 과언은 아니었다.

주변 여건에 비추어 미국은 UN 사찰단이 이라크에서 대량살상무기(WWD, Weapons of Mass Destruction)를 발견하지 못하더라도 어떤 방법을 써서라도 후세인을 몰아내고 군정을 실시하거나 미국의 입장을 지지하는 새로운 정권을 세워야 할 이유가 있었다.

이러한 미국의 입장에 이라크에 기득권을 가지고 있던 프랑스와 러시아 등은 미국의 입장이 관철되면 지금까지 이라크와 맺은 계약은 무효가 되고 급기야 기술과 장비가 앞선 미국의 석유 회사들이 이라크 유전개발을 독식할 것이 분명했기에 까닭에 미국과 이라크의 전쟁을 반대해야만 했다.

미국은 이러한 이해 충돌을 예상하고 이라크와 전쟁을 준비하면서 이라크에서 러시아 이익을 보장한다는 각서에 서명하고 이라크 침공에 대한 러시아 블라디미르 푸틴(Vladimir Putin, 1952)의 지지를 이끌었다. 민간인 사망자만 4만 명이 넘는 이라크 전쟁의 서막을 알리는 시점이었다. 이라크 전쟁은 미·영 연합군이 이라크가 대량살상무기 WMD를 제조하고 있다는 이유로 이라크를 공격한 전쟁이었다(2003.3-4).

걸프 전쟁(Gulf War) 이후 전쟁의 패배에도 불구하고(1991) 당시 후세인 이라크 대통령은 UN의 무기 사찰을 거부하고 군비 확장을 계속

| 미국의 부시와 러시아의 푸틴 대통령 |[15]

했다. 미국은 걸프전 이후 이라크를 불량국가 및 테러지원국으로 지정함과 동시에 후세인을 제거 대상으로 적시했다.

미국은 9.11테러 사건 이후(2001.9.11) 북한·이라크·이란 등을 악의 축(Axis of Evil)으로 규정하면서 이라크에 대량살상무기WMD 폐기와 정권교체를 요구했다. 이후 이라크가 UN의 무기 사찰을 수용했으나 미국은 UN 안보리에 이라크 침공 승인을 요구하는 결의안을 제출하였다(2003.2). 결국 미국은 유엔 안보리의 동의가 이루어지지 않은 상태에서 영국·오스트레일리아 등과 함께 이라크를 침공했다(2003.3.20).

미군은 이라크 주변 페르시아만과 홍해·지중해에 배치된 군함 6척을 동원해 40여 기의 토마호크 크루즈 미사일(Tomahawk Cruse Missile)을 바그다드 동남부를 겨냥해 발사했다. 거기다 F-117 전폭기 2대도 정밀유도 폭탄 2발을 바그다드 시내에 떨어뜨렸다. 이라크 공격 작전명은 이른바 이라크 자유작전(Operation Iraqi Freedom)이었다. 이는 이라크 국민을 사담 후세인으로부터 구출해 자유를 되찾게 해준다는 취지를 담고 있었다.

특히 미국은 이라크 전쟁 중에서도 바그다드 등 주요 도시에 대한 대규모 공습 작전을 충격과 공포(Shock & Awe)로 명명했다. 이는 압도적인 화력을 집중해 이라크군을 충격과 두려움에 휩싸이게 만들어 이라크군의 전쟁 의지를 무력화시킨다는 내용이었다.

미국은 이라크 전쟁에서 걸프전(1991) 때와 비교할 수 없는 가공 할 위력의 첨단무기들을 동원했는데 토마호크Tomahawk 미사일 등 정밀성과 성능이 크게 개선된 순항미사일과 정밀 유도폭탄 및 특정시설과 장비만 무력화시키는 특수폭탄 등을 주력 무기로 활용했다.

미국의 이라크 침공 이후 전쟁을 반대하는 시위가 세계 각처에서 이어졌다. 미국의 이라크 침공 목적이 WWD가 아니라 이라크의 원유확보에 있다는 비난이 배경이 되었다. 민간지역에 대한 오폭 등으로 인해 민간인 사상자가 늘어나면서 비난의 강도는 더욱 거세졌다.

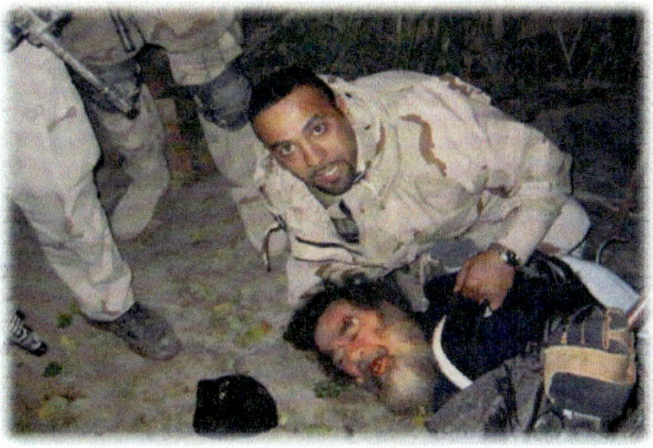

| 사로잡힌 사담 후세인 이라크 대통령 |⑯

전쟁이 개시된 지 불과 1개월 만에 후세인 정권은 붕괴하고 미국과 영국 점령군이 이라크를 점령했으며 후세인 또한 체포되었다. 미국과 영국은 정상회담을 통해 군정・과도정부 수립・제헌의회 구성 등 3단계의 이라크 건설 방안을 마련했다.

한편 전쟁 후 WMD가 발견되지 않아 전쟁의 정당성이 흔들리는 가운데 대량살상무기에 대한 정보가 애초에 조작되었다는 지적이 제기되었다. 아울러 이라크 내 종파갈등과 저항 세력의 공격 등으로 미국의 이라크 재건 작업은 소기의 성과를 보이지 못했다.

잃어버린 20년 전쟁

플라자 호텔

| 뉴욕 맨해튼 플라자 호텔 1 |①

| 뉴욕 맨해튼 플라자 호텔 2 |

미국의 중심인 뉴욕 맨해튼Manhattan의 최고 요지로 꼽히는 센트럴파크(Central Park) 남단 5번가에는 100년이 넘은 플라자 호텔(The Plaza New York City)이 있다(1907). 센트럴파크가 한눈에 들어오는 이곳은 뉴욕을 대표하는 명소로 자리 잡고 있다. 뉴욕시에서 랜드마크 지위를 받았고(1969) 국립역사 건축물로도 지정되기도 했다. 영화 티파니에서 아침을(Breakfast at Tiffany's)·나홀로 집에 2(Home Alone 2: Lost in New York)·화니걸(Funny Girl) 등의 촬영장소로도 유명하다. 특히 나홀로 집에 2에선 당시 호텔의 주인이던 도널드 트럼프(Donald John Trump, 재임 2017-2021) 미국 대통령이 출

연Cameo하기도 했다. 트럼프는 플라자호텔을 매입하며 빌딩이 아니라 모나리자와 같은 걸작을 매입했다고 말하기도 했다(1988). 한때 미국을 상징하는 건축물의 대명사였던 플라자 호텔은 현재 인도 사하라 그룹(Sahara Group)이 소유하고 있다.

플라자 합의의 동기

한때 미국・영국・프랑스・서독・일본 등 G5[1] 재무장관들이 이곳에 모였다(1985.9.22.). 취지는 엔화와 마르크화의 가치를 올려 미국의 무역적자를 해소하자는데 있었다. 이에 일본과 독일은 강하게 반대했으나 경제적으로 다급했던 미국 입장은 강경했다. 한편으로는 보복관세가 있을 수 있다고 경고하고 다른 한편으로는 달러화 가치를 지켜야 한다는 명분을 호소하기도 했다.

냉전체제 이후 이른바 쌍둥이 적자(Twin Deficit)에[2] 시달리던 미국은(1950-1970) 끝내 채무국 신세로 전락하게 되었다(1983). 인플레이션Inflation[3]과 경기둔화가 병행되는 스태그플레이션Stagflation[4] 징후도 나타났다.

1] 미국・영국・독일・프랑스・일본 등 선진 5개국의 재무장관과 중앙은행 총재 회의체이다. 5개국 그룹의 약칭이다. 세계 경제의 운영이나 국제통화정세를 둘러싸고 비공식으로 개최하고 있다. 도쿄 서미트에서(1986.5) 캐나다와 이탈리아가 추가되어 G5가 G7으로 확대되었다.

2] 수출보다 수입이 더 많을 때 생기는 경상수지 적자와 세금 수입보다 재정지출이 더 많을 때 생기는 재정수지 적자가 동시에 발생하는 현상이다. 쌍둥이 적자에 직면한 대표적 국가는 미국으로 쌍둥이 적자로부터 문제가 크게 대두되었다. 미국에서는 경기 회복을 위해 대규모 감세정책을 시행하는 한편 국방비를 중심으로 재정지출을 크게 확대함으로써 재정수지 적자가 발생하였다(1980년대 초). 미국 정부는 재정수지 적자를 보전하기 위해 대규모 국채를 발행했고 이에 따라 금리가 상승하면서 국제자본 유입이 촉진되어 미국 달러화 가치가 크게 상승하였다. 그로 인해 수출 감소와 수입 증가를 초래하여 원유 수입으로 인해 적자 상태였던 경상수지가 더욱 나빠졌다. 쌍둥이 적자는 대외부채 및 정부부채 증가로 이어져 미국 경제 전체의 부채상환 부담을 가중시키고 국제적으로 부채상환 능력에 대한 우려가 증가하여 전 세계 금융시장을 위축시킬 수 있다.

3] 화폐 가치가 하락하여 물가가 전반적으로 지속하여 상승하는 경제 현상을 말한다. 인플레이션은 빈부 격차 확대・비생산적 투기 증가・수출 불리・수입 유리 등의 문제점을 초래한다.

당시 미국은 무역수지 적자를 해결할 방법이 없었다(1,336억 달러/1985). 결국 미국은 무역수지 적자의 가장 큰 원인이 되었던 일본에 대하여 엔화 절상을 요구했다.

잃어버린 20년의 시작

| 고흐의 해바라기 (3,990만 달러) |②

일본은 미국의 강요와 설득을 받아들였다. 자위대 문제와 과도한 무역 흑자로 미국과 관계가 불편했기 때문에 더 이상의 관계 악화는 피하고 싶었다. 그 결과 회담 당시 240￥이던 엔·달러 환율은 1년 뒤 153￥을 거쳐(1986.9) 120￥대까지 올랐다(1987년 말).

엔고는 처음에는 일본의 구매력을 배가시키는 마법을 발휘했다. 엔화 가치가 오르자 일본은 미국을 사들이기 시작했다. 미쓰비시Mitsubishi는 미국의 록펠러 센터(Rockefeller Center)를 인수했고(1989) 야스다 화재해상보험(安田火災海上保險, Yasuda Fire & Marine Insurance)은 3,990만 달러에 빈센트 반 고흐(Vincent Van Gogh, 1853-1890)의 해바라기(Sunflowers, 1888)를 사들이기도 했다(1987, 3,990만 달러). 여기에 일본중앙은행(BOJ, Bank Of

---

4] 스태그네이션(Stagnation)과 인플레이션(Inflation)을 합성한 조어로 정도가 심한 것을 슬럼프플레이션(Slumpflation)이라고 한다. 제2차 세계대전 전까지 불황기에는 물가가 하락하고 호황기에는 물가가 상승하는 것이 통상이었다. 그러나 최근에는 호황기에는 물론 불황기에도 물가가 계속 상승하여 이 때문에 불황과 인플레이션이 공존하는 사태가 현실적으로 나타나게 되었다. 그 밖에 스태그플레이션의 주요 원인으로는 경기정체기에 군사비나 실업수당 등 주로 소비적인 재정지출이 확대되는 현상 노동조합의 압력으로 명목임금이 급상승을 계속하는 현상 기업의 관리비가 상승하여 임금상승이 가격상승에 비교적 쉽게 전가되는 현상 등을 들 수가 있다.

Japan)이 엔고에 따른 경기둔화를 우려하여 정책금리를 2.5%로 내리자 부동산과 증시가 폭등했다. 니케이 지수(Nikkei Stock Averages)5]는 3년 동안 3배로 부동산은 한해 70%씩 뛰었다.

그러나 부동산 버블을 우려한 일본 정부가 대출총량규제6]를 실시하고 일본중앙은행은 정책금리를 3.5%포인트나 올렸다(1989-1990). 부동산값은 폭락했고 금융시장은 얼어붙었다. 부동산의 담보가치는 사라지며 은행 대출은 부실채권으로 돌아왔다.

여기에 금융회사는 연쇄 도산했고 자금난에 허덕이던 굴지의 대기업들이 차례로 쓰러졌다. 대규모 구조조정으로 실직자도 증가했다. 일본의 잃어버린 20년은 이렇게 시작되었다. 무역역조를 막으려던 미국의 플라자 합의는 세계에서 두 번째로 큰 일본경제를 벼랑끝으로 몰아내고야 말았다.

플라자 합의의 경과

미국이 플라자 합의를 성사시키려고 했던 이유는 **리처드 닉슨**(Richard Milhous Nixon, 1913-1994) 대통령이 긴급 성명을 통해 금태환정책(Gold Standard)7]을 포기한다는 발표에서부터 비롯되었다(1971). 27년간 이어온

5] 1975년부터 일본경제신문사가 산출, 발표하는 가격 가중평균 주가지수로 도쿄증권거래소에 상장된 주식 중에 유동성이 높은 2백25개 종목을 대상으로 산정한다. 니케이 지수 주식들의 시가총액이 도쿄 증권 1부에서 점유하는 비중은 약 60%에 달한다. 이 지수를 대상으로 하는 선물은 싱가포르 국제금융선물거래소(SIMEX, Singapore International Monetary Exchange Ltd.)에 상장되었으며(1986.9), 2년 후 오사카 증권거래소에도 상장되어 미국을 능가하는 세계 최대의 주가지수선물로 부상했다.

6] 부동산 투기가 우려되는 상황에서 금융감독 당국이 주택담보대출의 한도를 금융회사 별로 강제 규제하는 제도이다. 부동산시장의 안정화를 위해 정부가 주택담보대출 증가분을 전체 대출의 일정 비율로 제한해 금융회사별로 대출 증가분을 할당하면 신규 대출이 억제되기 때문에 주택 구입자가 빚을 얻어 집을 사기가 어려워진다.

7] 금본위제도 하에서 해당국 화폐 소유자가 해당국 정부(중앙은행)에 화폐를 제시하며 금과의 교환을

브레튼우즈 체제(Bretton Woods Wystem)를[8] 벗어나겠다는 뜻이기도 했다. 이른바 닉슨 쇼크(Nixon Shock)[9]로 세계 경제가 혼란에 빠진 이유였다.

미국은 1·2차 석유파동을 겪으면서 인플레이션에 시달렸다. 변동환율제(Floating Exchange Rate System)[10] 실시 이후 과도하게 풀린 달러를 회수할 필요도 있었다. 연방준비제도이사회(Federal Reserve Board)는 이를 단박에 해결하기 위해 과격한 금리 인상을 단행했다(1979, 6%→19%).

국제시장에 풀린 달러가 다시 미국으로 회수되기 시작하며 국제 원자재 가격이 내리고 물가가 잡혔다. 그런데 문제는 그 정도가 심각했다는 것이었다. 연방준비제도이사회의 예상보다 달러가 과도하게 유입되면서 미국의 국채 가격이 급락하면서 막대한 재정수지 적자도 발생했다.

이런 와중에 취임한 레이건 대통령은(1981) 물가상승에 따른 세율

요구했을 때 해당국 정부(중앙은행)가 화폐와의 교환으로 금을 제공하는 것을 말한다.

8] 세계 경제는 대공황의 여파로 19세기 이후 유지되어 온 국제금본위제도의 붕괴 그리고 무역 제한조치의 만연과 환율의 불안정으로 인한 경쟁적 평가절하를 겪었다(1930년대). 이후 세계 경제는 국제유동성의 부족과 외환통제의 보편화 등 국제 통화질서의 위기에 직면하게 되었다(1940년대). 이와 같은 경제적 배경하에서 세계 경제를 위기에서 구출하고 새로운 국제통화제도를 수립해야 한다는 논의가 진행되던 중에 국제통화제도 수립을 위한 실질적인 논의가 시작되었다. 이에 따라 미국 뉴햄프셔의 브레튼우즈에서 연합국 44개 통화금융회의가 개최되어 IMF와 IBRD 설립 원안이 확정되고(1944.7.1) 30개국이 서명함으로써 국제통화기금(IMF, International Monetary Fund)과 국제부흥개발은행(IBRD, International Bank for Reconstruction and Development)가 설립되었다(1945.12.27).

9] 미국 대통령 리처드 닉슨은 달러와 금의 교환 정지(금본위제 폐지)와 수입 과징금 10% 부과를 포함한 신경제정책을 발표했다(1971.8). 이로 인해 세계 경제가 받은 충격과 변화를 일컬어 닉슨 쇼크라고 한다. 미국은 1960년대 말부터 베트남 전쟁 등으로 경제력이 약화 되었고 외국에서의 달러와 금 교환 요구가 급격히 늘어나 금 보유고가 턱없이 부족한 상태가 이어졌다. 이에 닉슨 대통령은 금과 달러의 교환 정지를 선언하였다(1971). 닉슨의 발표로 달러 가치가 약세를 보임에 따라 수출 의존도가 높은 동아시아와 남미 등은 큰 타격을 받았다. 또 이 사건 이후 대부분 국가는 고정환율제(Fixed Exchange Rate) 대신 변동환율제(Floating Exchange Rate System)를 도입하게 되었다.

10] 환율을 외환시장의 수요와 공급에 따라 자유롭게 결정되도록 하는 환율제도이다. 변동환율제도는 환율의 실세를 반영하여 융통성 있게 변동할 수 있는 장점이 있으나 환투기의 가능성이 있을 때는 환율의 안정을 잃게 되는 단점이 있다.

인하 조정 등 대폭적인 감세와 경기 활성화를 위한 공급 정책을 펼쳤다. 그러나 미국의 쌍둥이 적자는 심해지고 경기는 침체일로를 걸었다. 금리도 올라 부담해야 할 이자는 눈덩이처럼 불었다. 미국의 처지에서 이러한 상황을 일시에 반전시킬 특별한 대책이 필요했다.

일본과의 대립

일본은 미국의 강력한 우방이었지만 점차 외교·안보 분야에서 삐걱대는 마찰음을 내기 시작했다(1970년대 중반-). 이후 들어선 레이건 행정부는(1981) 강한 미국을 내세우며 직전 지미 카터(Jimmy Carter, 재임 1977-1981) 행정부와는 다른 행보를 취했는데 그 내용은 국방비 확대와 동맹국에 대한 적극적인 간섭 정책에 핵심을 두었다.

그러나 일본은 이러한 미국의 정책에 매우 소극적이었다. 당시 오히라 마사요시(Ohira Masayoshi, 1910-1980) 총리의 사망으로(1980) 후임 총리로 취임한 스즈키 젠코(Suzuki Zenko, 재임 1980-1981)는 자주·평화 노선을 주장했으나 방위비를 늘리고 소련의 원자력 잠수함 정찰에 일본 자위대가 나서라는 미국의 요구를 번번이 거절했다. 그는 미·일 동맹에 관련해 군사적인 의미가 없다고 발언해 논란을 빚기도 했다.

이런 가운데 미국은 일본 정부의 노골적인 환율 개입11]을 문제 삼았다. 당시 일본은 수출 증가에 힘입어 매년 10%대 고도성장을 구가했다. 그 결과 막대한 무역수지 흑자는 환율의 평가절상으로 이어지는데 일본은 시장 개입을 통해 하락의 압력을 견뎌 나갔다.

11] 미국이 매년 4월과 10월 경제 및 환율정책 보고서를 통해 발표하는 것으로 자국의 수출을 늘리고 자국 제품의 가격경쟁력을 확보하기 위해 정부가 인위적으로 외환시장에 개입해 환율을 조작하는 국가를 말한다. 달리 심층분석 대상국(Monitoring List a Currency Watch List)이라고도 한다.

일본은 낮은 엔화 가치에 힘입어 미국 등 전 세계를 상대로 막대한 무역수지 흑자를 보고 있었다. 전자・중화학・소재・기계 등 거의 모든 분야에서 미국을 압도했다. 일례로 시가총액 기준 세계 최대 회사는 일본 통신사 NTT(Nippon Telegraph and Telephone Corporation)였다(2,768억 달러). 2위 IBM보다(760억 달러) 3.6배나 많았다(1987). 또한 세계 50대 기업 중 미국 기업은 14개에 불과했으나 일본 기업은 33개나 됐다.

당시 미국은 일본의 외환시장 개입을 눈감아 줄 만큼 여유 있는 상황이 아니었다. 때마침 한국 등 일부 아시아 국가가 엔화를 국제 결제 통화로 사용하기 시작한 점도 미국을 자극했다. 강한 달러를 지향하는 레이건 행정부로서는 달러의 가치 훼손을 용납하기 어려웠다. 충돌 직전 외교 관계와 일본의 환율 개입 그리고 막대한 대일 무역 적자로 인해 플라자 합의는 미국으로선 불가피한 선택이었다.

일본의 안일한 판단

미국과 미묘한 긴장 관계를 유지하고 있던 일본으로서도 지금보다 더 미국과의 외교 관계 악화를 바라지 않았다. 특히 미 의회가 관세 정책을 준비하고 있던 터라 엔화 절상 카드를 수용하지 않으면 미국과 일대 무역 전쟁을 벌여야 할 상황에 놓였다. 결국 일본은 백기를 들었으나 속내는 미국이 요구하는 정도의 엔고는 충분히 감내할 수 있을 것으로도 판단했다.

G5 회담을 주도했던 제임스 베이커(James Addison Baker III, 재임 1989-1992) 미 재무부 장관도 일본 측 대표인 다케시타 노보루(Takeshita Noboru, 재임 1987-1988) 대장성 장관을 끊임없이 압박하고 회유했다. 베이커 장관은 일본이 엔화 절상 카드를 받으면 미 의회가 제출한 관세 법안에 거

| 제임스 베이커 |③

| 다케시타 노보루 |④

부권을 행사할 것을 약속하기도 했다.

이후 체결된 플라자 회담의 합의문에는 어떤 이행 사항도 적혀있지 않았다(1985.9.22.). 고작 미 달러화 가치를 내릴 수 있도록 서로 노력하고 대외 불균형 축소를 위해 재정·통화정책을 공조한다는 두 줄의 성명이 전부였다.

사실 20여 분에 불과했던 플라자 회담은 형식적으로 진행했을 뿐 구체적인 내용은 1주일 전 열린 런던회담에서 이미 작성되어 있었다.

보고서에 따르면 G5는 목표 환율의 범위·개입 전략·개입 규모 등을 사전에 정해두었다. 단기간에 달러화 가치를 10-12% 내리고 이를 위해 6주간 180억 달러의 개입을 시행하기로 했다. 여기서 개입 재원은 미국과 일본이 각각 30%로 독일이 25%와 프랑스가 10% 그리고 영국이 5%를 분담하는 것으로 합의했다. 아울러 미국의 인플레이션 압력이 해소되면 국제공조 차원에서 G5가 인플레이션율을 낮추기로 했다. 거시경제 정책적으로는 미국·프랑스·영국이 재정적자 축소 및 물가안정을 일본·독일은 내수 확대를 최우선의 목표에 두었다.

플라자 합의의 결과

플라자 합의는 일본에 버블 경제(Bubble Economy)[12]와 잃어버린 20년을

12] 경제성장이나 경기 호황은 실물 부문의 정상적인 움직임을 반영하는 것이 보통인데 특수한 조건 하

안겼다. 엔고로 많은 기업이 이탈하며 산업 공동화가 발생한 것도 플라자 합의 탓이었다. 더욱이 플라자 합의는 힘에 의한 인위적 환율 조정이 얼마나 큰 상처를 입히는지 잘 보여주는 사례로 평가할 수 있다. 일본은 거품Bubble이 꺼진 이후 현재까지 26년째 저성장 늪에서 헤어나오지 못하고 있다.

일본은 엔화를 평가절하Devaluation[13]하기 위해 채권과 상장지수펀드(ETF, Exchange Traded Funds)를[14] 매입하는 양적 완화 정책과 마이너스 금리(Negative Interest Rates)[15]를 시행하고 있으나 큰 효과를 못 보고 있다. 한때

에서 경기국면이 실물 부문의 움직임과 괴리되어 실제보다 과대 팽창되는 경기상태를 말한다. 거품경제에서는 일반적인 재화나 서비스의 가격이 안정되어 있으나 주가와 지가의 폭등과 같이 자산 가격만 비정상적으로 급등하는 것이 특징이다. 금융규제의 완화와 주식시장의 활황으로 기업은 은행을 통한 차입보다 주식시장을 통한 대규모 자본조달을 선호하게 된다 이렇게 조달된 자본은 생산적 설비투자보다는 재테크를 위한 용도로 흡수되게 된다. 곧 상대적으로 수익률이 높은 자산으로 대규모 자본이 이동하게 된다. 반면에 기업의 차입이 줄어 자금의 운용난에 직면한 은행은 대출 거래선을 대기업이나 제조업 중심에서 중소기업이나 부동산기업으로 전환하게 된다. 이러한 상황에서 주식시장은 과열되고 대규모 은행 자금이 부동산으로 이동하는 한편 여기에 가세한 사회 전반의 투기심리가 가세하여 주가와 지가를 큰 폭으로 상승시키면 실물경제에는 큰 변동이 없음에도 전반적 경기가 팽창하여 마치 경제가 전반적으로 거품만 부풀어 오른 양상을 띠게 된다. 경제의 거품화를 부추긴 주요 요인으로 금융 자율화를 꼽고 있는데, 이는 자금의 흐름이 적절하게 규제받지 못한 결과 많은 자금이 투기적 용도로 쉽게 이동할 수 있다는 사실에 기인한다.

13] 한 나라의 대외적 통화 가치가 하락해 평가절하(환율 인상)되면 그 나라 통화의 대외구매력이 줄어들고 수출 상품의 외화 표시 가격도 내려가게 된다. 평가절하될 때 수출은 증가하나 수입품의 가격이 증가하기 때문에 인플레이션 상태가 될 것을 우려하기도 한다. 반대로 환율을 내리면 자국 화폐 가치가 올라가는 데 이를 평가절상(Revaluation)이라고 한다.

14] 주식과 같이 거래할 수 있고 특정 주가지수의 움직임에 따라 수익률이 결정되는 펀드를 말한다.

15] 저금리 상황에서 물가상승률이 더 높은 경우 실질금리가 마이너스로 나타나는 것을 말한다. 예금이나 채권 등에서 실질적으로는 금리의 혜택을 볼 수 없는 것을 말한다. 예를 들어 저축성 예금의 경우 은행에 돈을 예치해 두더라도 저금리로 인해 돈을 찾을 때쯤에는 물가상승률이 더 높아 실질금리가 마이너스로 나타나는 경우가 이에 해당된다. 2000년대 이후 저금리시대로 급속히 진행됨에 따라 2-3%대 금리를 받게 되는 상황에서 4% 이상의 물가상승률이 이어진다면 실제적으로는 -1% 이상의 마이너스 금리가 되는 상황이 되는 것이다. 채권의 경우에는 채권을 표면이자 없이 액면가보다 높은 가격에 발행하는 것을 마이너스 금리라 한다. 이는 만기에 받을 돈보다 더 돈을 주고라도 채권을 사는 것으로 경제위기 때 미국이나 독일 국채와 같은 안전자산으로 수요가 몰리는 경우 발생한다. 투자자는 채권 가격이 더 오르면 유통시장에서 웃돈을 받고 팔아 차익을 얻을 수 있다. 마이너스 금리임에도 불구하고 투자자들이 국채를 매입하는 것은 손해를 감수하면서까지 자금을 안전자산에 맡기는 것으로 그만큼 금융시장이 불안하다는 의미를 내포하고 있다.

엔화가 일부 절하되기도 했으나(2013-2015) 글로벌 금융시장이 출렁일 때마다 엔화에 투자가 몰려 매번 무위로 돌아갔다.

| 미야자와 기이치 |⑤

일본 역대 총리 중 가장 경제에 밝다는 미야자와 기이치(Miyazawa Kiichi, 재임 1991-1993)는 일본의 채무 등 모든 경제 문제의 기원을 거슬러 올라가 보면 플라자 합의가 있다고 말한다. 이에 따르면 힘의 논리로 작동한 미국의 외환 정책이 일본을 여전히 고통에 옥죄고 있는 셈이다.

겨울 전쟁과 보드카

보드카의 기원과 역사

보드카Vodka는 제정 러시아 시대 황제들과 귀족들이 즐겨 마신 것으로 유명하다. 예로부터 러시아 사람들은 혹한의 겨울을 지나는 동안 그 매서운 추위를 견디어내야 했기 때문에 높은 도수의 보드카를 곁에 두고 음용해 왔다.

| 류모치카 |

최초로 지정된 보드카 표준 알코올 함유량은 40° 이지만(1886) 실제로 러시아에는 38°에서 60°에 이르기까지 다양한 도수의 보드카를 만날 수 있다. 품질과 가격에 따라 보통 에코놈Econome · 스탠다드Standard · 프리미엄Premium · 슈퍼 프리미엄(Super-Premium) 4가지 종류로 구분되며 여기에 예외적으로 최상급 보드카 울트라-프리미엄(Ultra-Premium)을 포함하기도 한다.

러시아 사람들은 대개 보드카를 우리나라 소주잔에 포도주 목이 붙은 형태의 류모치카라는 작은 유리잔에 따라 단숨에 들이킨다. 아울러 보드카는 순수한 알코올 맛을 내기 때문에 보드카를 베이스로 하여 다른 음료와 섞어 칵테일을 만들기도 하고 다양한 향이나 과일 껍질을 첨가해 리큐어Liquor[1]로 만들기도 한다.

| 다양한 증류주 리큐어 (liquor) |

러시아 외에도 폴란드에서도 품질과 맛이 뛰어난 보드카가 생산된다. 실제 기록상으로는 폴란드 기록에서 가장 먼저 보드카가 언급되어 보드카의 기원을 폴란드로 보는 시각도 있다.

보드카의 어원은 물이라는 뜻의 러시아어 바다가 애칭형인 보드카로 변한 것이다. 오랜 역사를 가진 증류주이며(12세기) 보드카라는 고유 명칭은 이후에 부여되었다(14세기). 그 이전에는 곡주라는 뜻의 흘레브노예 비노(хлебное вино) 혹은 독주라는 뜻의 가랴체예 비노(горячее вино) 등으로 불렸다.

보드카라는 용어는 러시아의 문헌에 등장하기 시작하였고(14세기) 러시아의 공식 문서에도 등장하다가(17세기). 이후 알코올을 정제한 증류주라는 의미로 고착되었다(19세기).

보드카의 원형이 만들어진 시기는 증류법이 활발하게 동유럽으로 전파된 때였다(13세기 초). 당시의 보드카는 투명했으나 지금의 무취한 맛과는 사뭇 달랐다. 주재료인 감자가 그 당시에는 존재하지 않았고 보드카 특유의 여과 과정 또한 한참 뒤에 시작됐기 때문이다(19세기 중반). 추운 지역의 특색에 맞게 높은 알코올 도수로 마시던 이 투명한 술은 슬라브계(Slavic People) 지역인 폴란드·헝가리·러시아를 거쳐 발틱Baltic 지역과 스칸디나비아반도(Scandinavia Pen.)까지 퍼져나갔다.

1] 리큐어의 어원은 액화되다라는 뜻의 라틴어로 Liquere에서 유래했다. 일반적으로 증류주로도 알려져 있으며 보드카(Vodka)·데킬라(Tequila)·진(Jin)·럼(Rum) 등이 유명하다.

생명의 물 보드카

| 피요트르 스미노프 |①

| Recipe No.21 |

현재 보드카의 모습을 만든 이는 러시아의 증류업자인 피요트르 스미노프(Pyotr Arsenievich Smirnov, 1831-1898)였다(19세기 중엽).

스미노프가 만든 보드카는 현대 보드카의 발전사와 발자취를 같이 한다. 19세기 중엽 러시아 귀족들을 대상으로 질 좋은 보드카를 공급하길 원했던 스미노프는 숯이 알코올의 불순물을 거르고 잡맛 제거에 효과가 있다는 연구 결과를 접한다. 이에 자신이 만든 보드카에 숯의 여과 과정을 도입해 순수하고 맑은 보드카를 추출하는 데 성공했다.

이후 스미노프 보드카는 깨끗하고 상쾌한 맛으로 인기를 얻으며 상류층의 술로 자리를 잡게 되었다. 보드카가 러시아 황실 공식 공급 술로 선정되며 최고의 술을 만든 공로로 스미노프는 귀족 작위까지 받게 된다(1886).

부와 명예를 얻은 스미노프는 자신의 보드카 제조법을 황제에 헌납하고 황실이 직접 관리할 수 있게 했다. 그것이 현재까지 보드카의 제왕으로 군림하고 있는 저 유명한 「Recipe No.21」이다.

20세기 초 제정 러시아는 다른 유럽국가와 달리 전제주의를 고수하며 소수의 왕족과 귀족들이 사회 전체를 지배하는 구조였다(20세기

초). 이런 사회적 폐해로 블라디미르 레닌이 주도하는 볼셰비키 혁명이 일어나(1917.10) 귀족 계급의 모든 재산을 국가 소유로 몰수하게 된다. 왕실과 귀족들에게 보드카를 공급하던 스미노프도 부르주아 귀족으로 분류돼 증류소는 국가로 강제 몰수되고 자신은 죽을 고비를 넘기며 러시아를 탈출해 파리에 정착하게 된다. 러시아 귀족들의 전유물이었던 스미노프 보드카가 세상 밖으로 나오게 된 계기였다.

전 세계로 전파된 보드카

스미노프는 터키 이스탄불과 파리에 양조장을 만들고 보드카를 생산했으나(1920년대) 당시 프랑스에서는 칵테일 문화가 발달 되지 않아 숙성 과정이 없는 보드카는 인기가 없었다. 이에 새로운 기회를 찾기 위해 미국에 진출하는데 뜻밖에 금주법Prohibition2] 폐지 후(1933) 칵테일 붐이 일어나 보드카는 이른바 화이트 위스키(White Whiskey)라 불리며 엄청난 성공을 거두게 된다.

미국 보드카 시장을 개척한 스미노프는 확고한 시장 지위를 발판으로 해외 진출을 통해 세계인들의 입맛을 사로잡는 대표적인 보드카로 성장하게 된다. 스미노프의 성공은 다양한 유럽산 보드카들이 미국에 진출할 수 있는 계기를 마련해 주었고 이후 본격적인 보드카 전성시대를 이끌게 된다.

현재 스미노프 외에 창의적인 광고와 독특한 패키지로 유명한 스웨덴 앱솔루트Absolut · 핀란드 핀란디아Finlanda · 러시아 스톨리치나야Stolichnaya 등이 보드카 시장을 이끄는 대표 제품으로 손꼽히고 있다.

2] 술의 제조 · 판매 · 운송 · 수출입을 금지하던 수정헌법 18조를 뜻하는 표현이다. 술을 마시는 행위 그 자체를 금지하는 것은 아니었고 미국 영토 내에서 술을 구하거나 만들 수 없게 만든 법이다.

| Absolut · Finlanda · Stolichnaya · Belvedere · Reygoose · Ciroc · Reyka |

제조방식이나 원재료를 차별화시킨 프리미엄 보드카는 폴란드 벨베디어Belvedere · 프랑스 그레이구스Greygoose · 시락Ciroc 등이 있으며 아이슬란드의 뜨거운 지열을 이용해 단식 증류기로 소량 생산하는 레이카Reyka도 유명하다. 이런 보드카는 무색 · 무취로 어느 술이나 음료와도 잘 어울리는 특징이 있다. 보드카는 칵테일 및 다양한 음용 방법으로 세계에서 가장 많이 소비되는 주종으로 자리 잡고 있다.

보드카의 제조

| 포트 스틸 (Pot Still) |②

밀이나 보리 등의 원료를 쪄서 여기에 엿기름을 더한다. 당화 과정을 마친 후 효모를 섞어 발효시킨다.

발효 과정에서 생긴 액을 자작나무 숯으로 채운 정류탑이 있는 포트 스틸Pot Still에서 증류해 양질의 보드카를 얻는다. 포트 스틸은 고농도 알코올을 얻기 위한 증류 장치이다.

증류 과정에서 불순물 제거 정도는 보드카 맛을 결정하기 때문에 보드카의 생산과정에서 가장 중요한 단계이다. 개봉하지 않은 보드카는 영구 보관이 가능하며 개봉 후에는 밀봉하여 냉장 보관한다.

보드카가 일반 증류주와 다른 점은 두 가지이다. 하나는 숙성 과정이 없다는 것이다. 감자나 곡물을 발효시켜 연속 증류기를 통해 생산된 원액을 오크Oak통 같은 다른 용기로 옮겨 숙성하지 않고 바로 병에 담기 때문에 색이 투명하다.

다른 하나는 활성탄을 통과시키는 여과 과정을 거친다는 것이다. 증류된 높은 알코올 도수 원액을 물로 희석한 뒤 자작나무 숯을 통과시키는 여과 과정을 거쳐 무색·무미·무취 보드카가 만들어진다.

겨울 전쟁의 개막

구소련은 패전국은 아니었지만 제1차 세계대전 종전 후 승전국 대접을 받지 못했다. 독일과 단독으로 강화한 뒤 연합군 대열에서 이탈한 데다 공산주의 전파를 우려한 서구가 배척했기 때문이었다.

그 결과 소련은 동유럽에 대한 지배권을 상실했다. 이후 소련은 혁명과 내전의 혼란기를 수습하고 국력을 회복하자(1930년대) 그때서야 자신의 땅이라고 여겼던 폴란드·발트 3국·핀란드에 대하여 노골적인 침략야욕을 드러냈다.

이윽고 소련은 발트 3국[3]을 실효적으로 지배하고 독일과 폴란드

3] 발트해 남동 해안에 있는 에스토니아(Estonia)·라트비아(Latvia)·리투아니아(Lithuania) 3국을 말한다. 예로부터 이민족과 강대국의 지배를 받아오다가 러시아의 영토가 되었다(18세기). 이후 독립하여 공화국이 되었으며(1918) 발트 3국 동맹을 체결하였다(1934). 그러나 재차 소련에 합병되었으며(1940) 이후 독일군 점령 때(1941-1944)를 제외하고 민족 공화국으로서 명맥을 유지하였다. 민족·언어 면에

| 소련에 저항을 택한 핀란드 군 |

| 설상족이 없어 고전한 소련군 |

분할에 성공했다(1939.9). 이후 소련은 핀란드로 화살을 돌려 레닌그라드(Saint Petersburg)4]의 방위를 빌미로 일부 영토를 분할 해 제공하라며 협박을 가했으나 핀란드는 이를 거부하고 소련에 대한 저항을 택했다.

이미 국제사회에서 침략국으로 낙인찍힌 소련은 아무 제한을 받지 않고 핀란드 침공을 개시했다. 약소국 항전사의 전설로 유명한 겨울 전쟁(Winter War)의 시작이었다. 당시 핀란드 성인 남성의 절반 정도인 55만 명을 동원한 소련군은 여기에 전차 2,500여 대와 항공기 1,500여 대를 투입했다. 반면에 핀란드는 전 국민 총동원령을 내렸음에도 병력이 15만여 명에 불과했다. 그 밖에 보유한 중화기는 구형 전차 32대와 노후 항공기 114대뿐 이었다.

전쟁은 당연히 소련이 승리했으나 핀란드가 강화 조약에 서명했기에 승자와 패자가 나뉜 것일 뿐 소련이 승리한 전쟁이라고는 볼

서 에스토니아인은 우랄계 라트비아인과 리투아니아인은 슬라브계 소수민족에 속한다. 고르바초프(Mikhail Sergeyevich Gorbachyev, 재임 1990-1991)의 개혁정책의 영향으로 독립의 움직임이 본격화되더니(1990) 러시아연방 최고 회의의 승인에 따라 51년 만에 독립하였다(1991).

4] 레닌그라드는 제정 러시아 때는 페테르부르크(Peterburg)라는 이름으로 다시금 페트로그라드(Petrograd)로 개칭되었다가(1914), 레닌이 죽자 그를 기념하여 레닌그라드라고 불렀다(1924). 이후 개방화가 진전되면서(1980년대) 러시아어의 옛 이름인 상트 페테르부르크로 회귀하였다(1991).

| 핀란드군에 의해 전멸한 소련군 전차와 소련군 |

| 스키와 설상복으로 대항한 핀란드군 |

| 참호에서 동사한 소련군 |③

수 없었다. 소련은 겨울에 전쟁을 시작했으나 설상 군복이 없어 핀란드 저격병에게 쉽게 노출되면서 엄청난 사상자를 냈다.

그 결과 소련은 35만 명의 인명피해를 입었고 전쟁에 투입한 대부분 전차와 항공기를 잃었고 반면에 핀란드의 손실은 사상자 7만 명 · 전차 30대 · 항공기 62기에 불과했다. 숫자로만 따졌을 때 핀란드가 승자라고 해도 손색이 없었다. 이런 결과는 전쟁에 임한 자세의 차이에 있었다.

핀란드는 소련의 침공이 확실시되자 예상 경로를 선별해 방어선을 구축하고 보급품도 충분히 비축했다. 반면에 소련은 중요하지 않은 곳까지 전력을 분산해 단순히 그냥 전진에 임하는 전술을 구사했다.

그러나 길이 없어 회군한 부대

5] 시모 해위해(Simo Häyhä, 1905-2002)는 핀란드의 전직 군인으로서 핀란드와 소련이 치른 겨울 전쟁 시 저격병으로 활약했다. 역사상 최고의 저격수를 논할 때 항상 언급되는 저격수이다. 겨울 전쟁 100일간 약소국인 핀란드 진영에서 소련군을 상대로 500여 명의 병사를 사살하였으며 보다 은밀한 저격을 위해 망원조준경을 사용하지 않았고 총에 기본으로 장착된 조준기를 사용하였다. 소련군은 그를 백주에 활약하는 저격병이라는 의미의 백사병(白死病)이라 부르며 두려워했다.

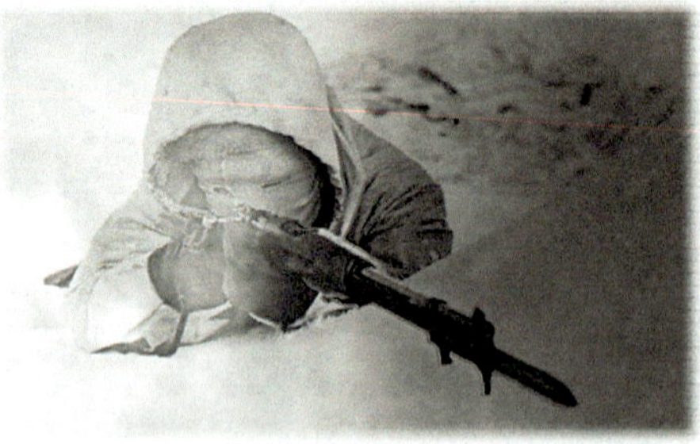

| 핀란드의 저격수 시모 해위해(Simo Häyhä)[5] |

들이 몇 안 되는 통로로 몰려들게 되었고 이로 인하여 이동은 급속도로 더디었다. 길이 막히자 자연히 보급에 문제가 발생하게 되었다. 그 와중에 설상가상 겨울철 추위가 맹위를 떨치며 기온은 영하 40°까지 곤두박질쳤다.

보드카에 괴멸당한 소련군

결국 소련군은 앞으로 나갈 수 없자 사방이 뚫린 평원에 숙영하며 경계병도 세우지 않은 채 추위를 이겨내려고 누구나 보드카를 마시게 되었다. 이를 포착한 핀란드군은 스키를 타고 야습에 임해 소련군 숙영지를 가로지르며 기관단총을 난사하고 수류탄을 투척하면서 소련군을 괴멸시켰다.

| 겨울 전쟁에서 동사한 소련군 |④

어둠 속에서 보드카에 취한 소련군은 아무 곳이나 총질을 난사하며 아군끼리 교전을 벌이기도 했다. 전의를 잃은 소련군은 하나둘 저격당하기도 했다. 작전을 마친 핀란드군은 따듯한 거점으로 복귀해 전력을 회복했지만 혹한 속 소련군에게선 동사자가 속출했다.

이러한 전황은 겨울 전쟁의 일반적 패턴이었다. 톨바야르비Tolvajärvi

| 겨울 전쟁 소련군에 보급된 보드카 |⑤

와 수오무살미Suomussalmi 등의 도시를 비롯한 곳곳에서 소련군의 시신과 파괴된 장비가 산을 이루었다. 이처럼 일대 패배를 당한 소련은 2달 후 날씨가 풀리고 50여만 명의 병력과 장비를 추가 투입하고서야 간신히 주도권을 잡았다.

마침내 장기간 전쟁을 지속할 수 없었던 소련은 핀란드가 강화를 제의하자 기다렸다는 듯이 즉시 응했다. 이처럼 혹독한 겨울 전쟁의 대가를 치른 소련은 핀란드의 일부 영토를 빼앗는 것으로 만족해야 했다. 핀란드는 독일 편을 들며 소련과 다시 싸웠으나(1941) 잃은 영토를 찾지 못하고 종전을 맞았다. 핀란드 저항에 소련은 중립을 조건으로 핀란드 독립을 인정했다.

이로써 핀란드는 소련 위성국이 되는 화를 면할 수 있었다. 그해 겨울에 있었던(1939) 핀란드의 항전은 과거사가 되었으나 한편으로 지독한 추위와 보드카는 서로 떼려야 뗄 수 없는 마치 실과 바늘 같은 존재임을 바로 볼 수 있는 전쟁이었다.

와인 전쟁

가장 오래된 술

와인Wine의 어원은 술이란 뜻의 라틴어 비눔Vinum에서 유래했다. 영어의 Wine은 포도주로 번역하나 엄밀히 말해서 완전히 같은 것은 아니다. 넓은 의미의 와인은 포도의 즙으로 만든 알코올성 음료뿐만 아니라 여러 가지 과실이나 꽃 혹은 약초를 발효시켜서 만든 알코올성 음료를 총칭하지만 좁은 의미에서의 와인은 포도의 즙을 발효시켜서 만든 알코올성의 양조주로 특정한다.

와인은 단독으로 표기할 때는 포도를 이용한 과실주를 나타내는 것이 일반적이나 발효주 중에서도 과일을 발효한 술을 뜻하기도 한다. 이를테면 포도주 외에도 다른 과일주를 뜻하기도 하는데 이때는 해당 작물이나 곡류의 이름을 함께 써서 예를 들면 블루베리 와인·라즈베리 와인·아이스베리 와인·체리 와인·감 와인 등으로 표기한다.

와인의 종류는 일반적으로 레드Red·화이트White·스파클링Sparkling·디저트 와인Desert wine 등이 있다. 와인은 주조 방법이 천차만별인데 그 이유는 포도종의 다양성에 기인한다.

야생포도는 인류 역사와 함께 수백만 년 전부터 존재했다. 지금까지 발견된 포도 가운데 가장 오래된 것은 화석으로 6,000만 년 전까지 거슬러 올라간다. 그러나 야생포도는 신맛이 강하고 크기도 작아 와인 제조에는 적합하지 않았다. 적어도 와인으로 주조된 최초의 포도는 야생포도가 아니라 인간의 손에서 키워진 재배한 포도였다.

고고학 조사 결과에 따르면 포도 재배가 최초로 이루어진 장소는 조지아Georgia[1]였고 이곳에서 점차 남쪽으로 전파되었을 것으로 추측하고 있다. 여기서 흥미로운 것은 단 1종의 포도가 전 세계 4,000종이 넘는 모든 포도종의 기원이며 이 가운데 소수의 품종만이 와인 주조에 사용된다는 사실이다.

와인 주조의 역사는 그리스 시대로부터 시작된다(6,500년 전). 고대 이집트(Ancient Egypt)에서는 화이트 와인과 레드 와인 모두를 귀하게 여겼다. 와인이 대중화되기 시작한 시기는 고대 로마 시대부터였다. 이때부터 오늘날 우리가 보는 것과 비슷한 가운데가 불룩한 통인 배럴Barrels과 병이 와인의 숙성과 저장에 이용되었다.

가장 오래된 와인 병은 로마의 식민지였던 오늘날 독일의 스페이어Speyer 지방에서 발견된 것이다. 이 병에는 올리브유를 사용한 흔적이 남아 있는데 이는 잘 발효된 포도 주스를 보존하기 위해 사용되었다. 그때는 올리브유는 오늘날 코르크 마개 역할과 같았다.

와인의 주조법은 로마제국에서 서유럽 전역으로 전파되었다. 스페인의 제레즈Jerez · 항구가 원산지인 셰리Sherry · 라인강 유역의 리슬링

1] 유럽과 중앙아시아 경계인 카프카즈 산악지대에 위치해 교통 · 교역의 중심지 역할을 했던 국가이다. 이러한 지리적 특성상 주변국들로부터 끊임없는 침략을 받았고 그 결과 세계에서 가장 복잡한 민족 구성을 가진 국가 중 하나가 되었다. 과거 로마 · 페르시아 · 오스만제국 등 여러 국가의 지배를 받았으며 페르시아와 터키 왕국의 분쟁으로 반으로 분단됐다. 분열된 국토 중 일부는 페르시아제국과 러시아 및 터키 제국이 각각 점령하였다. 그러나 러시아가 터키로부터 조지아의 통치권을 완전히 빼앗아 온 후(1870) 조지아는 독립하기 전까지 러시아의 지배를 받았다. 러시아 국명은 그루지야이다.

| Speyer-Wine-Bottle |①

| 필로제라 바스타트릭스 |②

Riesling·헝가리 지역의 변종인 토카이Tokay 등은 지역적 향취를 더하며 자리를 잡은 대표적인 포도종이 되었다.

이런 다양한 변종의 포도들은 북미 지역 뿌리 해충인 이른바 필로제라 바스타트릭스(Phylloxera Vastatrix)가 유럽에 유입되면서 위기에 처하기도 했다(1863). 수십 년에 걸친 노력으로 정착된 유럽 품종의 포도는 이 해충으로 인해 엄청난 피해를 겪어야 했다.

오늘날 와인 양조장은 단순히 포도를 재배하고 와인을 주조하는 장소 이상의 의미를 지니고 있다. 근래에 들어서는 와인 양조장이 숙박시설을 갖추고 와인과 잘 어울리는 맛있는 음식을 함께 제공하는 관광지로 이용되고 있기도 하다.

와인에서 비롯된 백년전쟁의 서막

국민감정에 기초할 때 대체로 프랑스 사람들은 가장 싫어하는 나라로 영국을 손꼽는다. 프랑스와 영국이 이처럼 불편한 관계를 유지해오게 된 계기는 이른바 백년전쟁(1337-1453)이 큰 역할을 했다. 백년전쟁은 두 나라의 관계뿐 아니라 와인에도 적잖은 영향을 끼쳤다.

백년전쟁은 무려 116년 동안 영국과 프랑스가 벌인 전쟁이다. 물론 이 기간 내내 전투가 일어났던 것은 아니고 양국의 국내 상황에 따라 휴전과 개전을 반복했다. 백년전쟁을 통해 양국의 전후 사회는 크게 다른 모습을 보였다. 가장 중요한 변화는 두 국가 모두 중세 봉건국가에서 중앙집권적 국가로 변모했다는 사실이다.

백년전쟁의 배경

백년전쟁이 일어난 중세 말 양국의 인구는 영국이 약 500만 명 그리고 프랑스는 2,000여만 명으로 국가 간 경쟁은 의미가 없을 정도로 프랑스가 압도적이었다.

프랑스는 현재 노르웨이에서 정착지를 찾아 내려온 바이킹Viking[2] 족에게 침공을 당했다(10세기). 그러나 바이킹은 당시 유럽에서 가장 강력했던 국가인 프랑스를 단번에 무너뜨리지는 못했다. 프랑스도 용맹한 바이킹족을 완전히 물리치기에는 한계가 있었기에 결국에는 노르망디Normandie[3] 지방을 바이킹에게 주는 조건으로 휴전에 임한다.

2] 바이킹은 본래 고국 땅인 스칸디나비아(Scandinavia)에서 덴마크에 걸쳐 산재해 있는 협강(Vik)에서 유래한 말로 직역하면 '협강에서 온 자'란 의미를 지닌다. 그들이 각지에 진출한 원인은 인구증가에 의한 토지의 협소화 때문이며 한랭하고 메마른 땅에서 온난하고 비옥한 땅을 얻기 위하여 감행한 민족대이동이었다. 당시 노르만족은 씨족사회가 해체되고 계급사회로 이행하여 국가형성기에 이르는 과도기로서 부족 간의 항쟁으로 뜻을 이루지 못한 족장이 부족민을 인솔하여 해외로 신천지를 찾아 진출한 경우가 많았다. 일찍부터 뛰어난 항해술을 가진 그들에게 전쟁과 모험 그리고 전리품에 대한 욕망 등은 해외 진출을 더욱 촉진하였다. 무자비한 침입・싸움・약탈 등으로 해적 민족으로서 각지에서 공포의 대상이 되었다. 그러나 해적행위는 민족이동뿐 아니라 전투・정복・탐험・식민・교역 등 다양한 활동을 초래했다.

3] 프랑스 북서부에 있는 지방으로 남서쪽은 쿠에농강(Couesnon Riv.)을 끼고 브르타뉴(Bretagne)와 접해 있고 북쪽은 모래 해안을 이루며 영국 해협에 면해 있다. 바이킹의 후예인 노르만인이 이곳에 노르망디 공국을 세웠기 때문에 노르만 인의 땅이라는 뜻의 지명이 붙여졌다(10세기). 영국의 봉토가 되었다가(1106) 프랑스에 통합되었으며(1204) 한때 영국령에 속했으나(1420-1450) 프랑스 왕령과의 연대가 선언되었다(1468). 기후가 습윤하여 곡물과 사과의 재배가 이루어지며 목축이 발달해 있다. 제2차 세계대전 때 연합군의 상륙 작전으로 유명한 지역이다.

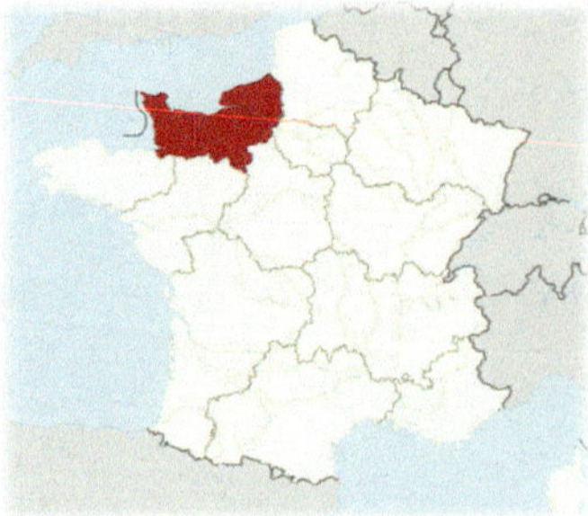

| 노르망디(Normandie) |

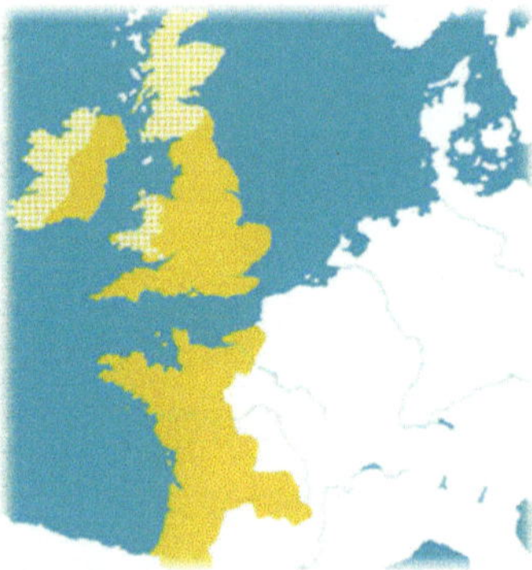

| 앙주제국(Angevin Empire) |③

노르망디 지방에 정착한 바이킹은 약 100년간 프랑스와 융합하는 과정을 거쳐 고급문화를 체득한 뒤 마침내 파리 대신 런던에 창을 겨누고 버킹검 궁을 점령한다. 그가 바로 유명한 정복왕 윌리엄 I세(William I, William the Conqueror, 1028-1087)[4]였다.

헤이스팅 전투(Battle of Hastings)[5]에서 영국군을 물리친 윌리엄은 영국 왕위에 오른다(1066). 이때 많은 노르망디 사람들이 영국으로 건너갔는데 이를 계기로 프랑스어는 귀족의 언어 영어는 평민의 언어가 되었다.

본래 노르망디의 영주인 정복왕 윌리엄은 이로써 두 개의 신분을 동시에 가지게 됐다. 프랑스 왕이 다스리는 프랑스 영토 내에 자신의 영토가 있으므로 프랑스 내의 영토를 기준으로 보면 영국의 왕 윌리엄은 프랑스 왕의 신하가 되는 셈이었다.

4] 정복왕 윌리엄 I세는 노르만 왕조의 시조이며 잉글랜드 국왕이다. 그는 노르망디 로베르 I세(Robert I of France, 860-923)의 사생아로서 그 신분은 평생 그를 괴롭혔다. 노르망디 공작이 된 후(1035) 노르망디를 프랑스와 대등할 정도로 발전시켰고 도버 해협을 건너 잉글랜드 침략을 개시하여 헤이스팅스 전투에서 헤롤드 II세(Harold II)를 죽이고 잉글랜드의 왕이 되었다(1066).

5] 잉글랜드의 헤이스팅스에서 벌어졌던 역사적 전투이다(1066.10.14). 프랑스에 정착한 노르만족 군대를 이끄는 윌리엄 I세와 앵글로색슨의 왕 해럴드 II세가 맞붙은 전투이다. 전투는 런던 동남부에서 85㎞ 떨어진 헤이스팅스의 근방에서 벌어졌으며 병력 규모는 노르만군이 7,000명에서 12,000명 앵글로 색슨계 잉글랜드군이 5,000에서 13,000명 정도였다. 전투 결과는 윌리엄 I세의 승리로 끝났다. 잉글랜드 헤롤드 II세는 전투가 끝나면서 사망했다. 승자인 윌리엄은 잉글랜드의 왕으로 즉위하였으며(1066) 이는 노르만 왕조의 시작이 되었다.

프랑스 앙주 출신의 헨리 II세(Henry II, 재위 1154-1189)가 건설한 이른바 앙주제국(Angevin Empire, 1154-1214)은 영토가 스코틀랜드 남단에서 피레네 Pyrénées 산맥의 북쪽을 아우르는 거대한 제국이었다.

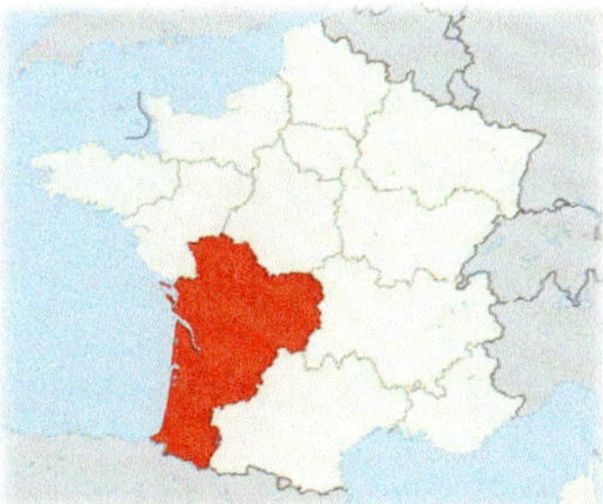
| 아키텐(Aquitaine) 지방 |④

헨리 II세가 보르도Bordeaux를 포함한 아키텐Aquitaine6] 지방을 봉토로 차지하게 된 것은 영국 왕이 되기 이전에 아키텐의 공주 알리에노르(Aliénor d'Aquitaine, 1122-1204)가 결혼 지참물로 자신의 봉토였던 아키텐을 가지고 왔기 때문이다.

한 나라의 국왕이면서도 다른 나라의 신하가 되는 이런 기묘한 관계는 결국 양국이 백년전쟁이라는 거대한 소용돌이에 빠지게 되는 원인을 제공하게 된다.

백년전쟁에서 코냑과 알마냑의 브랜디

발루아 백작 필리프(Philippe de Valois, 1293-1350)가 필리프 VI세(Philippe VI, 재위 1328-1350)로 프랑스 왕위에 오르자(1328) 영국 국왕 에드워드 III세(Edward III, 재위 1327-1377)는 자신이 프랑스 왕위 계승자라고 주장했다.

이에 필리프 VI세는 에드워드 III세와 대립각을 세우고 프랑스 내에 봉토를 보유하고 있는 모든 영주에게 충성서약을 요구했다. 영국

6] 주도 보르도(Bordeaux)를 중심으로 하류에서 중류 일대까지 포도 재배 여러 강의 유역에서는 과일·채소·잎담배 재배와 낙농이 성하며 강 사이의 구릉지에서는 밀·보리 재배와 축산·과수의 혼합농업이 이루어지고 가금 사육도 많다. 중부는 삼림지대이며 임업이 주산업이다. 남부의 강 유역의 넓은 초원지대에서는 옥수수·밀의 혼합농업이 이루어지며 피레네 산지에서는 목양한다. 신발·항공기 제작·정유·목공예·제지·담배 등의 공업이 발달해 있다

왕 에드워드 III세는 문서상의 서약으로 갈음했으나 프랑스 왕 필리프 VI세는 군사상의 봉사를 서약하지 않은 가스코뉴Gascogne 공작령公爵領7)을 몰수했다(1337). 이에 반발해 영국 왕 에드워드 III세가 군대를 파견하면서 백년전쟁은 시작됐다.

사실 보르도 지방은 앙주제국이 건설된 때부터(12세기 중반) 백년전쟁이 끝날 때까지(15세기) 영국령이었다. 그로 인해 이 지방의 특산물인 와인은 프랑스 왕이 아닌 영국 왕에게 진상하는 특산품이었다.

보르도 와인은 영국의 시각에서 보면 영국의 물품이므로 당연히 관세 없이 영국으로 반입됐으나 보르도 북쪽의 코냑Cognac이나 남쪽의 알마냑Almagnac 지방에서 생산된 와인은 관세장벽 때문에 수출하지 못하고 엄청난 재고를 떠안고 있었다.

| 잔다르크 (Jeanne d'Arc) |⑤

재고 처리에 고심하던 코냑 지방 와인 농가는 이를 증류하고야 만다. 와인 보관창고나 저장시설이 부족했기 때문이다. 마침내 증류한 코냑 와인은 뜻밖에 아주 훌륭한 브랜디로 바뀌어 뜻밖에 프랑스인들의 사랑을 받게 되었다. 알마냑 처지도 코냑과 마찬가지였다.

프랑스인보다 영국인에게 더욱 사랑받은 보르도 와인은 영롱한 색깔 때문에 이른바 클래레Clairet라는 별칭을 얻기도 했다. 당시 영국에는 차Tea나 커피가

7] 공작령은 공작이 지배하는 영역을 말한다. 중세시대에 공작령은 왕국의 일부 지역이었다.

수입되지 않았던 시절이라 보르도 와인의 인기는 대단했다.

백년전쟁 중 매번 큰 전투에서 연달아 참패한 프랑스는 잔다르크(Jeanne d'Arc, 1412-1431)[8] 출현으로 기적 같은 역전승을 거두며 프랑스 땅에서 영국 군대를 몰아내고야 말았다. 이후 영국은 백년전쟁 패전 책임을 다투는 과정에서 30년 장미전쟁(1455-1485)[9]을 벌이고 그 결과 왕조도 바뀌게 된다.

부르고뉴와 보르도 와인

가장 비싼 와인은 부르고뉴Bourgogne 와인을 손에 꼽지만 와인의 대명사로는 보르도bordeaux 와인을 꼽는다. 백년전쟁이 끝난 후 영국인들은 스페인이나 포르투갈의 와인에 시선을 돌리기도 했지만 결국에는 다시금 보르도 와인을 찾게 되었다.

해가 지지 않았던 영국의 세계 정복의 길에는 어김없이 보르도

8] 백년전쟁의 전장은 프랑스였는데 100여 년간 거듭된 전쟁은 프랑스 땅을 피폐하게 만들었다. 그때까지 국가보다 종교를 중심으로 살던 사람들도 이 지루한 전쟁을 끝내기 위해서는 어느 한쪽에 서야 했다. 그 와중에 잉글랜드와 프랑스에서는 자연스레 근대 국가 의식과 애국심이 태동했고 백년전쟁이 끝날 즈음 마침내 이러한 의식 속에서 프랑스를 구한 소녀 잔 다르크가 탄생하였다.

9] 영국은 백년전쟁 후 영토가 축소되었음에도 종친과 귀족은 세력을 유지하고 있었기에 이들은 영토를 둘러싸고 부딪칠 수밖에 없었고 왕권에 대한 다툼도 마찬가지였다. 게다가 백년전쟁 후 귀환한 병사 중에 농토로 복귀하지 못한 자들은 무리 지어 대귀족의 수족 역할이나 사병으로 전락했다. 이것이 잉글랜드가 왕권을 강화하기 위해 겪어야 할 마지막 과제였다. 이러한 과제는 종친과 귀족에게 국한된 것으로 일반 국민과는 무관했고 이들 왕실 귀족도 자신의 권력을 전쟁 후 국민의 신뢰를 받기 위해서는 국민과 엄정한 중립을 지켜야 할 형편이었다. 이러한 상황 속에 잉글랜드 헨리 VI세가 이튼 칼리지(Eton College)의 설립과(1440) 케임브리지 대학 내 킹스 칼리지(King's College)의 웅장한 예배당을 건립하다가 파산에 이르고 외조부인 프랑스 샤를 VI세의 혈통 때문인지 정신 이상의 증세마저 보이게 되었다(1453). 이때 헨리 VI세의 조카뻘인 요크 공이 국왕 제조자란 별명을 가진 자라는 뜻의 워릭(warwick)의 지지하에 헨리 VI세를 감금하고 요크가의 젊은 에드워드 IV세(1461-1483)로 등극하게 되었다. 에드워드 IV세 집안은 에드워드 III세의 다른 아들의 줄기로서 흰 장미 문장을 쓰는 가문이었고 앞서 감금된 헨리 VI세도 에드워드 III세의 아들로 붉은 장미 문장을 쓰는 랭커스터 가문의 자손이었다. 이로써 두 장미 문장을 쓰는 왕실 집안의 추종자들과 이들을 따르는 사병들 간의 싸움이 시작되었기에 이를 장미전쟁이라 부르게 되었다.

| 부르고뉴(bourgogne) 와인 |

| 보르도(Bordeaux) 와인 |

와인이 뒤를 따랐고 이를 통해 보르도 와인은 전 세계 와인의 표준으로 자리 잡게 되었다.

이처럼 유명세를 톡톡히 치르고 있는 보르도 와인은 선박의 배수톤 측정에도 활용되고 있다. 게다가 보르도 와인의 영향으로 프랑스 남서부를 흐르는 지롱드 강(Gironde Riv.)은 와인 수출항으로 확고한 지위를 점하고 있기도 하다.

보르도 항에서는 주로 영국 배로 와인을 실어 날랐는데 이때 와인 선적 단위는 225ℓ짜리 오크통 약 4개 분량의 900ℓ짜리 토노Tonneau라는 단위가 사용됐다. 토노는 이후 선박의 국제적 물품량을 측정하는 배수톤Tonnage의 단위가 되었다.

백년전쟁과 이후 영국의 식민정책에 따라 보르도 와인은 세계 와인의 표준으로 와인의 구심점 역할을 했고 현재 쓰이는 선박의 배수톤수에도 영향을 미쳤다.

이후 영국은 잃어버린 프랑스 내의 영토 대신 대서양으로 눈을 돌려 결국 세계를 식민지로 삼아 해가 지지 않는 영광된 시절을 맞이한다. 백년전쟁에서 승리해 프랑스 내의 영토에 만족했다면 아마도 세계 역사는 이토록 영국의 영향을 많이 받지는 않았을지도 모른다. 그 와중에 와인의 발전이 있었다.

길 위의 전쟁

대륙의 교차점 카르케미쉬

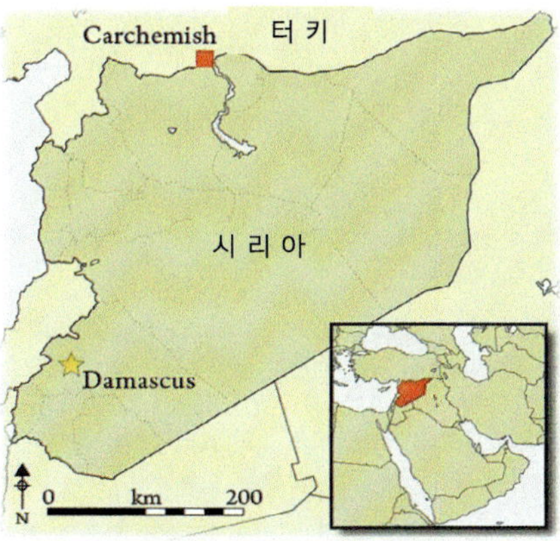

| **카르케미시**(Carchemish) |①

고대 카르케미쉬 전투(Battle of Carchemish, B.C.605)는 페르시아 전쟁 · 십자군 전쟁 · 워털루 전투 등과 함께 세계 역사의 일대 전환기를 마련한 전쟁으로 손꼽히고 있다.

그 당시와 이후로도 카르케미시는 제국이 명멸하는 중심에 위치해 메소포타미아Mesopotamia와 소아시아(Asia Minor, Anatolia)를 연결하는 무역로이자 지중해(Mediterranean Sea) 연변을 거쳐 이집트 아프리카에 이르는 군사 도로로서 매우 중요한 거점도시였다. 이곳은 영욕의 군사 대국 앗시리아Assyria[1]가 쇠퇴할 무렵 이집트의 군대가 정복한

1] 메소포타미아 북부의 지명이며 옛 제국의 이름이다. 앗시리아인은 셈계 민족으로서 설형문자(楔形文字, Cuneiform)를 사용하였다. 앗시리아는 오랫동안 바빌로니아(Babylonia)의 지배를 받았으나 도시국가(City-State)로 건설된 아슈르(Assur)가 자립 · 확대되어 국명의 기원이 되었다(B.C.19세기). 이후 바빌로니아와 이집트를 정복해서 오리엔트 최초의 통일제국이 되었다(B.C.7세기). 그러나 대항하는 점령지 주민의 억압정책으로 강제 이주와 같은 가혹한 통치로 제국의 기틀을 마련하였다. 그 결과 피지

곳이었다(B.C.609).

구약성경에도 카르케미쉬에 대한 기록이 존재하는데 이집트 파라오Pharaoh2] 네코(Necho II, 재위 B.C.610-595)가 이스라엘 남유다(Kingdom of Judah)3] 왕 요시아(Josiah, 재위 B.C.640-609)의 군대를 므깃도Megiddo4] 전투에서 물리친 곳이 바로 이곳이다. 구약성경에서는 므깃도로 기록하고 있다.

> "요시야Josiah 당시에 애굽Egypt왕 바로 느고(Necho II)가 앗수르Assyria 왕을 치고자 하여 유브라데강(Euphrates Riv.)으로 올라가므로 요시야 왕이 맞서 나갔더니 애굽왕이 요시야를 므깃도에서 만났을 때 죽인지라" <열왕기하 23:29>

배 민족의 반감을 불러일으켜 신바빌로니아(Neo-Babylonia)·메디아(Media) 연합군에 의해 수도 니네베(Nineveh)를 점령당했고(B.C.612) 마침내 완전히 멸망하였다(B.C.609). 앗시리아 문화는 바빌로니아계를 계승한 것으로 왕궁 벽화의 전쟁·수렵 등 부조가 유명하다.

2] 파라오는 고대 이집트 정치적·종교적 최고 통치자로서 두 땅의 주인(Lord of the Two Lands)이라는 칭호와 모든 사원의 수장(High Priest of Every Temple)이라는 칭호를 겸한다. 이때 전자는 파라오가 상이집트와 하이집트 전체의 통치자라는 의미를 지닌다. 이에 따라 두 지역의 모든 토지에 대한 소유권·법률집행권·조세권과 함께 외부의 침입으로부터 보호할 의무를 지니고 있었다. 후자는 파라오가 지상에서 신을 대신한다는 의미로 파라오는 제사 의식을 주관하고 신전을 건설했다.

3] 유다 왕국은 이스라엘 왕국이 분열되어(B.C.931) 12개 지파 가운데 유다 지파와 베냐민 지파의 지지로 세워진 왕국이다. 대부분 유다 지파였기에 유다 왕국이라 불렀고 344년 동안 20명의 왕이 재위하였다. 구약성경에 따르면 몇몇 왕을 제외하고 유대 신앙 외에 이방 신교에 호의적이었다. 중심지이자 수도는 예루살렘이었다. 신바빌로니아 제국의 침략으로 멸망했다(B.C.586).

4] 므깃도는 주둔지란 의미이다. 구약성경의 기록에서는 갈멜산 남쪽에 있는 성읍(열왕기상 4:12) 그리고 팔레스타인 내륙에서 북방의 두로(Tyre)나 시돈(Sidon)으로 또 메소포타미아에서 시리아를 거쳐 이집트로 갈 때 반드시 거쳐야 할 교통의 요지로 설명하고 있다. 므깃도는 전략 요충지이자 천혜의 요새로서의 특성 때문에 역사 이래 수많은 분쟁과 전쟁의 무대가 되었다. 므깃도에서 발생한 대표적 전투를 보면 다음과 같다. ① 이집트 투트모세 3세(Thutmose III, ?-B.C.1425)가 므깃도를 점령하고 가나안 부족을 몰아냈다(B.C.1468). ② 여호수아 당시 므낫세(Manasseh) 지파가 정복하였다(여호수아 12:7, 21; 17:11). ③ 사사 드보라(Devorah)와 군대장관 바락(Barak)이 므깃도 물가에서 가나안 군대장관 시스라(Sisera)를 물리쳤다(사사기 5:19-21). ④ 솔로몬(Solomon, 재위B.C.970-B.C.931)이 다시 요새화하여 500필의 말을 사육하며 왕실 마병을 육성하였다(열왕기상 9:15; 역대하 9:25). ⑤ 예후(Jehu, B.C.842-B.C.815)의 반란 당시 유다 왕 아하시야(Ahaziah, 재위 B.C.853-852)가 부상을 당해 이곳에서 전사하였다(열왕기하 9:27). ⑥ 유다 왕 요시야(Josiah, 재위 B.C.640-609)가 므깃도 전투에서 애굽의 바로 느고(Necho II, 재위 B.C.610-595) 군대에게 전사하였다(역대하 35:20-24). ⑦ 세상 종말에는 하나님 군대와 사탄의 군대가 최후의 일전을 벌일 장소로 언급되고 있다(계 16:16).

"신복들이 그의 시체를 병거에 싣고 므깃도에서 예루살렘Jerusalem으로 돌아와 그의 무덤에 장사하니 백성들이 요시야의 아들 여호아하스(Jehoahaz, B.C.814-798)를 데려다가 그에게 기름을 붓고 그의 아버지를 대신해 왕으로 삼았더라"

<열왕기하 23:30>

| 므깃도 전투에서 전사한 이스라엘 남유다왕 요시아(Josiah) |②

힛타이트Hittite5]와 시리아Syria의 도성이었던 카르케미시는 지중해 부근 알레포Aleppo6]에서 북동쪽으로 약 100㎞ 떨어진 곳에 자리 잡고

5] 힛타이트는 고왕국과 신제국으로 구분된다. 소아시아(Asia Minor · Anatolia)에 하티(Hatti)라고 불리는 원주민이 살고 있었다(B.C.3000년경). 그들은 고대 오리엔트(Ancient Orient)의 다른 민족과는 전혀 다른 언어를 갖고 있었지만 그런데도 문자는 없었다. 또한 그들은 광범위한 지역을 대상으로 무역에 임하고 있었는데 한때 광석과 목재를 구해 간 앗시리아인이 식민도시를 건설하기도 했다. 오리엔트에서 일어난 민족이동의 한 분파로서 북동쪽에서 할리스강(Halys, 현재 Kizil Irmak) 중류에 히타이트인이 이주하여 하티를 정복하고 몇 개의 소국을 형성하였다(B.C.2000년경). 이후 북시리아까지 진출하여 통일왕국의 수도를 하투샤스(Hattusha)에 두었다. 한때 바빌론(Babylon)에까지 원정하기도 했다(B.C.17세기 후반). 힛타이트 전성기에 철제무기와 말과 전차에 의한 새 전술을 도입하여 주변의 여러 소국을 멸망시키고 수도에 견고한 성벽을 쌓아 일대 제국으로 발전했다(B.C.15세기 중엽). 앗시리아의 사르곤 II세가 카르케미시를 점령함으로 역사 속으로 사라졌다(B.C.717).

6] 고대 힛타이트 왕국의 중심지였으나 앗시리아에 정복당했으며(B.C.853) 이후 지배권이 자주 바뀌었다. 이후 지중해 무역의 중심지로 번영하기도 했으나(16세기) 수에즈(Suez) 운하 개통(1869)으로 쇠퇴했다. 지진으로 크게 파괴되었고(1862) 현재 고성(4세기)이 남아있다.

| **비옥한 초승달 지대**(Fertile Crescent) |③

있었다. 이 도성은 시리아에서 비옥한 초승달 지대(Fertile Crescent)7]를 돌아 바빌론Babylon에 이르는 길목으로서 전략적 요충지임과 동시에 무역의 중심지였다.

이 때문에 카르케미시는 고대 오리엔트(Ancient Orient)8] 열강의 각축장이 되었는데 이집트 투트모세III세(tuthmosis III, B.C.?-B.C.1425) 치하에 있다가(B.C.15세기) 힛타이트 섭필룰리우마 I세(Suppiluliumas I, B.C.?~1340)에 점령당하게 된다(B.C.14세기). 이후 힛타이트 멸망과 함께 독립된 도시국가(City State)9]로 명맥을 유지하다가 재차 앗시리아 속국이 되어 조공을 바쳤다(B.C.8-9세기).

7] 메소포타미아 지역은 비옥한 초승달 지대로도 명명되는데 이는 미국의 저명한 고고학자 브레이드 우드(Braidwood Riv.)가 처음으로 사용한 바에 기인하고 있다.

8] 이 책의 배경이 되고 있는 인류 최초이자 최고의 문명으로서 메소포타미아 문명은 고대 오리엔트(ancient orient 또는 Ancient Near East)를 그 공간적 배경으로 두고 있다. 여기서 고대 오리엔트의 지리적 여건은 사막과 강으로 대별 된다. 그 동쪽은 이란(Iran)에서부터 서쪽으로 소아시아(Asia Minor · Anatolia · Turkey)를 거쳐 이집트에 이르는 반경 약 1,600km의 지역이 이에 포함된다. 여기서 이란은 국명이 페르시아(Persia)였다(-1935). 평상시에 우리가 사용하고 있는 오리엔트(Orient)라고 하는 말은 아시아의 동쪽 끝으로 한반도와 일본을 포함하는 극동을 지칭할 때 사용하는 것이 일반적이지만 여기에 고대(Ancient)라고 하는 한정사를 붙여 고대 오리엔트라고 명명할 때는 지리학적 용어가 아닌 역사학적인 개념(용어)으로 인식된다. 따라서 메소포타미아 문명의 공간적 배경으로서 고대 오리엔트를 이해하기 위해서는 시간적으로나 공간적으로 역사상 최초의 문명이 이곳에서 발현하였다고 하는 점을 우선 머릿속에 두어야 하고 또한 이 같은 최초 문명이 시작된 사회의 역사적 넓이를 고대 오리엔트라는 지역적 범위와 동일시해야 한다.

9] 도시국가(City-State)들은 달리 사원 도시로 일컫기도 하는데 이는 경제적 · 종교적 조직이 토착신과 융합되어 세워진 사원에 집중되었기 때문이다. 따라서 고대 도시국가들은 성직자 계급에 의해 대표되었던 도시라고도 볼 수 있다. 그들은 관개 및 농경 전반에 걸친 관리 감독을 수행하였고 또한 공물이나 조세의 형태로 생산물을 수집하는 일을 주도하였다.

| 사르곤 Ⅱ세 |④

이후 앗시리아 사르곤 Ⅱ세(Sargon II, B.C.721-705)에 의해 카르케미시는 앗시리아에 일시 병합되어 있다가(B.C.717). 공포의 제왕이라고 불렸던 그 유명한 신바빌론Neo-Babylon의 네부카드네자르 Ⅱ세(Nebuchadnezzar II, 재위 B.C.604-562)가 앗시리아를 격파하면서 자연스럽게 이곳을 신바빌론의 예속하에 두었다(B.C.605).

무역과 군사 교통의 요지 카르케미쉬

| 네부카드네자르 Ⅱ세 |⑤

카르케미시 전쟁 당시 바빌론Babylon10]에 의한 앗시리아의 수도 니네베Nineveh의 함락과 함께(B.C.612) 앗시리아는 사실상 국가로서 거의 몰락 상태에 있었다. 이후 앗시리아를 계승하여 바빌론이 근동의 북방 지역에서 최강대국으로 군림하게 되었다. 당시 남방의 이집트는 북방의 앗시리아가 쇠약해진 틈을 타 가나안Canaan과 시리아 지역으로 세력을 확장해 나갔다. 또한 수도 니네베를 잃고 거의 몰락상태에 처한 앗시리아를 그나마 근근이 통치하고 있던 아슈르우발리트 Ⅱ세(Ashur-Uballit II, B.C.611-609)와 동맹을 맺고 바빌론 남하를 저지하려 했다.

10] 구약성경의 기록에는(창 10:10; 11:1-9) 바빌론은 강한 사냥꾼이었던 니므롯(Nimrod)에 의해 세워졌다(B.C. 4000년 혹은 3000년경). 이 기록에 의하면 바빌론은 인류가 거주했던 가장 오래된 도시가 된다. 수메르인의 기록에 바빌론은 아카드(Accad)의 사르곤(Sargon) 왕에 의해 파괴되었다(B.C.2400년경). 우르(Ur) 제3왕조(B.C.2150-2000년경) 시대 바빌론을 점령한 뒤(B.C. 2000년대 후반) 후계자들이 지배하가 셈족 계열 아모리 왕조(Amorite)가 침입해 도시를 전복시키고 바빌론 제1왕조를 열었다. 동시대 성벽을 복원했고 도시를 확장하는 등 당대 패권 세력으로서 영화를 구현하였다.

| 앗시리아의 수도 니네베와 궁전 내부 |⑥

남유다왕 요시야Josiah왕과 이집트의 네코(Necho II) 간의 므깃도 전투(B.C.609)도 카르케미시 전쟁과 밀접한 연관이 있다. 즉 당시 수도 니네베를 잃고 카르케미시 성읍 중심으로 다시금 세력을 정비하고 있던 앗시리아는 바빌론의 집중 공격에 크게 고전하고 있었다.

이집트 네코는 앗시리아가 완전히 무너지는 경우 자신들의 운명도 위태롭게 될 것을 우려하여 앗시리아를 원조하기 위해 가나안을 지나 북쪽 카르케미시 도성으로 진군하고자 하였다. 네코의 군대는 카르케미시까지 가서 바빌론과 전투를 개시했으나 싸움은 바빌론의 승리로 돌아갔다.

이후 네코는 재차 카르케미시로 진격하였으나 희대의 왕 네부카드네자르 II세(Nebuchadnezzar II, 재위 B.C.604-562)[11]에게 패하였다(B.C.605). 1년 뒤

11] 신바빌로니아(Neo-Babylonia) 제국의 가장 위대한 왕으로 구약성경에는 느부갓네살로 칭한다. 신바빌로니아 제국의 창건자 나보폴라사르(Nabopolassar, 재위 B.C.625-B.C.605) 생전에 네코 II세 이집트군을 카르케미시에서 격파하고(B.C.605) 왕위 계승 뒤에는 시리아·가나안 및 팔레스타인 지방을 평정했다. 예루살렘 공략 후(B.C.597) 연이어 유대를 철저하게 파괴하고 멸망시켜(B.C.587) 그곳의 유대

에 네부카드네자르는 가나안으로 내려와 아스클론Ashkelon을 정복하고 그 영토를 이집트 경계에까지 확장하였다.

구약성경의 기록에 보면 이스라엘 남유다왕 여호야김(Jehoiakim, 재위 B.C.609-598)은 약 3년 동안 네부카드네자르에게 조공을 바치다가 네부카드네자르가 이집트의 네코를 공격하기 위하여 이집트 국경까지 진격한 틈을 노려 바빌론을 배반했다고 기록하고 있다.

> "여호야김 시대에 바벨론의 왕 느부갓네살이 올라오매 여호야김이 3년간 섬기다가 돌아서 그를 배반하였더니"
>
> "여호와께서 그의 종 선지자들을 통하여 하신 말씀과 같이 갈대아Chaldea의 부대와 아람Aram의 부대와 모압Moab의 부대와 암몬Ammon 자손의 부대를 여호야김에게로 보내 유다를 쳐 멸하려 하시니" <열왕기하 24:1-2>

남유다왕 여호야김의 배반 소식을 접한 네부카드네자르는 유다 근방에 있는 자신의 군대를 급파하여 여호야김을 응징하고 남유다를 실질적으로 지배하기에 이른다.

그러나 여호야김의 뒤를 이어 왕위에 등극한 여호야긴(Jehoiachin, 재위 B.C.598-597)도 선왕과 마찬가지로 다시금 바빌론에 등을 돌리고야 만다. 이에 네부카드네자르는 재차 남유다를 응징하고(B.C.597) 여호야긴을

주민을 바빌로니아로 강제 이주시켰다. 이를 바빌론 유수(Babylonian Captivity)라고 한다. 또한 각지의 신전을 부흥시키고 상공업을 장려하여 국력의 충실을 꾀하였다. 또 수도 바빌론을 정비하여 성벽을 쌓고 그 주위에 도랑을 파서 해자를 만들었으며 성문을 단단히 구축하였다. 당시 전설상의 바벨탑이 복권되었고 왕비 아미티스를 위해 만든 바빌론의 공중정원과 마르두크 신전 등을 수복하였다. 공중정원은 세계 7대 불가사의의 하나로 꼽히고 있다. 함무라비의 황금시대에 대하여 이때를 바빌론의 부흥 시대라고 말한다. 당시 바빌론은 고대 세계의 중심지로서 크게 번영하였다.

| 불타는 예루살렘성과 이스라엘인의 바빌론 유수(Babylonian Captivity) |⑦

바빌론으로 압송함과 동시에 그의 숙부 시드기야(Zedekiah, 재위B.C.597-586)를 속주의 왕으로 옹립한다.

신바빌론 제국의 부흥

당초 이집트 네코는 므깃도에서 바빌론에게 순응하였던 남유다왕 요시야의 군대를 격파하고 카르케미시로 진군해 올라가 앗시리아 군대와 연합하여 바빌론 공격을 일시적으로 저지하는 데 성공했다.

그리고 계속해서 바빌론의 공격에 대비했다. 그러다가 네부카드네자르가 카르케미시 지역에 대한 대대적인 공격을 감행해 오자(B.C.605) 이를 제압하고자 맞섰으나 희대의 정복 군주였던 바빌론의 네부카

| 카르케미쉬 전투(B.C.605) |[8]

드네자르를 당해내지 못했다. 마침내 이집트와 앗시리아는 카르케미쉬에서 신바빌론 네부카드네자르에게 전멸당하고야 만다. 이 전쟁의 결과로 이집트는 이후 가나안과 시리아 지역에 대한 주도권을 완전히 상실하게 되었다. 바빌론은 카르케미쉬를 점령함으로써 지중해 무역과 3개 대륙을 연결하는 육상무역을 통해 막강한 국력을 키워 메소포타미아의 최강대국으로 군림한다.

카르케미쉬는 내륙으로 비옥한 초승달 지대에 속해있으면서 소아시아와 이집트 그리고 최초 문명의 발상지 수메르 인근의 도시국가를 연결하는 무역로의 한 중심에 있었다.

한때 이곳은 해상민족으로서 지중해 무역을 독점하다시피 한 페니키아인들에 의해 전성기를 구가했다. 이곳에서 명멸한 메소포타미아 열강들은 예로부터 이러한 지리적인 이점을 지닌 이 지역의 무역로를 확보하기 위하여 끊임없는 투쟁과 전쟁을 일삼아 왔다.

지중해 무역을 이끈 페니키아

지중해(地中海, Mediterranean Sea) 동단에 자리를 잡고 발달한 고대 메소포타미아 문명(Mesopotamian Civilization)과 나일강 유역의 이집트 문명(Egypt

| 페니키아 주요 도시와 카르케미쉬 |⑨

Civilization) 간에는 무역을 포함해 문화적 교류가 상당했다(B.C.3000년경). 그 중심에 전업 상인과 선원으로 활동한 대표적인 민족이 있었는데 그들이 다름 아닌 페니키아인Phoenician이었다.

페니키아인은 페르시아만이나 홍해(Red Sea)로부터 지중해로 이동하여 정착하였다. 그들은 오랫동안 고도로 발달한 항해술을 기반으로 이집트 무역을 사실상 독점하였는데 설에 따라서는 이른바 파라오의 대리인(Agent of Pharaoh) 또는 계약 상인(Contractual Trader)으로서 역할을 했던 것으로 보고 있다.

| 페니키아의 영토 |⑩

페니키아에 의한 교역 상품에는 키프로스Kypros 구리와 전설적으로 회자 되는 레바논Lebanon의 삼나무(柏香木, Cedar)가 있었다. 상업과 연계해 페니키아인은 유명한 자줏빛 염료의 제조를 포함한 수많은 가공 산업을 발달시켰다. 페니키아인을 자줏빛 민족(Purple People)이라고 함은 이로부터 비롯되었다.

페니키아인은 정치적으로 독자적인 도시 국가(City State)를 형성하였는데 그 중에 가장 유명한 것은 시돈Sidon과 티르Tyre였다. 강력한 인접국들의 호의와 관용에 크게 의존한 그들은 수많은 운명의 변동을 경험해야 했다.

페니키아인은 불세출의 정복왕이었던 마케도니아의 알렉산드로스 대왕(Alexandros the Great, 재위 B.C.336-B.C.323)에 의해 정복당할 때까지 거의 3천년 동안 고대문명에서 가장 우수한 상업 민족이었다.

페니키아인은 정치적으로 전혀 통일된 적이 없으며 독립된 도시 국가들에서 나오는 잉여 산물과 지적인 노력의 결과를 통해 이곳을 지배했다. 훌륭한 장인들이었던 그들은 월등히 발전된 배와 항해기술을 통해 바다를 지배했다.

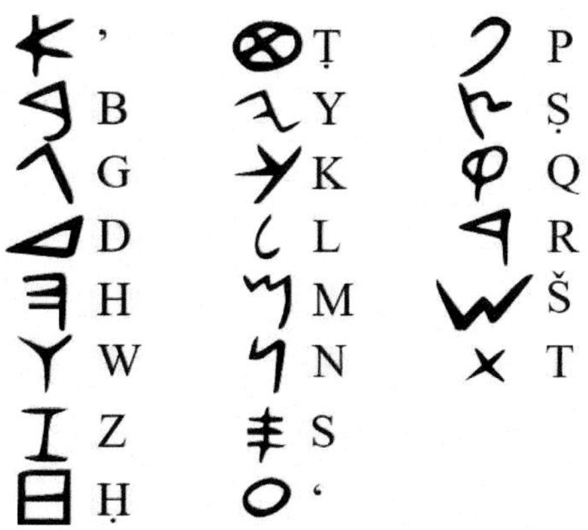

| 페니키아가 개발한 알파벳 |[11]

페니키아인은 무역에 있어 그리스와 로마인의 여러 가지 상업기법을 도입하였을 뿐만 아니라 당시까지 사용되고 있었던 상형문자Hieroglyph나 설형문자Cuneiform보다 더욱 실용적인 대체어로서 알파벳Alphabet을 개발하기도 했다. 또한 그들은 좁은 영토에서 인구팽창을 완화하고 무역을 촉진하기 위해 북아프리카 해안과 시실리아Sicilia · 사르데냐Sardegna · 발리어릭Balearic을 포함한 현재 스페인 섬과 해안에 식민지를 개척했다.

로마인은 페니키아의 식민지였던 카르타고Carthage를 포에니(Phoenie, 페

| 지중해 무역을 독점한 해상민족 페니키아 |⑫

니키아)라 불렀다. 페니키아인은 서지중해에까지 최대세력을 떨쳤으며(B.C.300년 전반) 무역으로 번영하였다. 특히 카르타고는 땅이 비옥하고 지중해 통상의 요충지로 해상무역의 전진기지 역할을 톡톡히 감당했다.

한때 페니키아는 독립된 제국을 건설하기도 했고 후일 지중해 서부의 주도권을 놓고 로마와 전쟁을 벌이기도 했다. 페니키아가 점령한 주요 식민지는 대부분이 지중해를 둘러싼 내륙지역 각각의 도시들이었다.

| 페니키아의 지배영역 |⑬

스텔스 전쟁

보이지 않는 기능 스텔스

스텔스 기술(Stealth Technology)은 레이다Radar에서 적을 속여 전력을 극대화하는 첨단기술이다. 일명 보이지 않는 기술로도 불리고 있으나 그렇다고 적의 레이다로부터 아군의 정체를 완전히 감추게 할 수는 없다. 이를테면 스텔스는 레이다에서 투명 인간처럼 완전히 제 모습을 감추게 하는 것이 아니라 다만 최대한 작게 보이게 한다는 것에 핵심을 두고 있다. 스텔스는 적의 다양한 탐지 수단이 발견하지 못하도록 하는 것에 본연의 목적을 두고 있는데 그 대상은 레이다나 적외선 탐지기 등이다.

스텔스 기술과 대립하고 있는 레이다는 전파를 발사한 다음 물체에 부딪혀 반사되어 돌아오는 전파를 가지고 목표물을 탐지해낸다. 적의 레이다를 파괴하지 않는 한 레이다가 전파를 내보내는 것 자체를 막을 수 없으나 최소한 반사파를 적의 레이다로 돌아가지 않도록 하는 것은 가능하다.

여기에 주로 사용하는 방법은 대개 두 가지로 구분되는데 하나는 전파흡수물질을 사용하여 적의 레이다로 돌아가는 전파를 아예 사라지게 하거나 흡수해버리는 것과 다른 하나는 전파를 반사는 시키되 적의 레이다 쪽이 아닌 엉뚱한 방향으로 되돌리는 방법이 있다.

물체가 전파를 반사하는 수준은 레이다 반사 단면(RCS, Radar Cross Section)이라는 수치로 나타내는데 그 값에 비례하여 작으면 작을수록 적의 레이다에 작게 나타나게 된다. 일례로 비스텔스 항공기들은 레이다에서 1.0㎡ 이상의 수치를 나타내는데 이에 비하여 스텔스 항공기들은 그것의 1/100에서 1/10,000 수준인 0.01㎡-0.0001㎡ 정도로 그 수치가 내려간다.

스텔스 기술

스텔스에는 다양한 기술 요소들이 포함된다. 레이다 전파를 흡수하는 도료 기술인 전파흡수물질(RAM, Radar-Absorbent Material) 기술・레이다 전파의 반사를 최대한 방해하는 설계 기술인 전파흡수구조 기술(RAS, Radar Absorbing Structure)・엔진의 배기가스 배출량을 줄이는 기술 등이다.

전파흡수물질RAM 기술은 가장 전형적인 스텔스 기술이다. 비행기 동체에 흑연 등을 도포 하는 원시적인 방법으로 제2차 세계대전 당시 주로 사용되었다. RAM의 핵심은 전파가 닿으면 반사되지 못하고 열에너지 형태로 변환된다는 데 있다.

RAM은 기종・함선・차량・건물 등 본래 형상을 바꾸지 않고도 쉽게 스텔스 목적을 달성할 수 있어 경제적이고 전시에 무기의 형상이 변형됨으로 수반되는 성능 저하를 염려할 필요가 없고 적용하기도 간단하다는 장점이 있다.

그러나 단점은 레이다 전파를 흡수하는 효율이 낮다는 것이다. 그리고 한번 움직이거나 이동할 때마다 일 때마다 RAM이 침식되거나 지워지므로 스텔스를 유지하기 위해서는 반복되는 RAM 도포 작업에 임해야 한다는 것이다.

이러한 단점에도 불구하고 상당한 비용을 들여 RAM을 유지하려는 이유는 국지전 발생 시 신속하게 전략 목표를 타격할 수 있고 그 과정이 매우 경제적이기 때문이다.

전파흡수구조 기술RAS는 기재에 금속 입자에서 탄소 나노튜브까지 다양한 전자기 재료를 채워서 만들어진다. 이를테면 탄소 포화 폴리우레탄 폼·탄소 충전 실리콘 및 철 충전 우레탄들이 마이크로파 에너지를 흡수하는 재료 조합들에 포함된다.

| 냉전시대 스텔스 정찰기 SR-71 |①

스텔스 기술은 이러한 다양한 기술 요소를 포함하고 있어 어느 한 가지 기술만을 의미하는 것이 아니라 이를테면 하나의 체계System로서 의미를 특정하고 있다.

스텔스 기술이 본격적으로 사용된 항공기는 냉전시대(冷戰時代, Cold War Era)1] 정찰기로 활약하던 SR-71이었다. 당시 SR-71은 소련·라오스·북베트남·북한 등 미국의 적대 국가를 주로 정찰하였다.

1] 제2차 세계대전 뒤 미국을 비롯한 서유럽 진영과 소련 진영 간에 적대 상태가 존재하고 있으나 군사적인 침략 행위는 없는 상태를 표현하는 용어이다. 제2차 세계대전 말기부터 미국·소련 양국은 동유럽의 정치 체제와 원자력 관리를 둘러싸고 대립하여 미국이 마셜 계획(1948)을 통해 북대서양 조약 기구(NATO)를 결성하여(1949) 냉전은 절정에 달하였다. 이에 맞서 소련 측도 바르샤바 조약 기구(WTO)를 결성하여 군사적으로 대항하였다. 한국전쟁·베트남 전쟁의 개입으로 냉전은 극도에 달했다. 이후 중국과 소련의 대립과 제3세력의 대두로 국제적 다극화가 진전되다가 마침내 미국·소련·영국·프랑스 등 제2차 세계대전 전승국들이 독일과 화해 조약을 조인하여 독일의 통일을 인정함으로써(1990) 동·서 냉전체제는 사실상 막을 내렸다.

| 걸프전쟁 냉전시대 F-117A 나이트 호크 |②

스텔스 전투기가 직접 전투에 참여한 것은 걸프 전쟁(Gulf War, 1990-1991)에서의 F-117A 나이트 호크Nighthawk 스텔스 전투기였다.

당시 F-117A는 공대공 전투 능력이 없는 폭격기였지만 패전국인 이라크에게는 그야말로 공포의 대상이 되었다.

미 · 중 · 러의 스텔스 각축전

| 스텔스 전투기의 본격화 미국의 F-35 |③

지난 걸프전쟁에서 가오리와 비슷한 모양을 가진 F-117A 나이트 호크는 이라크 바그다드 상공에 나타나 주요 군사시설과 산업시설을 일제히 융단 폭격하여 무력화시켰다. 실전에서 레이더에 탐지되지 않는 스텔스기의 위력을 처음으로 엿볼 수 있었던 순간이었다. 걸프 전쟁에서 스텔스기를 처음 투입한 미국은 이후 F-35를 앞세워 세계 전투기 시장의 주도권을 장악해 이로써 미국 주도의 국제질서를 굳혀왔다(2000년대).

반면에 러시아와 중국은 F-35를 견제할 수 있는 수출용 스텔스기를 보유하고 있지 못했다. 미국을 견제할 수 있는 스텔스기의 필요성이 제기된 이유였다.

해외시장을 노린 러시아의 SU-75

| 러시아 SU-75 |④

모스크바 국제 항공 우주 에어쇼(MAKS, Moscow International Aviation and Space Salon)에서(2021.7.20) 처음 선을 보였던 SU-75 소위 체크메이트Checkmate 전투기는 러시아의 국영 통합 항공기 제작사(UAC, United Aircraft Corporation) 산하 수호이Sukhoi 설계국이 개발한 5세대 스텔스 전투기다. SU-75 이름인 체크메이트는 서양 장기 체스에서 사용하는 용어로 상대방의 킹King이 위험에서 벗어날 수 없는 상태를 뜻한다.

SU-75는 모스크바 에어쇼 이전까지 전혀 알려지지 않았으나 F-35의 대항마로서 국내·외에 높은 관심을 불러일으켰다. 실제로 짧은 개발 시점에도 불구하고(2020년) SU-75 성능은 예상 밖으로 뛰어났다.

체크메이트는 음속의 2배에 달하는 시속 2,448㎞로 비행할 수 있으며 전투 반경도 3,000㎞에 달한다. 전자전 공격 상황에서도 6개의 표적을 추적할 수 있는 다기능위상배열(AESA, Active Electronically Scanned Array) 레이다가 장착되어 있다. AESA는 다른 레이다에 역탐지 되지 않으며 동시에 많은 목표물을 처리할 수 있는 첨단기술이다.

한편 F-35와 동일한 개념의 스텔스 기능도 추가됐다. 동체 하부의 내부 무장창에는 미사일 5발을 장착하고 있고 측면에 설치된 2개의 내부 무장창에는 각각의 미사일을 내장할 수 있다. 러시아는 현재까지 SU-75 구체적인 생산계획을 밝히지 않고 있으나 조만간 첫 비행을 예정하고 있는 것으로 알려져 있다(2023년).

SU-75는 종전 러시아 전투기 개발 시 축적한 기술과 SU-35S와 SU-57 등에 사용된 기술과 부품의 재활용을 통해 대당 생산단가를 크게 낮추고 이로써 본격적인 생산기간의 단축을 예정하고 있다.

| 러시아 SU-57 |[⑥]

SU-75 대당 예상 가격은 2,500만-3,000만 달러로 추산하고 있는데 이는 대당 가격이 15,300만 달러인 F-35의 약 1/5 수준에 불과한 실정이다. SU-75는 현재 제3세계에서 러시아의 영향력을 확대하는 도구로도 사용될 전망이다.

| 러시아 SU-57 |[⑦]

SU-75는 냉전 시대의 소련에서 MIG-21 전투기를 공급받은 인도 등 제3세계 국가를 수출국으로 지목하고 있다. 이들 국가는 MIG-21 노후화로 교체 필요성을 느끼고 있으나 현재 러시아에선 이를 대체할 수 있는 기종이 없는 실정이다. 미국·스웨덴·프랑스 등은 러시아의 이러한 약점을 이용하여 스텔스 전투기 판매에 박차를 가하고 있다.

| 미국의 러시아 F-16V |[⑧]

스텔스 전투기 확보를 강하게 원하고는 있으나 정치·경제적 이유로 주저하고 있는 국가들도 수출 대상으로 거론되고 있다. 일례로 베트남은 수년 전 러시아산 SU-57 도입을 검토했으나 성사되지 못

| 러시아 SU-35S |⑤

했고 인도네시아는 F-35의 구매를 원했으나 미국 정부의 수출 허가 가능성이 희박 하자 F-16V로 선회한 바 있다. 향후 SU-75 체크메이트가 본격적으로 세계 전투기 시장에 뛰어들면 스텔스기를 원하는 개발도상국을 중심으로 상당한 반향을 불러일으킬 것으로 예측된다.

수출용 스텔스기 띄운 중국

| 중국의 J-20 |⑨

| 중국의 FC-31 |⑩

최신 무기개발과 수출에 적극적이던 중국은(2000년대-) 5세대 스텔스 전투기 J-20과 FC-31(J-31)을 선보이고 있다. J-20과 FC-31은 중국 전투기 생산의 양대 라이벌인 청두항공기공업(CAC, Chengdu Aircraft Industry)과 선양항공기공업(SAC, Shenyang Aircraft Corporation)이 각각 개발했다.

2011년 첫 공개된 FC-31은 J-20처럼 5세대 스텔스 기술이 적용됐지만 많은 차이점이 있다. J-20은 미국 기술과 공중전 개념을 반영해 중국 정부의 전폭적 지원으로 개발과 실전배치가 이루어졌다.

반면에 러시아 전투기의 영향을 받은 FC-31은 제작사인 SAC가 수출을 염두에 두고 생산한 기종이다. 러시아산 SU-57 도입이 거론되는 인도와 갈등을 빚는 파키스탄과 F-35 구매가 어려운 중동 등이 수출대상국으로 지목되고 있다.

FC-31은 가볍고 경쟁 기종 대비 작은 기체 구조를 지니고 있다. 중량은 25t으로 J-20보다 12t이나 가볍다. 스텔스기라 미사일과 폭탄을 탑재하는 내부 무장 공간을 갖추고 있으나 외관 특성상 F-35보다는 탑재 능력이 낮다. FC-31은 최대 200㎞밖에 떨어진 표적을 탐지할 수 있는 중국산 다기능위상배열(AESA) 레이더가 장착되어 있다. 다만 대당 가격은 F-35의 1/2 수준인 7,000만 달러 정도이다.

FC-31는 첫 등장 이래로 꾸준히 성능이 개량되었다. 게다가 최근에는 중국 항공모함 함재기로도 주목을 받고 있는데 그간에 중국 해군의 주력기는 4세대 전투기 J-15로서 5세대 스텔스기인 미국 F-35B나 F-35C와 비교할 때 성능 면에서 격차가 매우 컸다.

한편 항공모함은 수용 공간이 제한적인데 이러한 상황에서 탑재할 수 있는 전투기 규모는 항공모함의 공중 타격 능력을 결정하는 척도가 된다. FC-31은 스텔스 기능을 갖추고 있고 동시에 무게가 가벼우며 크기가 작아 경쟁 기종보다 더 많은 수량을 항공모함에 탑재할 수 있다. 이는 FC-31의 돋보이는 장점으로 손꼽을 수 있다.

그러나 아직까지 FC-31이 항공모함에서 운용되려면 대대적인 성능개량이 요구되고 있다. 공군용 전투기보다 훨씬 튼튼한 바퀴와 기체 구조 그 밖에 움직이는 항공모함에 안전하게 착륙할 수 있는 착함장치(Arrester Hook)[2] 등을 갖춰야 한다. 중국은 FC-31을 2020년대 중반 실전에 배치될 항공모함에 운용을 목표로 성능개량에 임하고 있다.

재래식 전투기의 수출 경쟁

미국 · 중국 · 러시아를 중심으로 스텔스기 경쟁이 치열하게 전개되고 있으나 재래식 전투기 시장을 둘러싼 힘겨루기도 꾸준히 전개되고 있다. 스텔스 성능보다는 강력한 공격력이나 낮은 가격 등을 기대하고 있는 국가들이 그 대상이 되고 있다.

| 프랑스 라팔 |⑪

프랑스 라팔(Dassault Rafale)은 이러한 전략으로 상당한 판매실적을 올리고 있다. 라팔은 리비아 · 시리아 등에서 실전을 통해 그 성능을 입증하고 있는데(2015-) 무엇보다 장거리 타격 능력에서 F-35보다 우수하다고 평가되고 있다. 라팔은 100% 프랑스 기술로 개발돼 미국의 수출 허가 여부에서도 자유롭다. 그리스 · 이집트 · 인도 · 크로아티아 등에 수출됐으며 인도네시아도 도입을 계획하고 있다.

| 중국의 JF-17 |⑫

중국과 파키스탄이 공동 개발한 JF-17은 가성비를 앞세워 개발도상국 시장진출을 시도하고 있다. 미국산 F-16 1대 값으로 JF-17 10대를 살 수 있다는 말이 나올 정도로 가격이 저렴하나 가격 대

2] 함정 착함 장치는 착륙지가 고정되어있는 육상과 달리 착륙장소가 항상 요동치는 특수한 환경인 함정 위에서의 회전익기 혹은 고정익기의 착함을 보조하는 장비이다. 장비의 수준은 착함을 보조하는 수준부터 강제 착함시켜 이송까지 가능한 수준까지 다양하다.

| 중국의 JF-17 개량한 FC-31 |

| F-16을 개량한 미국의 F-16V |⑬

비 성능은 상당한 수준이다.

한편 중국 FC-31은 다기능위상배열(AESA) 레이더를 탑재 최대 200㎞ 밖의 표적을 탐지할 수 있다. 350㎞ 파키스탄산 장거리 공대지미사일 · 중국산 중거리 공대공미사일 · 러시아산 정밀 유도폭탄 등을 장착해 공격력도 우수하다. 저렴한 가격으로 JF-17와 함께 경전투기를 구매하고자 하는 국가에서 상당한 주목을 받고 있다.

서방측 기종에는 현재까지 베스트 셀러로 꼽히는 F-16의 수요가 여전하다. 제작사 록히드 마틴Lockheed Martin은 F-16의 컴퓨터와 레이더 등을 개량하여 F-16V를 판매하고 있다. 현재 대만 · 슬로바키아 등이 도입했으며 인도 전투기 사업에서는 인도 정부와 군의 요구사항을 반영한 개량형을 제공했고 필리핀도 F-16V를 도입한 상황이다.

기종	F22	F35 계열	J20	Su57
보유국	미국	한국, 미국, 일본	중국	러시아
길이/폭(m)	18.9/13.5	15.6/10.7	20.3/12.8	19.8/14
최대 속도(마하)	2.25	1.8	1.8	2
레이더 반사면적(RCS)	0.005㎡ 수준	0.005㎡ 수준	0.1㎡ 수준	0.1㎡ 수준
작전 반경	2960㎞	F35A(공군용): 2200㎞, F35B(해병대용): 1700㎞	2500~2700㎞	1500~3500㎞
첫 시험비행 시기	1997년	2006년	2011년	2010년
특징	현존하는 세계 최강의 전투기로 평가, 미국이 동맹국에도 수출을 금지한 기종	일본은 F35A 이외에 수직 이착륙이 가능한 F35B도 도입할 예정	당초 장착하려던 차세대 엔진의 결함으로 기존 전투기 엔진 개량 장착	스텔스 성능이 미국에 비해 다소 떨어진다는 평가로 현재 개발 단계

| 동북아 지역의 주요 스텔스 전투기 비교 |

대항해시대의 노예무역

노예무역의 역사

| 우리나라 조선시대 말 노비 |①

노예(奴隸, Slave)는 남의 소유물로 되어 부림을 당하는 인간으로 모든 권리와 생산 수단을 빼앗기고 물건처럼 사고 팔리던 노예제 사회의 피지배 계급을 지칭한다. 여기서 노예무역(奴隸貿易, Slave Trade)은 노예를 상품으로써 사고파는 행위를 말한다.

노예무역이 언제부터 있었는지는 정확하지 않으나 대체로 인류의 역사가 시작된 때로부터 보는 것이 일반적이다. 왜냐하면 그만큼 장구한 세월 동안 유지되어왔고 그 흔적을 감춘 지가 얼마 지나지 않고 있기 때문이다.

대항해시대의 노예무역

노예무역이 가장 활발했던 시기는 이른바 대서양 노예무역(Atlantic Salve Trade)이다. 그 이유는 서아프리카에서 아메리카 대륙으로 노예무역이 근대 이전까지 성행했고 유사 이래 그 규모가 가장 거대했기

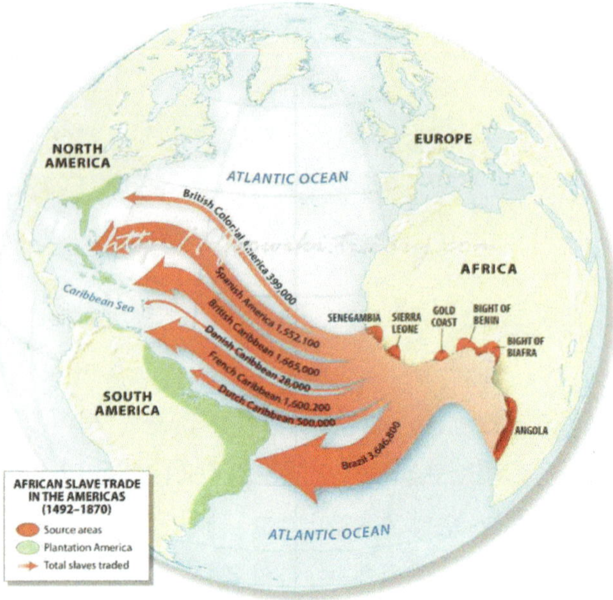

| 아메리카 대륙으로 향하는 아프리카 노예무역(1429-1870) |②

때문이다. 아프리카인이 아메리카 대륙 개척의 노예가 된 이유는 이른바 바야돌리드 논쟁(Junta de Valladolid, Valladolid Debate)이라는 역사적 사건에 직접적으로 얽혀있다(1550).

이 논쟁에서 아메리카의 모든 원주민은 이성과 문화가 있는 사람이기에 노예로 삼거나 가혹하게 대우해서는 아니 된다는 결론을 도출했고 그 대신 사람이 아니라고 간주한 아프리카 흑인은 아메리카 대륙을 개척하기 위한 노예로 취급하기로 결의했다.1] 당시 사하라 사막(Sahara Desert) 남부 특히 서아프리카 지역은 농노제(農奴制, Serfdom)2]와 유사한 방식의 노예제(奴隷制, Slavery)3]

1] 에스파냐 바야돌리드에서 아메리카 식민화에 관해 벌어진 신학토론회다(1550-1551). 서양사상 최초의 피식민지인의 인권이 거론된 자리였다. 주제는 미주 식민화가 천주교 개종에 따라 정당화될 수 있는지와 백인 식민자들과 신세계 원주민들 간의 관계 등이었다. 한편에서는 원주민의 자연권을 옹호하며 그들이 에스파냐에서 건너간 식민자들과 동등한 대우를 받아야 한다고 주장했고 다른 한편에서는 원주민들의 식인풍습 등을 예로 들어 그것이 자연에 반하는 죄임을 주장하며 어떤 수를 동원해서라도 필요하다면 전쟁을 통해서라도 그러한 행위를 멈추게 해야 한다고 주장했다. 논쟁 자체에서 어느 주장이 수용되었는지는 알려진 바 없다. 이 사건은 식민주의와 피식민지인의 인권과 국제관계에 관한 최초의 도덕성 논쟁으로 취급되고 있다. 이 논쟁은 에스파냐가 이후 후발 식민열강들 역시 격게 될 도덕과 정의의 문제에 처했음을 상징하는 계기가 되는 사건으로서 중요성을 지닌다. 이 논쟁의 결론은 아프리카 흑인 노예로 노동력을 충원하는 것으로 귀결되었다.

가 유지되고 있었다. 당시 유럽은 가톨릭에서 같은 가톨릭교도를 노예로 삼는 것은 금하고 있어 공식적으로는 노예제는 금지되어 있었으나 농노제는 유지되고 있었다.

| 아프리카 노예 사냥꾼과 머스켓 |③

대항해시대에 이르러 포르투갈은 아프리카에서 전방위적인 노예무역에 임한다. 실제로 아프리카 부족 중에는 포르투갈과 교류를 통해 머스킷Musket과 같은 총을 얻은 곳이 있었는데 이것이 그들의 세력 확장 및 유지에 큰 도움을 주었다. 이를테면 아프리카 유력한 부족들은 무기를 얻기 위해 농노나 포로를 노예로 제공하기도 했다. 그 결과 본격적인 노예무역 시대가 열린다.

이후 포르투갈인은 아프리카에 본격적으로 침투하여 노예 반출에 힘을 쏟았다. 노예는 대부분 중노동에 사용되었다. 상선에 짐짝처럼 실려 아메리카로 반출된 노예는 약 1,000만 명에 달했고(1519-1860년대 말) 반출 도중에 상선에서 죽은 노예의 사망률은 대략 15%에 달했다.

초창기 포르투갈이 아프리카 식민지 쟁탈에 교두보로 삼은 곳은 현재 앙골라Angola다. 포르투갈은 지금까지 단순한 무역 운송만을 담당하는 전문 중계상에서 벗어나 이후 완전한 공급자로 변신했다. 이로써 유럽의 아프리카 식민화는 본격화되고 이에 편승하여 노예무

2] 농민이 봉건지주에게 예속되어 지주의 땅을 경작하고 부역과 공납 의무를 부담한 사회 제도이다.

3] 노예는 인격이 부인되고 타인의 소유물로 권리와 자유가 박탈된 자이다. 법적으로는 개인재산으로 취급되어 양도·매매가 가능한 물건이었다. 이른바 생명 있는 도구 또는 말할 줄 아는 도구로 여겼다. 소유자는 어떤 종류의 노동도 시킬 수 있었고 원칙적으로는 그 생명도 빼앗을 수 있었다.

| 대서양을 항해하는 노예무역 상선 |④

역은 더욱 활발해졌다. 기록에 의하면 대서양 노예무역으로 약 1,250만 명의 아프리카인이 노예로 아프리카를 떠났고 약 1,070만 명이 아메리카에 도착했다고(1526-1867) 보고되고 있다.

아메리카 대륙에서의 노예제

가장 전형적인 흑인 노예제는 남북 전쟁 이전 미국 남부에 정착된 흑인 노예제를 꼽을 수 있다. 미국의 노예제는 생도맹그(Saint Domingue)4]나 브라질에 비하면 기초적이나마 인간적으로 이루어진 편이었다. 일례로 다른 곳과는 달리 노예들이 가족을 이루고 살 수 있도록 배려한 문화가 정착되어 있었다.

브라질 · 생도맹그 · 바베이도스Barbados 사탕수수 농장의 경우 노동강도는 무척 심했다. 그 결과 노예를 매수한 후 7-8년 후에는 과도한 노동에 따른 질병으로 때마다 노예를 보충해야 했다. 아메리카 대륙에 반입된 흑인 노예의 10-20%는 이슬람Muslim이었다(18-19세기). 이슬람은 종종 봉기를 일으키는 경우가 많았기 있었기 때문에 식민지 수요처에 도착하는 즉시 개신교나 가톨릭으로 개종시키기도 했다.

4] 생도맹그는 카리브해의 히스파니올라(Hispaniola)섬의 서쪽 1/3을 차지했던 프랑스의 식민지이다(1697-1804). 설탕과 커피 무역으로 프랑스 식민지에서 가장 많은 이익을 창출했던 곳이다. 현재 아이티(Haiti) 공화국에 해당한다.

이슬람의 노예무역

중세 국제적인 노예무역으로 이슬람 세계의 노예무역도 대서양 노예무역과 같은 시기에 성행했다. 이슬람 노예무역은 대서양 노예무역에 견줄 만큼 악질적이고 비인간적이었다. 이슬람교에서는 무슬림Muslim이 같은 무슬림을 노예화하는 것을 금지했기 때문에 중세부터 노예무역이 번창했다. 아라비아반도는 지리적으로 아프리카 대륙과 인접해 있어 노예의 공급과 수급에 상당한 이점이 있었다.

노예들은 무슬림이 직접 약탈한 지역에서 납치해 온 노예들이 대부분이었지만 중세 초에는 하자르인Xäzär[5]이나 노르드인Nordmän[6]이 사로잡은 노예들을 매수하기도 했다. 약 900년에 걸쳐 이어진 이슬람 노예무역에서 사망한 노예의 수는 적게는 400만에서 많게는 1,800만에 이를 것으로 추정되고 있다.

| 잔즈 반란(Zanj Rebellion) |⑤

대서양 노예무역에서 희생된 노예들은 대개 농장에서 중노동으로 시달렸으나 이슬람 노예무역에 충당된 노예들은 오래전부터 아랍 국가 사이에 주로 노동이 수반되는 노예 군인이나 성노예가 주류를 이루었다. 일례로 메소포타미아Mesopotamia와 남부 습지를 개간하는 일이 난관에 봉착하자 당시 지배 계층인 아바

5] 투르크족(Turks)의 분파 및 이 분파가 건국한 칸 또는 카간에 의해 통치되는 정치적 독립체인 카간국(Khaganate)의 총칭이다. 동서로는 우크라이나(Ukraine) 초원에서 우랄강(Ural R.)에 남북으로는 볼가강(Volga Riv.) 중류에서 북 캅카스(Kavkaz)와 크림반도(Crimean Pen.)에 이르렀다.

6] 스칸디나비아반도(Scandinavia Pen.)를 중심으로 활약한 게르만족(Germanic Peoples) 일파를 말한다.

스 왕조Abbasids7]는 아프리카에서 수입한 흑인 노예를 투입해 개간 사업을 진행했다. 무덥고 습한 날씨에 수많은 노예가 과로로 죽자 결국 이들은 처우 개선을 요구하며 잔즈 반란(Zanj Rebellion, 869-883)8]을 일으키기도 했다. 아랍권 노예무역 희생자 중에는 흑인보다 백인이 더 많았고 흑인 노예보다는 백인 노예가 비싼 값에 거래되었다.

중세 초 유럽의 전쟁포로 중 기독교인이 아닌 다신교를 믿는 부족이 포로로 잡히면 대부분 노예 수요가 많았던 이슬람 국가로 수출되었고 노르만인Norman도 해적과 약탈로 사로잡은 노예 대부분을 이슬람 국가에 수출하기도 했다.

| 이슬람 노예무역 |⑥

우마이야 왕조(Umayyad Dynasty, 929-1031)9] 시대 코르도바Cordoba의 궁정에는 약 13,000명의 슬라브인Slavs 노예가 있었다고 전해지고 있다(961). 우마이야 왕조가 멸망한 뒤 슬라브인 군인 노예들은 군벌을 이루고 스페인 각지에 이슬람 타이파Taifa10] 국가를 세

7] 이슬람 왕조로(750-1258) 초기영토는 동쪽 아무다리야강(Amu Dar'ya Riv.) 북쪽에서 서쪽 마그리브(Maghreb)에 이르는 광대한 지역이었는데 점차 축소되었다. 중앙집권화에 주권자 칼리프(Caliph)는 수니파(Sunni) 신앙을 옹호하였고 칼리프의 권위는 신으로부터 받았다는 관념이 확립되어 있었다. 문화·과학·산업·경제가 크게 발전하였다. 몽골에 의해 멸망했다(1258).

8] 이라크 남부에서 벌어진 흑인 노예들과 일부 아랍·베두인들의 반 아바스 반란이다(869-883). 비록 진압되었으나 한때 바그다드를 위협하였고 아바스 왕조 쇠퇴와 이슬람 세계 분열을 앞당겼다.

9] 우마이야 왕조는 정통 칼리프 시대에 이어 아랍·이슬람 제국의 2번째 칼리프 왕조이다. 우마이야 가문은 예언자 무함마드(Muhammad)와 같은 쿠라이쉬(Quraish) 부족이었다.

10] 타이파는 한때 이베리아반도의 이슬람 왕국과 그 군주를 가리킨다. 아랍어로 부족 집단 등을 의미하

웠다. 현재 체코 프라하Praha는 중세 초기 이슬람 국가에게 노예를 수출하는 전진기지로 유명세를 떨쳤다.

| 이슬람 군사 노예 맘루크(Memluk) |⑦

중세 초에는 카프카스Kavkaz 근방의 쿠만족Kuman과 중앙아시아의 튀르크족Turks을 비롯해서 이슬람으로 개종하지 않은 튀르크계 유목민들이 다른 튀르크계 부족과 싸우다 패배해 포로로 잡히면 군사노예 맘루크Memluk로 매매되었다.

한때 이들이 아랍 군인과의 유혈 충돌 때문에 튀르크 군과 아랍군을 따로 분리한 것을 시점으로 차츰 군사력을 장악하고 군벌화되기 시작했다. 이들 튀르크 군 노예들은 이슬람으로 개종한 셀주크 튀르크인 동포를 끌어들이고 아랍인들을 밀어냈으며(11세기) 그 결과 중동의 패권은 아랍인에게서 튀르크인에게 넘어가게 되었다. 심지어 이집트 맘루크 왕조는 아랍인들로부터 갑옷 입을 권리와 말을 타고 다닐 권리를 박탈하기도 했다.

중세 말 흑사병(黑死病, Black Death)의 유행으로 이탈리아 북부의 부유한 도시국가들이 인구감소로 타격을 받자(14세기 말) 제노바 공화국(Republic of Genoa)은 이를 만회하고자 흑해(Black Sea) 무슬림 타타르인Tatar으로부터 슬라브인 노예를 수입했다.

그 결과 이탈리아 북부 도시의 중산층은 집마다 노예를 적어도 1명 이상씩 둘 정도였으나 오스만 제국(Osman Empire)의 등장으로 제노바의 흑해 식민지들이 함락되면서 이탈리아 노예 시장의 주 공급처는

는 타이파에서 유래한다. 후우마이야 왕조가 멸망한 후에 탄생했다(1031).

| **이슬람 노예무역** |⑧

| **오스만제국**(Osman Empire) |⑨

아프리카 서부로 바뀌게 되었다.

이러한 변화는 결국 포르투갈의 대서양 항로 개발을 촉진하는 계기로 대서양 노예무역의 시발점이 되었다.

마그레브Maghreb11]지역의 이슬람 해적인 이른바 바르바리 해적(Barbary Pirates or Barbary Corsairs)12]들은 중세 초부터 해적 행위와 약탈로 유명했으나 오스만제국의 영향권 속에서 자치를 누리며 지중해 지역의 기독교인을 납치해 노예로 팔았다. 이러한 상황은 유럽국가의 공통된 골칫거리 중 하나였기에 수많은 서구 국가가 이들의 해적질을 근절하기 위해 뛰어들게 한 계기가 되었다(19세기).

11] 리비아 · 튀니지 · 알제리 · 모로코 등 아프리카 북서부 일대를 총칭한다. 마그리브(Maghrib)라고도 한다. 이 말은 아랍어로 동방(Mashriq)에 대하여 서방을 뜻한다.

12] 바르바리 해적은 알제리 · 튀니지 · 리비아 · 모로코 등 북아프리카 서부지역의 지중해 연안에 있는 항구들을 거점으로 삼아서 활동하던 해적(Pirate)이나 사략(私掠, Corsair) 행위자들을 말한다. 여기서 사략이란 민간인이지만 교전국의 정부로부터 적선을 공격하고 나포할 권리를 인정받은 자들이 무장한 민간 소유의 선박을 이용하여 해상에서 강도 행위를 하는 것을 말한다.

| 마그레브의 바르바리 해적 |⑩

| 유럽열강의 바르바리 해적 소탕전 |⑪

전성기에 이슬람 해적은 교황을 공격하기도 하고 아일랜드와 북미까지 약탈하는 등 무자비한 악명을 떨쳤다. 이 모두가 그들 배후에 오스만제국이 버티고 있었기에 가능한 일이었다.

그들의 납치 행각과 노예무역은 오스만제국이 시나브로 쇠퇴해 가고 나폴레옹 전쟁(Napoleonic Wars, 1803-1815) 이후 국력을 신장한 유럽국가가 강력한 해군력으로 토벌전을 벌인 이후에야 비로소 자취를 감추게 되었다. 특히 프랑스가 북아프리카를 대대적으로 침공하여 알제리를 프랑스령으로 귀속시킨 이후에(1830) 악명높았던 바르바리 해적의 노예무역은 종말을 고했다.

오스만제국 북쪽에는 카잔칸국(Kazan Khanate, 1437-1552)13] · 아스트라한칸

13] 카잔칸국은 불가리아인이 거주하던 지역에서 원주민들을 주축으로 하여 건국되었다(1437). 전성기에는 모스크바 공국과 경쟁을 벌여 러시아인들을 카잔칸국에 복속시키기도 했다. 당시 러시아는 조공을 바치는 것은 물론 카잔의 관리들을 러시아 각 도시로 파견하는 것에 동의하기도 했다. 이후 카잔은 러시아와 반복되는 전쟁으로 힘을 잃고 결국 그 지배를 받게 되었다. 이때 살아남은 카잔의 투르크족이 오늘날 타타르족이다.

| 크림칸국(Crimean Khanate)의 노예 시장 |⑮

국(Astrakhan Khanate, 1466-1556)14] · 크림칸국(Crimean Khanate, 1449-1783)15] 등 몽골 제국의 후계 국가들이 세력을 구축하고 있었다. 이들은 러시아를 비롯한 동유럽 국가들을 침공해 수많은 노예를 사로잡고 매매에 임하여 막대한 이득을 보았다. 이로 인하여 러시아 내에서는 이들에 대한 원성이 높았고 동쪽 국경은 늘 위험했다.

결국 러시아는 이들 칸국을 정복하여 노예사냥에 종지부를 찍는다. 당시 러시아가 카잔을 함락했을 때 약 10만 명의 러시아인 노예를 풀어주었다는 사실에 비추어 당시 슬라브인의 노예사냥과 매매의 규모를 짐작할 수 있다.

그러나 크림칸국만은 오스만제국과 굳건한 동맹 때문인지 다른 칸국에 비하여 오래 존속했다(18세기 말). 우크라이나 남부와 크림반도를 근거지로 하는 이 유목민 국가는 오스만제국과 손잡고 동유럽 지역의 기독교도 신자를 잡아 막대한 수입을 올렸다.

14] 볼가강이 카스피해로 흘러드는 유역을 중심으로 건국되었다(1446). 수도 아스트라칸은 중요한 무역로의 도상에 있었다. 이 도시는 부강한 나라들이나 유목민들과의 교역을 통해 부를 축적했다. 그러나 외부세력의 침략이 계속되면서 쇠퇴해 갔다. 구성원이 대부분 유목민인데다 외부의 침략이 있을 때마다 부족장들의 힘이 분산된 것이 국력 약화의 원인이 되었다.

15] 오스만제국의 속국이었으며 러시아·튀르크 전쟁으로 러시아에 의해 망하기 전까지 강대국 오스만의 비호를 받았던 나라이다. 크림칸국은 지금의 우크라이나 영토 남부와 크림반도 인근을 지배했다. 현재 우크라이나 남부의 소수민족인 크림 타타르족(Tatar)이 바로 크림칸국의 후예이다. 이들은 몽골 제국 침략 전부터 유입된 튀르크계 유목민인 쿠만인의 후예이기도 하다.

| **카잔칸국**(Kazan Khanate) |⑫

| **아스트라한칸국**(astrakhan khanate) |⑬

| **크림칸국**(Crimean Khanate) |⑭

크림칸국 영토는 매우 넓어 전성기에는 발트해와 인접한 리투아니아Lithuania 수도 빌뉴스Vilnius 마저 위협했다. 크림칸국의 노예무역은 강대해진 러시아가 크림반도를 합병하면서 종말을 고했다(18세기 말).

또한 오스만 지배지역인 헝가리 · 세르비아 등의 동유럽에서도 수많은 사람이 노예로 팔려나갔고 이는 슬라브족 분열을 부추겨 이후 발칸반도의 화약고라는 민족문제를 만들어냈다(20세기 말).

코카서스Caucasus16]지역 또한 중동 이슬람권에 인접해 있어 중세 한동안은 인구 태반이 노예

16] 아시아 서북부 흑해와 카스피해 사이에 있는 산악지역이다. 러시아 · 조지아 · 아제르바이잔 · 아르메니아 등이 국경을 접하고 있으며 서남쪽으로 터키와 남쪽으로 이란과 국경을 맞대고 있다. 고대 무역의 중심지인 흑해와 카스피해 사이에 자리한 요충지였고 현재 카스피해에서 나오는 유전 덕분에 그 중요성은 더욱 크다.

| 크림칸국(Crimean Khanate)의 영토 |⑯

| 오만(Oman)의 영토 |⑰

로 매매되었다. 코카서스도 러시아 제국이 남하하여 점령함으로써 노예사냥 및 무역이 근절되었다.

근대에 가장 유명한 노예무역 국가는 오만Oman으로[17] 탄자니아Tanzania 근해 잔지바르섬Zanzibar Is.에 본거지를 두고 아라비아해 서쪽 제해권을 장악한 뒤 동아프리카에서 포획한 흑인을 이슬람 세계에 노예로 파는 식민제국이었다. 모리타니Mauritanie · 수단Sudan 같은 아프리카 사하라 사막 인근 아랍 국가는 근세까지 흑인을 노예로 취급했었다(20세기).

후일 오만에서 독립한 잔지바르 술탄국(Sultanate of Zanzibar)[18]도 노예무역으로 유명했다. 잔지바르 술탄국은 탄자니아 근해 잔지바르섬을 본거지로 아프리카 내륙으로 진출하며 흑인들을 포획해 아랍 상인에게 팔

17] 서남아시아의 아라비아반도 동쪽 끝에 있는 나라이다. 국토의 80%가 바위산과 고운 모래 빛의 아름다운 사막으로 이루어져 있으며 수도는 무스카트(Masqaṭ)이다. 인접국으로는 아랍에미리트 · 사우디아라비아 · 예멘과 인접하고 있다. 아름다운 경관과 마음이 따뜻하고 아름다운 사람들로 신의 축복을 받은 나라라는 말이 많다. 인구밀도가 낮아 땅을 넓게 활용할 수 있다는 큰 장점이 있다. 전세계에서 유일하게 알파벳 O로 시작하는 국가이다

18] 잔지바르 해안에 존재했던 이슬람 왕국이다. 해군력을 동원하여 잔지바르 해안을 통제하고 콩고 내부까지 육상교역로를 연장하였다. 노예무역과 정향(丁香, Clove) 재배로 성장했으나 영국과의 전쟁으로 영국령 동아프리카의 일부가 되었다.

| 잔지바르 술탄국(Sultanate of Zanzibar) |[18]

| 영국과 잔지바르 술탄국의 38분 전쟁 |[19]

았다. 세력 범위는 탄자니아・케냐・콩고에까지 미쳐 중앙 아프리카 내륙의 술탄국들이 잔지바르의 지원을 받았다.

잔지바르 술탄국은 동아프리카 지역에서 식민지를 확장하던 영국과 독일의 진출로 영향력이 위축되었고(1890) 다시금 벨기에와 경쟁에서 패배했다(1894). 이윽고 역사상 가장 짧은 전쟁으로 기록되어 있는 영국과의 이른바 38분 전쟁에서 패배하며 영국의 보호령으로 전락하였다(1896).

이후 잔지바르 술탄국 노예제는 폐지되었으나 술탄 정부 자체는 잔지바르가 독립한 직후까지 이어졌다. 후일 잔지바르 혁명(Zanzibar Revolution)으로 아랍인・페르시아인・인도인이 살해 또는 추방당하면서 흑인 공화국이 탄생했고 이후(1964년) 탕가니카Tanganyika와 통합한 후 탄자니아Tanzania로 개국하였다.

이슬람권의 노예들은 꾸란Koran에서 노예 해방을 선행으로 기록한 것도 있고 노예에 대한 인격적인 대우를 권하는 교리 덕분에 능력이 출중할 경우 유럽이나 아메리카 노예들보다는 훨씬 나은 대우를 받았다는 설도 있으나 비인간적인 노예제하에서 노동과 성을 착취당하는 처지는 여하히 다름이 없었다.

일본의 노예무역

| 포르투갈인에 의한 일본인 노예매매 |[20]

대항해시대 당시 유럽과 접촉한 일본서도 자국민을 유럽인들에게 노예로 파는 경우가 흔했다. 이는 당시 수출할 상품이 없던 일본이 국내의 기나긴 전쟁으로 피폐해져 급기야 자국민을 팔 수밖에 없었던 이유에 기인한다. 실제로 일본은 농민들이나 전쟁포로 같은 자국 일본인들을 아프리카의 흑인 노예들과 마찬가지로 해외에 노예로 파는 사례가 비일비재했다.

| 일본 전국시대 최하급 무사 아시가루(あしがる) |[21]

노예사냥과 인신매매는 평시에는 막일에 종사하고 전시에는 병졸이 되는 최하급 무사로서 이른바 아시가루(足輕, あしがる)의 궁극적인 목표였다. 전국시대의 아시가루는 부족한 급여를 보충할 목적으로 적지에서 약탈을 합법적으로 인정받아 침략지의 주민을 포획해서 노예로 팔 수 있었다.

전국시대 일본의 노예는 일본 내에서 매매되는 것은 물론 해외에서도 성행했다. 포르투갈과 스페인의 선박에 의한 대항해시대를 거치며 일본인 노예는 유럽에까지 유입되었다(16세기).

해외로의 일본인 노예 판매는 주로 서양인들과 교류가 잦은 규슈(九州, Kyushu) 지방을 중심으로 행해졌다. 당시 일본인 노예들을 해외에 헐값에 팔리고 그 대가로 조총과 화약 등을 받는 물물교환(Barter Trade)

19]방식으로 이루어졌다.

실제로 포르투갈인들은 아시아인이 지성을 갖추고 있고 근면 성실하다고 보아 다른 노예보다도 선호도가 높았다. 일본인 노예들은 유럽에 도착한 최초의 아시아인으로 보고 있는데 교회의 기록에도 포르투갈은 다수의 일본인 소녀들을 노예로 매입하여 성적인 목적에서 포르투갈 현지에 데리고 있었다고 전하고 있다(1555).

일본 노예무역 전진기지는 시마바라반도(島原半島, Shimabara Pen.)였다(16세기). 일본의 노예 상인들은 그곳에서 캄보디아·태국·포르투갈 상인에게 일본인 노예들을 헐값에 팔았다. 일본인 노예들은 그곳에서 출항하여 인도·필리핀·마카오와 같은 아시아 지역들뿐만 아니라 멕시코·페루·아르헨티나와 같은 중남미 지방에 이어 스페인·포르투갈과 같은 유럽 지역에까지 팔려나갔다.

| **가라유키상**(唐行きさん, Karayuki-san) |[22]

일본인의 노예매매에는 서양 출신 선교사들이 개입하기도 했다. 이러한 사실은 훗날 임진왜란의 전범 도요토미 히데요시(豊臣秀吉, Toyotomi Hideyoshi, 1537-1598)가 기독교를 억압하는 이유가 되었다. 총과 화약값 대신 팔려나간 일본인 노예들은 대항해시대로부터 비롯된 희생양이었다. 이 와중에 임진왜란 당시

19] 원래는 금전의 거래가 없는 물물교환을 통한 거래를 의미한다. 현재는 특정 상품의 교환을 통한 두 나라의 무역을 지칭한다.

일본으로 끌려간 조선인 포로들 일부도 일본인들과 함께 서양 상인들에게 노예로 팔리기도 했다. 이후 일본의 노예무역은 도요토미 히데요시에 의해 처음으로 강력한 제재를 받게 된다.

한편 일본은 메이지 유신 무렵부터 가라유키상(唐行きさん, Karayuki-san)[20]이라고 하여 규슈 지역의 가난한 여자들 30만 명을 해외에 성노예로 팔아넘기기도 했다(19세기-1920).

대항해시대 노예무역의 결말

대항해시대의 노예무역은 전 세계 각지의 가는 곳마다 정치·사회·문화에 막대한 영향을 끼쳤다. 노예제는 인본주의적 문제 이외에도 생산성과 효율성에 한계가 존재하는 시스템이었던 까닭에 결국 19세기 미국에서의 노예제 폐지와(19세기) 영국의 노예매매 금지를 필두로(1807) 서구 열강들은 노예무역을 공식적으로 근절해 나갔다.

그러나 노예무역이 근절된 이후에도 값싼 노동력이 필요했던 서구 열강들은 각지에서 수급한 노예들을 아메리카·아프리카·태평양·카리브해 등지의 식민지로 끌고 가 착취한다.

한편 대서양 노예무역은 현대 대중음악에도 막대한 영향을 끼쳤다. 강제적이고 비인도적인 이주를 당한 아프리카의 후손들은 블루스·재즈·힙합·랩·탱고·보사노바·레게 등의 음악 장르 탄생에 지대한 영향을 끼쳤다. 힘든 삶 속에서 그나마 심적 위안을 가져다

20] 해외에서 원정 성매매를 하던 일본인 여성들을 가리키는 말이다(19세기 후반). 대부분의 가라유키상은 규슈의 나가사키 및 구마모토 지역 빈민 출신이 많았으며 중개알선업자를 통해 해외로 나갔다. 가라는 중국과 무역에 임하며 파생된 말로 외국이나 외국의 것을 뜻하며 가라유키상이란 말의 문자적 의미는 해외로 나간 사람들이란 뜻이다.

준 이러한 음악 장르는 이제 세계적으로 공유되고 있다.

노예무역은 아메리카의 대륙의 인구 구성에 있어 아프리카계 인구 유입으로 많은 변화를 일게 했다. 원주민·백인·이주민·흑인 간에 혼혈이 꾸준히 진행되어 다민족 사회를 이루게 되었다.

아프리카에서는 주로 남성들의 노예 충당으로 성비 불균형이 심각해졌는데 그 결과 일부다처제가 널리 퍼져나가고 농업 노동의 상당 부분을 여성이 전담하게 되는 현상이 일어났다.

전쟁과 함께 한 커피

악마의 유혹, 커피의 어원

| 영국의 헨리 블런트경 |[①]

커피(Coffee, Coffea)는 커피나무에서 생산된 생두Green Bean를 일정 시간 동안 볶아Roasting 원두Coffee Bean를 만들고 이를 곱게 분쇄하여Grinding 물을 이용하여 그 성분을 추출Extract해 낸 음료이다.

에티오피아어로 Caffa(힘이라는 뜻)에 어원을 두고 있는 커피는 커피나무가 야생하고 있는 지역인 아랍어에서 유래되었다.

이후 유럽에서 이른바 아라비아 와인으로 불리다가 커피 애호가였던 영국의 헨리 블런트경(Sir Henry Blount, 1602-1682)이 커피라고 부르기 시작하면서 현재의 이름을 얻게 되었다(1650).

커피의 유래

수천 년의 역사를 지닌 커피의 유래에 관해서는 그 유구한 역사만큼이나 설이 다양하다. 그렇지만 대개 커피에 대한 유래는 크게 3가지로 나뉘고 있다. 첫 번째는 칼디Kaldi의 설이다(6-7세기 경). 에티오피

| 양치기 소년인 칼디(Kaldi) |②

아의 양치기 소년인 칼디는 어느 날 자신이 기르는 염소들이 흥분하여 이리저리 뛰어다니는 모습을 보게 되는데 이유를 알고 보니 염소들이 들판에 있는 어떤 나무의 빨간 열매를 먹고 나면 그때마다 흥분하게 되는 것을 지켜보게 되었다.

칼디는 열매의 맛이 궁금해 자신도 먹어보았더니 피로감이 사라지면서 신경이 곤두서는 듯한 황홀함을 느끼게 되었다. 그는 곧장 인근 이슬람 사원에 있는 사제들에게 이러한 사실을 알렸고 빨간 열매에 잠을 쫓는 효과가 있음을 발견한 사제들도 이 열매를 음용하면서 이후 여러 사원으로 퍼지게 되었다.

| 사제 세이크 오마르(Sheik Omar) |③

두 번째는 세이크 오마르(Sheik Omar)의 발견설이다. 처음 커피 열매는 잠을 쫓아 정신을 맑게 하고 피로를 덜어주는 약이었다. 아라비아 사제였던 셰이크 오마르는 잘못을 저질러 산으로 추방되었는데 며칠 길을 헤매다 배가 고파 새가 쪼아 먹고 있던 빨간 열매를 먹게 되었다(1258).

열매를 먹은 오마르는 활력을 되찾았고 이 열매가 가진 효능을 알게 되었다. 이후 이 열매를 많은 사람이 치료에 사용하였고 이후 셰이크 오마르는 커피 열매 덕에 성자로서 존경을 받았다고 한다.

세 번째는 에티오피아 기원설이다. 다른 지역에서 커피를 액체 형태로 추출하여 약으로 사용하였던 것과 달리 에티오피아 지역에서는 커피나무의 열매를 다른 곡류와 함께 분쇄하여 식량으로 사용했다. 이렇게 취급된 커피콩은 점차 아라비아의 여러 지역으로 전파되었고 이후 아라비아의 의사들이 커피가 위장의 수축을 부드럽게 하며 각성효과가 있다고 발표하면서부터 약이 아닌 기호 음료로 변신을 꾀하게 되었다(11세기 초).

커피의 전파

| 아비시니아 · 에디오피아 |

커피는 아비시니아(Abyssinia, Ethiopia)가 아라비아의 예멘Yemen 지역을 공격하면서 자연스럽게 커피도 옮겨간 것으로 보고 있다(6세기경).

이후 이슬람 세력의 확장으로 터키에서 수많은 수도승이 즐기는 음료가 되었다. 이는 커피가 가진 각성효과로 인해 밤새 기도를 하고 맑은 정신을 유지할 수 있어야 했던 수도승들에게 몹시 유용한 음료였기 때문이었다. 그들은 커피로 삶의 활력을 찾고 각종 스트레스를 해소할 수 있는 여유를 가질 수 있었다.

커피 원산지 에티오피아에서는 농부들이 자생하는 커피 열매를 끓여 죽이나 약으로 사용했고 이후 아라비아반도로 전해져 재배되고(9세기) 이집트 · 시리아 · 터키에 전해졌다.

| 카슈미르(Kashmir) 카와(Kahwah) |

이곳에서는 커피 열매를 끓여 그 물을 마시거나 열매즙을 발효해서 카와Kahwah[1]라는 알코올음료를 만들어 마셨다.

기독교 문화권인 유럽에는 십자군 전쟁(The Crusades, 1095-1291) 때[2] 처음 들어왔으나 당시 이교도의 음료로 취급되어 심한 배척을 당했다. 그러나 밀무역으로 이탈리아에 들어온 뒤 교황으로부터 그리스도교의 음료로 공인받게 되어 일부 귀족들과 상인들을 중심으로 유럽 전역으로 퍼져나갔다.

이후 아랍인들은 그들의 커피를 독점하고 지키기 위해 싹이 터서 발아할 수 있는 종자의 반출을 막고 열매를 끓이거나 볶아서 유럽행 배에 선적하기도 했다(15세기). 외국인은 커피농장 방문이 금지되었고 철저한 감시망을 동원해 커피의 반출을 막았다.

1] 찻잎에 사프란(Saffron)·시나몬(Cinnamon)·카르다몸(Carudamon) 등을 첨가하여 우려낸 카슈미르(Kashmir)의 전통 녹차이다. 중앙아시아 전역으로 퍼져 오늘날에는 아프가니스탄·이란·중동 전역에서 즐겨 마시고 있다. 카슈미르 카와(Kashmiri Kahwa) 혹은 케와 차이(Kehwa Chai)라고도 부른다. 카와(Kahwah)는 달콤한 차를 의미하지만 아랍어(Qahwah)에서 파생된 터키어 커피(Kahveh)와 관련이 있다. 카와는 향미를 더하기 위해 카슈미르산 장미가 첨가되기도 하고 녹차 대신 허브를 첨가하여 우려내기도 한다. 카와는 전통적으로 사모바르(Samovar)라고 하는 구리 주전자를 이용하여 만들었으나 오늘날에는 일반 팬을 활용하여 만들며 보통 손님에게 제공하거나 축하 자리의 저녁 식사 일부로 제공기도 하고 카슈미르에서는 코스 요리 이후나 공들인 가족 식사 자리 이후에 카와를 마신다. 보통 설탕·꿀·아몬드·호두·우유 등을 첨가하여 음용한다.

2] 서유럽의 그리스도교도들이 성지 팔레스티나와 성도 예루살렘을 이슬람교도들로부터 탈환하기 위해 8회에 걸쳐 감행한 원정이다(11세기 말-13세기 말). 이 전쟁에 참여한 군사를 십자군이라고 부른다. 당시 전쟁에 임한 기사들이 가슴과 어깨에 십자가 표시를 했기 때문에 이 원정을 십자군이라고 부르게 되었다. 십자군의 태동이 종교적 요인에 의한 것이라는 점은 명확하고 또한 유일신을 믿는 그리스도교도와 이슬람교도와의 배타적 싸움이라는 점에서 종교전쟁으로 취급된다. 당시 봉건영주와 하급 기사들은 영토지배 야망에서 상인들은 경제적 이익에 대한 욕망에서 또한 농민들은 봉건사회의 중압에서 벗어나려는 희망에서 저마다 원정에 가담하였다. 십자군은 정치적인 식민화 운동의 일환이었고 종교는 이 운동을 정당화시키는 동기가 되었다.

| 커피 전파의 계기가 되었던 십자군 전쟁(The Crusades, 1095-1291) |④

그러나 차츰 인도에서 밀반출된 커피를 재배하기 시작하면서(16세기) 마침내 네덜란드 한 상인이 인도의 순례자로부터 원두를 입수해 유럽으로 밀반출하여 본격적으로 전파했다(1616). 이후 네덜란드는 식민지였던 인도네시아의 커피농장에서 커피를 재배하였고 이로써 커피는 네덜란드에서 가장 선호하는 인기 음료가 되었다.

대항해시대부터 유럽의 제국주의 열강은 인도와 인도네시아 등의 아시아 지역을 식민지로 삼아 커피를 대량 재배하면서 전 세계에 커피를 전파하게 되었다.

커피의 품종

| 아라비카 · 로부스타 · 리베리카 |

커피의 품종은 일반적으로 아라비카Arabica · 로부스타Robusta · 리베리카Liberica 등의 3가지로 구별된다.

아라비카는 부드럽고 향기가 있으며 로브스타에 비해 단맛·신맛·감칠맛·향이 뛰어나 가격이 비싸고 카페인 함유량(1-1.7%)이 로브스타(2-2.5%)에 비하여 적다. 아라비카종은 고지대(900-2,000m)에서 생산되며 기계를 이용한 대량 재배와 수확이 불가능한 단점이 있다. 원두커피는 고지대에서 재배할수록 품질이 월등한데 그 이유는 기후가 서늘하고 열매가 서서히 익어 밀도가 단단해지기 때문이다.

커피의 주요 생산국은 브라질을 비롯해 중남미·콜롬비아·멕시코·과테말라·에디오피아·탄자니아·케냐·하와이·코스타리카 등이며 이곳에서 전 세계 산출량의 대부분을 점유하고 있다(70-80%).

로부스타의 원산지는 아프리카 콩고이다. 수작업이 아닌 기계로 재배하기 때문에 생산량이 월등하다. 잎과 나무의 키가 아라비카보다 크나 열매는 다른 것보다 작다. 기생충과 질병에 대한 저항력이 강하고 저지대에서 재배할 수 있다. 기후변화나 환경변화에 잘 견디는 특징이 있다.

주요 생산국은 인도네시아·앙골라·마다가스카르·우간다·아이보리코스트 등이며 아라비카에 견줄 때 생산량이 적고(20-30%) 카페인 함량이 많으며 쓴맛이 강하고 향이 부족하여 스트레이트 커피로 만들기에는 부적합하다. 그러나 경제적 이점 때문에 상업적으로 재배하여 인스턴트커피 주원료로 쓰인다. 리베리카는 아프리카 리베리아 Liberia가 원산지로 쓴맛이 강하고 향이 적어 생산량이 매우 적다(1%).

커피의 종류

브라질은 세계 제일의 커피 생산국이자 수출국이다(50%). 다른 나

| 브라질 산토스(Brazil Santos) |

라들에 비해 비교적 낮은 고도의 대규모 농장에서 커피를 재배한다.

기후나 토질 면에서 커피 재배에 가장 이상적인 조건을 갖추고 있으며 다른 지역의 커피와도 잘 어울리며 깊은 향과 조화로운 맛이 일품이다.

브라질 산토스Brazil Santos 커피는 전 세계 커피 시장에 가장 많은 점유율을 가지고 있다(30%). 브라질 산토스 지방의 어린 커피나무에서(3-4) 수확한 커피로 부드러운 맛과 신맛이 균일하게 조화를 이루고 잔잔한 풍미와 적당히 쓴맛이 어우러진 중성적인 커피로 향이 깊고 깔끔한 순수한 커피이다. 특히 브라질 산토스 No.2는 거의 모든 브랜드의 베이스로 널리 쓰이고 있다. 브라질 산토스 커피의 이름은 브라질에서 생산된 커피를 수출하는 산토스항에서 유래했다.

| 콜롬비아 수프리모(Colombia Supremo) |

콜롬비아는 가장 품질 좋기로 소문난 커피를 생산해내는 국가로 인정받고 있다. 커피 생산량은 세계 3위 수준이다. 수프리모Supremo 등급을 받은 커피는 최고급 원두로 손꼽힌다.

콜롬비아 수프리모Colombia Supremo는 중량감 있는 맛과 진한 향기와 균형 잡힌 산도가 특징이며 어떤 강도의 로스팅에도 훌륭한 맛을 내는 고급 커피로 취급받고 있다.

| 자메이카 블루 마운틴(Jamaican Blue Mountain) |

자메이카 블루 마운틴(Jamaican Blue Mountain)은 자메이카 블루산맥에서 재배되는 커피이다. 자메이카에서 경작되기 시작한 티피카Typica3] 계통의 품종으로(1730-) 고지대에서 자라고 생산성은 보통이다.

블루마운틴은 부드러운 향미와 쓴맛이 덜한 것으로 유명하다. 지난 수십 년간 블루마운틴은 세계에서 가장 비싸고 인기가 있는 커피라는 명성을 얻어 왔으나 다른 나라에서는 잘 자라지 못한다.

아프리카 1위이고 세계 5위 커피 생산국인 에티오피아는 국민 4명 중 1명이 커피산업에 종사하고 있으며 생산량의 절반 정도를 자국에서 소비하고 있다.

| 콜롬비아 수프리모(Colombia Supremo) 커피 |

에티오피아 이르가체페(Ethiopia Yergacheffe)는 남부 시다모Sidamo4] 지역 고지대에서 재배되는 커피이다. 에티오피아 커피 중 가장 세련된 커피로 평가되고 있다.

이르가체페의 향기는 다른 품종이 따라올 수 없을 정도로 향기롭다. 부드러우면서 짙은 꽃향기와 음미한 후 남는 아련한 향기와

3] 아라비카 품종에 가까운 품종이다. 뛰어난 맛과 향을 가졌음에도 질병과 해충에 약하며 생산성이 낮아 많은 재배를 할 수 없어 값이 비싼 편이다. 현재 중남미와 아시아에서 재배되고 있다.

4] 에티오피아 이르가체페(Yirgacheffe)와 더불어 커피의 귀부인이라는 칭호를 받는 커피이다. 생두는 노란빛을 띠는 황색이다. 부드러운 신맛과 단맛 그리고 꽃의 향이 가득한 것으로 알려져 있다.

부드러운 중량감과 달콤한 신맛 등은 예가체프를 최고의 커피라 부르는 이유가 되고 있다.

| 케냐 AA(Kenya AA) |

케냐 AAKenya AA는 아프리카 킬리만자로산(Kilimanjaro Mt. 5,895m)의 동쪽 케냐Kenya에서 재배되는 커피이다. 유럽인이 가장 선호하는 강렬한 향이 완벽한 조화를 이루고 있고 무겁지 않으면서도 풍부한 맛이 최상급 원두로 평가받고 있다.

묵직한 중량감과 오묘한 과일 향 그리고 가볍지 않은 신맛이 특징이다. 우리가 커피에 대해 기대하는 거의 모든 것을 가지고 있다고 표현할 정도로 최고급 커피의 하나로 손꼽히고 있다.

| 코스타리카 따라주(Costa Rica Tarrazu) |

중남미의 유럽이라 불리는 코스타리카는 세계 9위 커피 입국이다. 코스타리카 커피 재배는 역사가 꽤 오래되었는데(1800년-) 특히 코스타리카 따라주(Costa Rica Tarrazu) 커피는 아라비카 품종으로 최고급 등급을 받은 커피를 지칭한다. 은은히 퍼지는 단맛과 신맛에 약간의 쌉싸름한 맛이 조화롭고 본연 구수함과 묵직한 중량감이 훌륭하다고 평가되는 커피이다.

과테말라 안티구아(Guatemala Antigua) 커피는 안티구아 지역에서 생산되는 대표적인 스모크Smoke 커피이다. 커피나무가 화산 폭발에서 발생

| 과테말라 안티구아(Guatemala Antigua) |

| 하와이안 코나(Hawaiian Kona) |

하는 질소를 흡수해 타는 듯한 향을 가진 스모크 커피의 대표라 할 수 있다.

생두가 단단한 편이기 때문에 로스팅의 정도는 강하게 하는 것이 일반적이다. 생두의 색은 초록빛이 살짝 감도는 황색이다. 적당한 산도와 달콤한 맛 그리고 풍부한 중량감과 살아 숨 쉬는 듯한 향미를 가지고 있다.

하와이Hawaii는 미국에서 유일하게 커피 재배가 가능한 지역으로 여기서 하와이안 코나(Hawaiian Kona) 커피는 자메이카의 블루마운틴(Blue Mountain)·예멘의 모카Mocha와 함께 세계 3대 커피로 인정받고 있다. 하와이는 적절한 강수량과 비옥한 화산재 지형과 구름이 만들어주는 자연 그늘(Free Shade) 등 커피 재배에 이상적인 조건을 갖추고 있다.

주로 재배되는 품종은 아라비카Arabica 중 티피카Typica 종이다. 가장 유명한 커피는 코나Kona 커피로 생산량은 적지만(연간 500t) 세계 3대 커피의 자부심을 지니고 있다. 코나는 생두가 크고 투명한 모양이며 신맛과 고급스러운 향을 가지고 있다.

아라비아반도의 남서에 자리 잡은 예멘은 초록의 아라비아라고 부를 만큼 아랍권에서 초록이 풍부하며 비도 풍족한 나라이다. 커피를 뜻하는 오랜 닉네임인 모카Mocha는 이 지역의 작은 항구 도시로

| 예멘 모카 마타리(Yemen Mocha Mattari) |

커피를 교역하던 장소였다.

예멘 베니마타르(Bani Mattar) 지역에서 생산하는 최고급 품종을 일컬어 예멘 모카 마타리(Yemen Mocha Mattari)라 부른다. 세계 3대 프리미엄 커피로 인정받고 있다. 모카 마타리는 화가 빈센트 반 고흐(Vincent Van Gogh, 1853-1890)가 좋아했던 커피로 알려져 있다. 묵직한 중량감과 새콤한 맛 그리고 쓴맛의 조화와 진한 다크 초콜릿 향이 매력적이다.

악숨 왕국의 침략과 커피의 전파

인류 최초 커피는 지금처럼 우리가 즐겨 마시는 음료가 아니라 분쇄한 커피 가루를 동물 기름과 섞어 둥글게 반죽한 덩어리 형태였다(B.C.3000경). 이 덩어리는 전쟁에 나갈 때 전투력 향상을 위해 지참했던 강장제 역할을 했다.

전투에 활용된 커피 덩어리는 에티오피아의 부족 간 전투를 통해 엿볼 수 있는데 그들은 전장에 나가기 전 전사들의 힘과 정신을 북돋우려는 전쟁을 위한 커피 의식에 이 덩어리를 사용했다.

당시의 커피 의식은 귀한 손님을 대접하는 현재의 분나 마프라트(Bunna Maffrate)[5]라는 관습으로 뿌리를 내렸다. 이렇듯 기원전부터 커피

5] 인류 최초로 커피가 발견되고 전해진 에티오피아에서는 지금도 하루를 분나(커피의 에티오피아 말) 의례로 시작한다. 생원두를 작은 무쇠 판에 볶고 나무절구에 빻아 토기 주전자에 물과 함께 끓여서 손잡이 없는 작은 잔으로 3잔을 마신다. 불맛이 커피콩에 스밀 때 향을 피워 의례의 신성함을 더한다. 첫 잔은 우애의 잔이고 둘째 잔은 평화의 잔 그리고 셋째 잔은 축복의 잔이다. 커피 의례로 아침을 연 가족들은 서로 포옹하고 각자의 일터로 간다. 손님을 접대할 때도 3잔의 커피를 나눠 마시

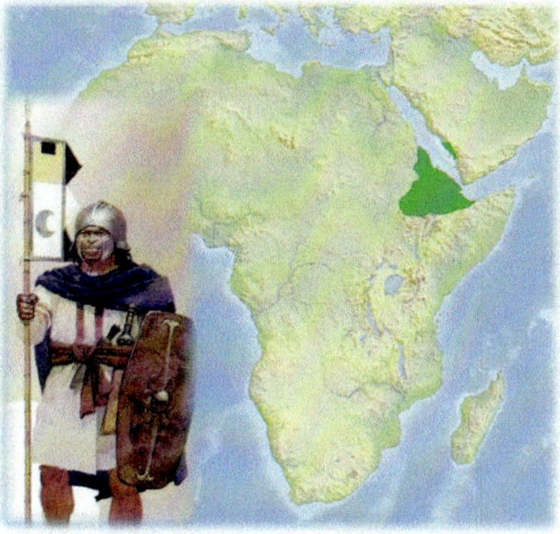
| 악숨왕국(Aksum Dynasty) |⑤

는 이미 인류의 전쟁 속에서 중요한 부분을 차지하고 있었다.

커피는 본래 숲에 자생한 식물로 예로부터 인류는 이를 채취해 의식에 쓰거나 전쟁에 사용했다. 이슬람교가 부흥하면서(7세기) 기독교 국가인 악숨왕국(Aksum Dynasty)6]이 에티오피아 서남부로 밀려왔고 그들은 이 지역을 정복하고 원주민을 노예로 끌고 갔다. 그곳이 바로 에티오피아를 대표하는 커피 자생지였다.

한편 이슬람교도들도 상업을 목적으로 에티오피아에 건너간 것이 기록에 남아있으나 최대의 수출품은 노예였고 이때 많은 에티오피아인이 예멘으로 건너갔다. 이러한 이동 가운데 예멘에 커피가 전해진 배경이 되었다(15세기).

오스만제국의 전쟁역사와 커피

상류층의 전속물로 여겨졌던 커피는 오스만제국이 예멘을 점령하

며 이야기꽃을 피운다.

6] 북아프리카 고대 왕국으로 현재 에티오피아 북부와 에리트리아(Eritrea) 지역을 장악했던 악숨족에 의해 세워졌다(B.C.4세기-A.D.1세기). 이 왕조는 지중해 동안에서부터 인도에 이르는 넓은 지역의 해상무역에 깊이 관여했다. 악숨 왕조의 경제적·정치적 영향력은 인접한 소말리아(Somalia)·지부티(Djibouti)·수단(Sudan) 북부뿐만 아니라 아라비아반도 남부와 예멘 지역에까지 미쳤다. 악숨 왕조는 북아프리카의 무역 국가였으며 인도와 로마 제국을 상대로 상아·거북 등껍질·금·보석·실크·향신료 등을 사고팔았다. 활발한 해상 무역을 기반으로 강력한 해군력을 보유했다. 악숨 왕조는 기독교를 국교로 받아들였으며(325) 페르시아 제국에 맞서 비잔틴의 준공식적인 동맹국으로 활동하는 등 기독교 국가로서 역할을 톡톡히 감당했다.

| **비엔나 전쟁**(Vienna War, 1683) |⑥

| **프란츠 콜쉬츠키** |⑦

| **비엔나 커피 하우스**(Vienna Coffee House) |⑧

면서(1536) 일반인에게 급속히 퍼져 나갔다. 각성효과와 강장 작용 때문에 군인에게도 지급되었고 이로써 오스만제국이 점령한 수많은 나라에 전해지게 되었다.

일례로 비엔나 전쟁(Vienna War)[7]에 참여한 오스트리아 게오르그 프란츠 콜쉬츠키(Jerzy Franciszek Kulczycki)는 오스만군이 퇴각할 때 버리고 간 커피콩 자루를 받아 유럽 최초 비엔나에서 커피를 알렸다(1685).

이후 비엔나에는 커피를 즐기는 커피 하우스가 생겼고 300년 동안 단순히 커피를 마시는 공간이 아닌 예술과 학문 그리고 사상을 교류하는 공간으로 자리매김했다. 그 결과 비엔나커피 하우스는 유네스코UNESCO 무형문화재에 등재되기도 했다(2011).

이후 미국 남북 전쟁의 계기가 되었던 보스턴 차 사건(Boston Tea Party)을 계기로(1773) 미국은 영국으로부

7] 비엔나 전투는 오스만제국이 2개월간 비엔나를 포위하고 침공한 전투로 폴란드·리투아니아 연방과 신성 로마 제국의 크리스트교 연합군이 오스만제국 침공 및 포위 부대와 맞서 싸운 전쟁이다(1683). 이 전투는 신성 로마 제국과 폴란드·리투아니아 연방이 처음으로 오스만제국에 맞서 협력한 전투로 오스만제국이 기독교 세계로 나가는 것을 저지했다는 점에서 역사적 전환점으로 취급되고 있다.

터 독립하게 되었다. 그때 미국은 차를 마시지 않고 커피 마시는 것을 애국적 행동이라고 인식했다. 영국과의 독립전쟁은 영국에 대한 여러 가지 불만에서 비롯되었으나 무엇보다 그때 커피는 미국을 하나로 결집한 매개가 되었음은 분명한 사실이다.

에너지 전쟁

호 · 중 무역 전쟁의 발단

당시 호주와 중국의 국가 관계는 파국 일로에 있었다. 중화사상中華思想1]의 자존심과 서구문화가 지향하는 합리적 사고의 충돌이라는 시각에서 접점을 찾지 못하고 해결의 기미는 요원하기까지 했다.

양국 관계가 이 지경이 되기까지에는 여러 가지 복합적인 요소가 개입되어 있다. 대체적인 외교적 중론은 지난 50년간 양국의 외교 관계를 통틀어 가장 첨예한 이해관계의 대립이 계속되고 있다는 시각에서 그 심각성이 돋보인다고 평가하고 있다.

태평양 지역의 강국으로서 양국의 갈등은 특정사안에 대한 이해관계의 대립이 충돌하여 일시에 분출된 것이 아니라 따지고 보면 오랫동안 누적된 상호 간의 불만이 곪아 터진 것이라 볼 수 있다. 양국 간 분쟁이 표면화된 것은 최근의 일이었다(2017).

당시 호주 정부는 외국으로부터의 불명 자금이 호주의 국내 정치에 기부Donation의 형태로 유입되고 있음을 지적하면서 이러한 행위를

1] 중화사상은 중국에서 나타난 자문화 중심주의 사상으로 중화(中華) 이외에는 이적으로 천시하고 배척하는 사상이다. 중(中)은 중앙이라는 뜻이며 화(華)는 문화라는 뜻으로 중화(中華)는 중국이 천하의 중심이면서 가장 발달한 문화를 보유한 선민의식을 내재한다.

호주의 국내 정치에 대한 비상식적인 개입이라고 주장함과 동시에 향후 이를 원천적으로 금지하겠다고 발표했다(2017).

그런데 여기서 호주 정부가 공식적으로 적시한 외국이 다름 아닌 중국이라는 사실이 문제가 되었다. 호주 정부는 당시 중국이 자국에서의 정치적 영향력을 확대할 목적으로 중국 기업인들에게 호주 정당에 기부하도록 유도하여 이로써 호주의 국내 정치에 일정한 영향력을 행사하려 했다고 의심하고 있었다.

중국 외교부 대변인은 호주의 공식 발표와 조치에 즉각 반박성명을 내면서 중국은 호주의 국내 정치에 관여하거나 관여하고자 의도한 적이 없고 그로부터 중국의 이익을 추구하려는 어떠한 시도도 하지 않았다고 주장하면서 호주의 주장을 전면 배척하고 나섰다. 이에 양국의 엇갈린 주장과 입장은 평행선을 달리기 시작했다.

중국에 대한 호주의 긴급조치

| 호주의 모리슨 총리 |①

호주의 모리슨 총리(Scott Morrison) 내각은 과거 빅토리아주 정부가 서명한 중국 정부와 일대일로(一帶一路, One Belt One Road)2] 정책과 관련한 계약을 연방정부가 제한할 수 있는 이른바 새로운 투자관리법[Foreign Investment Reform (Protecting Australia's National Security) Bill 2020)]을 통과시켜 중국의 극심한 반발을 샀다. 사실 이 법은 사실상 중국을 견제하기 위한 법

2] 중국이 주도하는 신(新)실크로드 전략으로 내륙과 해상의 실크로드경제벨트를 말한다. 향후 35년간(2014-2049) 고대 동・서양 교통로인 현대판 실크로드를 구축해 중국과 주변 국가의 경제・무역 확대의 길을 개척한다는 프로젝트다. 현재 100여 개 국가 및 국제기구가 참여하고 있다.

| 호주의 화웨이사의 5G 금지조치 |②

안과 다름이 없었다. 이러한 상황에서 양국 간의 관계를 악화시키는 사건이 발생하는데 그것은 호주가 미국 다음으로 중국 화웨이 Huawei사 5G 네트워크 사업의 금지 조치를 시행한 것이었다.

호주는 이미 호주 국내에 중국의 영향력 확대를 저지하고자 중국의 인프라·농축산 및 이와 유관한 산업에 대한 투자를 금지한 경험이 있는데(2018) 여기에 중국산 화웨이 장비의 사용마저 금지하자 중국의 반감은 극으로 치닫게 되었다. 한편 호주 정부는 코로나 바이러스Covid-19의 진원지에 대한 국제적인 조사를 요구하며 나섰는데 이는 양국관계를 돌이킬 수 없는 상태에 이르게 했다.

중국의 무역 보복

당시 미국은 전 세계적인 팬데믹 현상의 계기를 제공한 중국의 책임론에 날을 세우고 있었는데 중국 정부는 미국의 비판에 편승한 호주의 주장이 국제사회로 확대되는 것을 방지하기 위해 무역 보복이라는 초강수로 대응했다.

호주의 팬데믹 국제조사 요구에 대응하여 중국 정부는 호주의 대중국 수출품 중 와인에 212% 그리고 보리에 80.5%에 이르는 관세 폭탄을 부과했으며 거기다 호주산 소고기 수입을 중단함과 동시에 호주 정부의 보조금 지급 여부에 관한 조사를 개시하였다. 이로부터 예상된 호주의 피해액은 약 4.3억 달러 정도로 추계 되었다.

호·중 외교 관계의 악화

호주와 중국의 무역마찰은 외견상 단순히 정상적인 이해관계의 충돌은 아니었다. 이를테면 호주는 이미 국제사회에서 급부상하고 있었던 중국을 잠재적인 적으로 간주하고 있었다(2000년대 후반). 중국의 급속한 경제성장과 이를 기반으로 하는 군비 증가가 호주에게 큰 위협이 되리라는 우려가 그 배경이 되었다.

실제로 이러한 배경하에서 극도의 긴장 관계에 들어선 중국과 호주의 외교 관계는 급작스레 나빠진 것이 아닌 중국의 급부상이 시작된 이후 점진적으로 악화 일로를 걸었다(1990년대 후반).

| 호주 총리 하워드와 달라이 라마 |③

일례로 영국이 홍콩을 중국에 반환할 때(1997) 이미 호주는 반환된 홍콩의 미래에 인권과 민주주의를 우려한다는 공식 성명을 발표하면서 중국의 반발을 가져왔고 홍콩반환 시에 실시된 중국의 핵실험은 반대로 호주의 격렬한 반발을 샀다.

이후 이른바 대만해협 위기(Taiwan Strait Crisis)에서 양국은 다시금 충돌했다(1995-1996). 당시 중국의 대만해협 작전을 위협적으로 본 호주는 당시 중국의 대만해협과 남중국해 전략 역시 대단히 공세적이라고 비판했다. 당시 호주 총리 존 하워드(John Howard, 1939)는 중국 위협에도 방문 중이던 달라이 라마(Dalai Lama)를 만나 중국의 반발을 불러왔다.

호·중의 일시적인 관계 개선

| 호 · 중 무역과 경제 프레임웍 합의 |⑤

한때 양국은 경제협력을 매개로 관계 개선에 나섰다(2000년대). 이른바 무역과 경제 프레임웍(Trade and Economic Framework)을 체결하여 양국 모두 높은 잠재력을 보유한 분야에 기업활동 기회를 증진하기로 합의하였다(2003). 나아가 자유무역협정(自由貿易協定, FTA, Free Trade Agreement)3]을 위한 협상을 개시할 것에 합의하기도 했다(2005).

이러한 경제적 교류는 정치적 교류로 이어졌다. 특히 리커창(李克强, Li Keqiang) 총리의 중국 방문 당시 중국은 호주와 공동성명을 발표했는데 이 성명에서 양국은 무역을 포함한 다양한 분야에서 협력을 증진하고 아시아 태평양 지역에서 평화와 안전의 증진에 노력하며 자유무역과 투자 자유화 강화에 합의하였다(2009). 특히 당시 케빈 러드(Kevin Rudd) 총리는 양국 간 관계를 상호 신뢰와 약속 그리고 솔직한 대화에 기반한 진정한 우정 관계라고까지 언급하기도 했다.

이러한 경제적 협력의 확대는 호주와 중국과 간의 안보 분야협력

3] 특정 국가 간 상호 무역 증진을 위해 물품과 서비스 이동을 자유화하는 협정으로 국가 간 관세 및 비관세 무역장벽을 완화·철폐하여 무역자유화를 실현하기 위한 양국 간 또는 지역 간 체결하는 특혜 무역협정이다. 자유무역협정은 대개 유럽연합(EU)이나 북미자유무역협정(NAFTA) 등과 같이 인접 국가나 일정한 지역을 중심으로 이루어졌기에 흔히 지역무역협정(RTA, Regional Trade Agreement)이라고도 한다. 2개 이상의 국가가 어느 정도 경제통합을 이루었느냐에 따라 자유무역협정(FTA)에서 단일시장(Single Market)에 이르기까지 다양한 단계가 있다. 회원국 간 관세를 철폐하는 방식으로 무역장벽을 완화하는 경제통합이 자유무역협정이며 NAFTA가 대표적인 예이다. 단일시장은 모든 회원국이 역내 관세 철폐를 포함하여 역외 공동관세 및 단일 통화 도입을 통해 경제를 통합하는 방식으로 EU가 대표적인 예이다. FTA는 양자주의 및 지역주의적 특혜무역체제로 회원국에만 무관세나 낮은 관세를 적용한다. 시장이 크게 확대되어 비교우위에 있는 상품의 수출과 투자가 촉진되고 동시에 무역 창출효과를 거둘 수 있다는 장점이 있으나 협정대상국에 견주어 경쟁력이 낮은 산업은 도태될 수밖에 없는 상황이 발생할 수도 있다는 점이 단점으로 지적된다.

확대로 이어졌다. 중국은 호주에게 양국 간 안보 대화(Bilateral Defense Dialogue) 수준을 격상하자고 제의했으며 호주도 이에 합의하였다.

다시금 충돌한 호·중의 외교 관계

그러나 호주와 중국과의 관계는 양국 사이에 잠시 보류해 두었던 민감한 정치적 사안이 수면 위로 부상하면서 다시금 경색국면에 진입했다(2010대 중반). 가장 먼저 중국은 호주에게 이른바 하나의 중국 정책One-China Policy 인정을 요구했으며 호주는 이를 공식적으로 수용했으나 대만과 관련한 호주 국익 차원에서 경제·무역·문화와 관련한 교류를 비공식적으로 이어갈 것을 제시해 중국의 반발을 가져왔다.

한편 중국은 호주와 자국의 인권 문제에 관해서도 충돌했다. 양국은 이른바 호주·중국 인권 대화(Australia-China Human Rights Dialogue) 채널을 유지하고 이 문제에 건설적인 대화를 이어가기로 합의했으나 호주는 이 대화에서 중국에서 발생하는 광범위한 표현의 자유 침해 사안으로 이를테면 종교의 자유 침해·정치범의 대우 문제·티베트족에 대한 탄압 문제·고문과 사형제도 문제·파룬공(法輪功, Falun Gong)4]

4] 파룬궁은 지린성(吉林省) 장춘(長春) 출신의 리훙즈(李洪志, 1952-)가 창시한 수련법이다(1992). 리훙즈는 불가와 도가의 법력을 이어받아 대중 전파에 임했다. 파룬궁은 불가의 상승 수련대법으로 불교와 도교 원리 그 밖에 기공과 과학적 이론이 결합 되어 있으며 우주의 최고 특성인 진(眞)·선(善)·인(忍)의 표준에 따라 심성을 수련하고 동작을 연마하는 것으로 수련의 목적은 도(道)를 얻고 원만(圓滿)을 이루는 것에 있다. 리훙즈의 설법이 시작된 이후(1990년 초) 파룬궁은 급속도로 퍼지자 중국 당국의 탄압이 시작되었다. 이에 리훙즈는 미국 뉴욕으로 이주하였다(1996). 중국의 탄압에도 파룬궁은 중국을 넘어 전 세계 60여 개국에 빠르게 퍼져나갔다. 중국 정부는 파룬궁 조직을 불법화하고 사교 집단으로 적시하고 활동을 전면 금하면서 끊임없는 탄압을 가하고 있다. 파룬궁 측은 추종자가 약 2억 명이라고 주장할 만큼 세력이 널리 퍼져 있다. 중국 정부는 이처럼 방대한 조직의 파룬궁이 그 세력을 이용해 공산당 독재에 대항할 것을 우려하여 철저히 단속하고 있다. 실제로 중국 정부가 파룬궁 지도부와 수련자들을 검거하는 과정에서 수백 명이 목숨을 잃었는데 특히 이들에 대한 강제 장기 적출이 이뤄진다는 증언도 나오면서 큰 파문이 일었다. 파룬궁 수련자들은 파룬궁이 종교가 아니고 수련법이며 정치에도 관여하지 않는다고 선언하고 있다. 여기에 중국 정부의 파룬궁에 대한 탄

탄압 문제·시민운동가 탄압 문제 등을 제기했다.

중국은 이에 대해 자국 주권의 문제라고 반발하며 오히려 호주 정부의 원주민정책 문제를 비판하며 대립각을 세웠다(2009). 이러한 양국관계의 마찰은 패권국으로 중국의 급부상과 호주의 대중국 위협에 대한 인식이 배경으로 작용하였다.

악화일로의 호·중 외교 관계 사안

호주는 남중국해 영유권 문제에 대해서도 강경 자세로 일관했다. 일례로 UN 해양법 협약(UNCLOS, The 1982 UN Convention on the Law of the Sea)5]에 일치되지 않는 한 중국의 주장에 반대한다고 주장하면서 다시금 중국과 대립각을 세웠다. 이러한 호주의 입장에 대한 국제사회의 중론은 호주가 미국과 그 동맹국의 중국의 남중국해 팽창주의에 대한 견제에 적극적으로 참여하겠다는 의지의 표명으로 취급되고 있다.

특히 호주는 2020년 국방전략 업데이트(2020 Defense Strategic Update)와 2020년 군사력 구조 계획(2020 Force Structure Plan)에서 국제 규칙에 반하여 국제질서를 흔드는 행위에 반대한다는 선언을 앞세워 구체적으로 인도·태평양 지역에서 특정 국가가 자신의 전략적 목표를 달성하

압에 국제사회의 비판이 거셌다. 창시자인 리훙즈는 현재 미국 망명 중이며 세계평화에 기여한 공로로 노벨평화상 후보로 추천되기도 했다(2001-2002).

5] 해양에서 기득권을 고수하려는 선진국과 해양이 인류의 공동유산임을 주장하는 개도국 간 논의의 결과로 채택되었다(1882). 본 협약이 발효된 이후(1994) 현재(2020) 우리나라를 포함하여 168개국이 비준을 마쳤다. 본 협약은 포괄적인 해양 협약으로서 영해·접속수역·대륙붕·공해·심해저 등 해양의 모든 영역과 해양환경·해양과학조사·해양 기술이전·분쟁 해결제도 등이 포함되어 있으며 국가 관할수역에 관한 전통적인 국제해양법의 보완·발전과 공해상 심해저 개발과 관련 국제해저기구(IMO, International Seabed Authority)를 설립하여 심해저 자원개발 및 무분별한 개발을 규제토록 하고 해양 환경보호 및 해양 과학조사 분야 등에 기본법규 확립과 해양 분쟁 해결을 위한 국제해양법 재판소(ITLOS, International Tribunal for the Law of the Sea) 설립 등을 내용에 두고 있다.

기 위해 군사적 비군사적 회색지대 활동(Grey Zone Activities)을 하는 것에 반대한다며 그 대상으로 중국의 남중국해 활동을 지적하였다.

외교 관계의 불씨가 된 홍콩 시위 문제

| 중국의 홍콩 민주화 탄압(2019) |⑥

중국의 홍콩 시위에 대한 무자비한 탄압은(2019) 양국 관계가 최악의 상황으로 치닫는 계기가 되었다. 홍콩 시위대에 대한 중국 정부의 탄압을 보편적 인권과 민주주의 시각에서 바라본 호주는 호주에 입국해 있는 홍콩 학생과 시민에게 피난처를 제공할 것이라고 발표했고 홍콩과 기존에 맺었던 범죄인 인도 협정을 중단하겠다고 발표하였다. 특히 중국의 홍콩 시위대 탄압은 호주의 시각에서 중국이 홍콩반환 시(1997) 약속한 시민의 자유 보장이라는 대의를 명백히 위반한 도발적인 행동이었다.

중국은 호주의 비난을 도발 행위로 보았다. 중국인 이미 이른바 하나의 중국 정책(One-China Policy)하에서 홍콩·타이완·마카오가 중국 고유의 영토이며 이 지역에 대한 중국의 주권 행사를 당연시했다. 중국은 과거 식민 지배의 유산으로 홍콩을 불법적으로 통치한 영국이 이미 홍콩을 포기한 것에 대해 호주가 중국의 통치방식을 문제 삼은 것은 명백한 주권 침해로 보았다.

그 결과 중국은 호주산 와인에 212% 관세 폭탄을 부과했고 호주산 보리·소고기·해산물까지 보복관세를 확대하였다. 호주 역시 방대한 중국산 제품에 대한 반덤핑(Anti-Dumping)6] 조사를 개시했다.

중국 패권정치의 심화

2000년 이후 국제적으로 막대한 영향력을 행사하고 있는 초강대국 미국과 빠른 경제성장을 바탕으로 막대한 투자에 임하고 있는 중국은 차세대 글로벌 패권을 두고 정치·경제·군사·외교·사회·문화·과학기술 전반에 걸쳐 패권 경쟁에 임하고 있다.

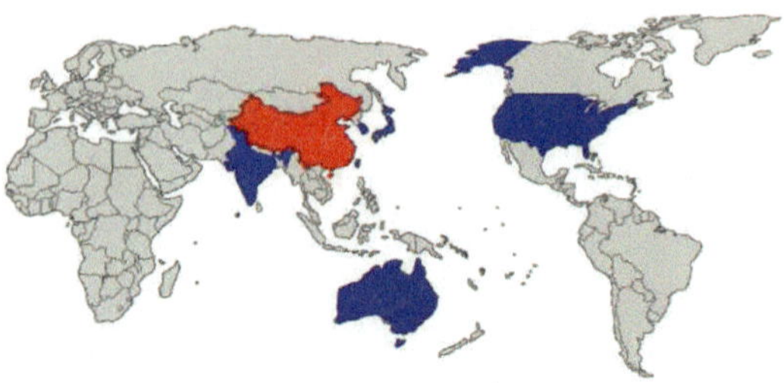

| 중국 견제를 위한 Quad 체인망 |⑦

이러한 상황에서 호주는 아시아 태평양의 다른 국가들처럼 미국과 중국 어느 쪽을 지지하는지에 대한 전략적 선택에 있어 미국의 입장을 전격 지지하고 나섰다. 일례로 호주의 아시아 태평양 지역에서 쿼드(Quad, Quadrilateral Security Dialogue) 참여가 이를 대변한다.

현재 중국은 정치적으로 1인 중심 체제로 퇴행하면서 전형적인 강대국의 패권정치를 심화해 가고 있다. 이에 호주는 예전과 마찬가지로 미국과 그 동맹국들을 향해 나가고 있다. 이런 거대한 흐름 속에 불거진 호·중 석탄 전쟁은 양국 무역 전쟁의 백미가 되었다.

6] 국내 산업의 보호를 목적으로 덤핑업체나 덤핑국가의 수출품에 고율의 관세를 부과하여 수입을 규제하는 조치이다. 이때 덤핑 상품에 부과하는 높은 관세를 반덤핑관세라고 한다. 어떤 국가의 제품이 정상가격(Normal Price)보다 낮은 가격으로 수출되어 수입국의 국내 산업에 피해를 주는 불공정 무역 행위를 방지하기 위한 제도이다.

호 · 중 석탄 전쟁

세계 최대 전력소비국 중국이 전력난에 몸서리를 쳤다. 발전용 석탄 재고가 바닥을 보여 불과 15일간 버틸 수 있는 수준에 이르렀다. 그 결과 중국 31개 지역 중 주요 산업단지가 위치한 광둥성(廣東省, Guangdong) 등 20개 지역에서 불가피하게 전력 공급 배급제를 전격 시행했다. 무엇보다 중국의 산업기반이 석탄과 같은 화석 연료에 의존하는 비중이 컸다는데 근본적인 원인이 있었다.

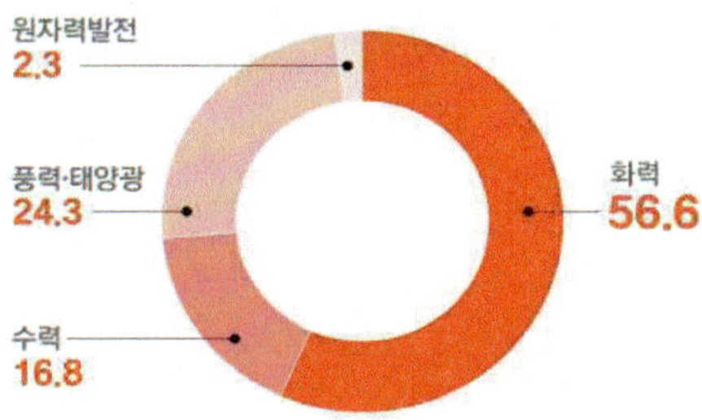

| 중국 전력원 비율(2020) |[8]

중국은 가파른 경제성장과 함께 만성적인 전력 부족에 시달려왔다. 당시 전력난은 복잡한 요인이 겹친 결과였다. 2060년까지 탄소 중립(Carbon Neutral)을 실현하겠다는 중국 정부의 정책에 석탄 · 천연가스 등 화력 발전에 사용되는 연료 가격상승이 맞물렸는데 그 과정에서 호주와 석탄 전쟁이 결정적이었다.

호주에 대한 중국의 무역 보복

중국은 호주와의 경제 · 외교적 갈등으로 호주산 석탄 수입을 전면 금지하고 나섰는데 이후 대체 수입원을 찾지 못하면서 전력난이

가중되었다. 호주와의 갈등 속에서 무역 보복 차원에서 호주로부터의 석탄 수입을 금지했던 무역 보복 정책이 중국 전력난의 원인이었다. 이는 중국의 자충수로 제 발등을 찍은 격이었다.

중국의 주된 전력원은 석탄·석유 등 화력 발전이었는데 이런 상황에서 정부는 강력한 저탄소 정책을 밀고 나갔다. 그 결과 일선에서는 석탄 생산량을 늘리기 어려웠고 또한 호주에서 수입 물량까지 급감하면서 전력수요를 감당하기 어려웠다. 중국은 해마다 약 3억t의 석탄을 수입하고 있었는데 그 절반가량을 호주에 의존했다. 그러다 호주와 갈등으로 석탄 수입을 전면 중단하면서 화를 자초했다.

중국과 호주의 첨예한 외교적 갈등은 호주가 미국·독일·프랑스에 코로나의 기원에 대한 조사를 촉구하면서 촉발되었다. 이에 격앙한 중국은 뇌관으로 부메랑이 되어 돌아온 호주산 석탄의 수입규제를 시작으로 소고기·바닷가재·와인·석탄·보리·목재·구리 등을 잇달아 수입 금지 품목으로 확대하며 무역 보복에 나섰다.

중국에 대한 호주의 반격

호주는 중국과 무역전쟁 초기에 수세에 몰리는 듯했으나 중국을 집요하게 치받으며 역공을 시도했다. 중국에 대한 건초 수출 금지를 시작으로 연방정부가 빅토리아주와 중국 정부 간에 진행한 이른바 일대일로一帶一路 사업을 무산시켰다. 아울러 호주산 와인·보리 등에 대한 중국의 반덤핑 관세부과 조치를 세계무역기구WTO에 제소했다.

결국 호주는 석탄 전쟁에서 승기를 잡았다. 중국에 석탄 수출은 전년 대비 약 54억 달러 감소했으나 인도·한국·대만 등 다른 국가의 수출이 44억 달러 증가하면서 무역수지 충격을 최소화했다.

호주는 군사·안보 분야에서도 중국을 압박했다. 호주는 미국 주도의 정보 동맹체 파이브 아이즈(Five Eyes, 미국·영국·캐나다·호주·뉴질랜드)7]와 중국 견제 성격의 안보 협의체인 쿼드(Quad, 미국·일본·호주·인도) 모두에 이름을 올렸다. 나아가 미국·영국과 함께 첨단 군사 기술을 공유하는 안보 파트너십인 소위 오커스AUKUS8]도 발족했다. 이 파트너십에 따라 호주는 미국의 기술 지원으로 핵 추진 잠수함 8척을 건조할 것으로 알려지며 국제사회에서 존재감을 한껏 높이고 있다.

| 미국 주도 정보공동체 파이브 아이스 |⑨

중국과 무역 전쟁에 맞서고 있는 호주는 이전의 다른 국가와 달리 전방위적으로 당당하다. 일례로 글로벌 경제회복으로 전 세계 철광석 가격이 급등한 상황에서 철광석 생산 경쟁국인 남미와 인도가 코로나 여파로 주춤하는 사이 호주는 독보적 철광석 생산국으로 부각 되었다. 이에 세계 최대의 철 생산국인 중국으로선 호주가 행여나 철의 원료로서 철광석 수출 중단에 임할까 노심초사하고 있다. 통계지표를 참고할 때 중국은 철광석을 80% 수입에 의존하고 있는데 수입량의 60%를 호주에서 충당하고 있다.

7] 미국과 미국의 최우방국인 영국·캐나다·호주·뉴질랜드 5개국으로 이루어진 기밀정보 공유동맹이다. 미국과 영국이 소련 등 공산권에 대응하기 위해 협정을 맺은 것이 시초였다(1946). 이들은 각각의 첩보 기관끼리 동맹(UKUSA)을 맺고 얻은 정보를 공유하는 등 공조 체제를 유지하고 있다.

8] 미국·영국·호주 등 3개국이 출범시킨 외교·안보 3자 협의체이다(2021). 이들 3개국은 오커스를 통해 정기적인 고위급 회의를 통해 국방과 외교정책 등의 교류는 물론 첨단기술과 정보를 공유하게 되는데 무엇보다 미·영 양국이 호주 핵잠수함 개발을 공동 지원하는 것에 핵심을 두고 있다.

초공동 잠수함 전쟁

잠수함의 기원과 실체

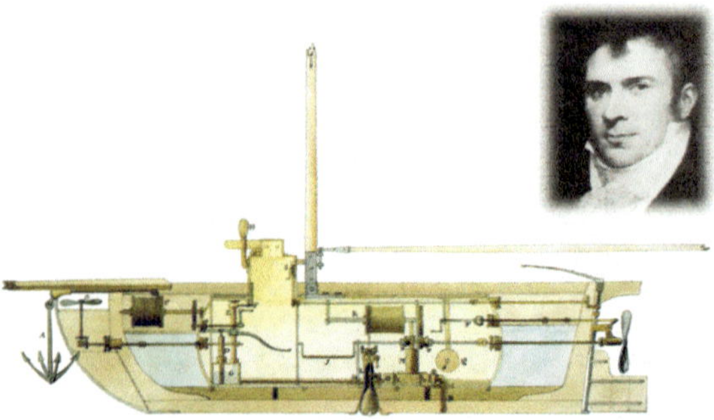

| 로버트 풀턴(Robert Fulton)과 노틸러스 잠수함 |①

잠수함(潛水艦, Submarine)은 물속으로 잠수하여 기동하는 선박을 말한다.

일반적인 선박과 달리 수중에서 활동하는 특성상 선박의 모든 부분이 완벽하게 밀폐되어 있어야 하기에 근대에 이르러서야 모습을 보이게 되었다. 수중으로 움직이기 때문에 일반적인 선박에 견주어 교통수단으로서의 이점은 없고 주로 군사적 용도나 학술연구 용도로 사용된다.

연혁에 비추어 잠수함을 최초로 고안하고 건조한 인물은 미국인 로버트 풀턴(Robert Fulton, 1765-1815)이었다. 당대 증기선에 관해서는 독보적인 위치를 차지하고 있던 풀턴은 최초의 잠수함 노틸러스Nautilus를 설계하고 이윽고 프랑스에 구매할 것을 권유했다.

당시 프랑스는 영국과 전쟁 중이었는데 프랑스 해군은 영국 해군에 절대 열세에 있었다. 풀턴은 세느강(Seine Riv.)에서 잠항·항해 시연 그리고 어뢰를 발사해 40t 선박을 파괴하는 시범까지 보인 후 여기에 영국 항구에 잠입해 주요시설을 파괴하는 활용 방안까지 덧붙여 구매를 종용했으나 당시 프랑스 수장 나폴레옹은 이를 거부했다.

이때 풀턴은 수중 잠수함에서도 나침반이 정상적으로 작동한다는 사실을 처음으로 입증해 보였다. 실제로 수중에서도 나침반이 정상적으로 작동하지 않을 이유가 전혀 없었으나 그때까지 실제로 실험을 통해 그 누구도 증명하지 못했다.

제1차 세계대전 시의 잠수함

제1차 세계대전 시 독일 잠수함 U-보트는 적함을 찾아다니며 결전을 벌이기보다 비무장 함선을 기습하는 데 주로 사용되었다. 그 이유는 잠수함의 수중속도가 매우 느려서 속도 빠른 적함을 공격하기 어려웠고 호위함과 함께 운항했기 때문에 전략적 활동 범위가 매우 좁았기 때문이었다.

게다가 당시 기술 수준으로는 수중이나 수상에서 속도가 매우 느렸다는 사실은 둘째치고서라도 잠수함 엔진에 계속해서 산소를 공급할 기술이 없어 한정된 용량의 구식 축전지에 의해 발생하는 전기 모터 용량이 다하면 그대로 표류하거나 가라앉을 수밖에 없었다.

당시 잠수함의 활동 범위는 고작 망원경 시야에 머물렀기에 정해진 항로에 머물러 있다가 적을 기습하는 지극히 단순한 전술밖에는 구사할 수 없었다. 나아가 장거리 통신기술이 뒤떨어져 잠수함에 걸맞은 새로운 전술 구사가 매우 제한적일 수밖에 없었다.

| 영국의 잠수함 벤튜어러(Venturer) 잠수함 |②

| 독일의 U-864 잠수함 |③

한편 영국도 잠수함 개발에 힘을 쏟았다. 당시 전과는 독일에 미치지 못했으나 이탈리아를 상대로는 상당한 전과를 거두었다. 일례로 잠수함 간의 전투에서 독일과 이탈리아를 압도하는 전과를 올렸는데 특히 잠수함 벤튜어러Venturer는 현재까지 유일하게 잠항 상태의 적 잠수함이던 독일의 U-864을 잠수 상태에서 격침하는 기록을 세웠다.1]

제2차 세계대전 시의 잠수함

제2차 세계대전 시의 잠수함도 이전에 견주어 일부 성능향상이 있었으나 기본적으로는 획기적인 기술의 진전은 없었다. 다만 영국은 1차대전 당시 독일 U-보트의 위협에 대처하지 못해 발생한 피해

1] V급 잠수함의 상징인 벤튜어러는 잠수 중인 적 잠수함을 잠수 중에 어뢰를 발사해 격침한 해전사상 전무후무한 기록을 보유하고 있다. 독일 잠수함 U-864를 포착한 벤튜러는 어뢰를 발사하였으나 U-864는 이를 탐지하고 회피하면서 서로는 물고 물리는 3시간에 걸친 추격전을 벌이게 된다(1945.2.9). 벤튜러는 전파상 역추적을 우려하여 애즈딕(Asdic, 잠수함 탐지기)을 끄고 다만 청음기를 이용하여 추적했다. 벤튜어러는 U-보트를 명중시키는 데 필요한 계산을 마치고 17.5초 간격으로 4발의 어뢰를 발사하였고 이를 피하려던 U-보트는 마침내 마지막 1발에 피격되어 격침된다. 당시 벤튜어러의 함장은 라운더즈(Jimmy Launders)였다.

를 염두에 두고 이에 대한 방어 차원에서 효과적인 전술과 장비를 개발했다. 통신감청기술 · 위치추적기술 · 레이더 · 잠수함 탐지기술 등이 그것이었다. 여기에 미국이 본격적으로 잠수함을 건조하면서 독일 U-보트는 대부분 일방적으로 격침당하는 패배를 맛보았다(1943).

한편 2차대전 당시 일본은 함대 결전(Decisive Battle)[2]에 기초한 이른바 점감요격작전漸減邀擊作戰[3]을 설계하고 선두 잠수함으로 미 · 영 해군 주력함을 본격적인 교전 이전에 최대한 줄이려 계획하고 있었다.

당시 일본의 잠수함은 덩치가 크고 배수량도 매우 많았던 까닭에 전쟁 중에 건조된 잠수함이 독일 U-보트보다 거의 2배 가까이 무겁고 컸다. 게다가 큰 덩치에 잠항 능력도 매우 뒤떨어졌고 전쟁에서는 미군 주력함을 공격하려고 접근하다가 발각되어 대부분 전멸을 당했다. 배수량은 둘째치고 정숙성에도 큰 문제가 있어 미군이 찾아내기가 그다지 어렵지 않았다.

반대로 미군 잠수함은 필리핀 근해와 태평양을 항행하면서 때마다 일본 선단을 격파하였다. 그렇다고 당시 일본 해군의 잠수함이 아예 무용지물이었던 것은 아니다. 정찰 임무에도 유용했고 잠수함이라는 명목상 매우 위협적인 병기였기에 미국도 일본의 잠수함에 매우 민감히 반응했다.

영국을 완전히 봉쇄하지 못한 독일과는 달리 미국은 태평양에 대

2] 함대 결전은 결정적 전투를 통해 해군의 목표인 제해권 통제를 영구적으로 달성하려는 해군력의 운용 방안 혹은 그것을 중시하는 해군 교리이다.

3] 제1차 세계대전 종전 후 태평양전쟁이 발발할 때까지 일본군 해군이 미합중국 해군을 대상으로 방어적인 함대 결전 사상에 기반을 두고 만든 작전이다. 요약하면 태평양 남측으로 진격하는 미 해군의 주력함대를 맞아서 순차적인 요격 작전을 진행하여 전력을 무력화시킨 다음[점감(漸減)] 약해진 적 함대와 함대 결전을 벌여[요격(邀擊)] 승리한다는 전략이다.

| 일본 본토를 봉쇄한 가토급(Gato Class) 잠수함 |④

형 잠수함으로 전쟁 말기에 일본 본토를 완전히 봉쇄했다. 당시 미군 잠수함은 승조원이 자원해서 일본 본토에 침투해 폭탄을 설치하고 오는 특수 작전을 수행하거나 그밖에 추락한 항공모함 함재기 조종사를 구조하는 임무도 맡았다.

2차대전 중 잠수함은 기술발전에 따라 그 성능도 진일보했는데 무엇보다도 일례로 과산화수소를 이용해 잠수 중에도 엔진을 구동하는 것이 가능한 기술과 대형화된 축전지를 이용해 잠항 시 속도를 높일 수 있는 기술 등이 그것이었다.

| 미국의 앨버코어 잠수함 |⑤

미국의 앨버코어Albacore 잠수함은 세계 최초로 눈물 방울Teardrop 선형을 완성해 비로소 현대 잠수함의 새로운 장을 열었다(1953).

눈물방울형 선형은 물방울이 떨어질 때 모양을 채용하여 공기 저항뿐만 아니라 물의 저항도 최소로 받는 형태로 오늘날의 잠수함에도 많이 적용되는 형상이다. 눈물방울형 선형은 미 해군뿐만 아니라 이후 세계 각국의 잠수함 개발에 많은 영향을 주었다.

핵잠수함

| 핵 추진 탄도 유도탄 원자력 잠수함(SSBN) |[⑥]

핵잠수함(原子力潛水艦, Nuclear Powered Submarine)은 핵을 동력원으로 탑재한 잠수함이다. 제2차 세계대전 이후 개발된 핵분열(核分裂, Nuclear Fission) 방식4]을 응용해 원자로를 동력으로 사용하는 잠수함이다.

핵잠수함은 일반적인 공격용 잠수함으로 동력만 원자로를 쓴다면 핵 추진 잠수함(SSN, Nuclear Powered Submarine)이라고 동력만 원자로를 쓰는 게 아니라 여기에 핵무기를 탑재한다면 핵 추진 탄도 유도탄 원자력 잠수함(SSBN, Nuclear Powered Ballistic Missile Submarine)이라고 부른다. 적 함선을 목표로 대함 탄도탄을 사용하는 핵 추진 순항 유도탄 잠수함(SSGN, Nuclear-Powered Guided Missile Submarine)과 핵잠수함은 아니지만 잠수함 발사 탄도 미사일(SLBM, Submarine-Launched Ballistic Missile)을 탑재한 SLBM 탑재 재래식 잠수함(SSB, Ship Submersible Ballistic Missile)도 있다.

원자력으로 얻는 에너지 핵잠수함은 매우 오랜 시간 잠행하면서 작전을 수행할 수 있다. 핵잠수함 대부분은 짧게는 6년 길게는 14년

4] 원자력 발전은 핵분열로 생성된 에너지를 이용해 물을 끓여 만든 증기로 터빈을 돌려 발전을 한다. 물을 끓이기 위한 에너지원 공급 방식을 화력 발전에서는 보일러 내에서 연소 반응에 의존하지만 원자력 발전에서는 원자로 내에서 핵분열 반응에 의존한다는 점에서 차이가 있다. 원자력 발전은 원자로의 특성에 따라 여러 가지 형태로 분류할 수 있다. 우선 핵분열 반응에 의한 핵 분열로와 핵융합 반응에 의한 핵융합로로 구분할 수 있는데 일반적으로 상용화된 원자력 발전 방식은 핵분열 방식을 뜻하며 원자로 역시 핵 분열로를 사용한다. 반면 핵융합로는 꿈의 원자로라고 불릴 만큼 아직은 기초 연구 개발 단계 수준이다. 핵분열로는 핵분열 반응에 사용되는 중성자의 에너지에 따라 고속 증식로와 열중성자로로 구분한다. 열중성자로 중에서 중성자의 에너지 감속을 위한 감속재 종류에 따라 경수로·중수로·흑연로로 나눌 수 있으며 핵분열 반응 결과 방출되는 에너지를 냉각시키기 위한 냉각재 비등 여부에 따라 가압형 원자로·비등형 원자로 등으로 나눌 수 있다. 원자력 발전 방식은 다른 것보다 초기 비용이 많으나 연료비가 월등히 싸기에 발전소의 긴 수명 기간을 고려할 때 비용이 가장 적게 든다는 장점이 있다.

주기의 핵연료 교체 시기가 도래할 때까지 무제한 잠항이 가능하고 특수 원자로를 탑재한 핵잠수함은 30년 이상도 가능하다. 다만 식량과 보급품 및 승조원의 피로 그 밖에 잠수함의 정비를 고려할 때 실제 작전 기간은 그 미만으로 조정하고 있는 것이 일반적이다. 특히 핵잠수함은 핵동력으로 담수화 장비를 가동해서 식수와 생활용수를 그리고 해수를 전기 분해해서 산소를 자가 충당할 수 있는 장점이 있다.

재래식 잠수함은 전기를 다 소모하기 전에 수면 위로 부상해서 디젤 엔진을 가동해 배터리를 충전시켜야 한다Snorkeling. 이를 위해서는 수면 가까이 부상해야 하고 디젤 엔진 가동에 필요한 산소를 공급받고 또한 배출되는 탄소를 방출하기 위해 배기관을 수면 위로 드러내야 하며 충전을 위해 다시금 디젤 엔진을 가동해야 한다. 이때 발생한 소음은 적에게 탐지되기 쉽다는 취약점이 있다.

그러나 핵잠수함은 이러한 일련의 과정이 필요 없으므로 생존력이 높다는 장점이 있다. 다만 동력원이 원자로이기에 저속 추진 시 소음은 전기 모터를 쓰는 재래식 잠수함보다 큰 편이라는 단점이 있다. 이는 원자로 냉각수 순환을 위한 펌프나 증기 터빈 등으로 인해 기본적인 소음 발생원이 재래식보다 많기에 발생한다.

그러나 미국의 최신 원자력 잠수함용 원자로는 저속 항행 시 자연대류로 냉각되도록 설계되어 냉각수 순환 펌프 소음을 발생시키지 않게끔 설계되어 있다. 재래식 잠수함은 완전 정지 시에 완전한 무음 상태가 가능하지만 원자력 잠수함은 엔진을 끌 수 없어서 소리를 완전히 없애는 것은 거의 불가능하다.

그렇지만 원자력 기관은 크기에 비할 때 출력이 높고 선체를 대

| 핵추진 탄도 유도탄 원자력 잠수함 프로펠러 |⑦

형화할 수 있어 추진 기관의 소음을 감쇄시키는 방음 설비를 갖추기가 쉽다. 따라서 최신 핵잠수함은 중속 이상 속도에서는 재래식 잠수함보다 소음이 작다.

핵잠수함은 어디까지나 동력원을 원자력으로 한 잠수함이므로 그 자체가 핵무기는 아니나 그 특성상 핵무기와 매우 깊은 관련을 맺고 있다. 이를테면 핵잠수함은 군사・정치적 요소와 기술적인 난이도가 밀접한 연관성을 가지고 있기에 현재까지는 공식 핵보유국들만이 개발・배치하고 있다. 핵무기 미보유국 중에선 호주・브라질・한국만이 핵잠수함 도입 및 배치를 시도하고 있다.

잠수함 개발 전쟁

현재 선진국을 중심으로 초음속 잠수함 개발이 가속화되고 있다. 일례로 보도에 따르면(2020) 중국이 상하이[상해(上海), Shanghai]에서 미국 샌프란시스코까지 불과 2시간 안에 도달할 수 있는 초음속 잠수함 개발에 박차를 가하고 있다고 전하고 있다. 상해에서 샌프란시스코까지는 항공기로도 족히 20시간이 걸리는 장거리인데 이 거리를 수중에서 초음속으로 2시간 만에 주파할 수 있다는 것이다.

전문가들은 수중에서 몸체에 받는 물의 마찰 저항은 공기 중에서 받는 저항의 약 1,000배에 달하고 추진 속도는 물리적으로 추진에너지의 $\sqrt[3]{a}$에 비례한다고 지적한다. 따라서 잠수함은 수상함과의 속도 경쟁은 물론 대기 중의 항공기와는 비교도 되지 않을 정도이다. 따

| 초공동(Super-Cavitation) 잠수함과 어뢰 |⑧

라서 수중에서 초음속 이동은 이론적으로 거의 불가능에 가까운 일이다.

그러나 이러한 불가능의 벽은 새로운 이론이 나오면서 깨지고 있다. 유체역학적으로 기포Cavity는 물체의 진행을 방해하지만 하나의 기포로 물체를 완전히 덮어 싸게 되면 수중의 마찰 저항을 공기 중의 마찰 저항과 비슷하게 만들 수 있다는 초공동Super-Cavitation 이론이 바로 그것이다.

수중 무기의 선진국인 독일이 보여준 시속 약 800㎞의 초공동 어뢰 바라쿠다Barracuda는 초음속 수중 이동체의 실현 가능성을 개진했다(1988). 이른바 초공동 기술이 등장하면서 초음속 잠수함의 탄생도 현실로 바뀌어 가고 있다. 최근 중국은 초공동 잠수함에 관심을 두고 국가 차원에서의 지원을 아끼지 않고 있다(2020).

잠수함 공격은 속도가 관건

| 부관연락선 곤륜환 |⑨

여객과 승무원 총 655명을 태우고 부산釜山과 시모노세키下關항을 오가던 부관연락선(釜関連絡船, Kanfu Train Ferry) 곤륜환崑崙丸이 일본의 시모노세키항을 출발해 부산항으로 가던 중 침몰했다(1943).

| 미국 잠수함 USS-238 |⑩

곤륜환의 침몰은 미국 잠수함 USS-238의 공격 때문이었다. 태평양전쟁 중기부터 미국 잠수함은 일본의 병참선을 끊기 위해 한반도와 일본 근해로 출동했고 수많은 일본 함정과 상선들을 이처럼 가라앉혔다. 당시 공격 성공률은 매우 높았다. 미국의 이러한 공격이 가능할 수 있었던 이유는 시속 40㎞의 속도로 수중을 주파하는 신형 고속 잠수함이 개발됐기 때문이다. 이 속도는 당시의 재래식 잠수함으로선 대단히 빠른 속도였다.

전략무기로서 잠수함의 공격과 방어를 위한 속도는 매우 중요했다. 이에 각국은 2차 대전 이후 잠수함의 속도를 늘리기 위해 경쟁적으로 부단한 노력을 기울였다. 그러나 극복하기 힘들었던 가장 큰 문제는 다름 아닌 수중에서 마찰 저항(摩擦抵抗, Frictional Resistance)[5]이었다.

마찰 저항 줄이는 초공동 기술

선진각국은 빠르고 기동력 있는 잠수함을 건조하기 위해 물의 마찰 저항을 최소화하고자 다양한 시도를 해왔다. 그 가운데 가장 유력한 방법으로 손꼽혔던 것이 잠수함의 형체를 기존의 선박과는 다르게 바꾸는 방법이었다.

5] 운동하는 물체와 그 물체와 접촉하고 있는 물질 사이의 마찰로 인해 생기는 저항을 말한다. 항해하는 선체와 물 사이의 저항・유체 내부의 상대속도에 의하여 발생하는 저항・유체와 관 벽면과의 마찰 때문에 생기는 저항 등이 있다.

수상함의 속도 저하는 배가 파도를 일으키며 달림으로써 생기는 조파 저항(造波抵抗, Wave Making Resistance) 때문에 발생하는 반면에 물속을 다니는 잠수함은 마찰 저항 때문에 발생한다. 그런데 이론적으로 잠수함의 몸체를 물방울(Tear Drop) 형상으로 만들면 물방울처럼 동그랗고 매끄러운 모양이 물의 마찰 저항을 줄일 수 있게 된다.

| 미국이 개발한 씨울프급 핵잠수함 |[11]

그런데 잠수함 추진력으로 디젤 엔진을 벗어나 원자력이 잠수함 추진에너지로 대체되면서 수중속도가 일시에 배가되었다. 이런 과정을 통해 미국이 개발한 씨울프(Sea Wolf)급 핵잠수함은 (1980년대) 최근까지 가장 빠른 잠수함의 지위를 점하고 있다.

그러나 이 공격 잠수함의 수중속도는 시속 약 70㎞에 불과하다. 이는 수중 초음속과는 거리가 먼 속도이다. 기존의 방법으론 물속의 마찰 저항을 효과적으로 줄이는 것은 불가능했다.

이러한 상황에서 초공동 기술은 매우 획기적이었다. 물은 공기에 비해 점성이 높고 저항이 크기 때문에 수중에서 속도를 높이려면 물의 마찰 저항을 얼마나 줄일 수 있느냐가 관건이었다.

초공동 기술은 물체 속에서 이동하는 물체에 기포를 덮으면 물속에서의 마찰 저항이 공기 중의 마찰 저항과 유사하게 되는 원리다. 그렇다면 이론상으로 초음속 비행기처럼 물속에서 잠수함의 초음속 이동도 가능하다는 의미이다.

초공동 현상을 발생시키는 방법은 2가지가 있다. 하나는 잠수함

| 바라쿠다(Barracuda) |[12]

선단의 형상을 특수하게 설계해 이동 시 기포를 만드는 방법과 또 하나는 선단에 직접 공기 또는 가스를 분사하는 장치를 탑재해 기포를 발생시키는 방법이다. 여기서 선단의 형상을 개조한 기술은 기포 발생을 위해 시속 180㎞ 정도의 빠른 속도가 선행되어야 한다. 이는 현재 어뢰에 사용되는데 이른바 바라쿠다 어뢰Barracuda Underwater Supersonic Missile가 실례이다.

한편 현재 비약적으로 발전한 과학기술은 어뢰를 넘어 초음속 잠수함에도 초공동 기술의 적용을 꾀하고 있다. 보이지 않는 바닷속에서 가상적국을 향해 소리 없이 움직이는 초음속 잠수함들의 물밑 전쟁은 이미 시작된 상황이다.

무한궤도 속도 전쟁

고속철도

| 100% 중국산 고속철 푸싱호 |①

중국철도총공사(中國鐵路總公司, China Railway Construction Corporation)는 베이징北京에서 상하이上海에 이르는 노선에 2세대 고속철도(高速鐵道, High-Speed Railroad) 푸싱호復興號를 투입해 운영 중이다(2017-). 푸싱호는 100% 중국산 고속철로 여기서 푸싱復興은 중국의 수반 시진핑의 기치인 중화민족의 위대한 부흥復興·중국몽中國夢에서 따왔다.

현재까지 푸싱호 고속철 누적 운행 거리는 8억 3,600만㎞로 연평균 8억 2,700만 명을 실어 날랐고 중국의 모든 성省급 지역을 누비고 있는 중국의 대표적 간판 고속철이다. 푸싱호는 베이징·상하이 노선 1,318㎞을 최고속도 400㎞로 주파한다. 평균 시속은 350㎞다.

중국의 고속철도는 베이징·톈진天津 노선을 시작으로 본격 도입되었는데(2008). 원천기술을 독일과 일본에서 도입했다. 이후 중국은 고속철 전국화의 강력한 의지에 따라 고속철도 개발에 심혈을 기울였고 그 결과 고속철 노선 거리는 총 22,000㎞로 전 세계 고속철 노선의 2/3에 해당하는 규모이다(2020).

중국을 제외하고 가장 빠른 상용 고속철도를 운행 중인 나라는 일본 · 독일 · 프랑스 등이다. 일본의 신칸센新幹線과 독일의 ICE(Inter City Express) 프랑스 TGV(Train à Grande Vitesse)의 운행 속도는 시속 300-320㎞ 우리나라 KTX의 평균 속도도 시속 300㎞ 정도이다.

| 일본의 신칸센 |②

| 독일의 ICE |③

일본의 신칸센은 세계 최초 고속철도 체계이다. 현재 JR 그룹이 운영하고 있다. 1964년 도쿄 올림픽을 대비하여 토오카이도東海道 신칸센이 최초로 개통되었다.

당시까지 세계적으로 유일했던 고속철도 신칸센은 제2차 세계대전 이후 일본의 저력을 세계에 널리 알리게 된 계기가 되었다. 철도 강국 일본에 있어 신칸센은 50년 역사상 내부 요인에 의한 사고 사상자가 단 1명도 없는 뛰어난 안전성으로도 유명하다.

독일의 ICE는 주요 도시는 물론 유럽 주요 도시를 운행하는 고속철이다. 독일의 지멘스Siemens와 캐나다의 봄바디어Bombardier사가 개발 · 제작했다. 최고 시속 300㎞ 정도이다. 세계에서 가장 안전한 고속철도라는 평가를 받고 있다.

프랑스 국영 철도회사(SNCF, Société Nationale des Chemins de fer Français)에서 운

| 프랑스의 TGV |④

영하는 TGV는 개통 이후(1981) 당시 최고속도 220㎞의 신칸센을 압도하는 속도로 등장하며 세계 최초로 상시 300㎞대를 달성하였고 속도 면에서는 단연 독보적이었다(-1997). TGV는 한때 선로 위의 콩코드Concorde라고 불렸다. 프랑스는 유럽 제1의 원자력 발전국으로서 전기의 대부분을 원전에서 얻기 때문에 전기로 달리는 고속철도 제작에 유리한 입지를 구축할 수 있었다.

현대 고속철도의 선진 3국으로는 일본 · 독일 · 프랑스를 꼽는다. 일본의 신칸센과 독일의 ICE는 동력분산식(動力分散式, Multiple Power)1] 열차이고 반면에 프랑스 TGV는 2021년 현재까지 동력집중식(動力集中式, Locomotive)2] 열차이다. TGV의 가장 큰 특징은 연접대차(連接台車, Articulated Truck)3]이다. 우리나라 KTX-산천도 연접대차를 사용하고 있다.

초고속 자기부상열차

보통의 전기 열차는 전기모터로 바퀴의 추진력을 이용하여 레일 위를 따라 이동하는데 자기부상열차(磁氣浮上列車, Magnetically Levitated Train)는

1] 동력분산식은 철도 차량의 동력방식의 하나로 모터나 기관이 한쪽이나 양쪽 끝에 집중되어있는 것이 아니라 모든 열차 칸에 골고루 분산시키는 방식으로 동력집중식의 반대 방식이다.

2] 동력원이 맨 앞쪽과 뒤쪽의 전동차량에만 있는 방식이다. 동력원이 있는 두 칸의 기관차에는 사람이 탈 수 없고 기관차 힘으로 전체 전동차를 움직여 급제동에 취약하다. 주요 부품이 덜 들어가 동력분산식 열차보다 가격이 20% 이상 저렴하다.

3] 차량 연결부에 대차를 놓고 전후의 차량을 지지하는 방식이다. 연결기가 없어 전후 움직임이 경감되어 주행 장치가 객실에서 떨어져 있어서 승차감이 좋다는 장점이 있다.

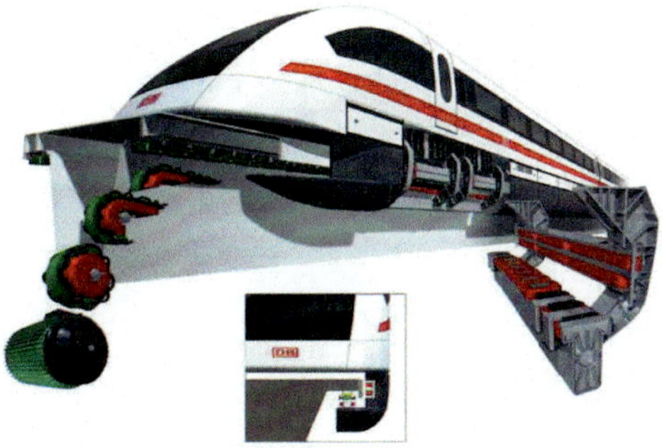

| 자기부상열차(Magnetically Levitated Train) |⑤

낮은 높이로 떠서 달리기 때문에 레일과 마찰이 없어 빠른 속도를 낼 수 있다.

자기부상열차를 구동하기 위해서는 열차를 선로로부터 띄우는 힘과 열차를 원하는 방향으로 진행 시켜야 하는 힘이 필요하다. 열차를 선로에서 띄우는 방법은 자석 양극의 반발력을 이용하는 반발식(Electro-Dynamic Suspension)과 자석과 자성체 간의 인력을 이용하는 흡인식(Electro-Magnetic Suspension)으로 구분할 수 있다.

일반적으로 반발식은 흡인식보다 제어 측면에서 장점이 있으나 저속에서는 코일에 유도된 자속이 차체를 띄울 수 있을 만큼 충분하지 못해 시속 약 100㎞ 이하에서는 바퀴를 사용해야 한다. 이에 비해 흡인식은 차량의 부상력을 제어해 균형을 유지하는 부분이 복잡하다는 단점이 있으나 저속에서 부상이 가능한 장점이 있다.

한편 열차를 진행 시키기 위해서는 선형모터(Linear Induction Motor)[4]를 사용한다. 선형모터의 코일에 흐르는 전류의 방향을 바꿔주면 자기장이 바뀌어 열차와 선로 사이의 힘이 끄는 힘과 밀어내는 힘으로 주기적으로 바뀌게 된다. 따라서 기차의 진행 속도에 따라 코일에 흐르는 교류의 진동수를 조절하면 열차에는 계속해서 진행하는 방향으로의 힘만을 가할 수 있다.

4] 원을 그리며 돌아가는 보통의 모터와는 달리 직선으로 나아가는 형식의 모터이다. 회전자가 일자로 설치되어 고정자인 유도 레일에 간섭 후 상호 자기장으로 출력을 발생시킨다.

자기부상열차는 소음과 진동이 거의 없어 승차감이 좋으며 평균 시속 250㎞의 고속으로 운행할 수 있다. 게다가 마찰에 의한 마모도 거의 없어 유지 및 보수비용이 적게 들고 자석이 레일을 감싸고 있어 탈선의 위험이 없다는 장점도 있다. 게다가 하중이 레일 전체에 분산되기 때문에 레일 구조물의 건설비가 적게 든다.

그러나 제작비가 비싸고 바퀴식보다 에너지 효율이 낮으며 자기장이 인체에 미치는 효과가 아직 밝혀지지 않아 이에 위험이 상존라고 있다는 단점이 있다.

자기부상열차에 대한 개발은 독일이 처음 시작하여(1969) 상용화했으며(1971) 우리나라는 도시형 자기부상열차 개발에 착수하여(1986) 그 결과로 인천공항 자기부상철도를 완공했다(2016).

중국은 독일 기술을 전수해(2003) 상하이 시내에서 푸둥공항浦東空港까지 31㎞ 구간에 시속 430㎞의 초고속 자기부상열차를 운행하고 있다. 현재 운행 중인 자기부상열차 중에서는 세계 최고의 속도다.

일본이 개발 중인 초고속 자기부상열차 마그레브Maglev는 시험 운행에서 최고 시속 603㎞를 기록했다(2015). 마그레브는 도쿄東京와 나고야名古屋 간 286㎞ 노선에 투입될 예정이다(2027). 노선에 본격 투입되면 두 도시를 40분 만에 연결한다. 이는 현재 고속철도보다 시간을 절반 정도 단축한 것이다.

미국에서 개발 중인 하이퍼루프Hyperloop는 상식을 초월한 기차이다. 하이퍼루프는 미국 테슬라(Tesla Incorporated)의 창업자인 일론 머스크(Elon Musk, 1971-)가 제안한 캡슐형 초고속 열차다(2013).

하이퍼루프는 출발지에서 목적지를 진공관으로 연결하고 교통수

| 미국 테슬라의 하이퍼루프(Hyperloop) |⑥

단인 캡슐을 이동시켜 엄청난 속도를 낸다. 하나의 캡슐에 28명이 탑승하고 최고 시속 1,300㎞에 이를 수 있다. 비행기보다 빨라 서울에서 부산을 16분에 주파한다. 하이퍼루프는 한국의 서울·부산 노선에 채택되어 라이선스 계약을 맺은 상태이고 현재 인도네시아에서 타당성 조사가 이루어지고 있다.

마하 6을 넘어선 비행기

| 총알보다 빠른 SR-71 블랙 버드(Black-Bird) |⑦

지구상 가장 빠른 물체는 비행기다. 비행기는 음속을 벗어난 속도로 지금까지 지구 곳곳을 누벼왔다. 미국이 개발한 SR-71 블랙버드Black-Bird는 사상 최초로 마하Mach 3[5]을 돌파한 초음속 정찰기이다(1965).

역사상 가장 빠른 제트기·총탄보다 빠른 마하 3의 정찰기는 SR-71에 따라붙는 수식어다. 기체가 온통 검은색이어서 블랙 버드

5] 음속에 대한 운동 물체의 속도의 비로 나타낸다. 1마하는 초속 약 340m이고 시속 1,224㎞에 해당한다. 오스트리아의 과학자 에른스트 마하(Ernst Mach)가 초음속 연구에서 도입한 개념이다. 보통 공기 속에서 탄환·비행기·미사일 등 고속비행체가 운동하거나 고속기류가 흐를 때 사용한다. 비행체가 공기 중에서 마하 1을 넘는 초음속으로 비행하면 비행체 주위의 공기에는 충격파(Shock Wave)가 생성된다. 이 충격파를 전후하여 공기의 성질이 급격히 변화하기 때문에 항공공학에서는 마하수가 중요한 의미를 지닌다.

| SR-71의 개량형 마하 6의 SR-72 |[8]

Black-Bird라는 별명을 갖고 있다.

개발된 지 반세기가 넘어(1950년대) 이제는 퇴역한 항공기인 SR-71은 주로 1970년대 세운 기록들이 여전히 깨지지 않고 있어 전설로 남아 있다. 런던에서 로스엔젤레스까지 1시간 54분 만에 비행해(1974) 평균 시속 2,338㎞라는 비행 기록을 세웠다.

실제로 SR-71은 4,000번 이상 미사일 공격을 속도만으로 따돌렸으며 일본 오키나와 기지에 배치돼 러시아와 북한의 영공도 수시로 들락거린 것으로 유명하다. 총알의 속도는 보통 마하 2.7-2.8인데 SR-71의 속도는 마하 3.3 초속 1,122m으로 총알보다 빠르다. 미국은 SR-71의 후속 모델로 총알보다 두 배 이상 빠른 마하 6 이상의 극초음속 전략정찰기 SR-72를 개발하고 있다.

| 마하 9.8의 X-43A |[9]

미국 록히드 마틴(Lockheed Martin Corporation)사는 극초음속 비행기 SR-72를 개발해왔다(2000년대 초-). SR-71 블랙버드처럼 터보엔진을 장착한 정찰기는 통상 마하 3까지 가속할 수 있다. 마하 5 이상 속도가 필요한 극초음속기는 스크램제트(Supersonic Combustion Ramjet)6] 엔진이 필요하다. 이 엔진은 마하 4 이상에서만 작동되는데

6] 스크램제트는 마하 1 이상 초음속으로 비행하는 전투기 등 특수 항공기에 사용되는 램제트 엔진의

이론적으로 마하 15 시속 18,000㎞까지 속도를 낼 수 있다. 이 엔진을 사용한 연구용 무인 항공기 X-43가 마하 9.8이라는 속도에 도달하고 태평양 바다로 떨어지며 신기록을 경신한 바 있다(2004).

마하 10에 이르는 속도에 도달했던 스크램제트 엔진은 미사일이나 인공위성 발사에 사용되는 고체 추진제 로켓 엔진이나 혼합 액체 추진제 로켓 엔진과 다르게 산소를 산화제로 사용한다. 그 결과 스크램제트 엔진은 기존 대형 여객기에 쓰이는 터보제트 엔진의 100배 정도의 추력을 발생시킨다.

해상에서의 속도전

현재까지 SR-71 블랙버드가 가장 빠른 비행기라면 가장 빠른 배는 위그선(WIG, Wing in Ground Effect Craft)이다. 수면 위를 일정 높이로 떠서 항행하는데 국제해사기구(IMO, International Maritime Organization)와 국제민간항공기구(ICAO, International Civil Aviation Organization) 협약에 따라 선박으로 분류된다. 물 위를 날아가는 위그선 속도는 200-600㎞ 정도이다.

지면 효과(Ground Effect)7]를 이용한 위그선은 러시아에서 최초로 군사 목적으로 개발되어 서방세계에 알려졌다. 지면 효과는 수면에 가까

일종으로 성능을 크게 높인 것이다. 램제트 엔진은 공기의 흐름을 초음속으로 유지해 공기 압축력에 의해 연료가 연소 되도록 하는 원리를 이용한다. 따라서 기존의 일반 제트엔진처럼 별도의 공기 압축기가 필요 없다. 스크램제트는 한 단계 더 나가 공기를 일반 램제트보다 훨씬 빠른 마하 7에서 마하 10 정도의 극초음속으로 흐르게 해 연소시킨다. 그렇게 되면 추진력이 훨씬 더 강해져 비행체가 최고 마하 10의 속도로 날 수 있게 된다.

7] 헬리콥터가 지면 가까이에서 제자리 비행(Hovering)할 때 공기의 하향 흐름이 지면에 닿게 되고 헬리콥터와 지면 사이의 공기를 압축하여 공기 압력을 높이게 됨에 따라 제자리 비행 위치에 헬리콥터를 유지 시키는 데 도움을 주는 쿠션(Cushion) 역할을 한다. 이러한 효과를 지면 효과(Ground Effect)라 하고 지면 효과에 의해 헬리콥터는 추력을 절감할 수 있다. 지면 효과는 헬리콥터가 제자리에서 비행하는 동안 주 로터(Main Rotor)의 직경 높이까지 효력을 발생한다.

| 위그선(WIG, Wing in Ground Effect Craft) |[10]

워질수록 날개의 효율이 향상된다는 원리이다.

위그선은 운송비용이 고가인 항공기의 단점과 저속인 선박의 단점을 동시에 해결할 수 있는 획기적인 차세대 운송 수단으로 호평을 받았다. 위그선 개발 및 상용화의 성공은 해상 물류 체계의 혁신으로 이어져 물류비용을 획기적으로 절감할 수 있는 계기가 되었다.

위그선은 수상에서 이·착수가 가능하므로 공항이나 항구 건설과 같은 대규모 사회간접자본의 투자가 필요 없다는 장점이 있다. 그 결과 지리적·경제적 여건상 선박 또는 항공기의 투입이 어려운 도서 지역의 대체교통수단으로 첫손에 꼽혀왔다.

그러나 이러한 위그선의 여러 가지 장점에도 불구하고 위그선은 파도가 높은 해역에서는 저항의 증가로 이·착수가 어렵고 운항률이 낮다는 단점에 현재 실용화에 어려움을 겪고 있다.

육상에서의 속도전

세계에서 가장 빠른 양산 자동차 타이틀을 가지고 있는 차는 부가티 베이런(Bugatti Veyron) 슈퍼 스포츠카이다. 이 자동차는 시속 432.91 ㎞를 기록하며 세계 신기록을 수립했다(2010).

16기통 8.0ℓ 엔진에 쿼드 터보가 힘을 보태 무려 1,200마력의 성

| 부가티 베이런(Bugatti Veyron) |[11]

능을 낸다. 정지상태에서 시속 100㎞까지 도달하는 제로백zero百은 2.9초다. 그러나 최근 이에 도전할 자동차가 등장했는데 미국 헤네시Hennessey사가 만든 헤네시 베놈 F5(Hennessey Venom F5)다. 구체적인 사양은 비공개인 상태라 구체적인 성능은 알 수 없으나 이전 모델로서 베놈 GT의 경우 7.0ℓ V8 엔진에 트윈 터보가 탑재돼 1,244마력의 출력과 제로백 2.7초를 기록한 바 있다.

베놈 GT는 미국 플로리다주 미국항공우주국(NASA, National Aeronautics and Space Administration) 케네디 우주센터에서 시속 435.31㎞의 최고속도를 기록하며(2014) 부가티 베이런 슈퍼 스포츠를 넘어 가장 빠른 양산 자동차 기록을 수립한 바 있다. 그러나 이는 비공식기록으로서 공식기록은 아직껏 부가티 베이런 슈퍼 스포츠카가 보유하고 있다.

우주에서의 속도전

현재까지 지구상에서 상용화된 가장 빠른 물체는 미국의 정찰기 SR-71 블랙버드다. 이 비행기는 마하 3.32의 속도를 기록하고 있는데(1976) 이 기록은 무려 50여 년이 지난 현재까지 깨지지 않고 있다.

그러나 범위를 지구상이 아니라 우주 전체로 넓히면 상황은 달라진다. 왜냐하면 공기 저항이 없는 우주에서는 물체가 지구에서와는 차원이 다른 속도를 낼 수 있기 때문이다.

| NASA가 발사한 탐사선 주노(Juno Spacecraft) |⑫

현재까지 알려진 가장 빠른 우주선은 미국항공우주국NASA이 발사한 탐사선 주노(Juno Spacecraft)이다(2011). 주노가 5년간 비행 기간 끝에 목성에 근접 비행할 때 낸 속도는 시속 260,000㎞로(2020). 마하로 환산하면 216에 이른다. 이는 SR-71 블랙버드 수십 배에 달하는 속도이며 현재 태양계 밖을 탐사 중인 우주선 보이저Voyager호8]의 속도인 마하 50보다도 훨씬 빠르다. 현재까지 인간이 만든 물체 중에 가장 빠른 속도이다.

주노는 NASA에서 발사해 5년간 비행 끝에 목성 궤도에 진입한 우주탐사선이다. 미국 플로리다주에서 발사되어(2011) 5년간 28억㎞를 날아 목성 궤도에 안착했다. 주노는 목성 궤도에 진입한 후(2016) 처음으로 목성 사진을 찍어 지구에 전송하기도 했다.

마하 180,000 우주선의 도래

주노의 속도도 이내 깨질 것이라 보인다. 미국을 위시한 선진각국이 우주 탐사를 위해 더 빠른 속도를 가진 우주선을 지구 밖으로 쏘아 올릴 계획을 세우고 있기 때문이다.

8] 미국항공우주국(NASA)이 발사한 보이저1, 2호는 태양계에 속한 목성·토성·천왕성·해왕성 등 행성의 탐사와 태양계의 자기권이 미치는 범위인 헬리오스시스(Heilosheath)와 그 바깥쪽인 헬리오포즈(Heliopause) 공간을 탐사하기 위한 목적으로 계획되었다. NASA의 보이저 계획에 따라 보이저 1호와 2호가 각각 발사되었다(1977). 보이저 1호는 지름길을 택하여 목성(1979)·토성(1980)에 접근했고 태양에서 60억km떨어진 지점에서 태양계를 촬영한 사진을 지구로 전송하였다(1990). 이후 태양계 외부 우주공간과의 경계 지대인 헬리오스시스(Heliosheath)에 진입하였다(2005). 보이저호는 시속 약 60,000㎞의 속도로 태양권이 끝나는 경계면인 태양권계면을 통과하고 있다(2011). 30여 년간 175억㎞ 이상의 거리를 비행하고 있다.

| 스타샷 프로젝트(Starshot Project) |[13]

대표적인 계획은 스타샷 프로젝트(Starshot Project)이다. 스타샷 프로젝트는 영국 우주 물리학자 스티븐 호킹(Stephen Hawking, 1942-)과 러시아 출신 부호 유리 밀너(Yuri Borisovich Milner, 1961-) 그리고 페이스북 창업자 마크 저커버그(Mark Zuckerberg, 1984)가 소속된 브레이크스루Breakthrough라는 과학단체가 추진하고 있다.

스타샷 프로젝트는 외계 태양계인 알파 센타우리(Alpha Centauri)로 초소형 우주선 1,000대를 보내는 것을 핵심에 두고 있다. 이 프로젝트에 활용되는 우주선은 컴퓨터 칩 크기로 무게는 약 1g 정도이고 빛을 반사하는 소재로 된 얇은 돛이 달려 있으며 카메라 · 전원장치 · 항법 · 통신장비 등이 탑재된다.

로켓에 이 나노우주선들을 탑재해 지구에서 약 100만㎞ 떨어진 곳에 가져다 놓으면 돛이 펼쳐지고 지구에서 돛에 레이저 광선을 쏘아 우주선을 움직인다. 우주 공간에서는 공기 저항이 없어 가속된 속도가 줄어들지 않기 때문에 이론적으로 레이저를 계속해서 발사하면 더 빠르게 이동할 수 있다.

호킹 박사는 이 원리로 광속의 1/5인 시속 1억 6,000만㎞까지 가속해 알파 센타우리까지 20년 내 도착할 것으로 전망하고 있다. 현존하는 우주선이라면 알파 센타우리까지 3만 년이 걸린다.

한편 이 프로젝트는 우주선 기술 개발 및 발사에 20년이 걸리고 발사 후 알파 센타우리까지 20년에 걸쳐 도착하게 되며 우주선이 알파 센타우리에 도착한 후 보낸 전파가 지구에 도달하는 데는 4.37년이 걸려 총 45년이 소요될 예정이다. 약 11조 원이 투입되는 대형 프로젝트이다.

알파 센타우리는 우리 항성계인 태양계에서 약 4.37광년 떨어진 가장 가까운 별이다. 거리로 따지면 약 43조 7,000억㎞의 거리이다. 20년 안에 알파 센타우리에 도착하려면 광속의 20%까지 속도를 올려야 하는데 광속의 20%는 초속으로 따지면 60,000㎞ 시속 2억㎞가 넘고 마하로는 176,470에 달한다. 이는 주노가 기록한 마하 216의 816배에 달하는 속도다.

그런데도 호킹은 개당 무게가 20g에 불과한 초소형 우주선 나노크래프트(Nano Craft)를 이용하면 가능한 속도라고 주장하고 있다. 나노크래프트는 스마트폰 칩 크기의 초소형 우주선으로 기존 우주선보다 크기가 수만 배는 작은 만큼 무려 1,000배나 빨리 알파 센타우리로 접근할 수 있다는 설명이다.

다양한 분야에서의 속도전은 기술발전을 견인하고 이로부터 유관 산업에 미치는 파급효과는 실로 엄청나다. 선진각국이 이처럼 속도전에 심혈을 기울이고 있는 이유이다.

부메랑이 된 대륙봉쇄령

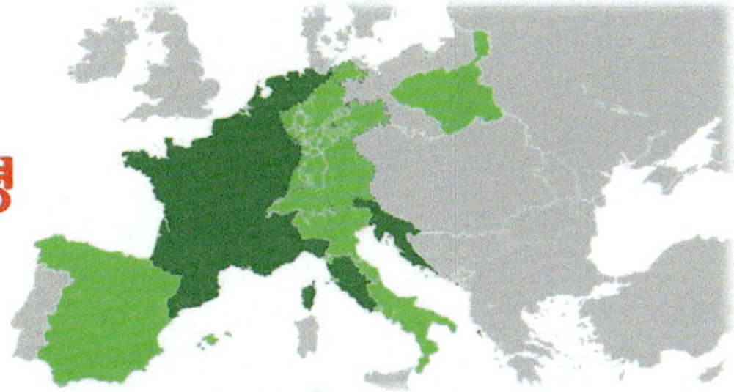

나폴레옹이 만든 역사

| 나폴레옹(1769-1821) |①

나폴레옹(Napoléon Bonaparte, 1769-1821)은 지중해 코르시카섬(Corsica Is.) 아작시오Ajaccio에서 출생했다. 프랑스 혁명(French Revolution, 1789-1794)의 사회적 격동기 이후 찾아온 안정기에 편승하여 프랑스 제정 시대를 구축했다. 군사·정치적 천재로서 알렉산드로스(Alexandros the Great, 재위 B.C.336-B.C.323) · 카이사르(Gaius Julius Caesar, B.C.100-B.C.44)와 비견된다.

초기 나폴레옹은 부친을 따라 프랑스에 건너가(1779) 파리육군사관학교에 입학하여(1784) 임관 뒤 포병 소위로 지방연대에 부임했다. 프랑스 혁명 때 코르시카로 귀향하여(1789) 코르시카 국민군 부사령관에 취임하였다.

다시금 일가와 함께 프랑스로 이주해(1792) 툴롱Toulon 항구의 왕당파 Royalistes 반란을 토벌하는 여단 부관으로 복귀하여 최초의 무훈을 세웠다(1793). 파리에 반란이 일어났을 때 프랑스 혁명의 최종 단계에서 구성된 의회인 국민공회(Convention Nationale)가 위기에 직면하자 포격으로 폭도들을 물리쳤다. 이 기민한 조치로 재기의 기회를 포착하여 당시 사교계의 꽃이었던 조제핀Joséphine과 결혼한 뒤 마침내 이탈리아 원정군 사령관으로 임명되었다(1796).

| 이탈리아 만투아 점령(1797) |②

원정 시 이탈리아에서 오스트리아군을 격파하여 밀라노Milano에 입성하여 만투아Mantua를 점령하는 일대 전과를 거두었다(1797). 이후 오스트리아와 캄포포르미오 조약(Treaty of Campo Formio)을[1] 체결하여 이탈리아 각지에 프랑스 혁명의 이상을 도입한 인민공화국을 건설했다. 이는 프랑스에서 그의 명성이 높아지게 된 계기가 되었다.

그는 5만여 명의 병력을 이끌고 이집트를 원정하여 카이로에 입성하였으나(1798) 영국함대에 패하고야 만다. 거기서 혼자 이집트를 탈출해 프랑스로 귀국하였다. 귀국 후 군대를 동원해 지도층을 해산시키고 군사독재를 시작했다(1799).

그는 거칠지만 솔직해서 농민 출신 사병들로부터 큰 신뢰를 받았다. 그러나 인간성을 무시하고 도덕성이 없는 난폭한 행동을 서슴지 않았다. 광대한 구상력과 현실을 꿰뚫는 능력 및 메마른 감성의 결

1] 나폴레옹이 이탈리아 원정에서 승리한 뒤 이탈리아 캄포르미오에서 체결하였다. 이로 인하여 오스트리아는 베네치아(Venezia)를 얻고 이탈리아 북부의 주인 롬바르디아(Lombardia)를 포기하였으며 프랑스는 그리스 해안에 길게 늘어진 이오니아제도(Ionian Iss.)와 네덜란드를 획득하였다. 조약체결 후 나폴레옹은 이집트원정에 나섰고 이후 러시아·오스트리아 등이 영국의 대프랑스 대동맹에 가맹함으로써 조약에 의한 평화는 깨지게 되었다(1798).

| 마렝고 전투(1800) |③

| 트라팔가르 해전(1805) |④

과로서 주저함이 없는 저돌적 행동은 마치 광적이었다.

이처럼 역사상 유례없는 나폴레옹의 개성은 혁명 후 안정을 지향하는 과도기적 사회상황에서 이른바 보나파르티즘Bonapartism2]이라는 나폴레옹 특유의 정치방식으로 확립되었다. 이후 나폴레옹은 프랑스 수반으로서 국정 정비 · 법전편찬에 임했고 오스트리아와 결전을 위해 알프스를 넘어 이탈리아 북부 마렝고Marengo에서 오스트리아군을 격파하였다(1800).

또한 영국과 아미앵 화약(Treaty of Amiens)3]을 맺고(1802) 인민투표로 황제에 즉위하여 제정정치를

2] 본래는 프랑스 보나파르트 가문에 대한 충성을 의미하며 협의로는 나폴레옹의 정치체제를 지칭한다. 모두 개인의 독재체제이지만 군사적 · 경제적인 국민적 영광을 목표로 인민투표와 보통선거를 지주 삼아 정보 조작을 통치의 수법으로 한 점에 특징이 있다. 이후 마르크스주의(Marxism)에 있어 보나파르티즘은 위기 상황에서 성립한 계급균형에 기초한 예외 국가라고 하는 논의로 전개되었다. 보나파르티즘은 의회제 민주주의를 기만한 것으로 근대국가의 모순을 나타내고 있다.

3] 프랑스의 아미앵에서 조인되었다. 영국의 주창으로 대프랑스동맹이 맺어지자(1799) 나폴레옹은 마렝고 전투에서 오스트리아군을 격파하고 굴복시켰다. 또 러시아가 무역상의 이유로 영국에 대해서 경제 단교책을 실시함으로써 대동맹의 결속은 무너지고 영국은 경제적 난국에 처하게 되었다. 나폴레옹 타도에 앞장선 영국 내각이 실각하자(1801) 차기 내각이 화평을 제의하여 이듬해 성립되었다. 이 화약에 따라 영국은 스리랑카 · 트리니다드를 제외한 모든 점령지를 반환하였고 지중해 제해권의 요지인 몰타섬으로부터 철수했다. 프랑스는 포르투갈과 터키에 점령지를 반환하는 동시에 나폴리와 교황령을 포기했다. 이로써 대프랑스동맹은 해체되기에 이르렀다.

펐다(1804).4] 영국을 최대의 적으로 간주했던 나폴레옹은 즉위와 동시에 영국 점령을 위해 상륙작전을 계획하고 실행에 옮겼으나 트라팔가르 해전Battle of Trafalgar5]에서 영국 넬슨 제독(Viscount Horatio Nelson, 1758-1805)6]에게 참패했다(1805).

| 아우스터리츠 전투(1805) |⑤

이후 나폴레옹은 아우스터리츠 전투(Battle of Austerlitz)에서 오스트리아·러시아군을 꺾어(1805) 이로써 전 유럽을 제패하는 위업을 이루었다.

그러나 러시아원정에 실패하고(1812) 영국·러시아·프로이센Preussen7]·오스트리아 연합군에 의해 파리를 점령당하고야 만다(1814). 그 결과 이탈리아 서해안 엘바섬(Elba Is.)에 유배되었으나 이후 다시금 파리에 입성해 황

4] 당시 유명한 일화로 나폴레옹의 황제 즉위 소식을 들은 베토벤(Ludwig Van Beethoven, 1770-1827)이 영웅 교향곡(No. 3) 악보에서 펜을 던지고 인민의 주권자도 역시 속물이었다고 한탄했다고 한다.

5] 스페인 남서쪽의 트라팔가르곶에서 벌어진 영국 해군과 프랑스·스페인 연합함대의 결전이다. 범선 시대의 마지막 해전이자 영국의 막강 해군력 신화를 대표하는 전투 중에 하나다.

6] 영국의 제독이자 국민적 영웅이다. 영국 해군에 입대하여(1770) 미국 독립전쟁 때는 영국함대의 작전에 종사하고(1780) 프랑스 혁명전쟁 때는 지중해 방면에서(1793) 코르시카 점령에 공을 세웠으나(1794) 오른쪽 눈을 잃었다. 세인트빈센트 해전에서 에스파냐 함대의 격파에 공을 세웠으나(1797) 카나리아 제도(Canary Iss.)의 테네리페(Tenerife) 공격에서 오른편 팔도 잃었다(1797). 1798년에는 프랑스군의 이집트 상륙을 나일강 입구에서 저지했다(1798). 코펜하겐 공격에 성공하여 자작(Viscount)이 되었고(1801) 프랑스와의 전쟁이 재개되자(1803) 지중해 함대 사령관이 되고 2년간 프랑스함대를 툴롱에 봉쇄하여 나폴레옹의 영국 본토 상륙작전을 저지했다. 트라팔가르에서 프랑스와 에스파냐 연합함대를 격멸하여 영국 해상권을 확고히 했다. 그러나 자신은 빅토리호에서 전사했다. 런던 세인트 교회에 장사 되었고(1806) 영국 해전 사상 불멸의 인물로 추앙받고 있다.

7] 프러시아라고도 한다. 프로이센은 중세 초부터 살기 시작한 발트어계 프로이센인에서 유래했다. 좁은 뜻으로 발트해 남쪽 비스와강(Vistula Riv.)과 네만강(Neman Riv.)에 이르는 지방이다. 넓은 뜻으로는 여기에 세워지고 발전하여 독일제국의 중심을 이룬 프로이센 공국 및 왕국을 의미한다.

| **러시아원정**(1812) |⑥

| **워털루 전투**(1815) |⑦

제에 즉위했다(1815).

그러나 워털루 전투(Battle of Waterloo)에서8] 패하여 영국에 항복하였다(1815). 대서양 세인트 헬레나섬(Saint Helena Is.)에 유배되어 그곳에서 파란만장한 생을 마감했다(1821).

대륙봉쇄령의 원인

프랑스 나폴레옹처럼 전쟁사에 뚜렷한 흔적을 남긴 인물도 찾아보기 힘들지만 무엇보다 나폴레옹이 시행한 이른바 대륙봉쇄령(大陸封鎖令, Continental System)만큼 19세기 이후 역사에 영향을 미친 사건도 드물다.

대륙봉쇄령은 브라질의 탄생과 커피 · 오스트레일리아의 번영 · 독일 제조업의 융성 · 미국의 발전 · 제정 러시아의 정체 등에 이르기까지 숱한 영향을 끼쳤다.

나폴레옹은 역사적으로 그가 임한 전쟁에서 90%가 넘는 승전고

8] 나폴레옹의 백일천하를 와해시킨 전투로 프랑스와 유럽국가 간의 23년에 걸친 전쟁을 끝낸 계기가 되었다. 이 전투는 지금의 벨기에 워털루 남쪽 5㎞ 지점에서 나폴레옹의 72,000명의 병력과 웰링턴이 이끈 동맹군 68,000명 및 프로이센군 45,000명 간에 벌어졌다. 프랑스군은 이전에 프로이센군을 물리치고 워털루에서 영국군을 공격하였으나 프로이센군의 기습공격으로 완패하였다. 나폴레옹 군은 25,000명이 전사했고 9,000명이 포로가 되었다. 웰링턴 군대는 15,000명 프로이센은 약 8,000명이 전사했다. 이 전투로 나폴레옹 백일천하는 끝나고 그는 두 번째로 퇴위를 맛보았다.

를 올렸다(60전55승5패). 그런데도 영국의 벽을 넘지 못하고 뜻을 이루지 못한 이유는 무엇보다도 경제에 있었다.

나폴레옹은 트라팔가르 해전에서 넬슨 함대에 패해 프랑스 육군으로 영국을 점령하려던 계획을 포기할 수밖에 없었다. 그러나 그는 끝까지 영국을 무너뜨리기 위해 신성로마제국(Holy Roman Empire)[9]을 무너뜨린 직후(1806) 이른바 베를린 칙령(Décret de Berlin)[10]을 발표하면서 영국을 고사시키기 위해 영국과의 무역을 원칙적으로 차단했다.

영국은 여기에 정면으로 맞대응했다. 유럽의 전 해안을 더욱 강하게 봉쇄했고 급기야 긴급명령 형식으로 프랑스 및 그 동맹국과의 무역을 전면 금지하고 강력한 영국 해군 전함으로 프랑스 및 동맹국의 해안을 봉쇄한다고 발표했다(1807).

이러한 영국의 조치에 나폴레옹은 이전 베를린 칙령보다 더욱 강력한 조치를 담은 밀라노 칙령(Edict of Milano)을 내렸다(1807). 그 내용은 베를린 칙령에 그나마 남아 있던 융통성마저도 아예 없앴다는 점이 특징이었다. 이를테면 프랑스나 동맹국 항구에 기항하는 선박에서 영국산 물품이 발견되는 경우 물품 압수에 그치지 않고 선박까지

9] 신성로마제국은 독일 국가 원수가 황제 칭호를 가졌던 시대의 독일제국의 국명으로 중부유럽에 존재했던 다민족 국가 체제이다. 칙령 반포에서는 정식 명칭을 독일 민족의 신성로마제국(Heiliges Römisches Reich Deutscher Nation)이라 했으나(1512) 이 명칭은 사장되고 신성로마제국 혹은 독일제국이라 불린다. 신성로마제국은 고대 로마제국의 부활·연장이라고 여겨졌기 때문에 로마제국이라 불렸고 또 고대 로마의 전통 보존자인 그리스도교회와의 일체라는 뜻에서 신성(神聖)이라는 말을 붙였다. 그러나 실제로 신성로마제국의 호칭이 쓰이기 시작한 것은 15세기로써 그 이전은 단순히 제국 또는 로마제국이라 불렸다.

10] 나폴레옹은 예나 전투(Battle of Jena)에서 프로이센군을 격파한 뒤(1806) 베를린에 입성하여 베를린 칙령을 선포하고 경제전략으로 대영국 전략을 수정했다. 주된 내용은 영국과의 통상·통신을 금지하는 것을 비롯하여 점령지대의 영국인을 포로로 하고 그들의 상품을 몰수하며 영국 및 그 식민지로부터의 상선을 기항시키지 못한다는 것이었다. 영국 타도를 목적으로 한 이 칙령은 영국뿐만 아니라 나폴레옹의 지배 아래에 있던 대륙 여러 나라에 고통을 줌으로써 그들의 이반을 부추겼으며 그 선봉인 러시아를 제압하기 위하여 러시아원정을 감행하였으나 실패로 끝나 결국 몰락하였다.

압류한다는 내용 영국산 물품을 적재한 어떤 국가의 선박도 나포한다는 내용 등이었다. 이 두 가지 나폴레옹 칙령이 대륙봉쇄령이다.

대륙봉쇄령의 전개

나폴레옹은 이로써 영국을 고립시켜 경제를 고사시키고자 했다. 막강한 영국 해군에 막혀 도버 해협(Strait of Dover)을 건널 수 없었던 나폴레옹은 해상무역과 교통을 막으면 대외무역의 비중이 큰 영국이 마침내 무너질 것으로 생각했다.

당시 이러한 나폴레옹의 대륙봉쇄령은 프랑스 국민의 열렬한 지지를 받았다. 당시 프랑스는 영국과 체결한 이든 조약(Eden Treaty)[11]으로(1786) 영국과의 무역에서 저율의 관세가 적용되는 자유무역을 시작한 뒤 제조업 기반이 무너졌던 상황이었다. 그 결과 프랑스 국민의 영국에 대한 반감은 극에 달한 상황이었다.

나폴레옹의 대륙봉쇄령으로 영국 경제는 일시적으로 엄청난 타격을 받았으나 프랑스가 받은 타격에 비하면 훨씬 적었다. 해상을 지배한 영국은 두 가지 통로가 있었다. 하나는 카리브해를 비롯한 비유럽지역과의 무역이었다. 대륙봉쇄령 초기 유럽 지역과 무역 감소분 이상으로 비유럽지역에 대한 수출입이 크게 늘었다. 고통 속에서나마 수출 다변화로 대륙봉쇄령으로부터의 피해를 줄일 수 있었다.

다른 하나는 밀수였다. 섬유 등 당시 영국 물품의 가격경쟁력이

11] 이 조약의 핵심은 관세를 대폭 인하한다는 것이었다. 수입 물품에 대한 관세율을 80-120%에서 10-50%로 인하하는 것을 내용에 두었다. 포도주에서 기계류까지 품목도 다양했다. 이든 협정은 자유무역 시대의 개막을 알리는 신호탄이었다. 최초의 자유무역협정(FTA)이라는데 의의가 있다. 협정 명칭은 당시 영국의 협상 대표인 윌리엄 이든(William Eden)의 이름에서 따왔다.

워낙 뛰어났기 때문에 이로부터 경제적 실익이 컸다. 일례로 프랑스 육군의 군복 또한 영국산 밀수 원단이 사용될 정도였다.

한편 프랑스 동맹국들과 선박회사들의 고통은 더욱 컸다. 왜냐하면 이미 산업혁명을 이룬 영국산 물품이 없는 선박을 찾기 어렵던 시대에 대륙봉쇄령을 위반하여 프랑스 해군이나 세관으로부터 제재를 받게 되는 경우 이는 파산과 다름이 없었기 때문이었다.

이러한 상황에서 서구 최초의 자유무역협정FTA이었던 메수엔 조약Treaty of Methuen을12] 체결한 이후(1703) 영국과 경제적 특수관계를 이어가던 포르투갈은 즉각 반발하고 나섰고 여기에 러시아 귀족들도 농성이 자자했다. 그간 농노들이 생산한 곡식을 영국에 수출해 왔는데 대륙봉쇄령이 발동되며 소득원이 원천적으로 막혔기 때문이었다.

이윽고 나폴레옹은 스페인을 통해 포르투갈을 제압하려고 군대를 투입했다. 그러나 포르투갈 왕실 일가는 브라질로 망명해버리고야 만다. 브라질은 이때부터 세계적인 커피 생산지대로 급부상하는 계기를 잡게 된다. 커피의 주산지인 아프리카로 가는 항로가 대륙봉쇄령으로 막힌 덕분이었다.

한편 브라질 국가의 탄생도 이와 무관하지 않았다. 나폴레옹 전쟁이 끝나고 포르투갈 왕실이 본국으로 귀국할 때 홀로 남았던 왕세자는 브라질의 독립이냐 그렇지 않으면 죽음이냐를 외치며 브라질 독립을 선포하기에 이르렀다(1822).

포르투갈로 진군했던 나폴레옹 군대는 또 다른 밀수의 중심지였

12] 군사와 자유무역에 관해 포르투갈과 영국이 맺은 조약으로 이로써 스페인 왕위계승 전쟁에서 프랑스 편이었던 포르투갈이 영국의 영향권에 편입되게 되었다. 영국산 양모와 포르투갈산 와인에 대해 서로 특혜 관세(特惠關稅, Preferential Duty)를 조정하는 것을 주된 내용으로 하였다.

| **나폴레옹의 스페인 침공**(1808) |⑧

| **고야**(Francis Goya)**의 「1808년 5월 3일의 학살」** |⑨

던 스페인으로 기수를 돌려 학살극까지 펼치며 다른 동맹국에 본보기로 삼았다.13]

스페인 민중은 영국군 소부대와 잔존 포르투갈군과 연합해 게릴라Guerrilla 전술로 프랑스군을 괴롭혔다.14] 그 결과 프랑스 20만 대병력은 전쟁 내내 이곳에서 발이 묶였다.

당시 나폴레옹이 고전을 거듭하던 스페인 전선보다 더욱 끔찍한 상황이 찾아왔다. 그것은 러시아가 귀족들의 성화로 영국과의 곡물 밀수를 늘리고 대륙봉쇄령 이탈을 선언한 일이었다.

급기야 나폴레옹은 대륙봉쇄령을 무력화한 러시아를 타도하기 위해 60만의 대병력을 동원하기에 이르렀다. 그러나 당시 프랑스의 러시아 전열은 한없이 늘어져 속전속결형인 프랑스군에게는 뜻밖에 낯선 전투로 전개되었다.

13] 고야(Francis Goya, 1746-1828)가 남긴 유명한 「1808년 5월 3일의 학살」은 당시 상황을 적나라하게 전하고 있다.

14] 게릴라(Guerrilla)라는 단어는 이때부터 사용되었다.

| 러시아의 청야작전에 말려 패퇴하는 프랑스군 |[10]

게다가 프랑스군은 보급에 한계가 있었다. 전선을 유지하기 위해 프랑스군은 비축한 물자보다 점령한 현지에서 물자를 징발하는 약탈형 군대로 변모하고 있었다. 여기에 식량과 물자를 불태우며 철수하는 러시아군의 이른바 청야작전(淸野戰術, Scorched Earth Tactics)15]에 말려 굶어 죽는 병사가 속출했다. 여기에 혹독한 추위까지 만난 나폴레옹은 결국 회복할 수 없는 패배를 당하고 말았다. 영국을 고사시키려던 대륙봉쇄령이 부메랑이 되어 프랑스와 자신을 속박한 셈이 되어버린 것이다.

대륙봉쇄령의 결과

대륙봉쇄령은 프랑스의 무역과 산업도 피폐하게 만들었다. 프랑스의 주요 무역항구들은 침체일로를 걸었고 그나마 유지하던 해상무역도 명목만 유지하고 있었다.

나폴레옹은 영국을 제외한 유럽 대륙의 경제공동체를 계획했으나 산업혁명으로 경제적 소비수준이 높았던 영국의 생산력을 따라갈 수가 없었다. 특히 프랑스가 점령했던 이탈리아의 섬유산업은 대륙

15] 전시에 방어측에서 사용하는 대표적인 전술이다. 견벽청야(堅壁淸野)또는 청야수성(淸野守城)이라고도 불린다. 같은 의미로 초토화 작전(焦土化戰術)라고 표현하기도 한다. 청야의 한자는 맑을 청(淸)과 들야(野)로서 이를테면 깨끗이 싹 비워버린 들판을 의미한다. 방어군이 후퇴하기 전에 적군의 손에 들어간다면 유용하게 쓰일 만한 모든 물자를 없애 버리면서 적군에게 보급의 한계를 강요하는 전술이자 공세 종말점을 활용한 전술이라고 볼 수 있다.

봉쇄령으로 시장을 잃고 이후로 다시는 재기하지 못했다.

영국은 그간 스페인산 양모에 의존했던 섬유산업을 호주로 대체했다. 죄인들의 유배지였던 호주는 대륙봉쇄령 덕에 스페인을 제치고 세계 최대 양모 수출국으로 발돋움했다. 독일도 영국에 견줄만한 산업국으로 부상했다. 당시 프로이센은 루르Ruhr16] 지역을 중심으로 유럽에서 최강국으로 도약하는 절호의 기회를 맞게 되었다.

| 미국과 영국 간 영미전쟁(1812) |⑪

미국과 영국 간 영미전쟁(1812)17]이 발발한 것도 대륙봉쇄령이 남긴 후폭풍이었다. 당시 미국 대통령 관저는 영국군의 방화로 검게 불타고 말았는데 그 흔적을 감추려 흰색을 칠한 이후 백악관(White House)이라는 이름을 얻게 되었다.

영미전쟁의 발단은 해군 수병 부족 현상에 시달리던 영국 해군이 미국 상선을 나포해 마구잡이로 군에 편입시킨 데서 비롯됐으나 그 배경에는 중립국으로서 프랑스를 지원하고 있던 미국에 대한 영국의 보복심리가 드리워져 있었다.

결국 영미전쟁은 승패 없이 끝났으나 미국은 이를 기점으로 영국

16] 라인강(Rhein Riv.) 하류와 그 지류 루르강(Ruhr Riv.)·리페강(Lippe Riv.) 사이에 있는 대탄전지대를 바탕으로 발달한 유럽 최대의 공업지역이다. 독일에서는 라인 베스트팔렌(Rhein Westfalen) 공업지역이라 부른다. 인구가 조밀하고 탄광이 많으며 철강을 비롯한 독일 중공업의 중심지를 이룬다.

17] 나폴레옹 전쟁 때에 중립을 선언한 미국이 영국의 프랑스에 대한 봉쇄로 미국의 해운이 위협을 받자 영국에 선전 포고를 하였는데 전쟁 발발 후 2년 뒤 강화로 종결되었다(1914).

| 영국군에 불타는 백악관(White House) |⑫

의 영향으로부터 완전히 벗어나게 되었다. 미국은 독립전쟁으로부터 건국에 이르기까지 두 차례에 걸쳐 의도하지 않았던 프랑스의 간접적인 지원을 받은 셈이 되었다.

대륙봉쇄령에 대한 불만으로 나폴레옹의 프랑스를 물리치는 데 결정적인 공을 세운 러시아는 그런데도 전쟁 이후에 답보상태에 있었다. 당시 러시아는 유럽의 경찰 역할을 자처하고 있었으나 개혁과 내실보다는 외연 확대에만 집중한 결과 역사상 최초로 사회주의 혁명의 파고에 휩쓸려 역사의 뒤안길로 사라지고야 말았다.

그 밖에도 대륙봉쇄령은 사회·경제적으로 상당한 변혁을 초래했다. 당시 유럽 역내에는 사설금융업자들이 많았는데 대부분 유대인이었다. 이들은 대륙봉쇄령을 기회로 전면에 나서 금융산업을 좌지우지하게 되었는데 일례로 그 유명한 로스차일드 가문(Rothschild Family)18]은 영국과 대륙 간 밀수로 거대한 부를 쌓았다. 게다가 대륙봉쇄령으로 거지반 폐기상태에 있거나 불량재고로 쌓여있는 물품을 헐값으로 사들여 밀수선을 통해 대륙에 팔아 떼돈을 벌었다.

나폴레옹의 몰락은 애초부터 그 결과가 예견되어 있었다. 프랑스 혁명으로 개혁의 계기를 마련했으나 세금 개혁을 이루지 못한 가운데 증가한 군비 지출을 감당할 길이 없었다.

18] 국제적 금융기업을 보유하고 있는 유대계 금융재벌 가문이다. 나폴레옹 전쟁 이후 유럽 주요 국가들의 공채 발행과 왕가나 귀족들의 자산 관리를 맡아 막대한 부를 축적했으며 철도와 석유산업의 발달을 주도하며 유럽의 정치와 경제 등에 큰 영향을 끼쳤다.

이 와중에 경제적 대안으로 삼은 대륙봉쇄령도 실효를 거두지 못하자 끝내 나폴레옹은 군비 조달의 원천을 정복지 수탈에서 찾을 수밖에 없었다. 나폴레옹 혁명의 유럽 전파를 내심 기대했던 유럽 지식인들은 이러한 나폴레옹의 약탈경제에 등을 돌렸다. 안정된 세수 확보 없이 무턱대고 밀어붙인 재정 확대가 나폴레옹의 몰락을 앞당기게 되었다.

전차개발 전쟁

전차의 과거와 현재

전차(Tank 또는 탱크)는 위력이 큰 포나 기관총 등을 탑재하고 두꺼운 철판으로 두른 차체에 야지에서도 기동할 수 있는 강력한 추진 기관과 주행 장치를 지닌 전투차량을 말한다.

기동력을 발판으로 공격력을 극대화하려는 무기 개발 욕구는 고대로부터 존재하였는데 그 결과 탄생한 것이 고대 메소포타미아 지역에서 말이 이끌던 전차Chariot였다. 당시 전차는 소나 말이 끌도록 설계된 일종의 2륜 차로서 그 위에 전사가 탑승하여 칼 · 창 · 활 등으로 상대를 공격할 수 있었다.

현대적 전차는 원거리 대포와 중화기를 탑재하고 핵무기의 위험을 극복하면서 적진 유린과 파괴에 사용되는 지상전의 총아로 그 지위를 확보하고 있다. 그 결과 선진각국은 진일보한 전차개발에 심혈을 기울이고 있는데 그 이유는 기간산업에 미치는 효과가 크고 중공업 분야의 발전과 성장에 큰 도움이 될 수 있기 때문이다. 게다가 지상전력 강화에 차지하는 비중이 커서 각국의 도입 요구가 식지 않고 있는 상황도 전차개발의 한 이유가 되고 있다.

수메르의 전차

인류 최초이자 최고의 문명으로서 메소포타미아 문명은 고대 오리엔트(Ancient Orient or Ancient Near East)를 공간적 배경에 두고 있다. 여기서 고대 오리엔트의 지리적 여건은 사막과 강으로 대변할 수 있다.

수메르인Sumerian에 의한 인류 최초의 문명은 티그리스Tigris Riv. 및 유프라테스(Euphrates Riv.) 두 강이 페르시아만으로 유입되면서 형성된 비옥한 충적토(沖積土, Alluvial Deposit)[1]를 기반으로 발현하였다(B.C.3500년경).

수메르 시대의 무기는 그 시간적 범위에 있어 대략 청동기시대에 해당하는 것으로 취급할 수 있는데(B.C.2500-B.C.1800) 이 경우 전차는 2륜과 4륜의 전차가 사용되었다.

| 수메르의 전차 |①

그러나 수메르 전차의 차륜(車輪, Wheel)은 고작 180˚ 두꺼운 판자를 원판형으로 결합해 만든 조잡한 것으로 이 또한 당나귀나 소가 끌었다. 이러한 이유에서 수메르 전차는 기동력이 뛰어나지 못했기에 주로 군량을 나른다거나 무기를 싣고 이동한다거나 하는 전쟁의 보조적 역할만을 수행했다. 그러나 후기에는 4륜 전차에 의한 실전 투입이 본격화된다.

1] 하천이나 바람으로 운반되어 저지에 퇴적한 토양을 말하며 운적토의 일종이다. 하천이 홍수가 일어 연안에 범람하여 상류에서 운반해 온 토사를 퇴적함으로써 이루어진다.

힛타이트의 전차

힛타이트Hittite는 현재 시리아Syria 북부를 중심으로 주변 민족과 소국을 병합하여 탄생한 민족이다(B.C.2000경). 이후 소아시아Anatolia 중부를 지배했고(B.C.1900경) 초기 형성한 도시 국가City-State의 세력을 확장하는 과정을 통해 점차 영토를 넓혀 이윽고 후방 북시리아까지 진출하게 된다(B.C.1700-1600). 전성기에는 수메르에 인접한 천년 고도千年古都 바빌론Babylon까지 원정하기도 하였다.

힛타이트는 당대 유일의 철제련 기술을 바탕으로 전략적 요충지에 견고한 성벽을 쌓는 등 일대 제국으로 발돋움하게 되는데(B.C.1400경) 이를테면 괄목할만한 철의 가공기술로 탄생한 전차에 의한 새로운 군사 전술의 활용이 크게 공헌하였다. 이로써 힛타이트는 고대 메소포타미아 열국의 문화와 군사력에 지대한 영향을 미쳤다.

힛타이트 무기체계는 수메르의 것을 답습하였다고도 볼 수 있으나 무엇보다도 돋보이는 무기는 다름 아닌 철제 전차였다. 힛타이트가 당시 선진국으로서 주위 열국에 막강한 영향력을 행사할 수 있었던 배경은 철제련 기술에 기반한 전차군단이 그 중심에 있었다.

| 힛타이트의 전차 |②

힛타이트가 실전에 배치한 전차는 차륜부에 여섯 개의 튼튼한 바큇살을 결합한 2륜의 전차였다. 게다가 빠른 준마로 전차를 끌게 하였다. 또한 전차 위에는 마수·궁수·창수 3명이 한 조가 되어 적을 공격하였다.

이러한 힛타이트의 전차부대가 전장을 종횡무진으로 달리며 적을 공격하였으니 그 무렵 고대 오리엔트(Ancient Orient)에 있어서는 참으로 획기적인 신전술이었으며 타민족에게 있어서는 공포와 전율의 대상이기에 충분했다.

앗시리아의 전차

영욕의 군사 대국 앗시리아Assyria는 전성기에 인간병기로서 보병 170만과 돌풍과도 같았던 기병 20만 그리고 지나는 곳마다 슬픔과 어둠만을 남겼던 무자비한 전차 16,000여 대를 보유한 당대 세계 최고의 강성대국이었다.

앗시리아는 고대 메소포타미아 철기시대(B.C.1000경)를 대표하는 힛타이트 철기문화를 계승한 제국으로서 희대의 정복 군주 티글랏 빌레셀 III세(Tiglath-Pileser III, B.C.745-727) 치세 시 철기의 황금시대를 맞이한다.

| 앗시리아의 전차 |③

초기 앗시리아는 고대 메소포타미아의 광활한 지역을 무대로 무역으로 번성했으나 군사 조직을 완비하고 철제무기에 의한 군사력을 강화하면서 군국주의 제국으로 발돋움했다.

앗시리아가 이처럼 군사 대국이 될 수 있었던 배경은 철제무기와 힛타이트와 마찬가지로 가공할 전차에 있었다. 앗시리아 전차는 2개의 바퀴에 2-4마리의 말이

끌었다. 중기병이 주력이었고 전차사단과 함께 합동작전을 벌이기도 했다. 전차당 사수 · 궁수 · 창수 3-4명이 한 조로 편성되었다.

현대 전차의 발명

강력한 주포와 엔진으로 무장한 전차는 육상전의 리더로 그 지위를 점하고 있다. 전차는 영국에서 처음 발명되어 실전에 배치되었다 (1916). 당시 제1차 세계대전의 전투는 참호전으로 교착상태에 빠져있었는데 개인화기로 무장된 방어선은 양측 모두에게 수많은 사상자만 남길 뿐 쉽게 결말이 나질 않았다.

이러한 상황을 타개하기 위해 영국은 새로운 무기 전차를 발명했는데 처음 개발되었을 때 실체를 숨기기 위해 물을 운반하는 장비인 탱크tank로 칭했고 그 결과 그 이름이 현재까지 이어지게 되었다.

| 역사상 최초의 전차 영국의 Mark I |④

영국에 의해 처음으로 모습을 드러낸 전차는 Mark. I 이었다. 최고속도가 시속 6㎞에 무게가 28t이었고 12㎜ 철판에 4개의 7.62㎜ 기관총으로 무장하고 있었다.

이후 영국은 캄브레 전투(Battle of Cambrai)에서 개량된 Mark. IV를 선보였고 독일군은 이로 인해 큰 피해를 보았다. 영국 전차는 단순히 궤도를 따라 이동하는 무장된 상자 형태였고 회전식 포탑은 없고 기관총과 작은 화기만이 양쪽에 장착되어 있었다. 현대 전차의 시각에서 최초 전차는 이동식

| Mark. I을 개량한 Mark IV |[5]

벙커와 비슷했고 분할된 내부공간 또한 없었다. 엔진의 소음은 컸고 충격 완충장치가 없어 이동 시 굉장히 흔들렸다. 그러나 이 새로운 무기만으로도 전 세계는 충격에 빠졌고 그 결과 각국은 전차개발에 박차를 가하기 시작했다.

전차의 발전 초기 단계

영국의 Mark I · IV에 충격을 받은 선진각국은 영국을 위시하여 프랑스 · 이탈리아 · 소련 · 미국 등 많은 국가가 전차개발에 본격적으로 뛰어들었다. 그러나 이 시기의 전차는 작고 느렸을 뿐만 아니라 대개 화력이 기관총에 집중되었다.

| 프랑스 FT-17 |[6]

그 결과로서 현대적 형태를 지닌 첫 번째 전차는 프랑스에서 개발된 FT-17이었다. FT-17은 회전식 포탑이 장착되었고 전차 내부에는 운전석 · 전투실 · 기관실로 구분되어 있었다. 이로써 소음을 줄이고 방호력을 높여 전장에서 기능을 보다 효율적으로 운용할 수 있었다. 화기로 37㎜ 또는 8㎜ 기관총으로 무장했다. 당시 중국은 FT-17을 구매하여 기갑부대를 신설하기도 했다.

| 미국의 월터 크리스티(Walter Christie) |⑦

이 당시 미국의 월터 크리스티(Walter Christie, 1865-1944)는 전차의 바퀴가 지형에 따라 움직일 수 있도록 하는 혁신적인 현가장치(懸架裝置, Suspension System)2]시스템을 개발했다. 이를 장착한 전차는 이전보다 속도가 빨랐으며 비포장도로에서도 운용할 수 있었다.

제1 · 2차 세계대전 시 독일의 전차

제1차 세계대전에서 패한 독일은 베르사유 조약(Treaty of Versailles)3]으로 100,000명 이상의 군사를 가질 수 없었으며 전차와 전투기에 대한 개발 및 연구가 금지되었다. 그러나 독일은 군대 재조직을 공식 선언하기 이전(1935) 비밀리에 전차와 전투기를 개발하고 있었다.

당시 독일 전차개발 수준은 초기 단계였기에 이때 개발된 Pz. I은 얇은 장갑에 단 2개 7.92㎜ 기관총을 장착했고 전차장 · 운전수 총 2

2] 스프링에 의해 차체의 중량을 지지함과 동시에 차륜의 상하 진동을 완화함으로써 승차감을 좋게 하고 화물의 충격으로 인한 파손을 방지하며 각부에 과대 부하가 가해지지 않도록 하기 위한 장치이다. 차축식과 독립 현가장치로 구분되고 스프링의 조율에 따라 기계 스프링식과 유체 스프링식(공기식 · 유압 공기식) 등으로 분류된다.

3] 프랑스 베르사유에서 조인된 것으로 전체 440조로 이루어졌다. 제1차 세계대전 후의 국제관계를 확정한 의의를 지니고 있다. 이 조약으로 독일은 해외식민지를 잃고 알자스로렌(Alsace-Lorraine)을 프랑스에 반환하였으며 유럽의 지배영토를 삭감당했다. 면적은 13% 인구는 10%였다. 또한 전쟁 도발의 책임을 물어 연합국 손해에 대한 배상금이 부과되었고 군비에 대해서도 육군은 10만 이내 해군의 군함 보유량은 10만t 이내로 제한되었으며 참모본부 · 의무병역제도는 폐지되고 공군 · 잠수함의 보유도 금지되었을 뿐만 아니라 육 · 해군의 무장에 대해서도 엄한 제한과 감시를 받았다. 라인강 좌안은 비무장지대로서 15년간 연합국의 점령하에 두고 자르(Saar) 지방은 15년간 국제연맹의 관리하에 두며 15년 후 주민투표에 의해 그 귀속을 결정하기로 했다.

| 독일 Pz. I |⑧

| 독일 Pz. III |⑨

명만 탑승할 수 있었다. 성능이 다소 떨어진 이 전차는 훈련 목적으로 사용되었다. 16대의 Pz. I이 중국으로 수출되었으나 난징[남경(南京), Nanjing] 전투4]에서 모두 파괴되었다.

이후 Pz. I을 개량한 Pz. III는 제2차 세계대전 중에 활약한 독일의 주력 전차였다. 37㎜ 포를 장착했으며 최고속도가 40㎞에 달했다. 전차장 · 포수 · 장전수 · 운전수 · 무전수까지 5명의 승무원이 탑승했다. 독일은 전차 운용 시 전차 간의 통신장비를 장착해 전차의 전술적 기능을 높였다.

제2차 대전의 발발 이후 모든 교전국의 전차는 성능이 진일보하였는데 특히 전차에 강력한 주포가 탑재되었다.

독일 전차는 북아프리카에서 진가를 발휘했다. 북아프리카에 식민지를 보유했던 이탈리아가 당시 영국이 통치하던 이집트를 공격하여 처참하게 패하는데 이때 독일은 동맹국 이탈리아를 지원하기 위해 당시 전차전에서 뛰어난 성과를 거두어 온 롬멜(Erwin Johannes Eugen Rommel, 1891-1944)5] 장군을 북아프리카에 급파한다.

4] 중일전쟁 중 중국의 수도인 난징을 둘러싼 중화민국 국민혁명군과 일본 제국 육군 간의 싸움을 말한다(1937.12.3-12.13). 전쟁의 결과 중화민국의 수도 난징은 일본 제국군에게 함락되고 말았다. 일본군은 난징을 점령하고 난징 대학살을 자행했다.

| 독일 Sd.Kfz. 250 전차에서의 롬멜 |⑩

| 독일의 Sd.Kfz. 250 전차 |⑪

| 미국의 M4 Sherman 전차 |⑫

롬멜은 Sd.Kfz. 250 전차를 거느리고 북아프리카에 도착하여 반격에 나섰다(1942). 영국군 전차들은 독일군 전차보다 수는 많았으나 이동성이 좋지 않고 주포의 성능이 떨어졌다. 롬멜은 프랑스 전투에서 쌓은 경험을 한층 활용하여 1,500m 이상의 거리에서 영국 전차를 파괴할 수 있는 88㎜ 대공포를 사용했다. 이 전술은 전차 수가 상대적으로 부족했던 독일군의 약점을 효과적으로 극복했고 그 결과 롬멜은 사막의 여우(Desert Fox, Wüstenfuchs)라고 불리며 명성을 떨쳤다.

그러나 롬멜의 이른바 독일 아프리카 군단(German Africa Corps)은 토브룩Tobruk을 점령하고 이집트로 향했지만 엘 알

5] 독일 군인으로 제1차 대전에 출정하여 히틀러 친위 대장이 되었다(1938). 나치스 국방군을 지휘하여 빈(Vienna)・프라하(Praha)・바르샤바(Warsaw)에 침공하고(1939) 제2차 대전의 원인을 제공했다. 제2차 대전에 전차 사단장으로 서부 전선에서 프랑스군을 격파하고(1940), 아프리카 군사령관으로 북아프리카 전선에서 활약하며 원수가 되었다(1942). 그러나 엘 알라메인(El Alamain)에서 몽고메리(Bernard Law Montgomery, 1887-1976)가 지휘하는 영국군에게 패배했다(1942). 히틀러 암살 계획과 관련(1944) 강제로 자살했고 히틀러는 그 명성을 고려하여 전사로 위장하고 국장을 치러주었다.

라메인(El Alamein) 전투6]에서 패배한다. 패배의 가장 큰 원인은 당시 미국에서 대량 생산된 M4 Sherman 전차를 보유한 영국군이 전차의 수와 성능 면에서 독일을 월등히 압도하고 있었기 때문이었다.

M4 전차는 제2차 세계대전 기간 미국의 주력 중형전차였다. 성능은 평균이었지만 생산과 유지가 쉬웠으며 최고속도가 48㎞에 달했다. 그러나 연료 효율이 낮았고 적의 공격에 화재의 위험이 컸다. 미국은 불과 1년이라는 짧은 기간에 무려 53,000대 이상의 M4 Sherman 전차를 생산했다(1942-1943).

M4 전차 보급에 힘을 얻은 영국은 다시 독일을 상대로 항전했고 이윽고 미국이 북아프리카에 M4를 이끌고 상륙하면서 북아프리카에서 독일군은 자취를 감추게 된다(1943).

독일과 소련의 전차개발 전쟁

| 소련의 KV-1 전차 |⑬

독일과 소련은 독·소 불가침 조약(German Soviet Non-aggression Pact)7]에 서명하고 폴란드를 침공하여 점령했다(1939). 그러나 독일은 불가침 조약을 깨고

6] 제2차 세계대전 당시 북아프리카 전역에서 벌어진 2차례의 전투이다(1942). 북아프리카의 전세를 뒤바꾼 대표적인 전투이며 서부 전선에서 단일 전투로는 가장 많은 전차가 동원된 전투이다.

7] 조약의 내용은 ① 상호 불침략 ② 일국이 제3국으로부터 공격을 받았을 경우 상대국은 제3국을 원조하지 않으며 ③ 상호 간에 정보의 교환과 협의를 위하여 상시 접촉하고 ④ 양 당사자의 모두가 일방을 직·간접적으로 적으로 취급하고 있는 국가집단에는 참가하지 않으며 ⑤ 상호 간의 분쟁은 평화적으로 처리한다는 것이었다. 이 조약이 발표되던 당시 정치적·사상적으로 서로 달랐던 양국의 합의가 충격적이었는데 당시 영국·프랑스의 독일에 대한 유화정책의 일환이었다고 할 수 있다. 그 해(1939) 9월에 제2차 세계대전이 발발했다.

| 소련의 T-34 전차 |⑭

| 소련의 T-28 전차 |⑮

비밀리에 300만 명 규모의 대병력을 소련국경으로 이동시켜 전면 공격을 개시했다(1941).

전쟁 초반 전황은 독일이 우세했으나 독일은 뜻하지 않게 소련의 신 전차 KV-1과 T-34를 접했는데 성능은 독일이 예상했던 것 이상이었다.

그간 소련은 국가적으로 철강 산업을 장려하여 발전시켜 왔으며 군수물자 생산에 있어 특히 전차 설계 및 생산에 막대한 재원을 투자했다. 그 결과 소련군은 먼저 BT 경전차와 T-26 전차를 생산했는데 T-26 전차는 중국에 수출되어 중국 국민당의 주력 전차가 되었다. 또한 소련은 T-28과 같은 다중 포탑 전차를 생산했는데 하나의 주포탑에는 76㎜ 포가 장착되어 있었고 2개의 하부 포탑에는 7.62㎜ 기관총이 장착되어 있었다. 80㎜에 달하는 장갑 두께와 우수한 통신 기능 또한 T-28의 강점이었다.

T-34는 소련의 전차 개발사에서 혁명적인 발전을 이룬 전차였다(1940). 이 전차는 혁신적인 현가장치를 갖추고 있었다. 이 현가장치는 각각 대형 기동륜(Road Wheel)8]에 수직으로 스프링을 연결해 독립적으

8] 무한궤도(Caterpillar)를 움직이는 동력을 제공하는 바퀴는 보통 앞이나 뒤에 하나만 존재한다. 이를 기동륜이라 하며 영어로는 스프로켓(Sprocket)이라 한다. 톱니바퀴 모양으로 생겨서 궤도를 돌리도록 설계되어 있으며 장력을 확실히 걸기 위해 차체의 후방 끝부분에 위치한다.

로 작동하게 한 것으로 충격 흡수 효과가 우수하며 험한 도로를 주행이 가능한 장점이 있다. 게다가 T-34는 내구력이 강한 디젤 엔진을 장착하여 최고속도도 시속 55㎞에 달하며 장착된 76㎜ 포는 관통력이 뛰어났다. 당대 T-34는 세계 최고의 전차로 취급되었기에 제2차 세계대전 중 가장 많이 생산되었다(62,000대).

소련이 보유한 제반 전차는 장갑이 단단했으나 체계적인 전술 및 지휘계통의 미비로 전장에서 다소 뒤떨어지는 전투 능력을 보였다. 그런데도 소련 T-34의 존재는 새로운 전차개발에 착수한 독일에 큰 자극을 주었다. 그 결과 독일이 선보인 전차가 Panther였다.

Panther는 독일의 우수한 용접기술로 제작된 차체와 75㎜ 포를 장착했다. Panther는 실전에 투입되자마자 독일의 주력 전차가 되었고 총 6,000대 이상이 생산되었다. 강력한 주포와 46㎞에 달하는 최고속도와 우수한 방어 기능을 갖춘 Panther는 제2차 세계대전에서 최고의 전차로 널리 인정받았다.

| 독일의 Panther 전차 |⑯

독일은 독소전쟁에 Panther로 소련 전차 T-34 및 KV-1와 혹독한 전투를 치렀다. 그 경험으로 이른바 Tiger 전차를 개발했다(1942).

Tiger 전차는 대공 전차와 대전차에 주로 사용되는 88㎜ 포를 주포로 탑재했고 매우 두꺼운 장갑으로 무장하였기에 무게는 57t에 달했다. 이동성은 그리 뛰어나지 못해 주행속도는 시속 38㎞에 그쳤다. Tiger는 2차 대전 발발 전에 설계되었기 때문에 소련

| 독일의 Tiger 전차 |[17]

의 T-34나 독일의 Panther와는 다르게 정사각형의 포탑과 무겁고 투박한 외관을 가지고 있었으며 다소 오래된 전차의 외관을 지녔다.

한편 Tiger는 Panther보다 두꺼운 장갑을 가졌으나 Panther는 우수한 기동력을 가졌고 화력 또한 Tiger보다 강했다. 그러나 파괴력만큼은 Tiger가 압도적이었다.

제2차 세계대전은 교전국 전차들의 성능을 비교하고 이에 따른 장단점을 파악할 수 있었던 시험장이었다. 각국은 전차를 직접 운용하여 치른 전투를 통해 전차 성능개량에 심혈을 기울였다.

| 소련의 T-34-85 전차 |[18]

| 영국의 Sherman Firefly 전차 |[19]

전쟁이 진행되는 동안 소련은 독일 Panther와 Tiger를 격파하기 위한 신 전차를 개발했는데 첫 번째가 T-34-85였다. T-34-85는 강력한 85㎜ 주포를 장착했다.

T-34-85는 우수한 전차 평가 기준인 화력·장갑·기동성을 만족시킨 탁월한 전차였다. 또한 대량 생산이 비교적 쉬워 제2차 세계대전 이후에도 많은 공산주의 국가에서 계속 생산되거나 수입되었다. 한때

유고슬라비아 내전에도 운용 되었다(1990).

| 미국의 M-26 Pershing 전차 |[20]

새롭고 강력한 독일 전차가 등장하자 영국과 미국은 새로운 전차개발에 착수했다. 영국은 M4 Sherman 개량형 Sherman Firefly를 개발했다. Sherman Firefly는 전장에서 훌륭한 성능으로 독일 전차와 비슷한 화력을 보였다. Sherman Firefly는 영국 기갑부대 주력 전차가 되었다.

한편 미국은 독일의 Tiger에 대응하여 강력한 90㎜ 주포로 무장한 M-26 Pershing 전차를 전장에 배치했다. 이 전차는 독일과 소련의 중전차와 성능이 비슷했다.

냉전 시대 전차개발 전쟁

| 한국전쟁 당시 미국의 M4A3E8 Sherman 전차 |[21]

제2차 세계대전 이후(1945) 곧이어 한국전쟁이 발발했다(1950). 비록 아시아의 작은 국가에서 일어난 전쟁이었지만 미국과 소련에 한국전쟁은 전차 성능을 시험할 수 있는 시험장이었다. 그러나 당시에도 전차는 제2차 세계대전 시기의 전차가 활약했다.

| **한국전쟁 당시 미국의 M24 Chaffee 전차** |[22]

| **소련의 T54/55 전차** |[23]

| **중국의 Type 59 전차** |[24]

당시 중국과 북한은 소련의 T-34-85를 지원받았고 UN군은 성능이 향상된 M4A3E8 Sherman과 M24 Chaffee 및 대전차 자주포 M36 Jackson과 같은 제2차 세계대전 후기의 무기들을 동원했다.

한국전쟁 이후 전차개발은 새로운 국면에 접어들었다. 차체는 더욱 커지고 전차는 MBT(Main Battle Tank)라고 불리게 된다. 게다가 무선 장비 기술 또한 비약적으로 발전했다.

한국전쟁은 이후 이스라엘과 주변국 간 중동전쟁으로 재점화되었다. 당시 중동 지역 특유의 넓은 사막 지형은 전차전의 주 무대가 되었다.

소련은 T54/55를 선보였다. 100㎜ 주포를 장착했고 총 10만 대 이상이 제작된 베스트 셀러이다. 전 세계 60여 국가가 T54/55를 운용했으며 중동전쟁·베트남전·걸프전과 같은 10곳 이상의 분쟁 지역에서 활약했다. Type 59는 중국 인민해방군이 T54/55를 본떠 개발한 전차이다.

| 서독의 Leopard 1 전차 |[25]

| 프랑스의 AMX 30 전차 |[26]

| 영국의 Centurion Mk. I 전차 |[27]

당시 서독은 Leopard 1을 개발했다(1960). 이 전차는 당시 최고 성능을 지닌 전차로 인정받았다. 프랑스는 AMX 30시리즈를 개발했고 영국은 Centurion Mk. I을 선보였다. AMX 30과 Centurion 시리즈에는 105㎜ 주포가 장착되었는데 이는 당시 서방국가 전차에 탑재된 표준 주포였다. 또한 적외선 야간 투시경이 전차에 장착되기도 했다.

1960년대 영국은 Chieftain을 개발했다. Chieftain은 당시 서방 국가에서 제작된 전차 중 최초로 120㎜ 주포를 장착하기도 했다. 화력과 기동력 측면에서는 그 성능이 매우 우수한 전차였다.

현대 전차개발 전쟁

1970년대 대전차 미사일(Antitank Missile)은 매우 위협적인 무기로 부상했다. 그런데 대전차 미사일을 장착한 공격헬기의 등장은 전차 승무원에게 두려움의 대상이 되었다.

독일은 1980년대에 120㎜ 활강포를 장착한 Leopard 2를 개발했다. Leopard 2는 미국이 M1 Abrams 전차를 개발하기 전까지 당대 최고의 전차로 손꼽혔다. 그러나 M1 Abrams의 등장 후에도 Leopard 2는 꾸준히 개량되어 현재까지 최첨단 무기로서 위용을 과시하고 있다.

| 독일의 Leopard 2 전차 |[28]

미국은 이전과 달리 성능을 개량하여 최고속도 72㎞의 M41 Walker Bulldog를 개발했다. 대만은 700대 이상의 M41 Walker Bulldog을 수입하여 주력 전차로 실전에 운용하고 있다.

| 대만의 주력전차 M41 Walker Bulldog |[29]

M48 Patton은 1950년대부터 베트남 전쟁을 거쳐온 미군의 주요 전투 전차였다. 105㎜ 주포로 성능을 향상시킨 후 M48A5 Patton으로 명명했으며 이는 당시 서구권 국가에서 주로 운용되었다.

| 러시아의 T-72 전차 |[30]

미국은 현존하는 세계 최고 성능을 가진 M1 Abrams를 개발했다. M1 Abrams는 1,500마력 이상의 강력한 엔진을 탑재하여 전차 설계의 혁신적인 표본을 제시했다. 105㎜ 주포를 장착했다는 단점 외에는 최고 성능을 자랑하고 있다.

| 세계최강 미국 M1 Abrams 전차 |[31]

두 차례 걸프전(1990, 2003)에서 러시아가 생산한 T-72 전차는 이라크군의 주력 전차였으나 M1 Abrams와 교전 시 상대가 되지 못했다. 특히 야간 전투에서 M1 Abrams의 성능은 T-72를 압도했는데 M1 Abrams는 T-72 주포의 유효 사거리(1,800m)를 훨씬 뛰어넘는(3,000m) 거리에서도 목표물을 파괴했다.

비단길의 어원

비단길(緋緞路, Silk Road)는 유사 이래 육상과 해상을 통한 동·서 교역로를 지칭하는 말로서 일반적으로 동은 동양東洋을 서는 서양西洋을 뜻한다. 본래 비단길이라는 언어의 기원 자체가 동양의 비단이 로마로 전해진 것을 배경에 두고 있었기에 비단길은 어쩌면 동·서양이 소통하는 길쯤으로 이해하는 것이 훨씬 바람직할 것이다.

비단길은 우리에게 돌궐突厥로 잘 알려진 투르크족Turks[1] 등 북방 기마 민족들이 변방을 돌아 중국까지 개척한 길이다. 투르크족 등 북방 기마 민족들은 이 길을 통해 때로는 중국을 정복하기도 했고 중국은 그들에게 공물貢物을 바치고는 했다.

비단길은 인근 유역에 명멸한 수많은 민족과 제국들의 수많은 무역 산품이 유통되는 통로로 점차 확대되었고 그러기에 다양한 문화가 교류되는 통로이기도 했다. 지리적으로 비단길은 동서를 잇는 횡

1] 투르크 터전은 중국 천산(天山, Tien Shan)산맥 알타이산(Altai Mt.)으로 추정된다. 중앙아시아 여러 지역으로 이주해 한때 대초원과 러시아 북부까지 지배했다. 일부는 칭기스칸(Jenghiz Khān) 대원정 시 서쪽으로 진출했다. 이슬람 민족으로 터키에서 신장(新疆, Xinjiang)에 이르는 지역에 거주하고 타타르족(Tatars)·투르코만족(Turkomans)·우즈베크족(Uzbeks)·키르키즈족(Kirghiz) 등이 계통이다.

|페르디난트 폰 리히트호펜|①

단 축이자 교통망으로서 크게 3대 간선과 5대 지선을 비롯해 그 밖에도 수많은 지로로 연결되어 있다.

비단길(Silk Road)이라는 이름은 독일 지질학자 페르디난트 폰 리히트호펜(Ferdinand Von Richthofen, 1833-1905)이 그의 저서 「중국」 (China, 1877)에서 처음으로 실크로드Seidenstrassen라고 명명한 것에서 유래했다. 그는 이 책에서 실크로드는 투르크와 몽골 제국 등 북방 유목민족이 기원전부터 서양에서 중국까지 개척해 이용한 길로 일컬었다. 아울러 동서 교류사를 개괄하며 중국에서 중앙아시아를 거쳐 시르다리야강(Syr Darya Riv.)과 아무다리야강(Amu Darya Riv.) 사이 트랜스 옥시아나Trans-Oxiana 지역과 서북 인도로 수출되는 주요 물품이 비단이라는 사실을 고려하여 이 교역로를 독일어로 자이덴 스트라센(Seiden Strassen: Seiden=비단, Strassen=길)이라고 명명하였다.

제2차 세계대전 후 학계는 동서교류 연구를 심화하여 중국에서 중앙아시아와 서아시아를 지나 터키 이스탄불Istanbul과 로마까지 장장 12,000㎞에 달하는 이 길을 동서 간의 문화 통로와 교역로로 규정하였다. 나아가 실크로드 범위를 유라시아 대륙의 북방 초원지대를 지나는 초원로(草原路, Steppe Road)와 지중해로부터 홍해·아라비아

해 · 인도양을 지나 중국 남해에 이르는 이른바 남해로(南海路, Southern Sea Road)까지 수용하였다.

비단길의 역사

넓은 의미의 비단길은 빙하기가 끝난 후(B.C.10,000 전후) 문명이 발생한 이후 인류의 대이동 시에 비롯된 문명 간 교류의 통로를 말한다. 좁은 의미의 실크로드는 청동기시대(B.C.8-9세기)부터 만들어져 근대 이전까지 기능한 동 · 서 문명교류의 통로를 지칭한다.

비단길의 간선인 초원길과 오아시스길은 중앙아시아 도시국가나 유라시아 유목 국가들에게는 부와 국력의 원천이었으며 사산조 페르시아(Sassanian Persia, Sassanid Empire)2]부터 일칸국(Il Khanate)3]에 이르기까지 서아시아의 국가들에게도 경제적으로 중요한 교역로였다.

비단길은 차츰 유라시아 내륙교역로의 무역량 증가에 힘입어 유럽과 중앙아시아 그리고 중국을 잇는 삼각무역의 무역로로서 번성했다. 러시아는 비단길을 통해 모피 무역을 위시한 각종 교역에서 창출한 자본을 통하여 표트르 대제(Pyotr I, 1672-1725)4] 이후 서구화로 나

2] 아르다시르 I세(Ardashīr I Pābhaghān, 재위226-241)가 세워(224) 아랍인들이 멸망시킨(637-651) 고대 이란왕조이다. 전성기를 지나(6세기) 사산왕조 통치 속에서 이란의 민족주의가 부활하기도 했다. 조로아스터교가 국교였으며 정치는 중앙 집권체제였고 지방 관리들은 왕에 대하여 직접적인 책임을 졌다. 도로와 도시 건설 그리고 농업까지 정부가 직접적으로 재정을 지원했다.

3] 몽골군의 서역 원정(제3차, 1253-1260)에 따라 이란을 중심으로 한 서아시아 일원에 건립된 4대 칸국 중 하나다. 서아시아에서 서역 원정 중의 훌라구칸(Hulagu Khan, 1218-1265)은 칭기즈칸의 손자이자 몽골제국의 제4대 황제였던 몽케(蒙哥, Möngke Khan, 재위 1251-1259)의 전사 소식을 접하고(1259) 다마스쿠스 일대 수비 병력 일부만 남겨놓은 채 주력군을 이끌고 회군하였다. 회군 도중 이란고원에 체류하는 동안 이란을 중심으로 한 일칸국을 건립하였다. 수도는 타브리즈(Tabriz)이다.

4] 표트르 I세는 서구를 모델로 한 개혁정책에 박차를 가해 러시아 근대화를 이끌었다. 그의 개혁은 국력 강화와 서구 문화 전파를 지향했으며 절대주의 체제 확립에 주안점을 두었다. 개혁 과정에서 러시아 사회 전반의 후진성이 개선되었고 귀족 계층을 중심으로 점차 새로운 가치 체계 · 세계 인식 ·

아가는 발판을 마련할 수 있었다. 이러한 비단길은 크게 간선로(초원길 · 오아시스길 · 바닷길) 3개 지선로(마역로 · 라마로 · 불타로 · 메소포타미아로 · 호박로) 5개가 네트워크로 연결되어 있다.

초원길

초원길은 동·서양을 잇는 비단길 간선로 중에서 가장 유구한 역사를 지닌 오래된 길이다. 초원길은 중국 만리장성 이북에서 몽골고원을 따라 알타이산맥과 불가리아 초원을 거쳐 카스피해에 이른다.

| 최초의 기마민족인 스키타이(Scythian) 여전사 |②

초원길은 최초 기마민족이었던 스키타이인Scythian이 이곳에서 활약하면서 본격적인 동서교역로의 기틀이 마련되었다(6-7세기).

스키타이의 뒤를 이은 진(秦, B.C.221-B.C. 207) · 한(漢, B.C.207-B.C.220) 시대를 거쳐 흉노(匈奴, B.C.3세기-A.D.1세기), 남북조 시대(南北朝時代, 420-589)의 선비鮮卑 · 유연柔然, 수(隋, 581-618) · 당(唐, 618-907) 시대의 돌궐(突厥, 6세기-8세기) · 위구르Uyghur, 송(宋, 960-1277)대의 거란(契丹, 10세기 초-12세기 초) · 몽골족 등 북아시아 유목 민족들은 모두 이 길을 따라 정복과 교역에 종사하며 동·서 문물교류에 크게 공헌했다.

미적 개념 등이 조성되었다. 또한 지속적인 군비 증강을 통해 오스만 제국 · 스웨덴과의 전쟁에서 승리함으로써 영토를 확장했다. 발트해의 지배권을 놓고 스웨덴과 벌인 북방 전쟁(Northern War)에서 승리 후(1721) 원로원에 의해 러시아 황제로 추대됨으로써 러시아 제국 시대를 열었다.

비단길 역사에 비추어 초원길은 스키타이의 무대였다(B.C.8세기-B.C.3세기). 이들은 이 길을 통해 그리스Greece와 페르시아Persia에서 시작된 청동기 문화를 중앙아시아 및 동방으로 전파하는 역할을 담당했다.

| 흉노족 [훈(hun족)] |③

스키타이 이후 초원길의 지배자가 된 민족은 다름 아닌 흉노족(훈Hun족)[5]이었다. 이들은 초원길을 통해 서방으로 진출했는데(B.C.3세기-B.C.2세기) 무자비했던 그들로 인해 유럽 동부에 살던 게르만족(Germanic Peoples)이 서부로 쫓겨나는 이른바 게르만족의 대이동(Migration Period)[6]이라는 역사적 사건이 일어나기도 했다.

그 뒤를 이어 돌궐突厥과 위구르족Uyghur이 초원길 주인이 되었다. 이들 두 민족은 초원길을 통해 위구르는 중동지방에 서하西夏[7]를 돌궐은 이후 투르크Turk라는[8] 민족을 형성하고 각기 열방 민족이 두려

5] 춘추 전국시대부터 한나라에 걸쳐 중국 북방에 거주한 유목민족이다. 현재 바이칼 호수(Lake Baikal) 근처에 거주하였다. 중국 진시황이 흉노족의 침입을 막으려고 만리장성을 쌓았다. 흉노의 특징은 유목 경제의 기초 위에 행정・군사・사회의 삼위일체를 이루고 있다는 점이다. 이 형식은 다른 북방 초원 민족들에게 중대한 영향을 미쳤다.

6] 게르만족의 로마제국으로의 이동은 아시아로부터 침입한 훈족의 침입으로 더욱 가속되었다(375). 이전에는 산발적으로 이루어지던 게르만족의 이동이 이제는 대규모로 이루어지게 된 것이다. 게르만족의 대이동이라고 부르는 이 사건으로 서로마 지역의 게르만 화가 더욱 빠르게 진행되었다.

7] 중국 서북부 오르도스(Ordos)와 간쑤(甘肅) 지역에서 티베트 계통의 탕구트족(Tangut)이 세운 나라이다. 칭기즈칸의 몽골군에 의해 멸망하였다(1038-1227).

8] 중앙아시아를 중심으로 시베리아에서 발칸 반도에 이르는 광대한 지역에 퍼져 거주하며 튀르크어족 언어를 모어로 하는 민족이다. 역사적으로 중앙아시아에서는 그들로부터 생존을 위한 이동과 전쟁이 반복되는 유목 문화가 싹트기 시작했다(B.C.1700-).

| 칭기스칸의 후예 (몽고족) |④

워하는 공포의 대상이 되었다. 셀주크Seljuk 투르크도 초원길을 이용하여 영토확장에 임해 아랍 세계의 패자로 군림한다.

초원길의 진정한 주인은 몽고족이었다. 몽고는 서하西夏와 서요(西遼, Xī Liáo)9]그리고 금金10]을 차례차례 굴복시킴으로써 동방을 평정하고 뒤이어 바투Batu11]가 유럽 원정에 나서게 된다. 이윽고 몽고의 대원정大遠征이 끝나고 이 초원길로 유럽 크리스트교 선교사들이 동으로 향하게 된다.

오아시스길

사막길 혹은 비단길이라 불리는 이 길은 이탈리아로부터 시작되

9] 요(遼)나라가 멸망한 직후 요의 황족이던 야율대석(耶律大石)이 자신을 따르는 무리와 거란 유민을 이끌고 서역으로 이주하여 건국한 나라이다(1124-1218). 비단길 무역로를 바탕으로 중개 무역을 통해 부를 축적하여 고국을 멸망시킨 원수의 국가 금나라와 대립했다. 셀주크 제국이나 호라즘(Khorazm) 왕조와 같은 투르크계 국가들의 최대 정적이었다. 그러나 칭기즈칸이 이끄는 몽골군에게 호라즘 왕조・서하・금나라・고려・송나라까지 차례로 멸망 당했다.

10] 퉁구스족(Tungusic Peoples) 계통의 여진족이 건립한 왕조이다(1115-1234). 창건자는 완안부(完顏部)의 추장 아구다(阿骨打)이다. 여진족은 처음 거란족이 세운 요의 지배를 받고 있었으나(10세기 초-) 북만주 하얼빈 남동쪽의 현재 송강성((松江省)에 있던 완안부의 세력이 강대해지며(12세기 初) 그 족장인 아구다가 요를 배반하고 자립하여 제위에 올라 국호를 금(金)이라 했다. 그가 금나라 태조(재위 1115-1123)이다.

11] 칭기즈칸의 손자이다. 부친인 주치(朮赤)의 영지를 계승한 뒤(1227) 유럽 원정의 총지휘관이 되어(1236) 여러 공국을 공략하고 이어 폴란드에 침입하였다. 슐레지엔(Schlesien)에서 유럽 연합군을 격파하였다(1241). 그해 오고타이칸(高潤台, Ogotai)의 사망으로 회군하였으나 사라이(Sarai)에 머물면서 그곳에 도읍을 정하고 킵차크칸국(Kipchak Khanate)을 세웠다.

어 차례로 소아시아 · 서아시아 · 이란고원 · 중앙아시아를 지나 파미르고원 · 타림분지를 거쳐 중국의 장안까지 연결되는 길이다.

중앙아시아를 가로지르는 오아시스길은 동 · 서양 문화교류의 시각에서 지대한 역할을 했다. 이 길은 본래 아랍인들이 교역로로 사용하던 구간에 동쪽 장안[長安, 현재 산시성(陝西省) 시안시(西安市)]까지의 길이 더해지고 여기에 서쪽 끝에서 유럽까지 확장되어 완성되었다.

오아시스길은 후한後漢의 명장 반초(班超, 33-102)12]가 개척했으며 전한前漢이 멸망한 후 혼란기를 틈타 비단길 구간에 자주 마적 떼가 출몰함으로써 한때 역사 속으로 묻힐 뻔했으나 후한이 다시 정립되면서 다시 제자리를 찾게 되었다. 당시 오아시스길을 통해 불교와 인도의 간다라Gandhāra 미술13]이 전파되었다.

한편 불교는 중국에 전파되어 한반도와 일본에 이르고 마찬가지로 간다라 양식도 동쪽 끝 우리나라까지 영향을 미쳤다. 석굴암 불상에서 그 모습을 엿볼 수 있다.

후일 당唐은 오아시스길 서부에 안서도호부安西都護府14]를 두어 인근 지방의 안정화를 꾀했다. 그 결과 당나라는 이 길을 관장하면서 막대한 이익을 거두었다.

12] 중국 후한(後漢) 초기의 무장으로 흉노의 지배 아래 있던 50여 개 나라를 한에 복종시켰고 중국과 서역 간의 경제와 문화교류 촉진에 큰 역할을 했다.

13] 파키스탄 북부에 해당하는 과거 간다라국을 중심으로 기원 초 수 세기 동안 번영했던 조각 위주의 불교미술이다. 동서 문화교류로 생겨난 서방의 요소가 짙게 깔린 미술로 인도 미술과는 다르다. 간다라 미술은 처음으로 불상을 만들어 정형화시켰는데 이로 인해 인도 · 중앙아시아 · 중국의 불상을 중심으로 한 불교미술에 크나큰 영향을 미친 미술이다.

14] 중국 당(唐)나라 때 동투르키스탄(Turkistan) 및 서방 무역로를 지키기 위해 설치했다. 서주(西州)를 경영하기 위해 설치했는데 이로써 서역 경영의 거점이 되었다. 이후 당나라가 서방으로 세력을 확장하면서 관할구역도 더욱 확대되었다. 파미르 동 · 서방의 여러 오아시스국과 무역 및 교역로 확보를 위해 설치되었다.

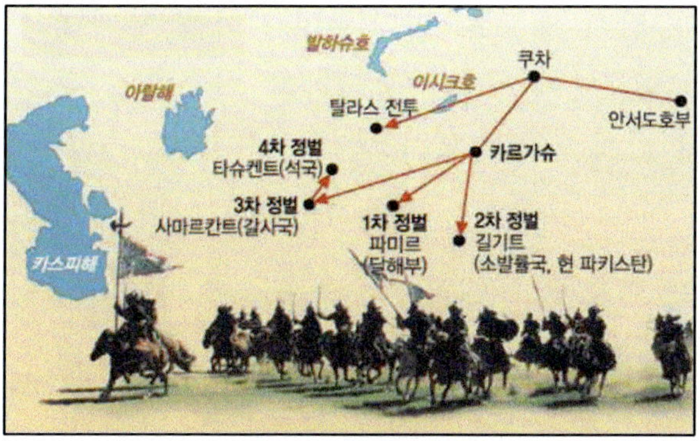

| 고선지 장군 원정도 |⑤

그런데 당나라 남쪽에 터잡은 토번吐蕃15]과 아랍 사라센Saracens16] 제국이 당을 견제하기 시작했다. 이들은 국경에 자주 출몰하여 약탈하는 식으로 당나라를 괴롭혔다. 마침내 당은 이들을 토벌하고자 대군을 일으켜 나서는데 이때 당군을 이끈 이가 그 유명한 고구려 유민 출신 고선지(高仙芝, ?-755)17] 장군이었다.

송宋 시대에는 이곳저곳에서 불일 듯 출몰하는 마적 떼의 습격으로 오아시스길 보다도 바닷길이 널리 활용되기 시작했다. 그 결과 이후 몽고 제국이 등장할 때까지 오아시스길은 침체일로를 걸었다.

바닷길

바닷길은 유럽 이탈리아에서 시작해서 지중해(Mediterranean Sea)를 거쳐

15] 티베트왕국과 티베트인(7세기-9세기)에 대한 당·송 시대 명칭이다. 티베트인은 자칭 보에(Bod)라고 했으나 중국인은 토번이라 칭했다. 토번은 티베트왕국이 망한 후에도 사용되었다(14세기).

16] 사라센이라는 국호를 가진 왕조가 존재한 것은 아니고 대개 이슬람 제국의 별칭으로 사용되었다. 사라센은 그리스인과 로마인이 사용한 아라비아인에 대한 호칭인 사라세니(Saraceni)에서 유래했다(1세기-). 초기에는 한 부족만을 가리켰으나 후에는 아랍족과 이슬람교도까지 뜻하게 되었다.

17] 부친은 고구려 유민이자 당의 장군 고사계(高斯界)이다. 당의 유격 장군이 되어 토번을 정복했고(721) 신장 지역을 공격했다. 이후 아바스 왕조(Abbasids)와 우마이야 왕조(Umayyad Dynasty)를 정복하고자 안서도호부에서 서북쪽으로 멀리 떨어진 탈라스강(Talas Riv.)까지 원정군을 이끌고 나갔다. 원정 중에 72개 민족을 정복했다. 그러나 긴 원정에서 누적된 피로와 내부 배신자로 인하여 탈라스 전투에서 패하고야 만다(751). 당시 전쟁에서 아바스 왕조는 22만 명의 사상자를 냈다.

홍해(Red Sea)로 나가는 항로와 잠시 육로로 나가 서아시아를 통과해 페르시아만(Persian Gulf)을 지나 인도·남아시아 중국까지 연결되는 항로이다. 지중해 항로는 고대 그리스 시대부터 페니키아Phoenicia[18]·카르타고Carthago[19]와 로마에까지 수많은 나라가 활용하던 항로이다.

중부와 동남아시아 항로는 인도에서 개척했는데(B.C.1세기) 아라비아해Arabian Sea에서부터 동남아시아까지 뻗어 나간 대항로이다. 인도의 불교는 이 항로를 따라 전격적으로 동남아시아에 전파된다. 이 길은 아랍인의 활동이 활발해 신라(新羅, B.C.57-A.D.935)의 경주에 이르기도 했다. 신라 고분에서 발견되는 유리 공예품들은 모두 아랍인들이 전한 특산품이다.

당의 뒤를 이은 송나라는 바닷길에 집중했다. 왜냐하면 이전 왕조까지 득을 보았던 비단길은 황폐해지고 빈번한 오랑캐 출몰로 침체일로를 걸었기 때문이었다. 그 와중에 요遼와 금金의 침공으로 송나라는 비단길과 단절된다. 그 결과 송은 바닷길로 진출하게 되었다.

그 결과 남송南宋[20] 시대 선박 건조기술이 크게 발전했다. 나침반도 이때 발명되었다. 이윽고 명明 시대에 이르러 중국 조선 기술은 세계 최고가 된다. 이런 기술력을 바탕으로 해상 대원정大遠征을 감행하는데 이를 이끈 이가 그 유명한 정화(鄭和, Zhenghe, 1371-1433)[21]였다. 한

18] 지중해 연변의 도시국가를 지칭한다. 시돈(Sidon)·티레(Tyre)·비블로스(Byblos) 등의 항구의 도시국가(City-State)를 중심으로 한 도시연맹의 형태를 취했으며 거주민은 주로 해상무역에 종사했다.

19] 티레(Tyre)의 페니키아인이 북아프리카 튀니스만(Tunis Pen.) 북 연안에 건설한 도시국가이다.

20] 중국 통일왕조 송나라 후기를 지칭한다(1127-1279). 이에 대해 송나라 전반을 북송(北宋)이라 한다.

21] 정화는 명나라 초기의 무장으로서 운남성(雲南省) 곤양(昆陽)의 이슬람교를 신봉하는 집안에서 태어났다. 그는 운남이 명나라의 예속하에 들게 되자 영락제(永樂帝, 1360-1424)의 밑으로 들어가 이른바 환관으로 일했다. 이후 영락제가 반란을 도모하여 결국 황제에 즉위하게 되자 이때 정화는 환관의 우두머리가 되었고 영락제의 총애를 받아 영락제가 추진한 해외 진출 정책을 뒷받침하기 위해 조직한 남해(南海) 원정함대의 총사령관으로 임명되었다. 최초의 해외 원정은 62척 함대에 27,000명의 승

편 아시아의 유럽 식민지화도 이 바닷길을 통해 이루어졌다.

마역로

마역로馬易路는 남북로의 동단로東端路로서 초원로의 동쪽 끝인 오르콘강Orkhon Riv. 유역에서 카라코룸Karakorum을 지나 장안[長安, 현재 시안(西安)]이나 유주[(幽州, 현재 베이징(北京)]와 연결되며 여기에서 계속 화남 일대로 나아가 항저우杭州나 광저우廣州에 닿아 해로에 접한다.

고대에 이 교역로는 북방 유목민족과 한漢족 간의 동아시아 쟁탈전을 위한 전쟁의 장이었고 이 길을 따라 양 민족 간에 군사적으로나 사회·경제적으로 지대한 역할을 한 말馬이 교역되었다. 그 결과 북방의 기마 문화와 남방의 농경문화가 교류되었다.

라마로

라마로喇嘛路 북단은 중가리아(準噶爾, Zhǔngáěr)22] 분지로서 서북 토번吐蕃을 지나 티베트 라싸(拉薩, Lha-sa)23]를 거쳐 히말라야산맥을 따라 북인도에 이른 후 남하해 인도 갠지스강(Ganges Riv.) 어구로 이어진다. 라마

무원을 태우고 남경(南京)을 출발하면서 이루어졌다(1405). 참파(베트남)·자바(인도네시아)·팔렘방(인도네시아)·믈라카(말레이시아)·실론(스리랑카)·캘리컷(인도) 등을 방문해서 중국 황제의 위세와 힘을 과시하며 명에 대한 무조건 복종을 요구했다. 정화는 이후로도 모두 7차례에 걸친 해외 원정을 성공적으로 수행했다(-1433). 그 과정에서 아프리카 동부 해안과 아라비아 동남쪽 연안 그리고 페르시아만을 비롯하여 이전까지는 감히 엄두도 내지 못했던 곳까지 해로를 개척했다. 콜럼버스보다 100년이나 앞서 대규모 함대를 이끌고 이토록 광범위한 지역을 성공적으로 항해했다는 것은 당시의 사정을 고려할 때 경이적인 성과였다.

22] 신장 위구르 자치구의 북부 지역이다. 신장 위구르 자치구의 북쪽이라는 뜻에서 베이장[북강(北疆)]이라고도 한다. 오래전부터 토하라인(Tokharian)과 돌궐족 등 다양한 민족이 거쳐 갔다.

23] 티베트의 정치·경제·문화·종교의 중심지로 현 시짱자치구(西藏自治區)의 수도이다.

로는 주로 토욕혼吐谷渾24]에 의해 이용되다가(5세기-) 토번티베트이 중국 경내 라마로 주변을 장악한 이후 서역 원정로 역할을 했다(7세기-8세기).

당唐과 토번 간에 화친 관계가 유지되는 동안에는 이 길이 인도와 왕래하는 가장 빠른 길이었다. 후세에 와서 중가리아 일원에서 통일 국가로 출현한 타타르족Tatar이 라마로를 따라 티베트와 중국 서북방을 공격하기도 했다. 티베트 라마교Lamaism25]도 이 길을 따라 북상해 몽골에 널리 전파되었다.

불타로

불타로佛陀路는 중앙아시아의 카자흐스탄Kazakhstan에서 시작해 타슈켄트Tashkent와26] 사마르칸트Samarkand27]를 거쳐 아프가니스탄 북부 발흐[Balkh, 현 마자르르쉐에프(Mazāreshief)]와 간다라Gandhara를 경유해 인더스강Indus Riv. 유역을 따라 중인도 서해안의 수라트Surat까지 남하하는 길이다.

불타로는 예로부터 사통팔달 교통로의 중심에 위치해 동·서 문명의 교류와 교역에서 중요한 역할을 하였다. 아리아인Aryan28]을 비

24] 칭하이성(青海省)·간쑤성(甘肃省) 남부를 지배한 몽골계 유목민 선비족이 세운 나라이다(4세기 중엽-7세기).

25] 티베트에서 동방으로 전파된 불교의 일파이다. 라마는 산스크리트어(Sanskrit)로 구루(Guru)인 스승을 뜻한다. 원래는 승려 중에서 전생을 기억할 정도의 뛰어난 수행력을 가진 고승에 대한 존칭으로 일반 승려는 해당하지 않는다. 따라서 라마승은 있어도 라마교는 없다. 그러나 이 잘못된 용어가 언제부터 티베트에 전래 된 불교를 가리키는 것으로 관행으로 굳어져 오늘에 이르고 있다.

26] 우즈베키스탄의 수도이다. 역사적으로 고구려 유민 출신인 당의 고선지(高仙芝) 장군에 의해 잘 알려졌다(8세기). 예로부터 실크로드에 위치하여 발전하였고 제정러시아의 식민지 수도로 지정되어 중앙아시아 최고의 도시로 성장하였다.

27] 중앙아시아 최고(最古)의 도시로 칭기즈칸에 의해 패망되기까지는(1220) 비단길의 교역기지로 번창하였다. 티무르 왕조의 수도가 되었고(14세기) 뒤에 우즈베크인의 도시가 되었다가 러시아령이 되었다(1868). 소련의 공화국이 되었다가(1925) 이후 독립하였다(1990).

롯해(B.C.2000년경) 후에 알렉산드로스(Alexandros the Great, B.C.336-323)나 티무르(Timūr, 1336-1405)29]등 외지인들의 인도 침입은 모두 이 길을 통해 이루어졌다. 특히 불교는 이 길을 따라 북상한 다음 중앙아시아를 거쳐 동북아시아에 전파되었다.

메소포타미아로

흑해(Black Sea)와 카스피해(Caspian Sea) 중간지대에 있는 코카서스(Caucasus or Kavkaz)의 북부를 기점으로 하여 타브리즈Tabriz를 경유해 티그리스강과 유프라테스강 유역을 따라 바그다드Baghdad와 남부에 펼쳐진 메소포타미아를 관통한 후 페르시아만의 바스라(Al-Basrah)까지 이어지는 길이다. 일찍이 고대 메소포타미아 문명(Ancient Mesopotamia Civilization)이 개화한 지대를 지나는 이 길은 수메르Sumer · 바빌론Babylon · 페르시아Persia · 이슬람Islam 문화 등 고대문화를 전파하는 데 크게 공헌하였다.

28] 인도 · 유럽어족에 속한 고대의 민족이다. 중앙아시아의 초원지대를 중심으로 남으로는 인도 서로는 유럽 중부 동쪽으로는 중국 서부까지 폭넓게 진출해 오늘날 인도 · 이란계 민족(Indo · Iranians Peoples)으로 분류되는 수많은 민족의 기원이 되었다.

티무르(Timūr, 1336-1405)

29] 몽골제국의 부활을 주창하면서 칭기즈칸의 후예를 자처한 역사상 최고의 정복 군주 중 한 명으로 손꼽히는 인물이다. 130여 년의 짧은 존속기간이었지만 그가 건국한 티무르제국은 몽골을 이어 중앙아시아 전역을 통일한 대제국으로 동서 실크로드 활성화에 크게 공헌했다. 평생을 전장에서 보낸 티무르는 인도 북부와 카스피해 남부를 거쳐 앙카라 평원에서 당시 세계 최강국이었던 오스만 제국의 술탄 바예지드(Bayezid) I세를 격퇴하고 그를 생포했다(1402). 다행히 티무르 군대가 회군함으로써 오스만 왕정은 존속할 수 있었다. 티무르가 20만의 대군으로 명나라 원정을 감행하던 중 갑자기 사망함으로써 명의 운명도 바뀌었다(1405). 티무르제국은 정치적으로는 칭기즈칸의 몽골을 계승하고 종족적으로 투르크인 문화적으로는 페르시아 종교적으로는 이슬람을 표방한 진정한 다문화 공존 국가였다. 능력 위주의 인재 발탁으로 국가 운영은 유연성을 더했고 학문 숭상 정책으로 학자가 최고의 대우를 받았다. 지하 수로인 카나트(Qanat) 정비를 통해 대규모 관개시설을 구축하여 농업과 실크로드 상업의 결합과 과학과 학문의 장려 및 예술과 건축의 부흥 그 밖에 이슬람과 토착 종교의 융합이라는 중앙아시아의 화려한 르네상스 시대를 열었다.

호박로

호박로琥珀路는 북유럽의 발트해(Baltic Sea)에서 시작해 러시아의 모스크바를 거쳐 유럽과 아시아 대륙의 접점인 터키의 콘스탄티노플(Constantinople, Istanbul)[30]을 지나 지중해 연안을 따라 이집트의 알렉산드리아Alexandria까지 남하하는 길이다. 이 길에는 유럽의 라인강(Rhein Riv.)에서부터 헝가리의 부다페스트Budapest를 지나 콘스탄티노플로 이어지는 지선과 발트해에서 부다페스트와 로마를 지나 알렉산드리아까지 연결되는 지선이 포함된다. 이 길은 일찍이 페니키아 시대부터 유럽산 호박(琥珀, Amber)의 교역로였다.

실크로드의 역할

비단길은 3개의 간선과 5개의 지선으로 동서남북에 거미줄처럼 뻗어 있었다. 뻗어 나간 교역로를 통해 동서 문명은 활발한 교류를 이어왔다. 문명교류를 포함한 인류 역사의 전개 과정에서 실크로드가 담당 수행한 역할은 실로 지대했다. 예로부터 수많은 문명이 교류하면서 그것이 또 다른 문명의 발생 원인이 되거나 이유가 되었다. 일례로 청동기나 철기의 동방 전파는 아시아 민족의 문명 전환을 촉진했고 제지법의 전파 또한 유럽의 개화를 이끌었다. 비단길은 이러한 문명교류의 가교역할을 충실히 감당했다.

30] 터키의 최대 도시인 이스탄불은 흑해에서 마르마라해(Sea of Marmara)로 향하는 보스포루스해협(Bosphorus Strait)의 양쪽인 유럽과 아시아 양 대륙에 걸쳐 있다. 그리스 도시국가 메가라(Megara) 왕자에 의해 식민지로 개척되어 왕자의 이름을 본떠 비잔티온(Byzántion)이라고 명명되었다(B.C.7세기). 로마의 지배하에 비잔티움(Byzantium)으로 불렸다가(73) 로마제국의 콘스탄티누스 I세(Constantinus I, 274-337)가 로마제국의 새로운 수도로 선포하면서 콘스탄티노플(Constantinople)로 변경되었다(330). 이스탄불이라는 명칭은 도시로(to the City)라는 의미의 중세 그리스어 발음인 이스 팀 볼린(is tim Bolin)에서 유래했다.

한편으로 비단길은 문화의 네트워크로서 이 길을 따라 중요한 세계사적 사변들이 전개되고 수많은 민족과 국가들의 흥망성쇠가 거듭되었다. 고대 오리엔트 문명에서 그리스·로마·페르시아·이슬람·몽골·티무르제국의 출현에 이르기까지 그리고 북방 유목민족들의 흥망에서부터 중앙아시아제국들의 출몰에 이르기까지 이러한 모든 역사적 사변은 모두 실크로드를 따라 전개되고 또 이 길에 의해 서로 연계되고 관련됨으로써 역사의 진전을 거듭했다.

쿠쉬나메

서사시 쿠쉬나메

쿠쉬나메(페르시아어: كوش نامه, Kushnameh)는 페르시아(Persia, Iran)의 서사시로 이란의 하킴 이란샨 아불 카이(Hakim Iranshān Abu'l-khay)가 저술한 신화 역사의 일부이다.

쿠쉬나메는 7세기 중엽 통일신라시대(57-935)를 배경으로(7세기 중엽) 저술된 페르시아 구전 서사시이다. 쿠쉬나메는 이슬람 이전 시기의 이를테면 우리나라의 임진록壬辰錄[1]이나 임경업전林慶業傳[2]처럼 영웅 서

1] 작자와 연대 미상의 임진왜란을 다룬 전쟁소설이다(17세기 중엽). 역사소설의 범주에 속하며 원래 패배한 전투에서 아군이 이긴다든가 하는 경우도 서술되어 있어서 이른바 대체 역사물이라고 볼 수도 있다. 후반에 조선군이 일본으로 쳐들어가는 이야기도 등장하고 마지막엔 사명당이 일본으로 건너가 일본을 물에 잠기게 하고 조공을 바치게 한다는 이야기도 쓰여있다. 당시 조선 민중들의 일본에 대한 반감과 복수심에 따른 대리 복수를 이야기에 담은 것으로 보인다.

2] 조선 인조 때의 장군 임경업의 일생을 작품화한 역사소설이다. 여러 종의 국문본과 한문본이 남아 있다. 충청도 충주에서 태어난 임경업은 어려서부터 장군의 기질이 있었다. 때마다 동네 아이들을 지휘하며 전쟁놀이를 하곤 하다가 성인이 된 후 무과에 장원 급제한다. 병사를 잘 다스려 칭송이 자자하던 터에 상사를 따라 명나라에 갔다가 적국과 교전 중에 명에 원조를 청해온 호국을 도와 싸움을 승리로 이끌어 명성을 중국에까지 떨치고 귀국한다. 이후 호국이 강성해져서 조선을 침입하는데 임경업을 두려워하여 그가 지키고 있는 의주를 피해 우회하여 들어와 인조의 항복을 받아낸다. 임경업이 의주에서 세자 일행을 인질로 끌고 가던 호국 군대를 격파하자 호국왕이 진노하여 인조에게 임경업을 호국으로 보낼 것을 명하고 여기에 임경업을 시기하는 간신 김자점의 간계까지 더하여 경업은 호국으로 보내져 청병으로서 명군과 싸우게 된다. 그러나 전일의 친구였던 명나라 장수를 만난 임경업은 명나라와의 의리를 지켜 역으로 호국을 치려다가 실패하여 호국 군에 생포된다. 호국 왕은 온갖 수단으로 임경업을 회유하다가 그의 충의에 감복하여 그와 세자 일행을 조선으로 돌려보낸다. 자신의 간계가 드러날 것을 두려워한 김자점이 다시 인조를 획책하다가 실패하고 임경업을 암살한다. 그 후 꿈속에서 임경업의 현신을 본 인조가 김자점을 처형하고 임경업을 포상한다. 이 소설은

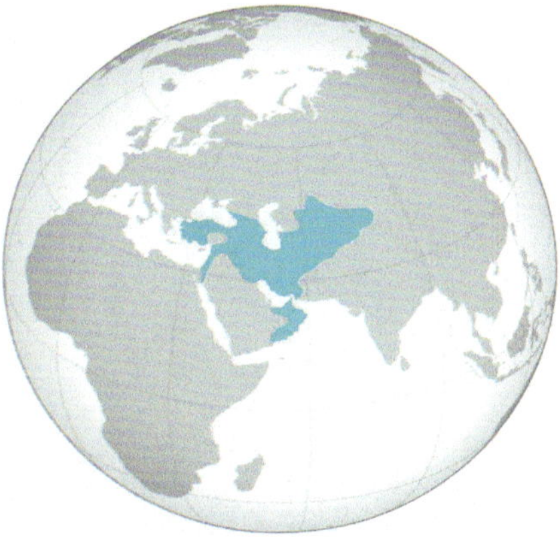

| 전성기의 사산조 페르시아 |

사시의 형태를 띠고 있으며 오랫동안 구전으로 내려온 페르시아의 전통적인 서사시이다. 이 소설에서 눈여겨볼 수 있는 사실은 당시 통일신라와 사산조 페르시아(Sassanian Persia, 226-651)[3]가 친한 동맹국으로 서로 가까운 관계를 유지하면서 활발한 교류를 이어왔다는 것이다.

쿠쉬나메에 등장하는 인물은 페르시아의 세자 아비틴Abtin, 신라의 국왕 타이후르의 공주로 아비틴과 결혼을 하게 되는 파라랑Fararang, 신라 국왕인 타이후르Tayhur 아브틴과 프라랑의 사이에 태어난 아들로서 후일 페르시아를 되찾는 영웅으로서 페레이둔Fereydun 등이다. 여기서 신라인과 페르시아인 사이에서 태어난 페레이둔은 후일 페르시아를 멸망에 이르게 한 이방인 이슬람 왕조를 무찌르고 평화를 되찾는 영웅이 된다. 구성은 우리의 임진록과 크게 다르지 않다.

임진록에 견주어 허구적 성격이 약하고 비교적 역사적 사실에 충실한 편이며 임경업 면모 역시 초월적인 능력을 보유한 영웅의 모습이 아닌 현실적 인간으로 묘사하고 있다는 점에서 사실적 역사소설에 속한다. 그러나 후반부에서는 허구적인 면을 한층 가미하여 안타까운 죽음에 대한 한을 풀어주고자 하는 민중의 정서를 반영하고 있다. 이 작품은 임경업 장군의 국가에 대한 충성을 표현하는 동시에 병자호란 후의 청나라에 대한 적개심과 명나라에 대한 의리를 보여주며 사리사욕만을 일삼던 집권층에 대한 비판의식도 담고 있다.

3] 사산 왕조는 아르다시르 I세(Ardashir I, 재위226-241)를 중심으로 페르시아인에 의해 건국되었다. 건국 직후 파르티아(Parthia)계 아르사케스(Arsakes) 왕조를 멸망시켜 서아시아 패권국이 되었고 지중해를 지배하던 동로마 제국과 함께 서반구를 양분하는 강대국으로 군림했으나 아라비아에서 발흥한 아랍 이슬람 세력에게 멸망했다(7세기). 사산 왕조 역사는 이란 민족사에서 매우 중요한 부분을 차지한다. 이슬람교 도래 이후 페르시아인이 정치·군사 부문에서 주도권을 잃고 아랍인·튀르크인·몽골인 등 수 많은 이민족이 유입되었으나 사산 왕조 시대에 형성된 이란의 강력한 정체성은 사라지지 않았다. 게다가 문화적인 측면에서도 페르시아 문화는 전·근대 내내 서아시아 지역에서 지배적인 지위를 누렸으므로 사산 왕조의 역사적 중요성은 결코 무시할 수 없다.

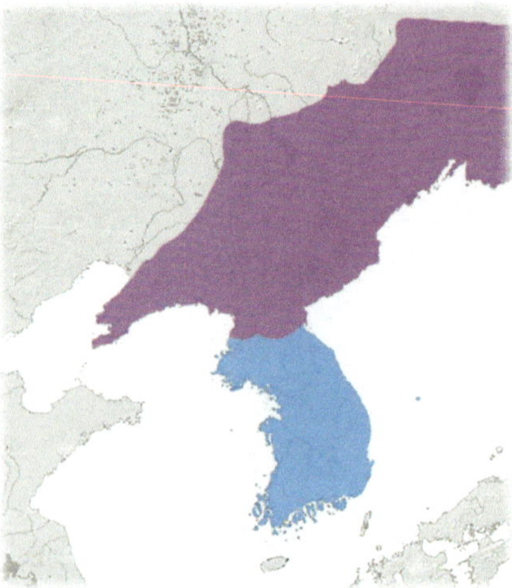

| 통일 신라의 영역 |

쿠쉬나메에서 쿠쉬는 인명人名이며 나메는 페르시아어로 서적冊을 의미한다. 따라서 쿠쉬나메는 쿠쉬라는 주인공을 다룬 이를테면 쿠쉬의 책이라는 뜻을 지닌다.

일반적으로 페르시아 서사시는 대부분 도덕적이고 덕이 많은 정의의 화신으로서 영웅의 이름을 본뜬 경우가 많으나 쿠쉬나메의 쿠쉬는 폭압자이고 기이한 용모를 지닌 악의 대상으로 그 지위를 점하고 있다. 이 점이 쿠쉬나메의 독특한 설정Polt이다. 특히 쿠쉬는 똑같은 이름으로 2명의 주인공이 등장하는데 이를테면 전편의 쿠쉬는 바그다드에 도읍한 폭정자 아랍의 왕Tazikan으로 묘사되고 후편의 쿠쉬는 중국과 주변국인 마친Machin의 왕으로 등장한다.

수 세기에 걸쳐 구전으로 전승되어 온 쿠쉬나메는 10세기 이후 중국에서 종이가 보편적으로 사용됨에 따라(10세기) 그 결과 이란 학자인 이란샤 이븐 압달 하이르(Iran-Shah Ibn Abdal Khayr)에 의해 필사되고 편찬되어 오늘까지 내려오게 되었다(11세기경).

이 책은 원본은 영국국립박물관(The British Museum) 도서관에 소장되어 있다. 이 책의 필사본을 복사한 인물의 이름은 모함메드 이븐 사이드 이븐 압달라 알 카다리(Mohammed Ibn Said Ibn Sbdullah Al Qadari)로 알려져 있다. 쿠쉬나메의 유일한 판본인 이 복사본은 헤지라Hejira4] 8세기경

4] 성천(聖遷)이라는 뜻이다. 회교력 또는 무함마드력이라고도 한다. 성천은 무함마드가 신도와 함께 메

(A.D.14세기 경)의 것으로 추정하고 있다.

페르시아 필사본들은 통상 여러 개의 복사본이 존재하는데 쿠쉬나메의 경우 이례적으로 헤지라 8세기 복사본이 유일본으로 전해지고 있다. 그 내용은 차례로 먼저 신에 대한 찬미·지혜와 지식에 대한 존중·인생의 유한성·예언자 무함마드에 대한 경배로 시작한다.

서사시 쿠쉬나메는 전·후편으로 구성되어 있는데 신라와 연관되어있는 명칭인 바실라Basilla와 신라Silla 등은 후편에 속해있다. 전편은 후편을 위한 도입부 성격으로 구성되어 있는데 그 내용은 이를테면 신라의 군대·지리적 상황·대도시들·부속 도서·천체관·과학정보·종교·인문학적 대화·스포츠·사냥·궁전 생활 등이다.

쿠쉬나메는 신라와 사산조 페르시아가 동맹국 관계였음을 입증하는 중요한 단서임은 물론 양국의 정치적·외교적 관계와 통일 신라를 비롯하여 사산조 페르시아 초기 서아시아와의 새로운 관계 정립을 파악할 수 있는 지침이 되고 있다. 더욱이 고대 실크로드를 통한 문화교류와 신라의 대외관계 연구에도 새로운 지평을 개진할 수 있을 것으로 기대되고 있다.

쿠쉬나메의 배경

사산조 페르시아는 까디시야 전투(Battle of Al-Qadisiyah)6]에서 아랍에게

카(mecca])에서 메디나(Medina)로 이주한 것을 말한다(622). 메디나가 새로운 공동체의 토대가 되었기에 이 해를 이슬람력 곧 헤지라력의 원년으로 삼는다. 헤지라는 후에 현상에 대한 비분강개(悲憤慷慨)와 새로운 곳으로 희망을 말하는 뜻으로 승화되어 이슬람 세계에서 널리 이용되었다. 현상에 있어서는 세속주의나 자본주의 등에 의해 파괴된 현대 이슬람국가의 현상을 부정하여 격리된 공동체를 영위하는 것을 헤지라로 일컫는 때도 있다.

5] 황남대총 북분 은잔의 세부 문양에 표현된 인물은 사산조 페르시아산 항아리에 부조되어있는 아나히

| 까디시야 전투(637) |①

| 황남대총 북분 은잔(보물 627호)5] |②

패배한 뒤(637) 차례로 모술Mosul과 이스파한Esfahan 등 주요 도시를 연달아 빼앗기면서 마침내 힘을 잃고 멸망에 이르고 만다. 이 전쟁에서 사산조 페르시아 마지막 황제 야즈데게르드 III세(Yazdegerd, 재위632-651) 왕자 페로즈Pērōz는 끝까지 저항했으나 패하여 끝내 중국 망명길에 오른다. 그는 자신을 추종하는 이란인을 이끌고 공동체를 이루며 생활한다.

대서사시 쿠쉬나메의 역사적 배경은 페로즈가 중국에 망명하는 때부터 그가 죽는 때까지이다(7세기 중반)

페르시아와 신라와의 연합작전

타 여신과 흡사하다.

6] 아랍군과 사산조 페르시아의 전투로 사산조 페르시아 멸망의 결정적 계기가 되었다. 아랍의 우마르 I세(Umar Ibn Al-Khattāb, 586-644)는 비옥한 메소포타미아 지역을 확보하고 동쪽 변경을 확장하기 위해 사산조 페르시아 정복을 시도하였다. 당시 양측 진영의 전세는 아랍 정복군 35,000명 페르시아군 100,000명으로 수적으로는 페르시아군이 압도적이었다. 페르시아는 코끼리 부대를 앞세워 총력전을 벌였고 아랍 군대는 기병을 앞세워 반격하였다. 전쟁 중에 페르시아 진영을 향하여 모래바람이 불었는데 아랍군은 이를 이용하여 혼란스러운 페르시아 진영을 돌파한 후 본진까지 일시에 공격을 감행했다. 전투는 아랍 정복군의 승리로 끝이 났고 아랍군은 승전의 여세를 몰아 사산조 페르시아 수도 크테시폰(Ktesiphon)을 함락하고 사산조 페르시아를 멸망시켰다(637).

중국으로 망명한 사산조 페르시아 마지막 왕자 페로즈Pērōz는 쿠쉬나메에서 아비틴Abtin이라는 이름으로 등장한다. 그런데 중국에서 자신을 추종하는 이란 공동체를 이끌던 아비틴은 중국의 정치 격변기에 대응하지 못하고 끝내 제3국으로 망명한다. 이때 주변국인 마친Machin의 국왕이 지상 낙원인 바실라[Bashilla, 신라(Silla)]는 누구도 침략할 수 없는 안전한 나라라고 치켜세우며 아비틴에게 적극 추천한다.

| 사리기 유리잔과 황남대총 유리잔7] |③

여기서 바실라의 의미는 더 좋은 신라 또는 아름다운 신라라는 뜻이고 쿠쉬나메에서는 바실라를 달처럼 아름다운 인형 같은 선녀들이 가득찬 향기로운 낙원이라고 표현하고 있다. 이윽고 아비틴은 바실라로 망명하고 그곳의 신라왕(타이후르, Tayhur)은 망명객인 아비틴 일행을 극진히 환대한다.

> "낙원처럼 꾸며진 궁궐 내부는 아름답기 그지없는 군왕의 처소 같았다. 궁궐 전체가 하늘색 배경에 금으로 장식되어 있었고 모든 의자에는 사파이어와 루비가 세공되어 박혀 있었다. 그리고 궁녀들 또한 인형처럼 아름다웠다."

> "우리의 역사는 천 년 이상이고 그 누구도 아비틴과 그의 일행을 괴롭히지 않을 것이다."

7] 경북 칠곡 송림사 전탑에서 나온 사리기 유리잔(왼쪽)에는(7세기 초) 사산조 페르시아 시대에 유행한 고리 무늬가 장식되어 있다. 오른쪽 사진은 황남대총 북분에서 출토된 무늬를 새긴 유리잔으로 아비틴의 고향인 사산조 페르시아 계통의 유리잔이다.

아비틴은 바실라의 국왕 타이후르로부터 더할 수 없는 환대를 받고 그곳에 정착한다. 때로는 타이후르와 페르시아 운동경기인 폴로(擊毬, Polo)를 즐기기도 했다. 그런데 이때 중국의 황제가 타이후르를 협박하는 편지를 보낸 뒤 바실라를 침공한다. 이에 굳건한 동맹을 이룬 바실라와 페르시아 연합군은 중국 침략군을 물리친다.

한편 중국은 패배의 분풀이로 아비틴의 바실라 망명을 주선해 주었던 마친왕을 핍박하기에 이르고 이에 바실라와 페르시아 연합군은 전격 중국 원정길에 오른다. 연합군의 총사령관은 아비틴이었는데 그는 원정을 성공적으로 이끌고 마침내 중국을 정벌한다. 이후 아비틴은 바실라 타이후르의 딸이었던 파라랑Fararang과 혼인한다.

이후 파라랑은 임신하게 되고 그때 아비틴은 꿈에서 신의 계시를 접한다. 그 내용은 장차 아비틴에게서 태어날 왕자가 아랍의 폭군인 바그다드의 자하크Zahhāku를[8] 물리치고 이란인의 복수를 대신해준다는 것이었다. 마침내 아비틴은 파라랑과 함께 고국 이란으로 떠났는데 불행히도 아비틴은 그곳에서 자하크와 전투 중에 전사한다.

그러나 파라랑과의 사이에 태어난 바실라 페르시아의 혼혈왕자인 페리둔Feridun은 훗날 페르시아의 적인 자하크를 물리치고 이란의 영웅으로 부상하게 된다. 이때 이란의 바실라 공주 프라랑은 바실라의 아버지 타이후르에게 편지를 보낸다.

8] 이란의 서사시 샤나메(Shah-Nama)에 등장하는 괴물 폭군이다(10-11세기). 자하크는 양쪽 어깨에 뱀이 돋아 있는 괴물로 1,000년 동안 이란을 지배하면서 사악하고 비정함의 극치를 보여준다. 매일 두 사람의 인간을 죽이고 그 뇌를 뱀의 먹이로 주었다. 이 서사시는 페르시아에 신봉되었던 조로아스터교의 신화에 아지 다하카(Aži Dahāka)라는 세 개의 입과 머리 그리고 여섯 개의 눈을 가진 악한 용이 등장하는데 이 용이 인간 시대에 왕이 되어 나타난 것이 자하크라고 알려져 있다.

"아버지의 손자이자 제 아들 페리둔이 자하크의 군대를 모두 물리쳤습니다."

| 경주 월지와 이맘 모스크 사원의 입수쌍조문[9] |

손자의 승전보를 접한 바실라의 타이후르는 성대한 연회를 개최하고 이에 피를 나눈 사이가 된 바실라와 페르시아 양국은 오랫동안 문물교류와 협력관계를 이어간다. 이것이 이란의 대서사시 쿠쉬나메의 줄거리이다. 쿠쉬나메는 신화적 성격이 강한 서사시라고 볼 수 있으나 그 내용에 역사적인 정당성을 부여하기 어렵다.

신라와 페르시아와의 문물교류

그러나 쿠쉬나메는 페르시아 문화와 역사의 원형으로 보아도 무리가 없다. 문명사적으로 쿠쉬나메 이전부터 신라와 이란 간에 교류가 많았다는 단서는 이것 말고도 수없이 많다. 일례로 신라 원성왕(元聖王, ?-798) 무덤에 시립하고 있는 석상 중 하나가 페르시아 무인임

9] 경주 월지에서 출토된 입수쌍조문 석조이다. 나무를 사이에 두고 새 두 마리가 서 있는 모티브는 사산조 페르시아 건축물 등에 그대로 반영되어 있다.

| 원성왕묘 페르시아인 석상 |

| 원성왕묘 페르시아인 석상 |⑤

을 이를 입증한다. 이는 페르시아 왕족 후예 아비틴이 신라의 왕 타이후르 딸인 공주 프라랑과 혼인했다는 기사와 무관하지 않다.

페르시아 물품의 수입 금지

신라 흥덕왕(興德王, 재위826-836)은 백성이 사치와 호화생활을 즐기며 수입품만 선호한다고 한탄하며 일부 수입품을 국법으로 금하기까지 했다(삼국사기 <잡지>, 834).

당시 수입품 금지목록에는 페르시아산 양모로 짠 카펫이 포함되어 있다. 또한 경주 구정동의 무인상은 서역인으로 부조에는 왼쪽 옷깃만 바깥으로 접은 옷을 입고 가죽 장화를 신고 두 손에는 페르시아 스포츠인 폴로Polo용 스틱을 잡고 있다. 여기서 폴로는 사산조 페르시아에서 유래됐고 중앙아시아에서 크게 유행한 유목민족의 스포츠였다.

한편 쿠쉬나메에는 중국 황제가 신라왕을 협박하는 편지를 보낸 뒤 신라를 공격하는 기사가 있다. 이는 문무왕 재

10] 황남대총 남분 출토 봉수형 유리병과 이란 국립박물관 소장 유리병이다.

| 황남대총 남분 유리병과 이란 국립박물관 유리병10] |④

위 시(675) 당나라가 20만을 동원해 매소성買肖城11]에서 신라군과 맞섰는데 이때 신라의 반격으로 한반도에서 완전히 퇴각한 사건과 흡사하다. 어쨌든 문명사적으로나 고고학적으로 신라와 페르시아 간의 문물교류는 의외로 상당했던 것으로 파악되고 있다.

11] 백제와 고구려가 멸망한 후 신라가 당(唐)의 세력을 몰아내는 결정적 계기를 마련한 전투가 벌어졌던 곳이다. 매초성이라고도 하며 천혜의 요새로 현재 한탄강 부근에 있다.

기마민족 스키타이

최초의 기마민족 스키타이

| 에살핫돈 |①

문헌사에 스키타이Scythian는 영욕의 군사대국 앗시리아Assyria 에살핫돈(Esarhaddon, 재위 B.C.681-669)왕의 연대기에서 처음 나타난다. 여기서 에살핫돈은 앗시리아 역대 왕 중에서도 손에 꼽히는 공포의 제왕이었는데 그는 즉위와 동시에 천년고도 바빌론Babylon의 부흥에 힘을 쏟았고 마르둑Marduk1] 신전을 재건하여 바빌론의 민심을 끌어안기도 했다.

이후 그는 시리아Syria와 팔레스타인Palestine을 휩쓸고 이집트Egypt까지 정복하여 고대 메소포타미아와 이집트 문명을 하나로 묶어 자신의 지배 아래 둔 최초의 왕이 되었다.

원정 전·후에 무자비한 철권 통치로 주변 민족의 간담을 서늘케 했다. 그런데도 그는 오랫동안 적대관계에 있었던 스키타이인과 동맹을 맺고 그들 족장에게 왕녀를 출가시키기도 했다. 그만큼 유목민

1] 태양의 아들이라는 뜻으로 구약성서 벨 또는 마르둑과 같다(예레미야 50:2). 본래 아모리족의 신으로 바빌로니아의 수호신이었는데 바빌론이 제패하면서 바빌로니아 신전의 주신이 되어 신들의 왕으로 오랫동안 숭배되었다. 바빌론 왕조가 멸망한 후에도 그 세력과 신앙은 쇠퇴하지 않고 알렉산드로스 시대에까지 계속되었다.

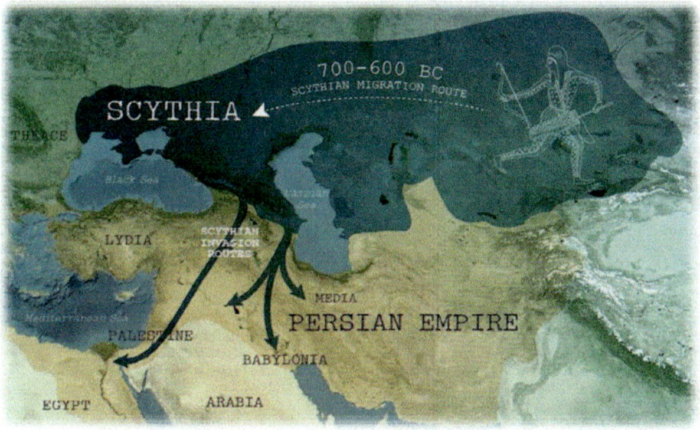

| 스키타이(Scythian) |

| 스키타이 기마병 I |②

족으로서 말과 함께했던 스키타이 무용은 군사 대국 앗시리아에게 오랫동안 적잖은 부담을 주었다.

앗시리아인은 스키타이인을 아슈쿠자이Ashkuzai라고 불렀고 그리스인은 흑해 북쪽 연안에 촌락을 형성하고 스키타이와 교역에 임하면서 그들을 스키타이[Skythai 혹은 스키테스(Skythes)]라고 불렀다(7세기 후반-). 그러나 스키타이인은 자칭 스콜로텐[Skoloten 혹은 슈크(Shk)]이라고 칭했다.

스키타이인은 문자를 가지고 있지 않았던 까닭에 그들의 흔적은 앗시리아나 그리스가 남긴 문헌사적 기록을 통해서만 엿볼 수 있다. 그중에 돋보이는 문헌은 스키타이와 한 시대를 살았던 그리스의 입담꾼 헤로도토스(Herodotos, B.C.484-425)의 저서 역사Historiai와 스트라본(Strabōn, B.C.-A.D.21)이 남긴 지리서Geographica를 손꼽을 수 있다.

스키타이는 러시아 남쪽 초원지대를 본거지로 활동한 이란계 유목민이다(B.C.8세기-B.C.3세기). 그들은 이전의 강대한 유목민이었던 킴메르인Cimmerians2]을 본거지인 캅카스Kavkaz3]로부터 내쫓고(B.C.7세기 전반) 한때 메소포타미아에 침입해 이집트까지 위협하기도 했다(625).

강력한 기마 기동력을 보유한 스키타이는 흑해 연안의 그리스 식민지 도시들과 교역에 임하면서 우랄산맥을 넘어 멀리 알타이 지방까지 진출하는 원거리 동방무역에도 종사하였다.

스키타이의 동방무역

| 스키타이의 금장식 유물 |③

헤로도토스는 역사에서 스키타이의 동방 교역로를 자세히 소개하고 있는데 다만 어떠한 물품이 오고 갔는지는 언급하지 않고 있다.

그러나 당시 스키타이가 그리스인과 주고받은 물품을 통해 간접적으로 유추할 수 있는

2] 현재 우크라이나 일대 흑해 연안과 캅카스 북쪽에 살던 인도유럽어 계통의 민족이다(B.C.12세기). 유사 이래 가장 오래된 유목민족이다. 헤로도토스는 역사에서 스키타이 이전에 북쪽을 지배했던 기마민족으로 기록하고 있다. 이들은 스키타이 침략으로 남하하던 중 도시국가 우라르투(Urartu)를 약탈한 뒤 방향을 서쪽으로 돌려 아나톨리아(Anatolia, Asia Minor)로 진출하면서 프리기아(Phrygia)를 파괴하고 리디아(Lydia)와 전쟁을 벌이기도 했다. 그러나 킴메르의 약탈과 파괴는 당대 메소포타미아의 패권국이었던 앗시리아의 정보대상으로 떠올랐고 마침내 킴메르를 추격하던 스키타이인이 캅카스를 넘어오자 앗시리아는 스키타이와 연합하여 킴메르를 역사의 뒤안길로 사라지게 했다.

3] 러시아 남부의 카스피해와 흑해 사이에 있는 지역을 지칭한다. 코카서스(Caucasus)라고도 한다. 동쪽으로 카스피해 그리고 서쪽으로는 흑해와 아조프해(Sea of Azov)를 경계로 두고 있다.

데 당시 스키타이는 그리스에 말·기장·콩류·아마·모피·황금 등을 수출하고 금은 장식품·상아 세공품·청동기 등을 수입했다. 지리적 여건과 생활환경을 고려할 때 동방에서 수입한 물품은 동방 특산의 모피·견직물·세공품 등이 주류였을 것으로 생각된다.

스키타이의 사회와 문화

| 스키타이 기마병 II |[4]

스키타이는 강력한 세력으로 수 세기에 걸쳐 활동했지만 한 번도 통일된 국가를 건립하지 못하고 다만 유목민족의 생활방식대로 부족 간 공동체로 존재했다.

헤로도토스 기록에 의하면 스키타이 사회는 왕족·혼혈·농경·유목 스키타이 4대 부족군으로 구성되었는데 그중 왕족 스키타이는 지배집단으로 각지에 수령을 파견해 부족을 통솔하였다.

왕족 스키타이와 유목 스키타이는 기마술에 능해 흑해(Black Sea) 주변 그리스 식민지들과 활발한 교역에 임했는데 포도주·올리브유·금속제품·장신구·갑옷·투구 등을 수입했고 꿀·가죽·물고기·밀·우랄산 황금 등을 수출하였다.

스키타이인은 대체로 그리스인과의 우호 공존을 통해 그들의 문화를 수용하였으며 각지 정복 전쟁에서 노획한 포로들을 노예로 공급하였다. 그리스와 그리스 식민지에서 이들 노예는 하인·도공·궁사 등으로 계층을 형성했다.

스키타이인은 도시도 성채도 없이 말馬과 함께 운명을 같이했는데 그들의 기동력이나 전투력은 당대 전후를 통틀어 어떤 민족도 따를 수 없었다. 스키타이인은 사회 전체가 군사적 벨트로 묶인 공동체와 다름이 없었다.

| 스키타이 기마병 III |⑤

헤로도토스는 스키타이인의 가장 중요한 민족적 특성은 그들을 공격한 어떠한 적도 그들로부터 도망칠 수 없고 그들이 피하고자 하면 그 누구도 그들을 잡을 수 없다는 점이라고 지적했다.

| 스키타이 기마병 IV |⑥

스키타이인은 부족 간에 기마군단이 조직되었으며 병력은 건장한 남성을 중심으로 충당했고 필요에 따라 지원병과 여군도 포함되었다. 전투에서 부족장은 언제나 진두에서 죽음을 불사하고 전투를 지휘했으며 명령 없는 퇴각은 어느 때고 허용하지 않았다.

| 스키타이 기마병 V |

헤로도토스 기록에 의하면 스키타이의 군사 정신과 전쟁의 승부욕 그리고 동족애는 긴밀하고 특별했다.

일례로 무사가 처음 적을 죽이면 적의 피를 마시는 의식을 거행했고 살해된 적의 머리 가죽을 벗겨 말 고삐에 매달아 과시하기도 했다. 한편 동족애는 서로의 신성한 의무로 취급하고 엄숙한 서약을 통해 의형제를 맺고 상호 충절을 확인했다.

그리스 작가들의 서술에 의하면 스키타이인의 서약 의식은 손가락을 베어 피를 포도주에 떨구고 검과 창·전투용 도끼·화살촉 등을 술잔에 담근 채 엄숙한 서약식으로 술잔을 들이키며 진행했다.

스키타이의 정복 정신은 기마민족답게 마구馬具와 기마 전투용 무기가 발달한 것에서 엿볼 수 있다. 유물은 안장·가죽 등자鐙子·청동제 갑옷·짧은 활·방패 등이 있다. 특히 아키나케스Akinakes형 양날 단검은 대표적 무기로 취급할 수 있다. 아키나케스는 이후 이오니아·그리스·마케도니아·로마제국에까지 큰 영향을 미쳤다.

스키타이인의 종교의식은 토테미즘·샤머니즘이 융합되어 있었다. 그들은 자연현상을 의인화한 신들과 동물을 숭배했다. 그러나 메소포타미아에 널리 퍼져 있었던 신전이나 석상을 세우지는 않았다.

| 스키타이의 아키나케스(akinakes) 단검 |⑦

| 스키타이의 아키나케스(Akinakes) 단검 |

그러나 전쟁의 신은 각별하게 대했는데 일례로 전쟁 신을 위해서는 공물과 희생을 바칠 특별한 제단을 세웠다. 해마다 마른 장작을 산더미처럼 쌓아 그 꼭대기에 그리스 전쟁의 신 아레스Ares을 상징하는 오래된 철검을 꽂아두곤 했다.

종교적 의례로는 헌주獻奏·제물祭物이 있었고 제물에는 말·가축·포로(백100명 중 1명) 등이 있었다.

장의葬儀는 순장殉葬[4]이 성행했다. 특히 부족장이 죽으면 시신의 내장을 제거하고 그 속에 생강·유향·파슬리의 열매를 채운 후 봉합하고 몸통에는 밀랍을 발랐다. 시신은 사륜마차에 태워져 모든 마을을 거쳐 장지에 도착한 후 생전의 호위병·하인·술 따르던 자·후궁 중 한 사람과 말을 순장했다. 1주기가 되면 50명의 남자 시종과 50필의 말 그밖에 생전에 쓰던 장신구나 일상용품을 함께 함께 모아 순장했다.

4] 어떤 사람의 죽음에 연이어 다른 사람이 스스로 목숨을 끊거나 강제로 죽여서 앞선 시신과 함께 묻는 장례 습속을 말한다.

| 스키타이의 순장 습속 |[8]

한편 스키타이인은 금세공에 남다른 기술이 보유하고 있었다. 장신구는 물론이고 방패·칼자루·칼집·활집 등 무기나 전쟁 도구도 금으로 장식했다.

그들이 사용한 금은 동방무역을 통해 알타이 일대에서 수입했을 것으로 추정하고 있다.

스키타이에 의한 동서교류

스키타이는 페르시아 문화를 비롯한 고대 오리엔트 문화와 그리스 문화를 흡수해 고유의 유목·기마민족 문화를 창출했다. 그들은 이를 동방에 전파하여 고대 동·서 교류의 가교역할을 감당했다. 또한 자신들이 생산한 물품이나 페르시아와 그리스에서 수입한 공예품이나 장신구를 동방에 수출하고 중앙아시아 및 알타이 지방에서 채취되는 황금이나 중국·몽골 일대에서 생산되는 직물류를 서방으로 운반하는 일련의 중계무역(中繼貿易, Intermediary Trade)[5]을 벌였다.

스키타이의 흥망

스키타이는 그리스의 흑해 식민 항구들인 케르소네소스Chersonesos[6]

5] 수출을 목적으로 물품을 수입하여 가공하지 않고 원형 그대로 수출하여 수출·입 대금의 차익 취득을 목적에 둔 거래방식이다. 이때 중계화물이 일단 중계국을 거쳐 운송될 때는 통과무역을 겸한다. 또 자국에서 중계화물을 제품화하여 수요국에 수출하게 되면 중계가공무역이 된다.

·킴메르Cimmerians·보스포루스Bosporus Str.7] 등을 통해 북방에서 그리스로 이어지는 무역의 통제권을 통해 부를 축적하고 최대의 전성기를 구가했다(B.C.5세기-3세기). 유목민족임에도 때로는 곡물들을 기르기도 했고 그리스로 밀·양 떼·치즈를 실어 보냈기도 했다.

전성기에 북방 최대의 세력이었던 스키타이는 오리엔트 지역에서 1세기에 걸쳐 무력적인 공포정치를 펼쳤다. 그 결과 페르시아와 마케도니아를 비롯한 주변 여러 나라에 커다란 위협이 되었다. 심지어 이집트 파라오까지도 스키타이 위압에 많은 공물을 바치기도 했다.

스키타이는 그들이 정복한 피지배 민족들로부터 가혹하게 조세를 거두었다. 게다가 종종 혹독한 약탈까지 자행하면서 주위의 모든 것을 초토화시켰다. 이러한 횡포와 약탈은 주변 국가들과의 마찰을 이끌어 마침내 쇠퇴의 요인으로 작용하였다.

결국 스키타이는 페르시아 제국(Persian Empire, B.C.550-B.C.330) 다리우스왕(Darius I, B.C.522-B.C.486) 원정에 의해(512) 캅카스Kavkaz 산맥 이남과 다뉴브강(Danube Riv.) 하류 지역에서 축출되었다. 이후 동쪽 볼가강Volga Riv. 중류에서 발흥한 유목민 사르마트족Sarmat8]이 서진하면서 스키타이 본거지인 쿠반강(Kuban Riv.) 유역을 점령하고(B.C.4세기 초) 서쪽은 카르파티아

6] 현재 터키 이주민들에 의해 고대 그리스의 식민도시로 건설되었다(6세기). 케르소네소스는 그리스어로 반도를 뜻한다. 보스포루스 왕국 등의 지배를 거쳐 비잔티움 제국의 영토가 되었고 비잔티움 제국의 수도인 콘스탄티노플(Constantinople)과의 교역을 통해 상업 도시로 성장했다.

7] 흑해와 마르마라해(Sea of Marmara)를 잇고 아시아와 유럽의 경계를 이루는 터키의 해협이다. 길이는 30㎞이며 폭은 가장 좁은 곳이 750m이다.

8] 남러시아를 중심으로 세력을 떨친 이란계의 유목 기마민족이다(B.C.4세기). 흑해 북안의 전역을 장악하였고(B.C 1세기-A.D.1세기) 이후 로마의 속주(屬州)하에서도 현재 불가리아에 침입하여 로마제국의 동북 변경을 크게 위협하기도 하였다. 3세기에는 동방에서 이동해 온 훈족에게 밀려(B.C.3세기) 남러시아의 연고지를 떠나 게르만족의 일파인 고트족과 연합하여 서유럽으로 들어감으로써 이른바 민족대이동을 일으켜 로마의 힘을 저지했다.

| 페르시아의 스키타이 원정(512) |⑨

산맥(Carpathian Mts.)9]을 넘어온 켈트족Celts이10] 공격해옴으로써 동·서 협공에 직면한 스키타이는 드네프르강(Dnepr Riv.) 일대로 밀려났다.

스키타이는 이후 사르마트인이 다시 돈강Don Riv.11]을 넘어 진격해오자 크림반도로 피했다. 거기서 소국을 건설하고 정착하여 농경 생활에 임하다 이내 역사의 무대에서 사라졌다(B.C.1세기).

9] 우크라이나·루마니아·폴란드·체코·슬로바키아·헝가리에 걸친 산맥이다. 암염(岩鹽)·천연가스·석유·철광석·귀금속 등 광물자원이 풍부하다.

10] 유럽 대부분 지역에 살던 인도·유럽어를 사용하던 종족의 일파이다(B.C.2000-B.C.1세기). 이들에 속하는 여러 부족이 영국과 스페인 북부 동쪽으로는 트란실바니아·흑해·아나톨리아에까지 진출했으며 일부 부족은 로마제국에 흡수되었다.

11] 중앙 러시아 고원에서 발원하여 남쪽으로 흐르다가 흑해로 유입된다. 고대 그리스 시대에는 타나이스강이라고 하였다. 중류 이하는 흐름이 느려 고요한 돈강이라고 불린다.

대구 전쟁

입이 큰 물고기 대구

물고기 중 유독 입이 커서 대구大口라고 한다. 대구를 일컫는 夻(대구 화)라는 한자가 존재하지만 이 글자는 우리나라에서 만든 조어造語로서 중국과 일본에선 쓰이지 않는 글자이다.

육식성 어류로서 입이 큰 만큼 대식가다. 먹이는 무엇이든 가리지 않고 입에 들어가는 모든 것들이 먹이가 된다. 낮에는 수면 근처에서 먹이활동을 하고 밤에는 해저에서 먹이활동을 한다. 최대 1.1m 20kg까지 자라나 30cm 미만의 대구도 곧잘 잡힌다.

대구는 살이 희고 맛이 담백 고소하며 크기도 크고 버릴 데가 없어 동서양을 불문하고 인기가 많아 한때 멸종위기까지 내몰린 적도 있었다. 한류성 어족으로 분류된다.

서양에서 잡히는 대구와 우리나라 연해에서 잡히는 대구는 종이 다르다. 일반적으로 유럽의 대구는 대서양 대구(Atlantic Cod)라고 하고 우리나라에서 잡히는 태평양 대구(Pacific Cod)라 칭한다. 크기는 대서양 대구가 훨씬 크다.

대구는 중세·근대 초만 하더라도 흔한 단백질 공급원으로 매우 중요시된 먹거리였다. 특히 기름기가 없어 말려 보존하기가 매우 쉬

| 대서양 대구(Atlantic Cod) |①

| 태평양 대구(Pacific Cod) |②

웠던 까닭에 근세 이래 가공 산업이 융성했다.

그 옛날 바이킹Viking[1]조차 선내 보존 식량으로 말린 대구를 쌓아놓기도 했다. 대구는 장소를 가리지 않고 어느 곳이나 많이 잡혀서 식용은 물론 말려서 갈아 비료로 사용하기도 했다.

대구 전쟁의 서막

유럽에서 대구는 밀과 같이 전략적으로 매우 중요한 식량자원이었다. 이러한 이유에서 대구는 아이슬란드와 영국 간 전쟁의 빌미가 되었다. 이를 소위 대구 전쟁(Cod War)라고 한다.

대구 전쟁은 그다지 크지 않은 소규모 전쟁이었으나 실제로 포격전도 있었고 사상자도 발생하였을 뿐만 아니라 3차에 걸쳐 발생한 지루한 전쟁이었다. 이에 아이슬란드에서는 대구 분쟁Þorskastríðin 또는 영해전쟁Landhelgisstríðin이라고 부른다.

1] 해상에서 유럽·러시아 등에 침입한 노르만족이다(8세기 말-11세기 초). 본래는 스칸디나비아에서 덴마크에 걸쳐 산재한 협강(Vik)에서 유래한 말로 그러기에 협강에서 온 자라는 뜻이 있다. 바이킹이 각지에 진출한 이유는 인구증가로 토지가 협소했기 때문이며 한랭하고 메마른 땅에서 온난하고 비옥한 땅을 얻기 위하여 감행한 이른바 민족대이동이라 할 수 있다. 노르만족은 씨족제 사회가 해체되고 계급사회로 이행하여 국가형성기에 이르는 과도기로서 부족 간의 항쟁으로 뜻을 이루지 못한 족장이 부족을 인솔하여 해외의 새로운 땅을 찾아 진출한 경우가 많았다. 일찍부터 뛰어난 항해술을 가진 그들에게 전쟁과 모험 그리고 전리품의 갈망 등은 해외 진출을 더욱 촉진하였다. 무자비한 침입·싸움·약탈 등으로 해적 민족으로서 어디를 가나 공포 대상이 되었다.

| 영국과 아이슬란드 대구 전쟁 |

아이슬란드는 기본적으로 인간이 살만한 환경을 갖추고 있지 않은 불모의 땅이었다. 중세 제국주의 시대에도 식민 지배를 받지 않고 오로지 덴마크의 지배만을 받으면서 평화롭게 살 수 있었다. 이러한 이유에서 아이슬란드는 역사상 전쟁을 치른 적이 없다. 다만 단 한 번의 전쟁을 치른 적이 있는데 그것이 영국과의 대구 전쟁이었다.

대구 전쟁의 과정

아이슬란드는 고위도에 자리 잡고 있어 여름에도 15° 이상이 되지 않는 기본적으로 너무 추운 국가이다. 나무도 자라지 않아 국가 경제의 기간은 목축업과 어업에 있었다.

그러나 아이슬란드는 지리적 특성상 전략적 요충지였기 때문에 제2차 세계 대전 기간에는 미군과 영국군이 주둔지 역할을 했다(1940년대). 아이슬란드는 북해(North Sea)에 있는 국가였고 근처에 대구가 많이 잡혀 인근의 영국 어부들은 시시때때로 아이슬란드 영해로 들어와 대구를 남획하고는 했다. 이로 인하여 아이슬란드 어부와 영국 어부의 갈등이 극심하였다.

그 와중에 제2차 세계대전으로 영국 어선들이 일거에 해군으로 징발을 당해 아이슬란드는 한동안 평화기를 보냈으나 전쟁이 끝나자 영국 어선들은 다시금 아이슬란드 영해로 난입하여 대구 남획을 서슴지 않았다.

제2차 세계대전이 끝나고 이곳저곳의 독립 열풍에 아이슬란드도 덴마크의 자치령에서 독립 국가로 독립하게 되었다. 그러나 신생국가 아이슬란드의 경제는 어업에 의존해야 생존할 수 있었던 까닭에 무엇보다도 영해에서 대구를 지키는 일은 생존과 직결되어 있었다.

아이슬란드 정부는 급기야 자국의 영해를 침입한 영국 어부들의 대구 남획으로 아이슬란드 경제가 심각한 타격을 받고 있다고 주장하면서 아이슬란드의 영해 범위를 공식적으로 지정했다.

이러한 아이슬란드의 일방적인 조치에 영국 정부는 자국 어민들의 불만을 등에 업고 강력히 반발하였고 여기에 양국의 소소한 외교적 충돌 사안을 더해 아이슬란드와 대구 전쟁을 불사하게 되었다.

제1차 대구 전쟁 (1958-1961)

당시 이른바 트루먼 선언(Truman Proclamations)2]이 발표됨에 따라(1945) 각국의 영해가 정해졌는데 이때 아이슬란드는 4해리(약 7.4km)의 영해를 스스로 지정하였다. 영국도 아이슬란드 조치에 일부 수긍하였으나 그런데도 영국 어부는 예전과 다름없이 아이슬란드 영해를 침범하여 불법 조업을 그치지 않았고 이에 아이슬란드 정부는 더욱 강경

2] 미국 대통령 트루먼(Harry Shippe Truman, 1884-1972)이 실행한 대륙붕의 지하 및 해저의 천연자원에 관한 미합중국의 정책(대통령 선언 2667)과 공해 수역에서의 연안어업에 관한 미합중국의 정책(대통령 선언 2668)의 2가지 선언의 총칭이다(1945.9.28). 전자는 자국 연안에 인접한 수심 183m까지 대륙붕의 자원이 자국의 관할에 있다는 것을 후자는 자국 연안에 인접한 공해상에 보존수역(conservation zones)을 설정하여 어업 자원 보존에 해당한다는 것을 선언하였다. 각국은 이 선언에 점차 동조하여 1958년의 대륙붕에 관한 협약과 어업과 공해의 생물자원 보존에 관한 협약의 채택(1958) 나아가 일반국제법상의 대륙붕 제도와 배타적 경제수역(排他的經濟水域, Exclusive Economic Zone)의 성립에 연결되었다.

한 조치를 발동하여 12해리(약 22.2km)의 영해를 영국인 조업 금지구역으로 지정하고(1958) 영해의 해상경계를 더욱 강화하였다.

영국 정부는 이러한 아이슬란드의 강경한 태도에 정부 간에 강력히 항의했다. 곧 영국 정부는 아이슬란드 정부에 영해 이외의 지역을 배타적 관할권으로 지정하는 처사는 국제법상 불법이라고 적시하면서 아이슬란드로 불법 조업을 나가는 영국 어선에 구축함과 호위함을 동원하여 안전하게 조업을 할 수 있도록 배려해 주었다.

그러나 구축함의 특성상 그 범위가 너무도 협소하였기에 영국 어선들은 제대로 조업할 수 없었고 이에 어민의 불만은 갈수록 쌓여만 갔다.

마침내 아이슬란드의 정찰함은 영국 어선을 향하여 위협 사격을 가해 영국 정부를 도발하기에 이르렀다(1958). 이에 영국의 군함은 아이슬란드 정찰함에 계속 조업을 방해하는 경우 격침 시키겠다고 경고했고 결국 양국은 이 사건을 헤이그 국제사법재판소(The International Court of Justice)에3] 회부하기에 이르렀다.

국제사법재판소는 아이슬란드의 12해리 수역권을 보장하여 결과적으로는 아이슬란드의 손을 들어 주었다. 그러나 그 이상의 수역권을 넓히는 것을 금한다는 주문을 받았고 이에 영국 역시 소기의 성과를 거둘 수 있었다. 그러나 영국 내부에서의 불만은 수그러들지 않았다.

3] 상설 국제법원으로서 UN 헌장에 기초하여 설립된 UN 자체의 사법 기관이다(1945). 세계법원으로도 불리며 네덜란드 헤이그에 소재하고 있다. 분쟁 당사국의 합의로 법원에 회부 해야 관할권을 행사할 수 있고 이에 당해 분쟁을 국제법에 따라 재판하는 것을 임무에 두고 있다.

제2차 대구 전쟁 (1972-1973)

이후 아이슬란드 총선에서 독립당이 패하고 진보당이 승리했다(1971). 총리가 된 올라푸르 요한네손(Ólafur Jóhannesson, 1913-1984)은 이전의 합의안은 타의에 의해 강제로 이루어졌다는 이유에서 무효라고 주장하며 영해를 대폭 확대할 것임을 선언했다.

요한네손 총리의 선언으로 아이슬란드 어부들은 박수를 보냈으나 이를 접한 영국 정부는 강하게 반발했다. 곧이어 아이슬란드 정부는 이전보다 그 영역을 더욱 넓혀 50해리(약 93.6km)까지 수역을 확대하였고(1972) 이에 영국의 반발은 극에 달했다.

마침내 영국 정부는 마지못해 아이슬란드 정부에 자국의 어획량을 적절히 조절하겠다는 조건으로 종전의 12해리 그대로 어업 수역을 설정하자고 제안했으나 아이슬란드 정부는 이는 자국 국민경제의 중차대한 위협이 될 수 있다는 이유를 들어 영국 정부의 제안을 일거에 배척했다.

그 와중에 영국 어선들은 계속 아이슬란드 연해에서 조업을 그치지 않았고 영국 정부는 이를 묵인했다. 엎친 데 덮친 격으로 이제는 독일의 어선까지 침범하여 아이슬란드 영해는 그야말로 난장판이 되고야 말았다.

아이슬란드 정부는 이러한 뜻밖의 상황을 눈앞에 보면서 급기야 독일과 영국 어선의 조업을 금지하고 그들을 강제로 밀어내고야 말았다. 그 결과 영국 선박 68척과 독일 선박 15척이 심각한 손상을 입었다(1972-1973).

이에 대응하여 영국 정부도 함대를 급파하여 아이슬란드 정찰함을 공격하기에 이르렀고 아이슬란드 경비대원들은 영국 함선을 향해 실탄 사격을 가했다. 사태는 점점 극으로 치달아 영국은 퀸 엘리자베스급 전함(Queen Elizabeth Class Battleship)[4] 로열 네이비(Royal Navy)까지 동원하여 무력시위에 임했다.

| GIUK Gap |③

이러한 급박한 상황에서 아이슬란드는 만약 로열 네이비가 아이슬란드 선박을 공격하는 경우 북대서양조약기구(NATO, North Atlantic Treaty Organization)를 탈퇴하고 영국과 단교하겠다고 선언했다.

아이슬란드가 NATO에서 탈퇴하겠다는 선언은 북해의 중요 요충지를 상실한다는 의미로 그 파장과 여파는 심각했다. 이를테면 아이슬란드의 선언은 영국과 미국의 경제적·외교적·군사적 정책에 협력하지 않겠다는 의미와 다름이 없었고 무엇보다 GIUK Gap[5] 단절·그로 인한 소련

4] 퀸 엘리자베스급 전함은 영국 해군이 보유한(1914-1948) 만재배수량 36,500t급 전함이다. 이 전함은 화력·방어력·속도에서 뛰어났으며 당시 해전에서 우수한 성능을 보유한 최초의 고속전함이었다

5] 제2차 세계 대전이 이후 그린란드(Greenland)·아이슬란드(Iceland)·영국(United Kingdom)을 잇는 해상목 지점(Chokepoint)의 중요성이 대두되기 시작했는데 미국과 영국은 이들 국가를 잇는 북대서양의 가장 좁은 지점을 GIUK 갭(GIUK Gap)이라 불렀다. GIUK 갭은 소련 해군 시각에서는 미 본토에서 유럽으로 출발하는 증원 병력 및 물자 수송항로를 절단하기 위해서는 반드시 극복해야 하는 장애물이었고 NATO 시각에서는 유럽 대륙으로의 원활한 증원을 위해 반드시 사수해야 하는 방어선이었다. 아울러 이곳은 미사일 사거리가 짧던 초기의 소련 해군 전략 핵잠수함들이 미 본토의 주요 지점을 향해 핵미사일을 발사하기 위해서도 반드시 통과해야 하는 선이었다. 따라서 양 진영 모두에게 GIUK 갭은 전략적으로 매우 중요한 의미가 있었다. 이에 대한 대응으로 미국과 NATO의 북쪽 국가들은 GIUK 갭에 상당한 예산과 시간과 노력을 들여 대잠수함전 기반 시설을 구축했다. GIUK 갭은 겉으로는 조용한 바다였으나 수면 밑에서는 세계의 운명을 가를지도 모를 치열한 대잠수함 작전이

잠수함 파악 불가·그 밖에 제3차 세계대전 발생 시 보급로 단절 등의 사안을 고려할 때 주변 각국과 특히 미국의 피해를 시사했다.

미국은 아이슬란드와 영국을 중재하여 합의를 이끌었다. 그 결과 영국은 마지못해 미국의 중재안을 수용하여 아이슬란드의 50해리 이내 접근 금지 요구를 수용할 수밖에 없었다.

제3차 대구 전쟁 (1975-1976)

| 대구 전쟁(Cod War) |[④]

당시 이스라엘과 이집트 간의 전쟁으로 발생한 오일쇼크(石油波動, oil shock)는 아이슬란드 경제를 파탄지경으로 내몰았다. 어업을 제외하고 모든 국가 기간산업이 쇠퇴일로를 걷고 있었다.

아이슬란드는 이를 타개하고자 아시아·아프리카·남미국가들이 주도한 200해리(약 370.4km) 수역권에 동의하면서 영국을 자극했다. 이윽고 아이슬란드는 자국 조업 구역을 200해리까지 늘리고 이를 영국에 통보했다.

격분한 영국은 아이슬란드 영해에 군함을 급파했고 이에 양국의 긴장은 고조되었다. 한편 당시

펼쳐지는 공간이었다.

독일은 정치적인 소요 사태에 정국이 불안한 상태였기에 별다른 반응을 보이지 않았고 다만 자국의 대구 어획량을 6만t으로 제한하는 형식으로 아이슬란드와 합의하였다.

이윽고 영국 군함의 파견에 대응하여 아이슬란드는 발포까지 서슴지 않으면서 강력하게 맞대응했다. 양국의 국민 정서와 경제적 상황을 고려할 때 양국 정부와 모두 물러설 수 없는 상황이었다.

아이슬란드 정부는 독일과의 합의를 예시하면서 어획량 5만t을 합의 조건으로 제시했으나 8만t을 제시한 영국의 조건과는 상당한 격차를 보여 끝내 평화로운 합의는 이룰 수 없었다.

아이슬란드는 미국에 영국을 공격하기 위한 무기 구매를 의뢰했으나 미국은 이를 거부했다. 이에 아이슬란드는 초강경 대응으로 소련산 호위함 구매 의사를 밝히며 미국을 궁지로 몰았다. 만약 아이슬란드가 NATO를 탈퇴하고 바르샤바 조약기구에 가입하는 경우 이는 실로 큰 문제가 아닐 수 없었다. 게다가 아이슬란드가 소련의 최첨단 무기를 가져오면 미국에 미치는 피해는 상상을 초월했는데 무엇보다 아이슬란드의 친소련화는 소련의 대서양 장악을 의미했다.

그 와중에 영국과 아이슬란드 전함 간에 다시금 전투가 발생하자(1976) 아이슬란드는 영국과 단교를 선언했다. 그때 미국 의회와 유럽공동체는 이른바 200해리 수역법을 통과시키면서 아이슬란드 정부의 소요를 무마하고자 했고 영국 내부 일각에서도 대구의 무용론을 주장하면서 아이슬란드를 끌어안자는 의견이 대두되었고 이는 정부 비판론으로 연이어졌다.

결국 NATO 중재로 영국과 아이슬란드 대구 분쟁은 아이슬란드의 협상안대로 대구 어획량 5만t을 영국에 할당하면서 마무리되었다.

그러나 아이슬란드 협상안에는 어획량뿐만 아니라 조업 선박의 수도 제한하고 있었기에 영국의 실제 어획량은 2만t 정도에 불과했다. 그 결과 1만 명에 가까운 영국 어부들이 일자리를 잃게 되었다.

대구 전쟁의 결과

대구 전쟁을 기점으로 전 세계 배타적 경제수역(排他的經濟水域, Exclusive Economic Zone)6]이 200해리까지 넓혀졌다. 아이슬란드는 NATO로 복귀했으나 국내적으로 아이슬란드의 반영 감정은 식을 줄을 몰랐다.

대구 전쟁에서 승리한 아이슬란드는 이후 권역별로 대구 어업의 할당제를 시행해 대구의 종자를 보존하면서도 안정적인 조업 유지에 성공했다. 이러한 할당제를 시행한 결과 아이슬란드의 대구 어획량은 예전보다 줄어들었으나 현재까지 안정적인 대구 어획량을 확보하고 있다.

이에 반하여 영국 정부는 대구 전쟁으로 엄청난 비난에 시달려야 했다. 그 결과 분노한 영국 시민들은 총선에서 마거릿 대처(Margaret Hilda Thatcher, 1925-2013)가 이끄는 보수당에 몰표를 던졌다(1979). 이렇게 대구로 시작된 전쟁은 정치·경제·군사의 판도를 통째 바꿔버렸다.

6] 자국 연안으로부터 200해리까지의 수역에 천연자원의 탐사·개발 및 보존 그리고 해양환경의 보존과 과학적 조사 활동 등 모든 주권적 권리를 인정하는 UN 국제해양법상의 개념이다. 유엔해양법협약(1994 발효)은 어업자원 및 해저 광물자원·해수 및 풍력을 이용한 에너지 생산권·에너지 탐사권·해양과학 조사 및 관할권·해양환경 보호에 관한 관할권 등에 대해 연안국의 배타적 권리를 인정하고 있다. 따라서 타국 어선이 배타적 경제 수역 안에서 조업하기 위해서는 연안국의 허가를 득해야 하며 이를 위반했을 때는 나포되어 처벌을 받게 된다. 이보다 앞서 1970년대부터 세계 각국은 앞다투어 배타적 경제 수역을 선포함으로써 세계 주요 어장의 대부분이 연안국의 배타적 경제 수역으로 편입되었다. 아이슬란드는 이에 해당한다.

신발 전쟁 – II

파나마 · 콜롬비아의 신발 전쟁

파나마 공화국(República de Panamá)은 북아메리카 최남단 이른바 파나마 지협에 자리 잡은 국가이다. 서쪽으로 코스타리카(Costa Rica)와 동쪽으로 콜롬비아Colombia와 경계를 접하고 있다. 태평양과 대서양을 연결하는 유명한 파나마 운하(Panama Canal)를 보유하고 있다.

파나마는 중앙아메리카에 있으며 카리브해와 태평양을 마주하고 있는데 가장 높은 곳은 볼칸 바루(Volcán Barú)로서 해발 3,475m이다. 국토 대부분이 돌기로 솟아 있어 산과 언덕이 많고 콜롬비아와의 국경에서 안데스산맥과 맞닿아 있다.

파나마와 국경을 맞댄 콜롬비아는 파나마에 소재한 중미 최대 규모 자유무역지대인 이른바 콜론자유무역지대(CFZ, Colon Free Zone)에서 신발을 위시하여 섬유 등의 재수출에 콜롬비아 당국이 적용한 관세에 대해 오랫동안 분쟁에 휩싸여왔다.

분쟁의 원인은 콜롬비아가 파나마의 신발과 섬유제품에 10%의 관세를 적용하고 파나마의 CFZ 내에 계류되어있는 컨테이너당 5달러의 적치 비용을 부과하기 시작한 것에 있었다(2012).

이에 따라 파나마는 세계무역기구WTO에 이를 제소하였고 WTO는

| 파나마 콜론자유무역지대(CFZ, Colon Free Zone) |①

파나마의 주장에 이의가 없다고 보아 콜롬비아에 혼합관세(混合關稅, Mixed Tariff)1]를 중단하도록 요구하며 파나마의 손을 들어주었다(2016).

그 밖에도 파나마 섬유제품에 대한 10%에 상당한 세금과 CFZ 지역 내 컨테이너에 대한 5달러의 관세를 철회하도록 했으며 이를 준수하지 않는 경우 이에 상당한 벌금을 파나마에 배상하는 것으로 주문하였다.

파나마와 콜롬비아 간 관세 분쟁의 악화

1] 관세 과세 방법의 하나로 수입품의 가격을 과세 기준으로 하는 종가세(從價稅)의 장점과 수입품의 수량을 기준으로 하는 종량세(從量稅)의 장점을 혼합하여 적용한 관세를 말한다. 종가세는 산업 보호의 목적과 인플레이션하에서 관세수입을 합리적으로 확보할 수 있으며 종량세는 물품의 양에 따라 과세함으로써 덤핑을 방지할 수 있기에 두 가지를 병용하는 것이 유리하다. 선택관세는 종가세 및 종량세 중에서 하나를 선택하는 것이기 때문에 혼합 관세와 구별된다.

WTO 판결에 따라 콜롬비아는 파나마에 대한 혼합 관세의 적용을 중단하겠다고 선언했으나 이에 반하여 세관 통제를 강화하는 2가지 국내 법령을 적용함으로써 오히려 이전보다 양국 간 교역을 악화시키는 자충수를 두었다.

여기서 적용된 국내 법령의 하나는 WTO 허용 한도 내에서 파나마 섬유와 신발 수입에 대한 혼합 관세를 조정한 것이고 다른 하나는 파나마 당국과 의견 차이를 불러일으킨 관세 조치를 적용한 것이었다. 이들 조치의 내용은 신고 가격이 1kg당 10달러 이하인 의류에 대해 40%의 관세를 부과하고 한 족당 6달러에서 10달러 사이의 가격인 신발에 대해 35% 관세 부과를 핵심에 두었다.

WTO는 콜롬비아의 파나마 신발 및 의류에 대한 판결내용 준수 여부를 심의하고 결정하기 위해 분쟁조정위원회의 설치를 의결했는데(2017) 파나마는 이러한 WTO의 조치에 적극적으로 찬성했으나 콜롬비아는 당해 사안은 중남미 역내에서 자치적으로 해결할 문제라며 이를 수용하지 않고 거부하였다. 이후 콜롬비아 정부는 파나마의 신발과 섬유에 대하여 2년 더 고관세 적용을 연장하기에 이르렀다.

콜롬비아의 보복 규제에 대한 파나마의 조치

파나마 정부는 콜롬비아를 비롯하여 중남미 국가에서 수입되는 꽃·시멘트·유연탄 등을 비롯한 물품에 대해 수입 관세를 최대 30% 인상을 결정하고 콜롬비아의 보복에 대응했다.

당시 콜롬비아는 파나마에 장미·카네이션·국화·백합·글라디올러스 등 원예작물 대부분을 공급하고 있었는데 파나마 정부의 관세인상 조치에 따라 큰 타격을 입게 되었다. 그 밖에도 역청탄(15%) · 백색 시멘트(5%) · 화장지와 종이 타월(30%) 등이 추가되었다.

최초 콜롬비아가 파나마의 신발 및 섬유 수입에 대한 혼합 관세를 부과하면서 시작된 다툼은 급기야 양국이 자국 산업을 보호하기 위해 관세장벽을 이용하는 일종의 무역 전쟁 양상으로 전개되었다.

| 파나마가 수입하는 콜롬비아의 꽃 |②

파나마 정부는 파나마는 기존대로 자국 산업을 보호하고 특히 중남미 국제 물류 및 공급망 사슬의 핵심적인 위치를 차지하고 있는 콜론 자유무역지대를 계속해서 보호할 것이라고 선언하면서 당해 조치의 정당성을 피력하였다.

파나마 · 콜롬비아 신발 전쟁의 종결

지루하게 전개된 양국의 관세전쟁은 파나마 상공회의소의 대표와 콜롬비아의 상공회의소 대표 간에 분쟁을 끝내기 위한 공동 계획을 추진하는 회담으로부터 타협의 실마리를 찾아갔다(2018).

양국은 타협의 결과로서 콜롬비아 정부가 채택한 제한적 조치로 인해 발생한 분쟁을 해결할 것이라는 공동선언을 통해 관세 분쟁 종결의 사를 천명함으로써 일단락되기에 이르렀다.

양국 간의 오랜 무역 분쟁은 중남미 최대 콜론자유무역지대의 침체를 가져왔고 그 결과 파나마의 저성장을 불러왔다. 무엇보다도 콜롬비아・베네수엘라 등 파나마와 경계를 맞대고 있는 중미 인근 국가를 최대의 수요처로 삼고 있는 콜론자유무역지대에 큰 타격을 가해 자유무역지대 이용률을 저해하는 악영향을 초래했다.

한국과 대만의 신발 전쟁

대만의 신발 수출액은 세계 1위로서 22억 달러에 달했다(1984). 그러나 몇 년 지나지 않아 한국은 대만을 추월하기에 이르렀는데(1990년대 초) 수출액은 43억 달러로 대만의 2배에 가까웠다. 세계적인 신발 공장을 갖고 있던 국제상사와 나이키 제품을 제조한 화승 등이 세계 1위로 발돋움할 수 있게 한 주역이었다. 당시 이들 회사는 주문자상표부착생산(OEM, Original Equipment Manufacturing)을 전문으로 했다.

그러나 이후 한국 신발산업은 사양길을 걸었다. 인건비 상승도 이유였지만 무엇보다 뒤늦게 뛰어든 늦은 해외시장 진출 때문이었다. 그 결과 대만은 글로벌 신발 시장의 패권을 탈환하기에 이르렀다.

한국 신발 기업의 분전

한국 기업들은 다시금 대만의 아성을 무너뜨리려 반격에 나섰으나(2013) 대만과의 격차를 줄이기에는 역부족이었다. 당시 한국 신발 수출기업의 주역은 태광실업 창신 등이었다. 특히 태광실업은 나이키의 성장과 함께한 대표적인 기업이었다.

태광실업과 창신은 지속적인 매출 증대로 한국 신발 수출의 간판기업이 되었다. 이들 양대 기업의 공통점은 나이키의 OEM 기업이었다는 점이다. 두 기업은 나이키에 납품하며 성장 가도를 달렸다.

| 태광실업 Logo |

당시 나이키는 연평균 8-10% 고성장을 구가했는데(2000년 이후). 증가하는 물량을 충당하기 위해 한국과 대만에 주문량을 적절히 분배하며 균형을 맞췄다. 나이키가 이처럼 양국 기업에 물량을 분배했던 이유는 그간 대만 업체에 편중된 생산을 분산해 적정 가격과 물량의 수급균형을 이루기 위해서였다. 이처럼 나이키가 태광과 창신을 선택했던 이유는 세계적 수준의 신발 제조기술을 보유하고 있었고 이들의 현지 공장인 베트남과 인도네시아의 생산성을 인정할 수 있었기에 가능한 일이다.

| 창신 Inc. Logo |

태광과 창신이 이처럼 세계적인 신발 기업으로 탈바꿈할 수 있었던 이유는 무엇보다도 투자와 설비확충에 있었다. 태광은 한국 본사를 중심으로 연구개발에 집중하고 해외 공장에서는 생산을 전담하는 분업체제를 구축했다(1990-). 창신은 신발업계 최초로 이른바 도요타 생산 방식을 도입하여 불량률 없는 우수한 신발생산에 심혈을 기울였다. 그 결과 전 세계 나이키 OEM 공장에서 선진교육을 받으러 오는 모범공장으로 선정되기도 했다.

한편 이들 양대 기업에 새로운 강자로 급부상한 파크랜드가 참여하면서 국제경쟁력을 높였다. 남성 정장의류를 주로 생산하다 인도네

| 파크랜드 Logo |

시아를 거점으로 신발 OEM 시장에 뛰어들었다(2005).

파크랜드는 아디다스와 뉴발란스 등을 고객으로 확보하여 공장 생산능력을 키웠다. 그 결과 인도네시아 생산시설은 세계 5위권을 확보할 수 있었다. 신발생산 기술은 그간에 축적한 남성 정장 제조 기술이 배경이 되었다.

| 화승 Logo |

그 밖에 화승도 나이키에서 아디다스로 주요 납품처를 옮겨 사업을 지속하고 있다. 화승의 베트남 자회사는 베트남 내 단일공장으로 최대 규모이며 차별화된 생산 전략과 시스템으로 아디다스 2위 공급업체가 되었다. 화승은 신발 납기 기한인 90일을 45일로 단축한 최초의 기업으로서 그 지위를 점하고 있다.

국내 신발 제조사들이 OEM 시장에서 다시금 급부상한 이유는 신발 제조공장과 생산 시스템을 동남아시아로 그대로 옮기고 엔지니어링 및 신발생산기술 등은 본사가 유지한 덕분에 있었다.

한국과 대만의 신발생산 경쟁

| 대만 파우첸 Logo |

한국과 대만은 세계 신발 시장을 양분하고 있으나 신발 시장점유율은 현재까지 대만이 압도하고 있다.

일례로 대만 파우첸은 세계 스포츠·캐쥬얼 신발 제조시장의 20%를 차지하고 있는 유명기업이다.

豐泰企業
Feng Tay Group

| 대만 펭타이 Logo |

매출은 10조 원으로 태광의 6배에 달한다(2020). 2위 펭타이도 매출 2조 원을 돌파하고 있다.

신발 제조 전쟁의 패권을 대만이 보유하고 있는 이유는 신발산업 기업들이 한곳에 모여 시너지 효과를 도모하는 산업집적단지로서 클러스터의 경쟁력에 기초하고 있기 때문이다.

본래 대만의 신발산업은 소규모 가족기업 중심이었는데 중국이 해외 기업에 문호를 개방하자(1980년대) 대만 신발 기업은 우후죽순 중국 현지 공장을 설립했다. 한때 대만 신발업체의 80% 정도가 중국 광저우(广州, Guangzhou)와 푸저우(福州, Fuzhou) 등으로 설비를 이전했다. 한편 광둥성(廣東省, Guangdong)의 둥관(東莞, Dongguan)[2] 지역 내에 완제품·고무·사출 금형 업체 등이 클러스터를 이뤘다. 둥관은 대만의 기술력과 중국의 노동력이 결합한 세계 최고 신발산업 단지로 급부상했다.

이에 비하여 한국 기업들은 뒤늦게 중국 칭다오[청도(青島), Qingdao]로 생산기지를 옮겼으나 대만의 클러스터에 견주어 개별적이고 산발적이었다. 한편 신발 생산기지의 공동화와 기술 유출을 우려한 정부는 해외에 진출할 수 있는 기업의 수와 투자 액수를 제한했다(1989-1993).

정부는 클러스터의 중요성을 인식하지 못했고 과도한 규제로 국제 신발 시장에서 우리 기업의 선전에 찬물을 끼얹는 우를 범했다. 현재 한국 신발 기업의 신발생산이나 점유율은 대만보다도 현저히

2] 주장강(珠江) 삼각주에 자리 잡은 도시이다. 북쪽은 성도인 광저우와 북동쪽은 후이저우 남쪽은 선전(深圳)과 접하고 있다. 광저우에서 홍콩으로 가려면 육로든 해로든 반드시 둥관을 거쳐야 하므로 하이난 지방의 교통의 요지이자 상업 및 산업 중심지로 발전하고 있다. 특히 수출산업이 발달하여 외국계 기업이 많고 인구의 절대다수가 외지인으로 구성된 것이 특징이다.

뒤떨어져 있는 상황이다.

그러나 국제시장에서 한국과 대만의 신발 경쟁은 갈수록 첨예화·고도화되어 가는 상황이다. 현재 뒤늦게 반격을 시작한 태광과 창신 등 새로운 신발산업의 주역들이 대만으로부터 어느 정도 영토를 다시금 빼앗아 올 수 있을지 관심이다.

한국 및 대만 주요 신발 제조사 현황

태광실업	화승엔터프라이즈	구분	Pou Chen Corporation	Feng Tay Enterprises
1조6544억원	7682억원	매출	약 10조원	약 2조1000억원
1427억원	839억원	EIBTDA	약 1조원	약 2700억원
약 7만2000명	약 2만5000명(베트남)	종업원	약 27만명	약 9만5000명
-	약 5900억원	시가총액	약 4조1000억원	약 3조3000억원
약 6400만 켤레	4297만 켤레	생산량	약 3억 켤레	9000만 켤레 이상
나이키	아디다스, 리복	고객	나이키, 아디다스, 리복 등	나이키

*출처 : DART, 각 사, 한국기업평가, 야후파이낸스 등

G2 전쟁

미 · 중 무역 전쟁 발발

미국과 중국의 무역전쟁이 시작된 계기는 도널드 트럼프 미국 대통령이 미국무역대표부(USTR, United States Trade Representative)[1]에 중국의 지식재산권(知識財産權, Intellectual Property Rights)[2] 침해와 첨단기술의 강제 이전 요구 등 부당한 관행을 조사하도록 하는 행정명령에 서명하면서 시작되었다(2017). 여기에 후속 조치로 연간 500억 달러 규모의 중국 수입품에 25% 고율의 관세부과를 허용하는 행정명령에 서명함으로써 본격화되었다(2018.3).

연이어 미국 USTR은 중국 수입품 가운데 25%의 고율 관세를 부과할 500억 달러 상당의 1,333개 대상 품목을 발표했는데 여기에는

1] 대통령의 직속 기관이며 국제통상을 교섭하는 역할을 담당한다. 미국 정부기관에서는 USTR 외에도 상무부 · 국무부 등에서 국제통상 정책을 담당하고 있다. USTR는 이들 관계 부처와 협의하고 미국의 전반적인 무역정책을 총괄적으로 수립하고 집행하면서 대외교섭의 창구로 활용된다. 특히 종합무역법(Omnibus Trade and Competitiveness Act of 1988) 제301조에 의한 불공정 무역행위에 관한 조사와 관련 상대국과의 협상 및 보복 조치를 집행한다. USTR 대표는 각료급이며 워싱턴 · 제네바에 차석대표를 1명씩 두고 있다. 또한 USTR은 매년 미국의 교역 및 해외직접투자에 있어 실질적 장벽이 되는 교역상대국의 법 · 정책 · 관행 등을 파악하고 분석해서 대통령과 의회에 제출한다.

2] 지적재산권이라고도 한다. 이것은 인간의 지적 창작물을 보호하는 무체(無體)의 재산권으로서 산업재산권과 저작권으로 크게 분류된다. 산업재산권은 특허청의 심사를 거쳐 등록해야 보호되고 저작권은 출판과 동시에 보호되며 그 보호 기간은 산업재산권이 10-20년 정도이고 저작권은 저작자의 사후 50-70년까지이다. 지적소유권 문제는 특히 국가와 국가 간에 그 보호장치가 되어 있느냐의 여부와 국가 간의 제도상의 차이 때문에 분쟁의 대상이 되고 있다.

중국의 10대 핵심 산업 육성 프로젝트에 해당하는 이른바 중국제조 2025[3]의 제품군이 망라되었다. 주요 대상품목군은 고성능 의료기기 · 바이오 신약 기술 · 통신장비 · 항공우주 · 반도체 등이 포함되었다. 이에 중국은 500억 달러 미국 수입품 106개 품목을 제시하면서 반격에 돌입했다.

무역 전쟁의 서막

미국은 340억 달러에 달하는 중국 수입 물품 818개 품목에 대해 25%의 관세를 부과하면서 무역전쟁을 개시했다(2018.7.6). 이에 중국도 즉시 동일한 액수의 농산물과 자동차 등 545개 품목에 관세를 부과하며 맞대응하면서 미국을 세계무역기구WTO에 제소했다.

중국의 대응에 미국은 재보복 차원에서 별도의 2,000억 달러 규모의 수입품에 10%의 관세를 부과하겠다고 발표했다(2018.7.10). 이후 양국은 추가로 160억 달러 규모의 상대국 수입 물품에 대한 추가 관세를 부과했다(2018.8.23). 연이어 미국은 중국 수입 물품 2,000억 달러 규모에 대해 10%의 관세를 부과했으며(2018.9.24) 중국 역시 미국산 육류 · 화학제품 등 600억 달러 규모의 제품에 최고 10%(5-10%)의 관세를 부과했다.

무역 전쟁의 일시적인 휴전

3] 중국제조 2025는 과거 중국의 경제성장이 양적인 면에서 제조 강대국이었다면 앞으로는 혁신역량을 키워 질적인 면에서 제조 강대국이 되고자 하는 전략이다. 특히 기존 제조업과 인터넷의 융합을 통한 제조업 경쟁력 강화를 주된 목표로 두고 있다. 향후 30년간 10년 단위로 3단계에 걸쳐 산업고도화 추진 로드맵을 설계해 두고 있다.

| 아르헨티나에서 개최된 G20 정상회의 |①

한동안 관세부과 경쟁을 지속했던 양국의 무역전쟁은 아르헨티나에서 개최된 G20 정상회의에서 합의점을 찾기로 합의하고 휴전 국면에 돌입했다(2018.12.1.).

당시 양국 정상은 향후 3개월간 양국의 무역전쟁에서 주요 쟁점이 된 기술의 강제 이전·지식재산권 보호·비관세장벽·사이버 침입·서비스와 농업 분야의 구조 변화 등에 대한 협상을 진행하고 이 기간 추가 관세부과 및 인상을 보류하기로 합의했다.

| 화웨이 CFO의 석방 |②

한편 양국 화해 국면 속에서도 미국은 멍완저우孟晚舟 화웨이 부회장 겸 최고 재무 책임자(CFO, Chief Financial Officer)를 체포하는 등 중국 기술 기업을 공격했다.

멍 부회장은 국제사회의 대 이란 제재를 위반하고 물품을 우회 수출하는 과정에서 금융사기를 저지른 혐의를 받아 미국의 요청을 받은 캐나다 사법 당국에 의해 체포됐다(2018.12.1).

중국 정부는 이러한 미국의 조치를 인권침해라고 강력히 반발하면서 미국과 갈등을 빚었고 또 중국 내부에서는 멍 부회장을 체포한 캐나다 제품 불매운동이 일어나면서 3국의 갈의 골이 깊어지게 되었다. 이후 이 갈등은 캐나다 법원이 845,000만 원의 보석금으로 멍 부회장을 석방하면서 일단락됐다(2018.12.11).

휴전 국면에서의 무역 협상

양국은 중국 베이징에서 무역 전쟁 휴전 이후 첫 무역 협상을 진행했다(2019.1.7-9). 당시 양국 간 뚜렷한 진전 성과는 없었으나 그간에 치열하게 전개된 무역 전쟁 휴전 뒤 처음으로 진행된 협상이라는 점에서 그 의의가 있었다. 이후 양국은 향후 도출될 무역 합의 이행을 점검하기 위한 이행 사무소를 설치하는 것에 합의했다고 밝히면서 양국의 무역 협상 타결이 임박했다는 전망이 일었다.

무역 전쟁의 재발

그러나 미국 워싱턴에서 열린 양국 무역 협상이 결렬되면서 사태는 다시 악화 일로를 걸었다(2019.5.9-10). 미국은 중국 내 지식재산권 보호 조치 미흡·기술이전의 강제·과도한 국가보조금 등 구조적 문제를 해결하기 위한 합의안의 법제화를 요구했으나 중국은 이를 주권 침해라고 맞섰다.

이후 미국은 2,000억 달러 상당의 중국 수입 물품 5,745개 품목에 대하여 25%의 관세를 부과했다(2019.5.10). 이에 대해 중국은 600억 달러에 달하는 미국 수입 물품 5,140개 품목에 최대 25%의 관세를 부과한다고 맞대응에 임했다(2019.5.13). 이에 대하여 미국은 추가로 3,250

억 달러에 달하는 나머지 중국 수입 상품 3,805개 품목에 대해서도 25%의 관세를 물리겠다며 경고하고 나섰다.

기술 분야로 번진 무역분쟁

미국은 미국 기업이 국가안보를 위협하는 외국산 장비를 사용하지 못하도록 하는 내용의 정보통신 기술·서비스 공급망 확보에 관한 행정명령을 발동했다(2019.5.15). 이 명령에는 특정 국가나 특정 기업을 적시하지는 않았으나 화웨이·ZTE 등 중국 통신장비 제조업체를 대상에 두고 특정하고 있었다. 이를테면 미국은 화웨이가 5G 장비에 백도어Backdoor[4]를 심는 방식으로 중국 정부의 적색 활동에 악용될 수 있다고 의심하며 이를 화웨이 제재의 이유로 들고 있다.

화웨이에 대한 미국의 조치는 중국제조 2025[5]를 정조준한 것이었다. 미국은 중국 정부가 중국제조 2025 목표를 달성하기 위해 국유기업에 각종 특혜를 제공하고 중국에 진출한 외국 기업에 기술이전 등을 강요해 불공정한 시장 경쟁으로 미국 기업에 막대한 피해를 주고 있다고 주장해 왔다.

4] 시스템 설계자나 관리자가 고의로 남긴 시스템의 보안 허점으로서 응용 프로그램이나 운영 체제에 삽입된 프로그램 코드이다. 이를테면 백도어는 시스템 접근에 대한 사용자 인증 등 정상적인 절차를 거치지 않고 응용 프로그램 또는 시스템에 접근할 수 있도록 하는 프로그램이다. 이러한 보안 허점을 남겨두는 이유가 항상 악의적인 것은 아니나 때로는 현장 서비스 기술자나 유지 보수 프로그래머가 사용할 목적으로 특수 계정을 허용하는 코드를 운영 체제나 응용 프로그램에 넣을 수도 있다. 이러한 백도어는 프로그래밍에서 잘못된 부분을 찾아 고치는 디버깅(Debugging) 시 개발자에게 인증 및 셋업 시간을 단축하기 위한 채널로 사용되기도 한다. 그러나 비양심적인 프로그래머가 인가되지 않은 접근을 시도하거나 개발이 완료된 후 삭제되지 않은 백도어가 다른 사용자에게 발견되면 대단히 위험할 수도 있다.

5] 중국제조 2025는 과거 중국의 경제성장이 양적인 면에서 제조 강대국이었다면 앞으로는 혁신역량을 키워 질적인 면에서 제조 강대국이 되고자 하는 전략이다. 특히 기존 제조업과 인터넷의 융합을 통한 제조업 경쟁력 강화를 주된 목표에 두고 있다.

이윽고 미국 상무부(United States Department of Commerce)6]는 화웨이와 70개 계열사 등을 미국 정부의 허가 없이는 미국 기업과 거래할 수 없는 이른바 거래제한 기업 리스트에 올렸다(2019.5.16.). 이 방침에 따라 구글이 화웨이에 대한 소프트웨어와 기술 서비스 중단을 결정했으며 인텔·퀄컴 등 미국 반도체 회사들도 화웨이에 대한 반도체 칩 공급 중단에 나섰다.

중국은 이에 대하여 양국의 무역분쟁에서 희토류 공급 카드를 활용할 수 있음을 시사했다. 실제로 중국은 일본과의 영토 분쟁 당시(2010) 일본에 희토류 수출을 금지하는 등 희토류를 정치적 무기로 사용한 바 있었다.

체제 문제로 확산된 무역 전쟁

미국 국방부는 이른바 인도·태평양 전략보고서에서 대만을 미국이 수행하는 임무에 협조하는 국가라고 명시했다(2019.6.1.). 보고서에는 인도·태평양 지역의 민주주의 국가로서 몽고는 신뢰할 수 있고 역량이 있는 국가들이라며 네 개의 국가는 전 세계에서 미국의 역할에 도움을 주고 있으며 자유롭고 열린 국제질서를 수호하기 위해 적극적인 협력을 아끼지 않고 있다고 기술했다. 이는 미국이 지금까지 인정해 온 이른바 하나의 중국(One China) 정책에서 이탈해 사실상 대만을 독립국으로 인정하는 것과 다름이 없었다.

6] 상무부의 임무는 경제성장·기술경쟁력·지속적 발전을 촉진하는 인프라 설립에 의해 모든 미국인을 위한 고용 창출과 생활 수준 향상에 두고 있다. 직무에는 사업이나 정부의 의지 결정을 위해 경제적 및 인구학적 자료를 수집하는 것·특허나 상표권을 부여하는 것·공업 분야의 표준화를 추진하는 것도 포함된다. 경제성장 촉진을 관장하는 면에서는 상무부라는 명칭에 부합하나 한편으로는 우리의 과학기술부나 산업통상자원부의 임무도 수행한다.

| 천안문 학생운동 지도자와 면담하는 폼페이오 |③

한편 당시 마이크 폼페이오 미국 국무부 장관이 톈안먼天安門 사태 30주년 성명을 통해 중국 공산당 지도부는 톈안먼 광장으로 탱크를 보내 민주주의와 인권 그리고 평화 시위를 폭력적으로 진압했다고 비판했다(2019.6.3). 또 역사의 어두운 시기에 희생당한 많은 이들에게 위안이 될 수 있도록 사망자와 실종자에 대한 전면적이고 공개적인 조사에 나설 것을 촉구한다고 밝혔다. 아울러 중국 정부가 부인하는 신장 위구르(Xinjiang Uygur) 자치구 무슬림에 대한 인권유린 실태도 언급하면서 이들의 석방을 중국 당국에 촉구한다고도 밝혔다.

이에 중국 외교부는 미국이 악의적으로 중국 정치체제를 비난한 것은 물론 인권 문제를 거론하며 심각한 내정간섭을 했다고 반발하면서 이는 국제사회의 규범에 어긋나는 행위이자 상호 신뢰를 해치는 행위로 중국은 이를 단호히 배격한다고 밝혔다(2019.6.4).

미국 유학 경계령과 미국 관광 제한조치

중국은 미국 유학 비자 발급 등에 주의하라는 내용의 유학 경계령을 공표한 데 이어 미국 관광주의보를 발표했다(2019.6.4.). 여기에 미국행 중국인 여행객에게 안전 경고를 발동했다. 이를테면 최근 미국

법률 집행기관이 출입국 심사·방문 조사 등 다양한 방법으로 미국을 찾는 중국인을 괴롭히고 있다며 미국행 안전 경고를 발표했다.

한편 연간 1억 5,000만에 달하는 중국 관광객은 그간 중요한 외교 무기로 활용되었는데 중국은 단체 해외여행을 물밑에서 제한하는 방법으로 갈등을 빚고 있는 국가에 압력을 가했다. 실제로 중국은 한국과 고고도미사일방어체계[7](THAAD, Terminal High Altitude) 배치 갈등이 일었을 때도 내부 지침으로 단체 관광을 중단시킨 바 있었다(2016).

일시적인 휴전

| 일본 오사카 G20의 미국과 중국 |[④]

양국 정상은 일본 오사카에서 열린 G20 정상회담에서 한동안 교착 상태에 빠졌던 무역 협상을 재개하기로 합의하면서 휴전 국면에 들어갔다(2019.6.29). 이날 미국은 3,250억 달러 상당의 대중 추가 관세부과 중단과 화웨이 제재 완화 방침 등의 유화책을 제시했다.

7] 단거리·중거리 탄도미사일을 종말단계일 때 고도 상공에서 요격하는 무기로 미국 미사일방어체계의 핵심 수단이다. 사드는 탄도미사일이 종말단계일 때 고도 40-150km의 상공에서 이를 격추하는 무기이다. 단거리·중거리 탄도미사일로부터 미국 본토와 해외 주둔 미군과 동맹국을 보호하고 인구 밀접지역과 핵심 시설 등을 방호하려는 목적으로 만들어졌다. 걸프전에서 활약한 패트리어트 미사일의 경우 요격 고도가 10-20km로 낮아 요격 기회가 적고 고고도에서 탄도미사일이 폭발하는 경우 대응이 불가능한데 사드는 이런 문제를 극복하기 위해 개발되었다. 사드는 패트리어트 미사일과 달리 특정 구역이 아니라 광범위한 지역을 방어할 수 있고 격추에 성공하면 지상에 미치는 피해가 상대적으로 적다는 장점도 있다.

환율 전쟁 돌입

그러나 중국 상해에서 미·중 무역 협상이 성과 없이 종료된 직후 미국이 재차 3,000억 달러 규모의 중국산 수입 물품에 10% 관세 부과를 발표하면서 미국과 중국의 무역전쟁은 재점화되었다(2019.8.1).

중국은 국유 기업의 미국산 농산물 수입 중단을 지시했고 여기에 위안화 가치의 하락을 용인했다. 위안화 가치가 하락하면 중국 수출품 가격도 낮아지기 때문에 미국의 관세부과로 인한 충격을 줄일 수 있었기 때문이었다. 이에 미국은 중국을 환율조작국으로 지정하며 맞대응에 나섰다(2019.8.5). 미국은 중국이 상당한 규모의 외환보유고를 유지하면서도 자국 통화 가치를 떨어뜨리기 위해 구체적인 조작을 시행했다며 환율조작국 지정 이유를 밝혔다.

일부 합의안 도출과 일시 휴전

이후 양국은 미국에서 열린 무역 협상에서 부분적 합의를 이루고 다시금 휴전 상태에 돌입했다(2019.10.10.-11). 미국은 이 합의에 따라 2,500억 달러에 상당하는 중국산 수입 물품에 대해 25%였던 관세율을 30%로 인상하기로 했던 방침을 보류했다.

중국은 미국산 농산물 최대 500억 달러의 구매를 약속했다. 그러나 구체적인 합의 내용은 공개되지 않았고 무엇보다도 양국 간 갈등의 핵심이었던 중국의 지식재산권 침해·중국 국영기업 보조금 지급 및 기술 강제 이전 등의 구조 개선 문제는 해결되지 않은 상태로 유보되었다. 향후 양국 간 무역 전쟁은 최종 합의에 이르기까지 상당한 기일이 소요될 것으로 전망되고 있다.

맥주순수령

맥주의 기원

오늘날 맥주(麥酒, Beer)는 보리를 가공한 맥아Malt를 주재료로 발효시키고 여기에 향신료인 홉Hop을 첨가하여 맛을 더한 술이다. 양조주에 속하는 맥주는 현재 어느 나라나 고유한 맥주 브랜드 한두 가지는 보유하고 있는 대중화된 술이라고 할 수 있다. 맥주를 뜻하는 영어 단어 비어Beer의 어원은 마시다라는 뜻을 가진 라틴어 비베레Bibere와 곡물을 뜻하는 게르만어 베오레Bior에서 기원했다.

| 고대 이집트의 맥주문화(B.C.4000) |①

맥주는 원시시대부터 제조된 과실주와 함께 곡식을 이용한 발효주로는 가장 오래된 술로 알려져 있고 가장 대중적 알코올음료 중 하나이다. 맥주는 알코올 성분이 적은 편이나 이산화탄소CO_2와 홉의 쓴맛 성분을 함유하고 있어 소화를 촉진하고 이뇨를 촉진하는 효능이 있다.

맥주는 본격적으로 농경이 시

| 고대 수메르인의 맥주문화(B.C.3000) |②

작되기 이전 인류가 수렵 생활을 할 때부터 이미 존재했던 술이다(-B.C.10,000). 이후 고대 이집트에서는 한 번에 22,000 ℓ 이상의 맥주를 생산할 수 있는 대형 양조장이 만들어지기도 했다. 지금의 맥주와는 차이가 있으나 누룩을 발효시킨 고대 이집트의 술을 맥주를 기원으로 보고 있다.

당시의 맥주는 곡물을 그대로 발효시켜 그 자체를 마시는 것으로 현재의 주종을 이루는 맑은 액체인 라거Lager 맥주가 아닌 죽과 같은 걸쭉한 형태였다. 게다가 불순물이 많아 벽화를 보면 맥주 통에 거름망을 단 갈대·금속·목재 등으로 만들어진 구부러진 빨대를 발효된 죽에 꽂아서 걸러져 나온 맥주를 마시며 대화를 나누는 게 묘사되어 있고 실제 맥주용 빨대 유물도 출토된 바 있다. 맥주는 성상은 메소포타미아Mesopotamia 수메르인Sumerian들도 음용했다(B.C.4200). 맥주는 보리가 주원료로 농경문화와 함께 시작되고 발전했다.

이후 그리스 시대에 맥주는 과실주 와인Wine에 밀려났는데 그 이유는 그리스에는 포도가 많이 생산되었고 또 와인을 숭배하는 문화가 존재했기 때문이었다. 여기에 술을 마시고 취하는 습관을 미개한 것으로 치부하여 이에 맥주 자체를 천박한 음료로 여긴 것도 이유가 되었다.

그리스 문화를 이어받은 로마도 마찬가지로 와인 문화를 꽃피웠다. 이 당시의 로마인들도 그리스인들처럼 맥주는 미개한 게르마니아Germania[1]의 미개인들이 마시는 음료로 취급하여 천대했다.

맥주의 종류

맥주는 발효방식에 따라 크게 에일Ale・라거Lager・람빅Lambic의 3가지 종류로 구분하고 있다. 그러나 이 중에서 람빅은 벨기에의 특정 지역을 중심으로 생산되기 때문에 보편적이지 않다는 이유에서 전 세계 맥주는 실질적으로 라거와 에일로 양분되어 있다.

역사적으로는 에일이 라거보다 오랜 전통을 가진 맥주다. 에일은 맥주를 발효시킬 때 위로 떠 오르는 상면발효효모(上面醱酵酵母, Top Yeast)로 만들어지기 때문에 이른바 상면발효맥주라고도 불린다.2] 에일 맥주는 과일과 같은 향긋한 맛과 진하고 깊은 맛이 특징이다. 주로 영국・아일랜드・벨기에에서 많이 생산된다.

라거는 역사가 길지 않은 신진 맥주로(19세기 중반) 발효통의 아래에 가라앉는 하면발효효모(下面醱酵酵母, Bottom Fermenting Yeast)로 만들어지기 때

1] 고대 로마인이 게르만인 거주지에 붙인 이름이다. 유럽 중부를 근간으로 로마인에게 정복되지 않은 게르만인 거주지로 자유 게르마니아를 뜻한다. 이 지역과 접경하여 상게르마니아(수도는 마인츠)와 하게르마니아(수도는 쾰른)의 두 속주가 생겼으며 이 두 지역을 게르마니아라고 칭했다(89).

2] 발효 종류의 하나로 주로 맥주 발효에 이용된다. 발효 탱크의 밑바닥에서 발효가 일어나기 때문에 이렇게 부른다. 반대로 위쪽 표면에서 발효가 일어나는 것은 상면발효라고 한다. 라거가 이러한 발효법으로 만들어지는 대표적인 맥주이다. 와인을 비롯한 대부분 술은 여전히 상면발효가 주류를 이루고 있다. 상온에서 발효가 진행되는 상면발효와 비교하면 섭씨 10° 이하 정도의 아주 차가운 온도에서 발효가 이루어진다. 그 때문에 하면발효를 저온발효라고 부르기도 한다. 같은 효모 종류를 가지고 양쪽 방식의 발효를 동시에 하지 못한다. 즉 상온에서 활성화되는 종류의 효모가 있는가 하면 저온에서도 잘 발효가 이루어지는 효모 종류가 있다. 다만 발효가 진행되는 속도는 상면발효보다 느리다. 하면발효에 맞는 온도는 자연 상태에서는 추운 지방이나 특정한 계절에만 가능했기 때문에 이런 발효법이 등장하기는 했어도 널리 퍼지지는 못했다(15세기). 날이 서늘한 늦가을에서 초봄 사이 혹은 낮은 온도가 잘 유지되는 편인 토굴을 주로 이용했다. 냉장 기술이 발달해서 원하는 온도를 일정하게 유지하는 방법이 개발되면서 본격적으로 퍼지기 시작했다(19세기). 역사는 짧지만 하면발효로 만든 라거는 특유의 깔끔하고 청량한 맛으로 부담 없이 마실 수 있는 데다가 잡균이 덜 끼기 때문에 안정된 발효로 품질 관리에도 유리하고 보존 기간도 길어 수송과 판매에도 유리해서 급속도로 시장을 확대했고 그에 따라 상면발효로 만드는 에일 계열은 크게 위축되었다. 한때는 에일의 본진이었던 영국에서조차 라거에 크게 밀려서 에일이 벼랑에 몰렸다가(1970년대) 시민들을 중심으로 리얼 에일 살리기 운동이 벌어지면서 간신히 점유율을 회복했다. 전 세계 맥주 생산량의 99%가 라거라고 할 정도로 압도적인 지위를 차지하고 있다.

문에 하면발효맥주라고도 부른다. 하면발효맥주를 뜻하는 이른바 라거Lager는 독일어로 저장이라는 말에서 유래되었다. 하면발효맥주(라거)는 상면발효맥주(에일)보다 낮은 온도에서 장시간 저장시켜 만들어지기 때문이다. 라거 계열의 맥주는 에일과 달리 과일 향이나 깊은 맛이 없는 대신 부산물이 적어 깔끔하고 시원한 청량감이 특징이다.

전 세계에서 만들어지는 많은 맥주의 종류는 대부분 라거에 속한다. 특히 라거 계열의 맥주 가운데 필스너 맥주(또는 필스너 계열의 맥주)가 대세로 전 세계 맥주의 90%를 차지한다. 여기서 필스너가 처음 만들어진 곳은 체코의 플젠Pilsen[3]이다.

중세시대 맥주의 부흥

유구한 역사와는 달리 오랜 기간 천대받던 맥주는 일시에 급부상했는데 이는 맥주 역사에서 가장 중요한 인물로 손꼽히고 있는 샤를마뉴대제[Charlemagne or 카를로스(Carolus), 742-814][4]로부터 비롯되었다. 그는 본래 프랑크 왕국Frankenreich[5]의 왕으로서 이후 신성로마제국 황제로 등

3] 플젠은 세계적인 맥주 브랜드 필스너(Pilsener)의 원조 생산지이다. 필스너는 요세프 그롤(Josef Groll)이 창업했다(1842). 플젠은 1인당 GDP가 44,000달러로 체코에서 가장 부유한 도시 중 하나이다.

4] 샤를마뉴대제는 프랑크 국왕이다. 재위 40여 년간 대통일 사업을 성취하였으며 작센(Sachsen)을 병합하고 사라센을 토벌하여(778) 에스파냐 변경 영토를 설치하였다. 또한 주변의 국가를 정복하여 게르만족을 하나의 프랑크 왕국과 그리스도교를 통합하였다. 그 밖에 이탈리아의 일부 영토를 교황에 헌납하는 등 교회에 대한 헌신이 지대하여 당시 교황 레오 III세로부터 서로마 황제에 오르기도 했다(800). 수도에 궁정학교를 설립하는 한편 유명한 학자들을 초빙하여 교육 사업을 장려하여 카롤링(Carolingian) 르네상스 문화의 전성기를 열었다. 유럽을 형성하는 3대 문화 요소인 고전 문화·그리스도교·게르만 민족 정신은 샤를마뉴대제 통치시기에 완전한 통합을 이루었다.

5] 부족국가에서 발전하여 점차 다른 게르만 제 부족을 정복 통합하고 피레네산맥에서 엘베강에 이르는 서유럽을 포함한 대제국이 되었으며 민족대이동 후의 혼란을 수습함으로써 유럽의 정치적·문화적 통일을 실현하였다. 프랑크 왕국은 서유럽 최초의 그리스도교적 게르만 통일국가로서 그리스도교 문화 및 중세 여러 제도의 모체가 됨과 동시에 독일·프랑스·이탈리아 등의 국가가 그 분열·붕괴의 과정에서 탄생하였다.

극하는데 맥주를 좋아하는 독실한 기독교 신자였다. 그는 수도원 내에 학교를 세워 인재를 발굴하고 양조장도 세워 맥주 제조를 장려했다. 당시 수도원은 정치·종교·학문을 집대성한 곳이었다.

| 샤를마뉴(카를로스)대제(742-814) |③

맥주는 생산지역의 물과 보리의 특성 그리고 제조시설에 따라 맛이 달라지기 때문에 수도원마다 맥주는 고유한 맛과 풍미를 지니게 되었다. 샤를마뉴대제는 지역 순시를 통해 수도원을 방문하여 맥주의 풍미를 심사하여 상을 내리기도 했다. 이후 곳곳의 수도원은 경쟁적으로 맥주 품질향상에 심혈을 기울이게 되었다.

샤를마뉴대제 치세에 맥주는 유럽에서 가장 중요하게 취급받고 또한 대중화된 술로 자리매김하게 되었다. 지금껏 유구한 역사를 자랑하는 양조장 바이엔슈테판Weihenstephan은 대부분 샤를마뉴대제 당시 만들어진 것이다.

로마의 지배를 받기 전의 고대 영국에서는 섬나라라는 지리적 특성상 물이 부족했다. 이러한 척박한 환경에서 산에서 벌꿀을 모아 발효시켜서 술을 만들어 음용했는데 이렇게 만든 벌꿀 술을 이른바 미드Mead라고 칭했다.

그런데 벌꿀 술의 소비가 증가하면서 자연히 공급이 부족해지게 되었다. 이에 벌꿀 술에 보리를 넣어 함께 발효시킨 가품假品 미드가 나타나게 되었는데 그 맛과 품질은 당연히 미드 보다 못했다. 이런 가품 벌꿀 술을 진품眞品과 구분하기 위해 그 이름을 이른바 아루Alu 라고 했고 이것이 후일 에일의 기원이 되었다. 근대까지 에일은 영국에서 서민들에게 가장 사랑을 받는 술이었다.

맥주순수령

| 맥주순수령(1516) |④

맥주순수령(麥酒純粹令, German Beer Purity Law, Reinheitsgebot)은 독일 남부 바이에른Bayern 공국의 빌헬름 IV세(Wilhelm IV, 1493-1550)가 맥주 양조에 관해 반포한 법령이다(1516). 맥주를 만들 때 맥아・홉・물・효모 이외의 원료는 사용하지 못한다는 것이 주요 골자였고 이 법에 따라 가격도 제한되었다. 당시 이를 어기는 양조업자는 생산한 맥주를 모두 압수당했다. 식품에 관한 법률로는 가장 오래된 것 가운데 하나이다.

맥주순수령은 본래 밀과 호밀을 놓고 극심한 가격 경쟁을 벌여온 제빵업자와 양조업자 간의 갈등을 무마하기 위해 발의되었다. 맥주순수령은 곡물 간의 용처를 명확히 한 규제법령으로서 보리는 맥주와 빵에 모두 사용하게 하였고 당시 값이 보리보다 비쌌던 밀과 호밀은 제빵사들이 빵의 주재료로만 사용하게 하였다. 그러나 현재는 많은 바이에른의 양조장이 맥주를 주조할 때 밀도 같이 사용하고 있어 맥주순수령은 지켜지지 않고 있다.

맥주순수령은 한자동맹(Hanseatic League)[6]이 기존의 맥주 제조법을 간단하게 일원화함으로써 기존의 맥주에 비해 맛은 떨어지나 생산과정을 최소화하여 이로써 싼 가격에 시장에 유통할 수밖에 없었고 이는 신성로마제국의 제정에 크나큰 타격을 가하는 악재로 작용했다. 이로 인해 신성로마제국은 한자동맹의 맥주 독점과 경제적 주도권을 용납하지 않을 목적으로 맥주순수령을 통과시켰고 이를 통해 한자동맹의 영향을 견제하고자 했다.

맥주순수령은 오랜 시간에 걸쳐 바이에른과 독일 전역에 퍼지며 그 기초를 다져나갔다. 바이에른은 북방 독일 연방이 통일을 주도하던 당시(1871) 연방에 가입하는 조건으로 맥주순수령을 따를 것을 제안했는데 이는 맥주순수령에서 명시하고 있는 3가지 재료를 제외한 그 밖의 재료를 넣어 맥주를 주조하는 것을 방지하기 위해서였다.

그러나 이러한 처사는 바이에른을 제외한 독일 전역 양조업자의 극심한 반대를 불러일으켰으나 독일 정부는 이러한 조치를 수용하여 맥주순수령을 따를 것을 선언하기에 이르렀다.

그 결과 독일 각지에 산재해 있던 수많은 맥주 주조법과 지역 특산품으로서 지위를 점하고 있던 각양의 맥주들이 쇠락의 길을 걸었다. 이를테면 독일 북부 지방의 향신료를 가미한 맥주와 체리 맥주가 대표적이었다.

6] 유럽에는 한자(Hansa)라고 불리는 편력상인(遍歷商人)들의 단체가 많았는데(12-13세기경) 그들 사이에서 독일한자 또는 한자동맹이라는 도시동맹이 성장하여 중세 상업의 지대한 역할을 하게 되었다(14세기 중엽). 독일 본국의 도시 사이에는 자치 확보·치안 유지 등의 필요성에서 도시 상호 간의 정치적·군사적 동맹을 결성하는 요구가 높았다. 플랑드르(Flandre)에서 압박을 받은 독일 상인이 대항책으로서 본국 도시에 지원을 요구한 것이 직접적 계기가 되어 한자동맹이 성립되었다(14세기 전반). 한자동맹의 실체는 극히 탄력성 있는 경제적·정치적 연합이었기 때문에 한자 특권을 가지는 도시의 수는 사정에 따라서 증감하였다. 흔히 한자 상인이 취급한 상품은 지중해 무역과는 대조적이었으며 후자가 주로 사치품이었던 것에 비하여 전자는 모피·벌꿀·생선·곡물·타르·목재·호박(琥珀)·모직물·양모 등이었다. 이후 영국·네덜란드 등 신흥국에 밀려서 한자는 점차 쇠퇴하였다(1699).

그 결과 이후 맥주 시장은 바이에른의 전통 맥주인 필스너가 장악하기에 이르렀고 오늘날에는 소수의 몇몇 맥주 주조법만이 전래되고 있는데 쾰른Köln의 쾰슈Kölsch[7] 또는 뒤셀도르프Dusseldorf의 알트비어Altbier가[8] 지금까지 옛 주조법으로 그 명맥을 유지하고 있다.

한편 맥주순수령과 비슷한 취지의 법령도 독일 각지에서 계속해서 제정되었다. 일례로 서독은 맥주과세법Biersteuergesetz을 제정하기도 했는데(1952) 이에 수많은 양조업자가 맥주의 주재료의 범위를 늘리지 않고 다만 맥주에 세금을 뗀다는 것을 이유로 극렬히 반대하였다. 그러나 과세법에는 이른바 라거 맥주만이 적용되고 그 밖에 라거를 제조하지 않는 양조장들은 허용되지 않는다는 방침을 통해 반대 성명을 무마할 수 있었다.

마침내 유럽사법재판소(CJEU, Court of Justice of the European Union)는 맥주순수령을 폐지할 것을 권고하여(1988) 사실상 맥주를 주조할 때 다른 재료의 사용을 전면 허용하기에 이르렀다. 그러나 맥주과세법의 철폐는 오로지 수입 맥주에만 국한된 것이었고 독일 국내에서 주조되는 맥주는 여전히 맥주과세법과 맥주순수령을 반드시 준수해야 했다.

독일 재통일 이후(1990) 동독 브란덴부르크 근처의 노이첼레Neuzelle에 소재한 수도원 운영하에 있던 노이첼러 클로스터Neuzeller Kloster 양조장에서 설탕을 넣은 채로 흑맥주를 주조하는 것이 발각되어 주의 조

7] 독일 쾰른 지방의 전통적인 에일 맥주이다. 뒤셀도르프 지역에서 양조되는 알트비어와 라이벌 관계이다. 밝은 황금색을 띠며 다른 에일 맥주보다 쓴맛이 덜한 것이 특징이다. 쾰른 지역의 펍(Pub)에서 쾰슈를 주문하면 200㎖ 전용 잔에 나오는 것도 독특하다.

8] 올드 비어(Old Beer)라는 뜻을 가진 독일어 이름에서 알 수 있듯 원래는 라거 스타일의 맥주가 등장하기 오래전부터 만들어진 맥주를 지칭했다. 현대적인 알트비어는 독일 뒤셀도르프를 중심으로 주조되어 대중적인 인기를 얻었다(19세기 초). 짙은 갈색을 띠며 4.0%-7.0% 정도의 알코올 함량을 포함하고 있다. 지금은 오스트리아 · 스위스 · 미국 · 뉴질랜드 등의 나라에서도 생산되고 있다.

| Schwarzer Abt Bier Series |⑤

치를 받게 되었다.

정부와 해당 양조장은 협상 끝에 주조한 흑맥주를 '검은 수도원장'이라는 슈바르저 압트(Schwarzer Abt, 검은 수도원장이라는 뜻)라는 이름으로 생산을 허락했으나 상표에 맥주를 뜻하는 Bier는 붙일 수 없었다.

그러나 이내 독일 연방행정법원에서 이를 특별 행정처분으로 무효화 하였고 이후 10년에 가까운 법적 다툼을 통해 이른바 브란덴부르크 맥주 전쟁(Brandenburger Bierkrieg) 끝에 노이첼러 클로스터 양조장은 다시 상표에 Bier를 붙일 수 있게 되어 지금은 슈바르저 압트 비어(Schwarzer Abt Bier, 검은 수도원장 맥주)로 판매되고 있다.

독일맥주법은 맥주순수령에 일부 조항을 개정한 법령이다(1993). 물·발아 보리·홉·효모만이 하면발효맥주(下面醱酵麥酒, Bottom-Fermenting Beer) 주조에만 허용되었고 상면발효맥주(上面醱酵麥酒, Top-Fermenting Beer)에는 4가지 재료 외에도 그 밖의 여러 가지 맥아·사탕무·설탕 등의 사용을 허용하여 하면발효맥주보다 융통성 있는 기준을 허여하였다.

오늘날 독일의 양조장은 맥주순수령의 후신이나 다름없는 임시 독일 맥주법에 따라 맥주를 제조하고 있어 사실상 맥주순수령을 철저히 지키지는 않고 있다. 그러나 맥주순수령에 따르면 밀맥주는 금지된 재료인 밀로 주조한 것이기에 이는 불순한 맥주로 취급되고 있다. 이 때문에 독일의 양조장은 자신들 스스로 순수령을 준수하지 않고 있음을 익히 알고 있음에도 유서 깊은 맥주순수령의 전통을 앞세워 상당수의 양조장이 맥주를 홍보할 때 맥주순수령에 따라 만들었다면서 마케팅에 임하고 있기도 하다.

맥주순수령은 유럽사법재판소CJEU에서 효력이 정지될 때까지 바이에른 출신으로 그리스의 왕위에 오른 오톤(Otto Friedrich Ludwig, 1815-1867)9]에 의해 제정되어 그리스에서도 100년 넘게 시행되었다(19세기 初). 그러나 맥주순수령은 수입 맥주의 유통을 차단하고 일종의 보호무역(保護貿易, Protective Trade)의 장막으로서 옥수수·나 쌀·설탕 등 다른 재료가 들어간 벨기에산이나 영국산 맥주의 유입을 봉쇄하여 자국민들에게 국내산 맥주만을 강요했다는 비판을 받고 있다.

수입 맥주 전쟁

| 다양한 수입 맥주(2021) |

국내 맥주 시장은 춘추전국시대를 방불케 하고 있다. 우선 밀러Miller·버드와이저Budweiser 등 미국산 맥주 일색이던 수입 맥주 시장에 최근 미국·일본·네덜란드·벨기에 등의 대형 맥주 업체들이 가세하면서 시장 규모가 급속도로 커지고 있다. 특히 유럽과 일본산 맥주의 약진이 돋보이고 있는데 국내에 가장 많이 수입된 맥주는 일본(20.9%)·네덜란드(18.5%)·미국(15.0%) 등의 순이었다(2021).

9] 런던 회의에서(1832) 영국·프랑스·러시아 제국의 비호 아래 그리스를 새로운 독립 왕국으로 승인하여 창건된 그리스 왕국의 초대 국왕이다.

한편 최근 3년간 가장 높은 성장률을 기록한 국가는 차례로 체코(645.2%)·이탈리아(214.8%)·영국(198%)의 순으로 유럽산 강세가 두드러졌다(2019-2021). 일본산 맥주가 불과 몇 년 사이 밀러·버드와이저 등 미국 맥주 브랜드를 누르고 1위에 올라선 것은 대형 주류회사들이 공급 경쟁을 주도했기 때문으로 풀이된다.

유럽 맥주는 하이네켄Heineken 독주에서 필스너Pilsener·에일Ale 등 다양한 주조 방식을 무기로 한 독일·벨기에산이 시장점유율을 높여가고 있다. 현재 국내 시판되고 있는 수입 맥주는 총 450여 개이며 브랜드 기준으로 유럽산이 가장 많은 브랜드를 차지하고 있다. 맥주 본고장답게 그만큼 다양한 맥주들이 국내 소비시장을 꿰뚫고 있다. 그 밖에도 중국[칭다오(靑島)·하얼빈(哈爾濱)]을 위시하여·멕시코(Corona)·칠레(Kunstmann)·티베트·사이프러스·브라질 맥주 등의 제3세계 맥주까지 수입 맥주 시장에서 시판되고 있다.

그러나 이들 유럽 맥주는 국내 맥주 시장에서 현재까지는 수익이 발생하고 있지 않은 상황이다. 유럽을 비롯한 수입 맥주는 호기심에 구매하는 경우가 대다수이고 브랜드에 대한 충성도는 현재 미국·일본·국산 맥주에 비해 낮기 때문으로 분석되고 있다.

맥주 주조 방식의 다양화

라거Lager 일변도였던 수입 맥주의 주조 방식도 다변화하고 있다. 최근 맥주 시장에 불고 있고 밀Wheat맥주 열풍이 대표적인 예라고 할 수 있다. 일명 화이트 비어White Beer로 불리는 밀맥주는 보리가 아닌 밀로 만들어 일반 맥주보다 맛이 부드럽다. 밀맥주는 전체 수입 맥주 시장점유율이 11% 정도에 불과하나(2021) 성장세가 가파르다.

| 필스너(Pilsner) 계열의 다양한 맥주 |

| 호주산 보드카 크루저(Vodka Cruiser) 맥주 |⑥

체코 필젠 지방에서 살던 보헤미안Bohemian에[10] 의해 만들어진 필스너Pilsner 맥주 계열의 수입 맥주도 크게 늘고 있다. 필스너 방식의 맥주는 홉을 많이 넣어 맛은 쓰나 알코올 도수가 낮아 유럽에서는 음료용으로 많이 팔린다. 덴마크의 대표 맥주 브랜드 칼스버그Carlsberg가 대표적인 필스너 방식 맥주이다.

한편 아일랜드에서 인기 있는 에일Ale 방식 맥주 브랜드도 성장세가 가파르다. 기네스Guinness와 함께 아일랜드를 대표하는 스미딕스Smithwick's가 대표적이다. 여기에 호주산 보드카 크루저(Vodca Cruiser)와 뉴질랜드산 KGB 등과 같이 과일 및 다른 술을 섞어 만든 혼합형 알코올도 판매량이 증가하고 있다.

10] 체코의 보헤미아 지방에 유랑민족인 집시가 많이 살고 있었으므로 프랑스인은 집시를 보헤미안이라고 불렀다(15세기경). 사회의 관습에 구애되지 않는 방랑자나 자유분방한 생활을 하는 예술가・문학가・배우・지식인을 지칭하는 말이 되었다(19세기 후반). 실리주의와 교양 없는 속물근성의 대명사로 불리고 있는 필리스틴(Philistine)에 대조된다.

| 인용 · 출처 표기 및 참고문헌 |

[01] 고구마 삼국지

■ 인용 · 출처 표기

※이하 웹사이트 자료의 경우 본서 발간일 기준임.

① https://tongsangnews.kr/webzine/2102/sub4_2.html

② https://ko.wikipedia.org/wiki/조엄_(조선)

③ https://commons.wikimedia.org/wiki/File:Corea,_the_hermit_nation_

④ https://www.joongang.co.kr/article/20349386#home

■ 참고문헌 및 자료

※ 이하 인명 · 지명 · 지리 · 사건 등의 경우 <위키백과> · <두산백과> · <시사용어사전>을 주로 참조하였는바 이 경우는 인용표기를 생략함.

심종석. (2021). 한 · 중 · 일 3국의 고구마 교역. 「통상」, 105.

노성환. (2010). 조선통신사와 고구마의 전래. 「동북아 문화연구」, 23, pp.537-555.

김인희. (2014). 고구마의 이동을 통해 본 16-18세기 동아시아 각국의 해양인식. 「아태연구」, 21(2), pp.69-97.

오인택. (2015). 조선 후기의 고구마 전래와 정착 과정. 「역사와 경계」, 97, pp.173-212.

O'Brien, P. J. (1972). The Sweet Potato: Its Origin and Dispersal 1. *American Anthropologist*, 74(3), pp.342-365.

Hawkes, J. G. (1992). *History of the Potato*. In The Potato Crop (pp.1-12). Springer, Dordrecht.

Hather, J. & Kirch, P. V. (1991). Prehistoric Sweet Potato (*Ipomoea batatas*) from Mangaia Island, Central Polynesia. *Antiquity*, 65(249), pp.887-893.

Lebot, V. (2008). Section II. Sweet Potato: Origin and History. *Tropical Root and Tuber Crops: Cassava, Sweet potato*, Yams and Aroids. pp.91-98.

[02] 바나나 전쟁

■ 인용 · 출처 표기

① https://www.aspeninstitute.org/our-people/madeleine-k-albright-2/

② https://www.artstation.com/artwork/VgaqAX

③ http://www.acp.int/content/acp-logo

■ 참고문헌 및 자료

유찬희. (2005). EU-바나나 수출국의 중재 요청에 부정적 반응. 「세계농업」, 56, pp.86-87.

김상현. (2001). 미국 EU 간 바나나 분쟁의 경과. 「세계농업」, 12, pp.106-107.

Were, M. (2003). Implementing Corporate Responsibility; The Chiquita Case. *Jour. of Busi. Ethics*, 44(2), pp.247-260.

Josling, T. E. & Taylor, T. G. (Eds.). (2003). *Banana Wars: The Anatomy of a Trade Dispute*. CABI.

Kersten, L. (1995). Impacts of the EU Banana Market Regulation on International Competition, Trade and Welfare. *European Review of Agricultural Economics*, 22(3), pp.321-335.

Fridell, G. (2011). The Case against Cheap Bananas: Lessons from the EU-Caribbean Banana Agreement. *Critical Sociology*, 37(3), pp.285-307.

Read, R. (2001). The Anatomy of the EU-US WTO Banana Trade Dispute. *Estey Journal of International Law and Trade Policy*, 2(1753-2016-141105), pp.257-282.

Salas, M. & Jackson, J. H. (2000). Procedural Overview of the WTO EC-Banana Dispute. *Journal of International Economic Law*, 3(1), pp.145-166.

[03] 소금성, 잘츠부르크

■ 인용・출처 표기

① https://www.businessinsider.com/ethiopias-danakil-depression-2013-5

② https://en.wikipedia.org/wiki/Strada_statale_4_Via_Salaria

③ https://m.blog.naver.com/PostView.naver?isHttpsRedirect=true&blogId

④ https://www.edelweisstourssalzburg.com/tours/salzburg-citytours

⑤ https://commons.wikimedia.org/wiki/File:Joachim_von_Sandrart_-_Maximilian_I

⑥ https://de.wikipedia.org/wiki/Wolf_Dietrich_von_Raitenau

⑦ https://m.blog.naver.com/PostView.naver?isHttpsRedirect=true&blogId=zeburm&logNo

⑧ https://mysterium3.tistory.com/210

⑨ https://m.blog.naver.com/jazztv2/221904437126

⑩ https://www.fmkorea.com/3510099387

■ 참고문헌 및 자료

Megaw, V. Morgan, G. & Stöllner, T. (2000). *Ancient Salt-Mining in Austria*. Antiquity, 74(283), pp.17-18.

Babják, I. (2009). *Notori Tamas*: The Beginnings of Historiography in Salzburg.

Hollow, H. (2001). Salzburg. *Quadrant*, 45(7-8), pp.54-55.

[04] 펠루시움 고양이

■ 인용 · 출처 표기

① http://encykorea.aks.ac.kr/Contents/Item/E0018880
② http://proudtobeblack.synthasite.com/maafdet.php
③ https://blog.naver.com/sambolove/222392268341
④ https://www.dailyartmagazine.com/egyptian-cat-john-weguelin/
⑤ https://www.newsnjoy.or.kr/news/articleView.html?idxno=23171
⑥ https://commons.wikimedia.org/wiki/File:Persian_Empire,_490_BC.png
⑦ https://m.ruliweb.com/community/board/300744/read/35514420?
⑧ https://www.worldhistory.org/article/43/the-battle-of-pelusium-a-victory-decided-by-cats/
⑨ https://www.aaha.org/publications/newstat/articles/2019-092/new-pnew-study-persian

■ 참고문헌 및 자료

Stephens, M. L. (2020). *Cats Turn the Tide of the Battle of Pelusium.* AISTHESIS, 41.

Tsiamis, C. Poulakou-Rebelakou, E. & Androutsos, G. (2014). 40. *The Role of the Egyptian Sea and Land Routes in the Justinian Plague: the Case of Pelusium.* Medicine and Healing in the Ancient Mediterranean, 334.

[05] 향료무역과 전쟁

■ 인용 · 출처 표기

① https://madainproject.com/ramesses_ii_mummy
② https://www.pngwing.com/ko/free-png-pjujk
③ https://post.naver.com/viewer/postView.nhn?volumeNo=29292832&memberNo=29566044
④ https://en.wikipedia.org/wiki/Spice_trade
⑤ https://commons.wikimedia.org/wiki/File:Spice_Trade_Map_1000-1500_CE.svg
⑥ https://blog.daum.net/radishreaper/7883058
⑦ https://en.wikipedia.org/wiki/Ottoman_Empire
⑧ https://earth.esa.int/web/earth-watching/historical-views/content/-/article/venice-italy-sentinels/
⑨ https://en.wikipedia.org/wiki/Casa_da_%C3%8Dndia
⑩ https://www.worldhistory.org/image/14798/return-of-jacob-van-neck/
⑪ https://es.wikipedia.org/wiki/Armada_Invencible
⑫ https://www.alamy.com/the-british-torture-by-the-dutch-on-ambon-in-1622-illustration
⑬ https://amboyna.org/topic/recruiting-mercenaries-japan

⑭ https://merissasantoso.wordpress.com/category/95565-digital-graphics-the-still-image/

■ 참고문헌 및 자료

남종국. (2010). 16세기 지중해 향신료 무역. 「서양중세사연구」, 26, pp.261-291.
남종국. (2013). 1395년 베네치아 향신료 무역. 「동국사학」, 54, pp.337-373.
정동준. (2010). 13-15세기 향신료 직무역의 역사. 「세계 역사와 문화연구」, 23, pp.1-22.
남종국. (2018). 비잔티움 제국의 몰락과 지중해 향신료 무역. 「해항도시문화교섭학」, 18, pp.147-181.

[06] 차(茶)로 인한 전쟁

■ 인용・출처 표기

① http://www.daesoon.kr/m/board/person/board_view_content.asp?search_division
② https://www.seoul.co.kr/news/newsView.php?id=20050829019002
③ https://ppss.kr/archives/44057
④ http://egloos.zum.com/charger07/v/3868898
⑤ https://www.yakup.com/pharmplus/plus_print.html?nid=3000001809
⑥ http://www.atlasnews.co.kr/news/articleView.html?idxno=734
⑦ https://www.sisajournal.com/news/articleView.html?idxno=173245
⑧ https://educalingo.com/ja/dic-ko/imchigseo
⑨ https://www.xuehua.us/a/5ebb35ef86ec4d3d4b2edbb7
⑩ https://www.ilbe.com/view/11206329850
⑪ https://blog.daum.net/philook/15721981

■ 참고문헌 및 자료

Draper, A. S. (2001). *The Boston Tea Party: Angry Colonists Dump British Tea*. The Rosen Publishing Group, Inc.
Volo, J. M. (2012). *The Boston Tea Party: The Foundations of Revolution: The Foundations of Revolution*. ABC-CLIO.
Petrovich, L. L. (2013). *More Than the Boston Tea Party: Tea in American Culture, 1760s -1840s* (Doctoral Dissertation, University of Colorado at Boulder).

[07] 크리스마스 휴전

■ 인용・출처 표기

① https://coolwallpapers.me/6009382-omdurman-battle-art-2-of-september-1898-of-the-year-sudan.
② https://www.joongang.co.kr/article/21278463#home
③ https://showtravel.tistory.com/241

④ https://en.wikipedia.org/wiki/File:WW1_Trench_Warfare.jpg
⑤ https://brunch.co.kr/@jyhan71/186
⑥ https://m.hankookilbo.com/News/Read/A2020121009220002005
⑦ https://kimssine51.tistory.com/479
⑧ https://historica.fandom.com/wiki/Battle_of_Neuve_Chapelle
⑨ https://www.warmuseum.ca/firstworldwar/history/battles-and-fighting/land-battles
⑩ https://www.thedrinksbusiness.com/2013/12/wine-and-warfare-part-1-rome/

■ 참고문헌 및 자료

이인미. (2007). 크리스마스 휴전, 큰 전쟁을 멈춘 작은 평화.「예지」, pp.94-97.

[08] 희토류 전쟁

■ 인용・출처 표기

① https://itfix.tistory.com/208
② https://monthly.newspim.com/news/view/3285/?yymm=201907
③ https://www.joongang.co.kr/article/23044333#home
④ https://www.donga.com/news/Opinion/article/all/20210219/105490987/1

■ 참고문헌 및 자료

Choe, P. G. (2011). 희토류 자원의 동향. In Proceedings of the Korean Magnestics Society Conference.The *Korean Magnetics Society*, pp.115-115.

김연규・안주홍. (2020). 2005년 이후 중국의 글로벌 희토류 공급망 장악과 미국의 대응.「국제지역연구」, 24(4), pp.235-274.

유예리. (2012). 중국-원자재 사건(China-Raw Materials)과 희토류 수출제한 분쟁과의 연관성에 관한 연구.「국제법학회논총」, 57(2), pp.113-143.

김동환・오병석. (2010). 중국 자원민족주의의 부상과 실태: 희토류(REEs)를 중심으로.「한국과 국제정치」, 26(2), pp.135-175.

Lee, H. B. (2010). 희토류 수급 추이 및 전망. *Mineral and Industry*, 23, pp.1-10.

[09] 철의 전쟁

■ 인용・출처 표기

① https://commons.wikimedia.org/wiki/File:PSM_V47_D021_J_J_A_Worsaae.jpg
② https://www.realmofhistory.com/2019/07/01/10-facts-scythians-warfare/
③ https://www.worldhistory.org/image/12636/egyptian-war-chariot-in-action/

④ https://www.gordondoherty.co.uk/writeblog/the-hittite-destroyers-chariot-warfare
⑤ https://en.wikipedia.org/wiki/Battle_of_Kadesh
⑥ https://en.wikipedia.org/wiki/Battle_of_Kadesh
⑦ https://www.cleopatraegypttours.com/travel-guide/ancient-egypt-battles/battle-of-kadesh/
⑧ https://www.pinterest.co.kr/pin/319403798548433087/
⑨ https://lucy7599.tistory.com/84

■ 참고문헌 및 자료

Bryce, T. (2002). Life and Society in the Hittite World. OUP Oxford.
Hoffner, H. A. (2009). Letters from the Hittite Kingdom (Vol. 15). Society of Biblical Lit.
Beal, R. H. (1986). *The Organization of the Hittite Military* (Doctoral Dissertation, The Univ. of Chicago).

[10] 치졸한 대륙의 복수전

■ 인용・출처 표기

① https://www.hani.co.kr/arti/PRINT/326196.html
② https://www.chosun.com/site/data/html_dir/2013/05/08/2013050800102.html
③ https://www.yna.co.kr/view/AKR20111003011400009
④ https://www.ajunews.com/view/20161220074133553
⑤ https://www.joongang.co.kr/article/4473732#home
⑥ https://www.phopick.com/post/471433
⑦ https://www.yna.co.kr/view/AKR20200520072053089

[11] 마야과의 전쟁

■ 인용・출처 표기

① https://www.chosun.com/site/data/html_dir/2016/06/22/2016062200125.html
② https://blog.naver.com/benjaminbang/221804414142
③ https://m.news.nate.com/view/20210611n23272
④ https://dongbeiren.tistory.com/1859
⑤ https://m.blog.naver.com/ddoi230/221789461392
⑥ https://m.khan.co.kr/world/world-general/article/201606091607001#c2b
⑦ https://www.hankyung.com/international/article/202007193412Y
⑧ http://weekly1.chosun.com/site/data/html_dir/2009/03/31/2009033101035.html
⑨ https://www.seoul.co.kr/news/newsView.php?id=20121103013003

⑩ http://nachito.egloos.com/v/1348850

⑪ https://m.mk.co.kr/news/world/view/2021/10/1009786/

⑫ https://www.instiz.net/pt/6891181

⑬ https://m.news.nate.com/view/20101125n06978

⑭ https://www.hankyung.com/international/article/202001077539Y

⑮ https://m.segye.com/view/20151202003524

■ 참고문헌 및 자료

Shirk, D. A. (2011). *The Drug War in Mexico: Confronting a Shared Threat* (No. 60). Council on Foreign Relations.

Bonner, R. C. (2012). The Cartel Crackdown: Winning the Drug War and Rebuilding Mexico in the Process. *Foreign Affair*. 91, 12.

Doyle, K. (1993). The Militarization of the Drug War in Mexico. *Current History*, 92(571), 83.

Zavala, O. (2014). Imagining the US-Mexico Drug War: The Critical Limits of Narconarratives. *Comparative Literature*, 66(3), 340-360.

Shirk, D. A. (2011). The Drug War in Mexico. *Council on Foreign Relations Special Report*, 60, pp.1-29.

[12] 블러드 다이아몬드

■ 인용・출처 표기

① https://twitter.com/avecalice/status/1165983256426074113

② http://news.bbc.co.uk/2/hi/africa/3110629.stm

③ https://www.internationalcrimesdatabase.org/Case/1107

④ https://www.hankookilbo.com/News/Read/201901171875793586

⑤ https://www.hani.co.kr/arti/PRINT/121741.html

⑥ http://newsteacher.chosun.com/site/data/html_dir/2017/08/30/2017083000332.html

⑦ https://www.yna.co.kr/view/AKR20140314007300009

⑧ http://newsteacher.chosun.com/site/data/html_dir/2017/08/30/2017083000332.html

⑨ https://nowvillage.com/en/jewellery/de-beers-a-diamond-is-eternal/

⑩ https://www.thediamondloupe.com/rough-market/2020-01-14/london-eases-diamond-traders

■ 참고문헌 및 자료

Marafono, F. & Ross, H. (2011). *From SAS to Blood Diamond Wars*. Casemate Publishers.

Howard, A. (2016). Blood Diamonds: The Successes and Failures of the Kimberley Process Certification Scheme in Agnola, Sierra Leone and Zimbabwe. *Wash. U. Global Stud. L. Rev.*, 15, 137.

Udelsmann Rodrigues, C. (2017). Urban Modernity Versus the Blood Diamond Legacy: Angola's Urban Mining

Settlements in the Aftermath of War. *Journal of Southern African Studies*, 43(6), pp.1215-1234.

Babcock, K. & Cholich, M. (2007). *Blood Diamond: Evaluating the Impacts. In School of Public Policy and Administration Carleton University*, Prepared for the Annual Conference of the Canadian Evaluation Society.

[13] 오일 전쟁

■ 인용・출처 표기

① https://coreaone.net/135

② http://www.gnnews.co.kr/news/articleView.html?idxno=260190

③ https://www.thefamouspeople.com/profiles/karl-benz-8215.php

④ https://commons.wikimedia.org/wiki/File:Doctor_R.Diesel_(5774953779).jpg

⑤ https://www.biography.com/news/orville-wilbur-wright-brothers-first-flight

⑥ https://m.cafe.daum.net/binidad/QKId/9

⑦ https://www.theguardian.com/world/2021/mar/01/sheikh-ahmed-zaki-yamani-obituary

⑧ http://news.imaeil.com/page/view/2010060307273230254

⑨ https://news.zum.com/articles/6333895

⑩ https://blog.daum.net/gmania65/1441

⑪ http://www.iminju.net/news/articleView.html?idxno=44911

⑫ https://www.sedaily.com/NewsVIew/1OJLFLQ09P

⑬ https://m.cafe.daum.net/kis0901/JrMv/8514?

⑭ https://www.yna.co.kr/view/AKR20191215041700111

⑮ http://weekly1.chosun.com/site/data/html_dir/2005/03/03/2005030377028.html

⑯ https://www.joongang.co.kr/article/1703201#home

■ 참고문헌 및 자료

Korea Petroleum Association. (1984). 제1차 석유파동 이후의 석유수급동향 분석과 전망. *Korea Petroleum Association Journal*, (1), pp.96-102.

박재형. (2008). 미국의 분열적 중동정책과 제1차 석유파동: 아랍-이스라엘, 메이저 회사, 국내정치적 구조. 「한국중동학회논총」, 28(2), pp.43-87.

Kim, G. H. (1990). 중동사태와 제3차 석유위기. *Korea Petroleum Association Journal*, (11), pp.82-85.

Lee, S. C. (1985). 석유산업의 현황과 전망. *Korea Petroleum Association Journal*, (10), pp.33-39.

Heinberg, R. (2005). *The Party's Over: Oil, War and the Fate of Industrial Societies*. New Society Publishers.

Jones, T. C. (2012). America, Oil and War in the Middle East. *Journal of American History*, 99(1), pp.208-218.

[14] 잃어버린 20년

■ 인용・출처 표기

① https://www.joongang.co.kr/article/21866355#home

② http://www.focuscolorado.net/news/articleView.html?idxno=12380

③ https://www.bakerbotts.com/people/b/baker-james-a-iii

④ https://en.wikipedia.org/wiki/Noboru_Takeshita

⑤ https://en.wikipedia.org/wiki/Kiichi_Miyazawa

■ 참고문헌 및 자료

권혁욱. (2014). 잃어버린 20년 일본경제에서 배워야 할 교훈. 「경제논집」, 53.

김양태・한성수. (2019). 일본 전기・전자산업 잃어버린 20년의 재검토. 「일본근대학연구」, (64), 213-238.

윤일현・강철구. (2012). 일본의 경제위기; 잃어버린 10년 혹은 20년. 「한림일본학」, 21, pp.181-205.

유재원. (2013). 일본의 장기침체와 정책대응: 평가와 교훈. 「동북아경제연구」, 25(4), pp.121-164.

권혁욱. (2018). 일본에서의 생산성 하락과 임금저하. 「시장경제연구」, 47(2), pp.177-203.

[15] 겨울 전쟁과 보드카

■ 인용・출처 표기

① https://altayklimat.ru/en/petr-smirnov-vodochnyi-korol-rossiiskoi-imperii-kak/

② https://australianbartender.com.au/2019/07/29/differences-between-pot-stills-and-column-stills/

③ https://www.joongang.co.kr/article/23685155#home

④ https://brunch.co.kr/@ldmin1988/9

⑤ https://blog.daum.net/pzkpfw3485/2248216

■ 참고문헌 및 자료

박상철. (2011). 러시아 주류정책의 변화, 1914-1932: 금주령에서 보드카 독점으로. 「대구사학」, 103, pp.339-371.

홍웅호. (2010). 러일전쟁 이전 러시아의 동아시아정책. 「역사와 담론」, 56, pp.719-747.

김상현. (2012). 루머와 저항의 민속: 러시아 조국 전쟁(1812)에 대한 민중 문화의 풍경. 「슬라브학보」, 27(4), pp.57-94.

[16] 와인전쟁

■ 인용・출처 표기

① https://www.rosehillwinecellars.com/blog/2019/05/roman-wine-cellars-vinum-storage-and-transport

② https://extension.okstate.edu/programs/digital-diagnostics/insects-and-arthropods/

③ https://en.wikipedia.org/wiki/Angevin_Empire

④ https://ko.m.wikipedia.org/wiki/%ED%8C%8C%EC%9D%BC:Nouvelle-Aquitaine_region_

⑤ https://rojalist.se/1/jeanne-darc-av-jean-auguste-dominique-ingres

■ 참고문헌 및 자료

Jo, S. H. (2007). 와인 이야기. 「지반과 기술」, 4(2), pp.65-67.

심읕식. (2013). 부르고뉴 와인의 특성과 지역에 따른 위계. 「프랑스 문화연구」, 26, pp.261-302.

[17] 길 위의 전쟁

■ 인용·출처 표기

① https://www.isaacology.com/En/ViewMaps?M=1524390999

② https://www.goodsalt.com/details/prcas0667.html

③ https://www.britannica.com/place/Fertile-Crescent

④ https://en.wikipedia.org/wiki/Sargon_II

⑤ https://www.alamy.com/stock-photo-nebuchadnezzar-ii-king-of-babylon-605-562-bc-after-ancient

⑥ https://en.wikipedia.org/wiki/Nineveh

⑦ https://en.wikipedia.org/wiki/Babylonian_captivity

⑧ https://www.podomatic.com/podcasts/messagetokings/episodes/2018-03-03T08_00_00-08_00

⑨ https://en.m.wikipedia.org/wiki/File:Phoenicia_2.png

⑩ https://www.reddit.com/r/PhoeniciaHistoryFacts/comments/g5k7oz/map_of_the_phoenician

⑪ https://ko.m.wikipedia.org/wiki/%ED%8C%8C%EC%9D%BC:Phoenician_alphabet.svg

⑫ https://www.quora.com/Why-did-Phoenicians

⑬ https://www.quora.com/What-was-the-structure-of-the-social-classes-in-Phoenicia

■ 참고문헌 및 자료

Dalley, S. (1993). *Ancient Mesopotamian Gardens and the Identification of the Hanging Gardens of Babylon Resolved.* Garden History, pp.1-13.

Vanderhooft, D. (2021). *Cyrus II, Liberator or Conqueror? Ancient Historiography concerning Cyrus in Babylon. In Judah and the Judeans in the Persian Period* (pp.351-372). Penn State University Press.

Dietler, M., & López-Ruiz, C. (Eds.). (2009). *Colonial Encounters in Ancient Iberia: Phoenician, Greek, and Indigenous Relations*. University of Chicago Press.

Aubet, M. E. (2008). *Political and Economic Implications of the New Phoenician Chronologies. Beyond the Homeland: Markers in Phoenician Chronology*, pp.247-259.

Elayi, J. (1982). Studies in Phoenician Geography during the Persian Period. *Journal of Near Eastern Studies*,

41(2), pp.83-110.

[18] 스텔스 전쟁

■ 인용 · 출처 표기

① https://namu.wiki/w/SR-71

② https://namu.wiki/w/F-117

③ https://www.joongang.co.kr/article/23044333#home

④ https://voturkey.com/turkeys-new-fighter-jet-could-be-russian-made-su-75-checkmate/

⑤ https://bemil.chosun.com/site/data/html_dir/2017/11/13/2017111302117.html

⑥ https://www.seoul.co.kr/news/newsView.php?id=20181019500166

⑦ https://www.joongang.co.kr/article/23556215#home

⑧ https://euro-sd.com/2020/04/news/17063/17063/

⑨ https://namu.wiki/w/J-20

⑩ https://namu.wiki/w/FC-31

⑪ https://m.hankookilbo.com/News/Read/A2020110911460004640

⑫ https://startuppakistan.com.pk/pakistan-to-sell-jf-17-iii-jets-to-malaysia/

⑬ https://www.newdaily.co.kr/site/data/html/2018/11/29/2018112900209.html

■ 참고문헌 및 자료

최현호. (2014). 동북아 스텔스 전투기 개발동향: 한반도 주변 열강들의 스텔스기 경쟁. 「국방과 기술」, (429), 22-29.

정주호. (2017). 한반도 미사일 · 이지스함 · 스텔스까지 한반도 주변 미 · 중 무기경쟁 격화. 「마이더스」, 2017(3), pp.48-51.

이재명. (2014). 동북아에서 일본의 군사적 부상과 항공우주무기체계. 「국방과 기술」, 429, pp.44-57.

[19] 대항해시대 노예무역

■ 인용 · 출처 표기

① https://sunnylife-123.tistory.com/814

② https://geowiki.tistory.com/1282

③ https://bbs.ruliweb.com/community/board/300143/read/47598825

④ https://m.blog.naver.com/reading0365/221156447187

⑤ https://www.medievalists.net/2019/02/zanj-revolt-slave-war-medieval-iraq/

⑥ https://m.blog.naver.com/PostView.naver?isHttpsRedirect=true&blogId=qkddltmf12&logNo

⑦ http://ko.wordow.com/english/dictionary/mamluk

⑧ https://doqin.tistory.com/13827

⑨ https://pngset.com/download-free-png-gyjbj

⑩ https://latinamericanmusings.wordpress.com/2009/06/10/today-in-the-americas-the-first-barbary-war/

⑪ https://veteranmuseum.net/research-barbary-wars/

⑫ https://www.pinterest.ru/pin/487936940862283893/

⑬ https://listverse.com/2018/06/06/10-little-known-facts-from-the-crimean-slave-trade/

⑭ https://www.opendemocracy.net/en/odr/who-are-crimean-tatars-tragic-past-and-uncertain-present/

⑮ https://en.topwar.ru/153925-rascvet-i-zakat-rabotorgovli-na-chernomorskom-poberezhe-kavkaza-chast-1.html

⑯ https://en.wikipedia.org/wiki/List_of_Turkic_dynasties_and_countries

⑰ https://es.m.wikipedia.org/wiki/Archivo:Oman_on_the_globe_(Oman_centered).svg

⑱ http://realhistoryww.com/world_history/ancient/Misc/True_Negros/Assorted/Oman_Zanzibar_Sultanate.htm

⑲ https://gall.dcinside.com/mgallery/board/view/?id=war&no=367880

⑳ https://m.blog.naver.com/ian3714/220761544006

㉑ https://krigetkommer.weebly.com/renaissance-armies/table-of-contents

㉒ http://www.edmundyeo.com/2011/10/karayuki-san-forgotten-japanese.html

■ 참고문헌 및 자료

김성룡. (2016). 1807 년 영국의 노예 무역 폐지와 존 뉴턴. 「신학과 목회」, 45, pp.307-327.

윤영휘. (2009). 대서양 복음주의 네트워크의 노예무역 폐지주의. 「영국 연구」, 22, pp.55-78.

윤영휘. (2019). 18C 영국 대서양 노예무역과 아프리카 음식. 「대구사학」, 134, pp.425-455.

차영길. (2010). 로마 해상무역에서 노예대리인(mercator) 역할. 「중앙사론」, 32, pp.307-335.

장봉익. (2004). 네덜란드 서인도회사의 아프리카 노예무역 전개과정에 대한 소고. 「한국아프리카학회지」, 19, pp.187-215.

조시현. (2014). 일반논단: 인신매매에 관한 국제법 발달과정. 「법과 사회」, 46, pp.233-266.

Bakers, M. 고대와 현대 아프리카의 노예제도 (Vol. 2). Cambridge Stanford Books.

[20] 전쟁과 함께 한 커피

■ 인용・출처 표기

① https://en.wikipedia.org/wiki/Henry_Blount_(knight)

② https://edobarista.com/en/content/news/8-the-legend-of-kaldi-and-of-the-jumping-goats

③ https://cafehumming-dreaming.tistory.com/19

④ https://www.worldhistory.org/Crusades/

⑤ https://geography.name/aksum/

⑥ https://about-history.com/the-battle-of-vienna-1683-and-europes-counter-attack/

⑦ https://alchetron.com/Jerzy-Franciszek-Kulczycki

⑧ https://adventure.com/vienna-viennese-cafes-conversation/

■ 참고문헌 및 자료

Smith, R. F. (1985). A history of Coffee. In Coffee. Springer, Boston, MA.

Palacios, M. (2002). *Coffee in Colombia, 1850-1970: An Economic, Social and Political History*. Cambridge University Press.

Crawford, J. (1852). History of Coffee. *Journal of the Statistical Society of London*, 15(1), pp.50-58.

Teketay, D. (1998). History, Botany and Ecological Requirements of Coffee. *Walia*, 1998(20), pp.28-50.

Kafadar, C. (2002, July). *A History of Coffee. In The XIIIth Congress of the International Economic History Association (IEHA)* (pp. 22-26).

[21] 에너지 전쟁

■ 인용 · 출처 표기

① https://en.wikipedia.org/wiki/Scott_Morrison

② https://www.sedaily.com/NewsVIew/1S3H0Y4A6D

③ https://www.gettyimages.dk/photos/australian-prime-minister-john-howard-meets-the-dalai-lama

④ https://www.marshallfreeman.com.au/blog/china-australia-free-trade-agreement-the-pros-and-cons/

⑤ https://www.greenleft.org.au/content/what-china-australia-free-trade-agreement-0

⑥ https://amnestyplus.org/articleView.jsp?id=85

⑦ https://www.japantimes.co.jp/opinion/2020/10/08/editorials/quad-offers-hope-free-open-indo-pacific/

⑧ https://www.joongang.co.kr/article/24096324#home

⑨ https://www.martenscentre.eu/blog/transatlantic-relations-after-aukus/

■ 참고문헌 및 자료

Hong, J. N. (1990). 이라크 에너지 전쟁과 국제 정치. *Korea Petroleum Association Journal*, (9), pp.62-67.

Lee, H. I. (1991). 걸프전쟁 이후의 에너지 수급전망과 에너지 정책 방향. *Korea Petroleum Association Journal*, 4, pp.10-24.

Kim, J. D. (2006). 자원전쟁과 국제질서: 에너지와 군사력의 결합. *Korea Petroleum Association Journal*, 3, pp.34-37.

김화진. (2009). 글로벌 에너지산업과 국제정치. 「경제규제와 법」, 2(1), pp.147-171.

[22] 초공동 잠수함 전쟁

■ 인용·출처 표기

① https://www.christopherroosen.com/blog/2020/6/3/robert-fulton-the-nautilus-and-barriers-to-innovation

② https://historycollection.com/depths-8-daring-submarine-missions/3/

③ http://dubm.de/en/u-864-operation-caesar/

④ https://shipshub.com/article/1154-2.html

⑤ https://navy-matters.blogspot.com/2020/08/uss-albacore-and-submarine-development.html

⑥ http://www.hisutton.com/The%20REAL%20Red%20October%20-%20Typhoon%20SSBN.html

⑦ https://bbs.ruliweb.com/community/board/300170/read/30558867

⑧ https://blog.daum.net/inyeon33/8749553

⑨ http://busan.grandculture.net/Contents?local=busan&dataType=0403&contents_id=GC042P05267

⑩ https://en.wikipedia.org/wiki/USS_Wahoo_(SS-238)

⑪ https://brunch.co.kr/@warandpeace/54

⑫ https://navalpost.com/a-gamechanger-weapon-supercavitating-torpedo/

■ 참고문헌 및 자료

임 설·조승환·김윤곤. (2016). 초공동 무기체계 현황 및 개발동향.「한국추진공학회 학술대회논문집」, pp.629-632.

나영인·이심용. (2011). 초공동화 로켓 어뢰체계의 핵심기술 및 개발 동향.「대한조선학회 학술대회자료집」, pp.436-443.

고동춘·양기주·김영훈. (2019). 초공동 기술현황 및 무기체계 적용 방안. *Journal of the KNST*, pp.7-17.

박재현. (2020). 초공동(Supercavitation) 기술의 이해와 개발 사례 분석.「국방과 기술」, (497), pp.152-159.

김문섭. (2011). 수중 유도무기 개발 동향 및 발전 추세.「국방과 기술」, (387), pp.56-67.

최현호. (2016). 연안작전의 강자, 소형 잠수함과 잠수정: 작지만 강력한 전력효과를 발휘한다.「국방과 기술」, (452), pp.46-57.

Ng, K. (2006). *Overview of the ONR Supercavitating High-Speed Bodies Program.* In AIAA Guidance, Navigation and Control Conference and Exhibit (p.6440).

[23] 무한궤도 속도 전쟁

■ 인용·출처 표기

① https://www.exmoo.com/article/35614.html

② https://bunshun.jp/articles/-/36683

③ https://namu.wiki/w/ICE%204

④ https://www.eurail.com/ko/get-inspired/trains-europe/high-speed-trains/tgv

⑤ https://en.wikipedia.org/wiki/Maglev

⑥ https://en.wikipedia.org/wiki/Hyperloop

⑦ https://www.turbosquid.com/ko/3d-models/3d-model-lockheed-sr-71-blackbird-rigged/1088323

⑧ https://m.blog.naver.com/mnd9090/221809035246

⑨ https://www.nasa.gov/centers/armstrong/history/experimental_aircraft/X-43A.html

⑩ https://www.mk.co.kr/news/it/view/2015/05/499694/

⑪ https://www.topgear.com/car-news/bugatti-veyron-super-sport-news-veyron-ss-hits-267mph-2010

⑫ https://www.space.com/37455-juno-jupiter-great-red-spot-flyby.html

⑬ https://hashmm.com/post/starshotproject/

■ 참고문헌 및 자료

송재일. (2012). 철도경쟁체제에 관한 유럽 사례 연구.「한국철도학회 학술발표대회논문집」, pp.149-154.

김철우 · 나준희. (2020). 철도산업 경쟁에 관한 연구.「상품학연구」, 38(5), pp.131-138.

Miyatake, M., & Ko, H. (2010). Optimization of Train Speed Profile for Minimum Energy Consumption. *IEEJ Transactions on Electrical and Electronic Engineering*, 5(3), pp.263-269.

Madshus, C. 5., & Kaynia, A. M. (2000). High-Speed Railway Lines on Soft Ground: Dynamic Behaviour at Critical Train Speed. *Journal of Sound and Vibration*, 231(3), pp.689-701.

Givoni, M. (2006). Development and Impact of the Modern High-Speed Train: A Review. *Transport Reviews*, 26(5), pp.593-611.

[24] 부메랑이 된 대륙봉쇄령

■ 인용 · 출처 표기

① https://www.laphamsquarterly.org/contributors/napoleon-bonaparte

② https://en.wikipedia.org/wiki/Siege_of_Mantua_(1796%E2%80%931797)

③ https://commons.wikimedia.org/wiki/File:Battle_of_Marengo.jpg

④ https://www.history.com/topics/british-history/battle-of-trafalgar

⑤ https://www.wikidata.org/wiki/Q15730349

⑥ https://blog.daum.net/uesgi2003/1451

⑦ https://pub.chosun.com/client/news/print.asp?cate=C03&mcate=M1005&nNewsNumb=20150617648

⑧ https://ko.topwar.ru/158203-12-neudach-napoleona-zabyt-ispaniju.html

⑨ http://www.ohmynews.com/NWS_Web/View/at_pg.aspx?CNTN_CD=A0000911875

⑩ https://blog.daum.net/nohyd/361

⑪ https://gdlsg.tistory.com/1483

⑫ https://gdlsg.tistory.com/1483

■ 참고문헌 및 자료

Lunardini, A., Rollo, F. & Fornaciari, G. (2002). *Bone Lesions from the Ossuary of the Napoleonic Battle of Marengo*, Northern Italy (14th June 1800).

Brockliss, L., Cardwell, J. & Moss, M. (2005). *Nelson's Surgeon: William Beatty, Naval Medicine, and the Battle of Trafalgar*. OUP Oxford.

Czisnik, M. (2004). Admiral Nelson's Tactics at the Battle of Trafalgar. *History*, 89(296), pp.549-559.

Lyons, M. (1994). *Napoleon Bonaparte & the Legacy of the French Revolution* (Vol.1). Basingstoke: Macmillan.

[25] 전차개발 전쟁

■ 인용 · 출처 표기

① https://m.blog.naver.com/19610948/221058062072

② https://www.quora.com/What-was-the-largest-chariot-battle-in-history

③ http://charger07.egloos.com/m/4131376

④ https://en.wikipedia.org/wiki/Mark_IV_tank

⑤ https://tankmuseum.org/tank_collection/mark-iv/

⑥ https://tioom.tistory.com/1483

⑦ https://en.wikipedia.org/wiki/J._Walter_Christie

⑧ https://tanks-encyclopedia.com/ww2/germany/panzer_i.php

⑨ https://tanks-encyclopedia.com/ww2-germany-panzer-iii-flamm/

⑩ https://blog.daum.net/pzkpfw3485/2243412

⑪ https://tanks-encyclopedia.com/ww2/nazi_germany/sdkfz-250.php

⑫ https://depositphotos.com/110832950/stock-photo-the-m4-sherman-tank-at.html

⑬ https://namu.wiki/w/KV-1

⑭ https://ko.wikipedia.org/wiki/T-34

⑮ https://namu.wiki/w/T28

⑯ https://en.wikipedia.org/wiki/Panther_tank

⑰ https://en.wikipedia.org/wiki/Tiger_I

⑱ https://ko.wikipedia.org/wiki/T-34

⑲ https://www.pinterest.fr/pin/640988959436661579/

⑳ https://en.wikipedia.org/wiki/M26_Pershing

㉑ https://blog.daum.net/1911a1/910

㉒ https://en.wikipedia.org/wiki/M24_Chaffee

㉓ https://namu.wiki/w/T-55

㉔ https://worldoftanks.asia/ko/news/tournaments/type59challenge-week4/

㉕ https://www.turbosquid.com/ko/3d-models/3d-leopard-1-tank-model-1779838

㉖ https://en.wikipedia.org/wiki/AMX-30

㉗ https://wiki.warthunder.com/Centurion_Mk_1

㉘ http://egloos.zum.com/korearms/v/1220374

㉙ https://bemil.chosun.com/site/data/html_dir/2016/08/10/2016081001277.html?related_all

㉚ https://namu.wiki/w/T-72

㉛ https://nationalinterest.org/blog/reboot/obsolete-tank-m1-abrams-losing-its-lead-186721

■ 참고문헌 및 자료

Cooper, B. (2015). *Tank Battles of World War I*. Pen and Sword.

Kahalani, A. (1992). *The Heights of Courage: A Tank Leader's War on the Golan*. Greenwood Publishing Group.

Mitcham, S. W. (2001). *The Panzer Legions: A Guide to the German Army Tank Divisions of World War II and Their Commanders*. Greenwood Publishing Group.

Urban, M. (2013). *The Tank War: The Men, The Machines and the Long Road to Victory*. Hachette UK.

Macksey, K. (2013). *Tank Warfare: A History of Tanks in Battle*. Bloomsbury Publishing.

Zaloga, S. J. (1999). Soviet Tank Operations in the Spanish Civil War. *The Journal of Slavic Military Studies*, 12(3), pp.134-162.

Yeide, H. (2003). *Steel Victory: The Heroic Story of America's Independent Tank Battalions at War in Europe*. Presido Press.

Coombs, B. (2013). *British Tank Production and the War Economy, 1934-1945*. A&C Black.

[26] 비단길

■ 인용・출처 표기

① https://www.sciencephoto.com/media/607316/view/ferdinand-von-richthofen-geologist

② https://www.worldhistory.org/article/1783/scythian-women/

③ https://www.history.com/topics/ancient-china/huns

④ https://www.mongolianz.com/post/2020/07/30/khishigten-the-elite-special-forces-of-chinggis-khan/

⑤ https://blog.daum.net/009448/16143129

■ 참고문헌 및 자료

정병조. (2008). 비단길과 한국 불교. 「불교연구」, (29), pp.11-47.

오영식. (2006). 비단길에서 만난 세계사. 「건축」, 50(2), pp.103-104.

김중관. (2018). 한국과 아랍의 교역 관계사 연구: 비단길과 해상로를 중심으로. 「한국중동학회논총」, 39(1), pp.81-103.

Liu, X. (2010). *The Silk Road in World History*. Oxford University Press.

Foltz, R. (1999). *Religions of the Silk Road*. New York: St. Martin's Griffin.

Wood, F. (2002). *The Silk Road: Two Thousand Years in the Heart of Asia*. Univ of California Press.

Elverskog, J. (2011). *Buddhism and Islam on the Silk Road*. University of Pennsylvania Press.

[27] 쿠쉬나메

■ 인용·출처 표기

① https://weaponsandwarfare.com/2019/01/07/the-battle-of-qadisiyyah/

② https://kisslog.tistory.com/822

③ http://contents.history.go.kr/mobile/eh/view.do?levelId=eh_r0080_0010&code=eh_age_10

④ https://m.blog.naver.com/PostView.naver?isHttpsRedirect=true&blogId=kkrjsw&logNo=110069223510

⑤ https://blog.daum.net/hanulh/638

■ 참고문헌 및 자료

이희수. (2012). 페르시아의 대표 서사시 샤나메 구조에서 본 쿠쉬나메 등장인물 분석. 「한국이슬람학회논총」, 22(1), pp.59-84.

이희수. (2010). 고대 페르시아 서사시 쿠쉬나메(Kush-nameh)의 발굴과 신라 관련 내용. 「한국이슬람학회 논총」, 20(3), pp.99-113.

[28] 기마민족 스키타이

■ 인용·출처 표기

① http://www.caroun.com/Sculpture/Assyrian/Esarhaddon.html

② https://timevaultgallery.com/ancient-saka-scythian-iron-horse-chanfron-head-armor-plate-r298/

③ https://en.wikipedia.org/wiki/Solokha

④ http://ancient-battles.com/warriors/scythian-horse-archer.php

⑤ https://threadreaderapp.com/thread/1322268550405513222.html

⑥ https://www.realmofhistory.com/2019/07/01/10-facts-scythians-warfare/

⑦ https://nation.com.pk/22-Sep-2020/grave-of-an-ancient-scythian-warrior-couple

⑧ https://peskiadmin.ru/ko/istoriya-persov-drevnyaya-persiya.html

■ 참고문헌 및 자료

김문자. (2000). 스키타이계 장식품에 나타난 동물투쟁문에 대한 연구.「패션비즈니스」, 4(3), pp.67-78.

강준수. (2021). 영화 <토미리스: 전쟁의 여신>을 통해 본 스키타이 문화와 샤머니즘 고찰.「동서비교문학저널」, (57), pp.7-28.

[29] 대구전쟁

■ 인용・출처 표기

① https://seafoodmislabeling.org/product/atlantic-cod/

② https://en.wikipedia.org/wiki/Pacific_cod

③ https://namu.wiki/w/GIUK%20%EA%B0%AD?from=GIUK

④ https://en.wikipedia.org/wiki/Cod_Wars

■ 참고문헌 및 자료

Mitchell, B. (1976). Politics, Fish, and International Resource Management: The British-Icelandic Cod War. *Geographical Review*, pp.127-138.

Guðmundsson, G. J. (2006). The Cod and the Cold War. *Scandinavian Journal of History*, 31(2), pp.97-118.

Milivojević, D. & War, T. C. *Cod Wars-The Fish that Threatened NATO.*

Johnston, P. (1991). The Cod Wars against Iceland: The Royal Navy as Political Instrument. *Cambridge Review of International Affairs*, 5(2), pp.9-15.

[30] 신발전쟁 - II

■ 인용・출처 표기

① https://propanama.gob.pa/en/Zonalibredecol%C3%B3n

② https://m.post.naver.com/viewer/postView.naver?volumeNo=20622431&memberNo=45492247

[31] G2 전쟁

■ 인용・출처 표기

① http://m.isplus.joins.com/news/article/article.aspx?total_id=23171841&ctg=1000&tm=i_lf_2011&tag=

② http://www.sisa-news.com/news/article.html?no=172850

③ https://www.pennmike.com/news/articleView.html?idxno=32136

④ https://www.yna.co.kr/view/AKR20190628084400073

■ 참고문헌 및 자료

김석우. (2021). 무역 전쟁의 운명: 미·중 무역 전쟁에 대한 이론적 설명과 적용.「한국정치학회보」, 55(5/6), pp.119-143.
왕윤종. (2019). 미·중 경제전쟁의 전개와 전망.「미래성장연구」, 5(2), pp.139-160.
최영미·김옥수. (2019). 미·중 무역분쟁의 발발 요인: 미·중 무역분쟁의 전개 방향과 동아시아 통상 질서에 대한 전망.「동서연구」, 31(4), pp.165-189.
신지연. (2019). 미·중 무역 전쟁의 해결: 국제질서의 사회화 효과를 중심으로.「중소연구」, 43(1), pp.7-40.

[32] 맥주순수령

■ 인용·출처 표기

① https://brunch.co.kr/@beergle/2

② http://www.ohmynews.com/NWS_Web/View/at_pg.aspx?CNTN_CD=A0002414920

③ https://ams.mit.edu/curriculum/21h240-world-charlemagne

④ http://www.beerpost.co.kr/beer/world_view.html

⑤ https://www.amazon.de/Neuzeller-Schwarzer-Schwarzbier-Flaschen-vol/dp/B01FETXXA0

⑥ https://www.bale.com.sg/products/vodka-cruiser-blueberry-4-6-24x275ml-bottles

■ 참고문헌 및 자료

유재근. (2014). 알고 먹으면 더욱 맛있는 재미있는 맥주 이야기.「전기의 세계」, 63(9), pp.48-55.
김귀두. (2020). 식품산업 발전사-국내 맥주 양조사.「식품과학과 산업」, 53(2), pp.225-234.

저자와의
협의하에
인지생략

무역과 전쟁, 공존의 역사

2022년 2월 24일 1판 1쇄 인쇄
2022년 2월 28일 1판 1쇄 발행

저 자 심 종 석
발행인 고 성 익

05027
발행처 서울특별시 광진구 아차산로 335 삼영빌딩
도서출판 三 知 院
등 록 1978년 6월 2일 제2013-22호
전 화 737-1052·734-8979 FAX 739-2386

정가 29,000원

ISBN 978-89-7490-028-1-93320